5백년 내력의 명문가 이야기

5백년 내력의
명문가 名家 이야기

조용헌 지음

푸른역사

글쓴이의 말

인간으로 태어나
식자층 노릇하기 정말 어렵구나!

추등엄권회천고(秋燈掩卷懷千古)하니 난작인간식자인(難作人間識字人)이라!
"가을 등불 아래에서 책을 덮고 지나간 천 년 세월을 회상하니, 인간으로 태어나 식자층 노릇하기가 정말 어렵구나!"
나라가 망하자 자결한 매천 선생의 절명시 한 구절이다. 한세상 살면서 처신하기 어려울 때마다 이 말을 떠올린다.
그렇다. 글깨나 읽은 사람으로 구차하지 않게 살기란 어려운 일 같다. 특히 서구의 문화와 가치관을 일방적으로 강요당하고 있는 지금의 한국 사회에서 어떻게 살아야 제대로 사는 것인지, 또 어떻게 살아야 자존심을 지키면서 살 수 있는지 하는 문제는 결코 쉽게 말할 수 있는 얘기가 아니다.
더군다나 한국의 근세 100년은 자존심과 품위를 지키면서 살기에는 너무나 가혹한 상황의 연속이었다. 마치 군대에서 유격훈련 받는 것처럼 혹독한 상황이 계속되었고, 여기에서 살아남기 위해서 이를 악물고 눈앞의 현실에만 급급할 수밖에 없었다.
해방이 된 지 50년이 넘고 60년이 다 되어간다. 이제는 한국 사회도 그동안 소홀히 한 인간으로서의 사존심과 품위를 생각해볼 시기가 되었다고 본다. 삶의 질을 생각할 때가 되었다는 말이다. 삶의 질에 대해 관심을 갖다보니까 한국의 명문가를 연구하게 되었다. 그렇다면 어떤 집안이 한국의 명문가에 해당하는가?

그 기준은 보는 사람의 관점에 따라 다를 수 있다. 내가 우선적으로 생각한 기준은 그 집 선조 또는 집안 사람들이 '어떻게 살았느냐(How to live)'이다. 꼭 벼슬이 높아야 명문가가 되는 것은 아니다. 얼마나 진선미(眞善美)에 부합하는 삶을 살았느냐가 중요하다. 그렇다면 그 집안 사람들이 어떻게 살았는지를 파악하는 가장 실질적인 자료는 무엇인가? 바로 고택이다.

전통 고택을 현재까지 유지하고 있는 집은 명문가라고 판단하였다. 서구화와 산업화의 거센 비바람을 맞으면서 지금까지 이러한 고택들을 유지한다는 것 자체가 경제적 토대를 갖춘 명문가가 아니면 불가능한 일이다. 그리고 지금까지 이러한 고택들을 유지하고 있는 집안은 대개 다음과 같은 몇 가지 공통점을 갖추고 있었다.

첫째는 역사성이다. 역사를 의식하는 사람과 의식하지 않는 사람의 행동은 다를 수밖에 없다. 내가 찾아본 고택들 가운데에는 400~500년의 역사를 갖고 있는 집들도 있었다. 물론 그 집안의 역사와 사회적 기여도가 반드시 비례하는 것은 아니지만, 한 집안이 이만한 세월 동안 고택을 보존하고 있다는 것은 대단한 일이다. 광주의 고봉 기대승(1527~1572) 집안, 안동의 학봉 김성일(1538~1593) 종택, 해남의 고산 윤선도(1587~1671) 집안이 이러한 고택을 유지하고 있다.

둘째는 도덕성이다. 고택을 유지하고 있는 집안들은 집안 나름대로의 철학과 신념이 있다. 그 철학과 신념을 한 마디로 정리하면 '선비정신'이라고 하겠다. 자기 자신에 엄격한 반면 타인에게는 관대한 정신이 바로 선비정신이다. 국난을 당해서는 전쟁터에서 목숨을 내놓았고, 주변 사람들의 고통에 대해서 모른 체하지 않았다. 선비정신이야말로 한국판 '노블레스 오블리제'라고 여겨진다. 이러한 도덕성이 뒷받침되었기에 고택을 유지할 수 있었음을 주목해야 한다. 주변 사람들에게 존경받지 못했던 많은 저택들은 동학과 6·25와 같은 사회적 격변기에 거의 불에 타버렸다.

예를 들면 〈지조론〉을 남긴 청록파 시인 조지훈의 집안은 400년 동안 '삼불차'(재불차·문불차·인불차)의 가훈을 지켜온 집안이다. 12대 동안 만석꾼을 지낸 경주 최 부잣집은 '만석 이상의 재산은 사회에 환원한다', '주변 100리 안에 굶어 죽는 사람이 없게 한다', '흉년에 가난한 사람의 논을 사지 않는다'는 철학을 대대로 지켜왔다. 안동의 의성 김씨 내앞종택은 '차라리 부서지는 옥이 될지언정 구차하게 기왓장으로 남아서는 안 된다'는 강직한 신념을 지켜왔다.

이와 같은 정신이 있었기에 오늘날까지도 그 집안이 유지되고 있는 것이다. 르네상스를 후원했던 이탈리아의 메디치 가문도 위대하지만, 자그만치 12대 300년 가까운 세월 동안 만석꾼을 지내면서 적선을 해온 경주의 최 부잣집도 그에 못지 않은 철학과 신념을 갖춘 집안이라고 생각한다. 대구 화원의 남평 문씨들도 구한말 나라가 망하자 재산을 털어 일종의 사설 도서관인 만권당을 지어놓고 인재 교육에 힘썼다.

셋째는 인물이다. 명문 고택을 유지하는 집안들은 과거와 현재에 걸쳐 인물들을 배출하였다. 그 집안을 일으킨 중시조들은 당대에 이름을 드날린 인물들이다. 현재에도 사회 곳곳에서 활발하게 활동하는 인사들이 많다. 서울 안국동의 윤보선 집안이 대표적인 사례인데, 이 집안 윤씨들은 한국인명사전에 무려 50명 가까운 사람이 등재되어 있다. 그런가 하면 진도의 운림산방은 소치 허련(1808~1893) 이래로 5대째 계속해서 화가가 배출되고 있는 집안이고, 남원 몽심재의 죽산 박씨들은 원불교 성직자를 40명이나 배출했다. 인물이 나와야 고택을 유지할 수 있다.

이상의 세 가지는 누구나 공감할 수 있는 조건이다. 여기에 한 가지를 덧붙인다면 바람과 물의 원리를 꼽을 수 있다. 필자가 전국의 명문 고택들을 현장 답사해보고 내린 결론이다.

한국에서 가장 아름다운 고택으로 꼽히는 강릉의 선교장, 충남 외암마을의 예안 이씨 종가, 전북 익산 왕궁의 망모당, 경남 거창의 동계고택, 예산의 추사 김정희 고택 등이 그렇다.

그러므로 한국의 명문 고택들을 심도 있게 이해하기 위해서는 풍수에 대한 사전 지식이 필요하다. 풍수의 핵심은 자연과 인공의 조화에 있다. 이들 고택들은 되도록 땅의 기운인 '지령(地靈)'을 훼손하지 않고 집을 지었다. 더 깊이 들어가면 천문·지리·인사가 유기적으로 연관되어 있다고 생각하는 동양의 삼재(三才)사상에 바탕해서 지은 집들이라고 말할 수 있다.

산업화와 민주화를 거치면서 이제 한국 사회에도 상류사회 또는 상류문화가 형성되어가고 있다. 어느 나라이든지 간에 상류사회는 존재하기 마련이다. 철학과 도덕성을 갖춘 상류사회가 존재할수록 그 사회는 안정된 사회이고, 아울러 사회 구성원 전체의 삶의 질이 올라간다. 한국 사회도 이제 부도덕한 졸부의 시대가 가고 제대로 된 상류층이 나와야 할 시기가 되었다고 생각한다. 존경받는 상류문화 형성에 이 책이 참고가 되었으면 한다.

필자는 처음 이 글을 시작할 때 상서로운 꿈을 꾸었다. 꿈속에서 백발이 성성한 노인 열댓 명이 둥그렇게 앉아 있었고, 그 가운데에서 내가 대나무 빗자루 크기 만한 붓을 들고 낑낑대면서 글을 쓰고 있었다. 지나고 생각해보니 그 백발 노인들은 명문 고택들을 지키고 있는 조상들의 혼령이었던 것 같다. 부족하지만 그 어른들에게 이 책을 바친다.

2002년 1월
멀리 토체(土體) 안대가 바라다 보이는 지리산 소월산방(笑月山房)에서 조용헌 쓰다

차 례

경북 영양의 시인 조지훈 종택
지조 있는 인간을 보고 싶다!
14

경주 최 부잣집
조선 선비의 노블레스 오블리제는 무엇인가
40

전남 광주 기세훈 고택
전통은 든든한 뒷심이다
72

경남 거창 동계고택
때를 기다린다
96

서울 안국동 윤보선 고택
덕을 쌓아야 인물 낸다   118

죽산 박씨의 남원 몽심재
나보다 못한 사람을 생각한다   142

대구의 남평 문씨 세거지
돈이 아닌 지혜를 물려주라   166

전남 해남의 윤선도 고택
내 뜻에 맞게 산다   190

충남 아산 외암마을의 예안 이씨 종가
정신의 귀족을 지향한다   212

전남 진도의 양천 허씨 운림산방
우물을 파려거든 하나만 파라   238

안동의 의성 김씨 내앞종택
도리를 굽혀 살지 말라   264

충남 예산의 추사 김정희 고택
가슴에 우주를 품는다   290

전북 익산의 표옹 송영구 고택
사람 보는 눈이 다르다   316

경북 안동의 학봉종택
자존심이 곧 목숨이거늘   340

강릉 선교장
인간답게 산다는 것은 무엇인가   364

호은종택에서 바라본 문필봉. 이 문필봉이 호은종택의 안산이다. 산의 형태가 문필(文筆)과 흡사하고, 대문 정면 일직선상에 교과서적으로 자리잡고 있다.

경북 영양의 시인 조지훈 종택

지조 있는 인간을 보고 싶다!

재물과 사람과 문장을 빌리지 않는다는 '삼불차(三不借)'.
이 원칙을 370년 간 지켜온 조지훈의 생가 호은종택.
조지훈도 삼불차 집안의 훈도를 받으면서 자라나 '지조론'을 말할 수 있었다고 한다.
굳세게 명가의 지조를 지켜오면서 박사만 14명 배출한
산골 동네 주실마을 조씨 집을 들여다보았다.

영양군 일월면 주실마을에 있는 지훈 시비. 호은종택은 조지훈 시인의 생가이다.

'지조론' 낳은 370년 명가의 저력

'개똥밭에 굴러도 저승보다는 이승이 낫다' '땡감을 따 먹고 살아도 저승보다는 이승이 낫다' 라는 한국 속담이 있다. 죽어서 저승 가는 것보다는 어찌되었건 간에 숨이라도 쉬고 살아 있는 것이 낫다는 말이다. 만고풍상을 겪어본 팔십 노인들에게서 이런 이야기를 듣다 보면 삶에 대한 애착이 어떠한 것인지를 새삼 느낀다.

냄새가 진동하는 개똥으로 범벅된 개똥밭에 굴러도, 떫디 떫은 땡감을 삼시 세끼 목구멍에 삼키더라도 죽음보다는 삶이 낫다는 것이 한국 사람들의 사생관(死生觀)이 아니었나 싶다. 정말 끈끈한 사생관이다. 필자가 과문한지는 모르겠지만, 세계 어디에도 이처럼 질기디 질긴 사생관이 농축된 속담이 있다는 소리는 들어보지 못했다.

이러한 사생관이 형성된 이면에는 조선 사람들이 겪은 근세 100년 간의 눈물겨운 역사가 있다. 조선 후기 탐관오리들의 끝없는 착취와 굶주림, 참다 참다 못 견뎌서 백성들이 떨쳐 일어난 동학농민혁명과 죽음, 식민지 36년 간의 수탈과 압박, 뒤이어 6·25라는 겁살, 자유당 정권의 혼란과 부패……

정말이지 이처럼 눈물나는 근세 100년을 겪은 민족이 있으면 어디 나와보라고 하고 싶다. 우리는 눈물 어린 빵을 너무 지나치게 먹은 감이 있다. 근세 100년 동안 한국인들은 마치 공수부대의 살벌한 유격 훈련을 받았다고나 할까. 고강도 훈련 과정에서 고래 심줄 + 잡초와 같은 끈기와 생존력을 체득하게 된 한국인이다.

혹독한 고생을 겪고 살아남은 인간은 대략 두 가지 유형으로 변화해간다. 하나는 생존을 위해서 품격이고 뭐고 다 던져버리는 인간형이고, 다른 하나는 모든

370년의 역사를 간직한 호은종택. 재물과 사람, 문장을 남에게 빌리지 않는다는 '삼불차'가 이 집의 가훈이다.

것을 달관(達觀)하는 인간형이다. 비율을 따져보면 대략 8대 2 정도로 전자의 인간형이 많지 않나 싶다. 유감스럽게도 달관의 인품보다는 체면이고 자존심도 던져버리고 어떻게 해서든지 자기 앞에 큰 감을 놓고 보려는 범부(凡夫)가 압도적으로 많은 것이 우리 인간 세상이다.

악착같은 인간형에게서 우리는 강인한 생명력은 느낄지 몰라도, 그윽하게 풍겨오는 초절(超絶)의 향기를 기대하기는 어렵다. 이해관계 때문에 왔다갔다 하지 않는 일관성을 기대하기 어렵다. 《도덕경》의 '총욕불경(寵辱不驚, 총애를 받거나 욕됨을 당해도 놀라지 않음)'의 경지를 기대하기는 더욱 어렵다.

소설가 서머싯 몸도 《서밍업(Summing up)》에서 '인간의 속성은 일관성이 없다(Man is inconsistent)'라고 설파한 바 있듯이, 범부가 일관성을 견지하고 지조를 지키기란 정말 어려운 일이다. 나 역시 일관성을 지키려고 노력하면 할수록 거기에 비례하여 현실에 돌아오는 결과는 불이익이라는 차디찬 열매였음을 길지 않은 인생에서 여러 번 경험하였다.

그렇기에 매천(梅泉) 황현(黃玹, 1855~1910)이 숙으면서 남긴 절명시 한 구절, "가을 등불 아래에서 책을 덮고 지나간 천 년 세월을 회상하니, 인간으로서 식자 노릇 하기가 정말 어렵구나 秋燈掩卷懷千古 難作人間識字人"를 가슴속에 새길 수밖에 없는 것이다.

근래에도 한국 사회의 여러 명망가들이 결정적인 순간에 지조를 지키지 못하고 이해타산 때문에 훼절하고 망신당하는 걸 지켜보면서, 식자 노릇하기가 쉽지 않고 인간으로서 한평생 지조를 지키면서 산다는 것이 얼마나 고귀한 삶인지를 다시 한 번 실감하게 된다.

물론 지조를 지키면서 살아가기에는 우리 근대사가 너무나 감당하기 힘든 가시밭길이었지만, 그렇다 하더라도 그 숱한 변절과 기만을 상황 탓으로 합리화하기에는 내면의 양심과 자존심이 허락하지 않는다. 양심과 자존심을 지킨 지조 있는 인간을 보고 싶다!

한국에서 식자 노릇 한다는 것

조지훈(趙芝薰, 1920~1968) 선생은 시인이지만 그가 남긴 〈지조론(志操論)〉으로 더 유명하다. 나는 시보다는 〈지조론〉의 저자로 조지훈 선생을 기억한다. 〈지조론〉에 그 어떤 힘이 담겨 있다고 여겼기 때문이다. 세간에서 그를 '마지막 선비' 또는 '지사문인(志士文人)'으로 부르는 이유가 여기에 있다. 유명한 〈지조론〉의 일부를 인용해본다.

> 지조란 것은 순일한 정신을 지키기 위한 불타는 신념이요, 눈물겨운 정성이며 냉철한 확집(確執)이요, 고귀한 투쟁이기까지 하다. (중략) 지조가 없는 지도자는 믿을 수가 없고, 믿을 수 없는 자는 따를 수 없기 때문이다. 자기의 명리만을 위하여 그 동지와 지지자와 추종자를 일조(一朝)에 함정에 빠뜨리고 달아나는 지조 없는 지도자의 무절제와 배신 앞에 우리는 얼마나 많이 실망하였는가? 지조를 지킨다는 것이 참으로 어려운 일임을 아는 까닭에 우리는 지조 있는 지도자를 존경하고 그 곤고를 이해할 뿐 아니라 안심하고 그를 믿을 수도 있는 것이다. 우리는 이와 같이 생각하는 자이기 때문에 지도자, 배신하는 변절자들을 개탄하고 연민하며 그와 같은 변절의 위기 직전에 있는 인사들에게 경성(警醒)이 있기를 바라는 마음이 간절하다. (중략) 지조는 선비의 것이요, 교양인의 것이다. 장사꾼에게 지조를 바라거나 창녀에게 정조를 바란다는 것은 옛날에도 없었던 일이지만 선비와 교양인과 지도자에게 지조가 없다면 그가 인격적으로 창녀와 가릴 바가 무엇이 있겠는가? 식견은 기술자와 장사꾼에게도 있을 수 있지 않은가 말이다.

조지훈은 말로만 지조를 부르짖은 것이 아니라 처신으로 보여주었다. 예를 들면 일제 때 조선어학회사건에 개입되어 경찰에 잡혀가 신문을 받고 풀려난 후 강원도 오대산 월정사에서 비승비속(非僧非俗)으로 머물면서 숨어 지냈다. 비록 총을 들고 항일투쟁은 하지 않았지만 그렇다고 비굴하게 일제에게 날품팔이와 같은 행동은 결코 하지 않았다. 《친일문학론》의 저자 임종국(林鍾國)은 일제에 협력하지 않은 문인 가운데 한 사람으로 조지훈을 꼽고 있다. 해방 이후 삶의 궤적을 보아도 선비로서의 품격을 잃지 않았다.

"선비와 교양인과 지도자에게 지조가 없다면 그가 인격적으로 창녀와 가릴 바가 무엇이 있겠는가". 나는 조지훈이 남긴 어떤 시보다도, 바로 이 대목에 그가 일생 연마한 내공(內功)이 응축되어 있다고 생각한다. 그가 남긴 이 초식은 입에서 휘파람 소리처럼 나온 소리가 아니라, 저 아랫배 단전에서 수십 년 가다 듬어 올라온 소리임이 틀림없다. 매사를 파고 들어가면 연원이 있고 끝탱이가 있는 법. 단전에 지조의 힘이 차곡차곡 쌓이기까지는 오랜 시간의 적공(積功)이 있었다고 보아야 한다. 그렇다면 〈지조론〉을 낳은 조지훈의 연원과 끝탱이는 무엇이란 말인가? 그 정신을 낳은 배경이 무엇인가? 그것이 궁금하였다.

한국이 비록 작은 나라이지만 국토가 좁다고 해서 인물이 없는 것은 아니다. 찾아보면 골짜기 골짜기마다 그래도 인물이 있다. 천하 명산을 주유하는 취미를 가진 내가 어떻게 가만히 앉아 있을 수 있겠는가. 인걸은 지령(地靈)이라고, 그 인물의 출신지를 보아야 할 것 아닌가? 그래서 나는 조지훈의 생가인 경북 영양군 일월면 주실마을〔注谷里〕을 찾아갔다.

영양군 일월면 주실마을 가는 길은 두 가지 방향이 있다. 경북 봉화 쪽에서 청량산을 끼고 돌아 들어가는 길과, 안동에서 영덕 쪽으로 가다가 영양으로 꺾어 들어와 주실로 가는 길이다. 영양으로 가는 길은 부드러운 길이고, 청량산을 돌아 들어가는 길은 훨씬 장엄하다. 청량산 때문이다.

청량산이 어디 보통 산인가. 층층의 바위 절벽, 마치 중후하고 청결한 신사의 기품을 느끼게 하는 바위 절벽이 돋보이는 산이다. 산 이름처럼 산의 전체적인 기운이 맑고 상쾌하다. 이런 산이 남아 있다는 것이 축복 아니겠는가! 아직 관광객의 탁기로 오염되지 않은 산임을 멀리서 보아도 알 수 있다.

퇴계 선생이 항상 청량산을 흠모했던 이유를 짐작할 수 있겠다. 청량산은 내가 보기에 야성과 품위가 어우러진 산이다. 승용차의 창문을 열고 청량산의 정기를 아랫배 단전으로 끌어 당겨본다. 단전으로 들어간 정기는 피가 되고 살이 되고 나의 뇌수까지 충실하게 채워줄 것이다. 이런 길이라면 돌아다녀볼 만하다. 지금 이 길을 달리고 있는 나는 얼마나 행복한가!

재물 · 사람 · 문장, 세 가지를 빌리지 않는다

청량산을 지나 첩첩산중의 산길을 20분 정도 더 가서야 주실마을에 도착하였다. 동네는 60여 가구 정도에 200명 남짓한 주민이 거주한다고 한다. 조지훈 생가를 동네 사람에게 물으니 곧바로 알려준다. 동네 중심부의 맨 앞집이란다. 대문 옆에는 '호은종택(壺隱宗宅)'이라고 새겨진 비석이 있다. 조지훈 생가는 보통 집이 아니라 종택(宗宅)이다. 종갓집에서 태어난 것이다. 호은(壺隱)은 주실 조씨들의 시조이자, 조지훈의 선조로서 1629년(인조 7) 주실에 처음 들어와 이 동네를 일군 분의 호이다.

그러니까 이 집은 370년의 역사를 지닌 집이다. 외국 식으로 표현하면 'since 1629'이 아닌가. 370년이면 적은 세월이 아니다. 영국 귀족들 집만 오래된 것이 아니다. 한국에도 400~500년의 역사를 가지고 있는 명택들이 많다. 이 집도 그런 반열에 속하는 집이다. 4세기 가까운 세월 동안 집안을 유지했다는 사실은 주목할 만하다. 그만한 노하우가 있었으니까 400년 가까운 세월을 유지했을 것이다.

현재 이 집을 관리하고 있는 조동길(趙東吉) 씨를 만났다. 객지에서 공무원 생활하다가 정년퇴직하고 고향에 돌아와 종택을 관리하고 있다. 말년을 의미 있게 회향(回向)하고 있는 것이다. 신미생(辛未生)이라고 하니까 올해 칠십의 연세이다. 꽉 다문 입과 약간 매서운 눈매, 그리고 깔끔한 차림새로 보아서 오행(五行) 중 금(金) 체질에 속하는 관상이다. 대개 금 체질들은 맺고 끊는 것이 정확한 사무라이 기질이 많아서 이야기를 할 때에도 앞뒤가 분명하고 요점만 이야기하는 장점이 있다. 서론이 짧고 뼈대만 이야기하므로 인터뷰 상대로는 최적이다. 어디서 왔느냐고 묻길래 "전라도에서 왔다"고 하니까 다소 의외라는 표정을 지으면서 이야기를 시작한다.

"이 호은종택에는 370년 동안 내려온 가훈이 있습니다. 바로 삼불차(三不借)라는 것이죠."

─삼불차가 무슨 뜻입니까?

"세 가지를 불차한다. 즉 빌리지 않는다는 뜻이죠. 첫째는 재불차(財不借)로 재물을 다른 사람에게서 빌리지 않고, 둘째는 인불차(人不借)로 사람을 빌리지 않고, 셋째는 문불차(文不借)로 문장을 빌리지 않는다는 말이죠. 이 삼불차가 호은 할아버지 때부터 현재까지 계속 지켜져왔습니다."

그런데 삼불차 중 두 번째 인불차가 확실하게 이해되지 않았다.

─사람을 빌리지 않는다는 것은 어떤 의미입니까?

"아, 그것은 양자를 들이지 않는다는 겁니다. 다른 종갓집들은 중간에 아들이 없으면 양자를 많이 들였지만, 이 집안에는 한 번도 그런 일이 없었습니다. 16대 동안 양자를 들이지 않고 친자로 계속 이어져왔죠. 우리 주실 조씨들은 대체로 성질이 좀 꼿꼿한 편입니다. 머리를 숙이지 않으니 손해도 많이 봅니다. 주실 조씨들이 공직에도 많이 가 있는데, 뇌물 받아 먹고 형무소에 간 사람은 거의 없습니다. 손해 보면 보았지 비굴하게 살려고는 하지 않습니다."

검기(劍氣)를 지닌 조동길 씨의 대답이다.

아! 호은종택은 삼불차의 집안이다. 조지훈 선생 집인에 370년 동안 이어져온 가훈이 삼불차이고, 이 삼불차는 다른 사람에게 돈도 빌리지 말고, 아들도 빌리지 않고, 글도 빌리지 않는다는 정신이다. 한 마디로 요약하면 남에게 아쉬운 소리 하지 말고 살자는 정신이다. 가훈 정한 걸로 보아서 호은공이라는 양반의 성품이 짐작된다. 대단히 자존심이 강하고 강직한 분이었던 것 같다.

남에게 아쉬운 소리 하지 말고 살자는 각오가 어디 쉬운 각오인가! 그것도 당신 자신에게만 강요한 원칙이 아니라 후손 대대로 그렇게 살도록 당부다는 게 어디 보통 신념인가!

삼불차 이야기를 듣고 나니 그러면 그렇지 하는 생각이 든다. 조지훈의 〈지조론〉은 '삼불차'의 바탕 위에서 나온 것이다. '강장(强將) 밑에 약졸(弱卒) 없다'는 말마따나 그 선조에 그 후손이다. 조지훈은 어릴 때부터 삼불차 집안의 훈도를 받으면서 자랐기에 〈지조론〉이 나올 수 있었다.

400년 가까이 내려온 집안의 자랑스런 전통을 돈 몇 푼하고 쉽게 바꿀 수 있겠는가? 아니면 일신의 출세와 바꿀 수 있겠는가? 못 바꾼다. 만약 바꾼다면 400년 집안의 조상들을 도매금으로 팔아 넘기는 것이 되고 마는데, 과연 그렇게 할 수 있겠는가? 이래서 전통은 무섭다. 전통은 불가의 엄한 계율과 같다. "나를 키운 것은 팔 할이 바람이다"라는 어느 시인의 고백처럼 조지훈이라는 선비를 키운 것은 팔 할이 삼불차라고 하는 집안의 전통이 아닌가 싶다.

그러나 한편으로는 지조만 가지고 370년 동안 집안을 유지한다는 게 가능한 일인가 하는 의문을 제기해본다. 물질력 없이 정신력만 가지고 연명하기는 어렵다는 것이 고금의 이치다. 강직만 가지고 되는 것이 아니라 지혜도 있어야 한다. 이런 각도에서 삼불차를 뒤집어보자면 빌리지 않아도 될 만큼 재(財)·인(人)·문(文), 세 가지 요소를 주실 조씨들이 갖추고 있었다는 이야기가 성립한다.

돈이 없어서 굶어 죽는 상황에서 무턱대고 재불차만 부르짖을 수 없고, 후사가 없어서 대가 끊겼으면 현재까지 집안이 내려왔겠는가. 무식한 사람이 문불차를 주장한다는 것이 성립될 수 있겠는가. 그렇다면 주실 조씨들이 재·인·문을 유지할 수 있었던 지혜 또는 방법은 무엇이었을까?

해답을 구하기 전에 우선 주실의 삼불차에 대해서 좀더 살펴보기로 하자. 먼저 재물을 보자. 호은종택 앞에는 논 50마지기가 있는데 평수로는 1만 평이다. 이 논은 370년 전 호은공 때부터 마련해놓은 문전옥답이다. 중간에 누가 손 하나 댄 사람 없이 현재까지 그대로 내려왔다. 앞으로도 그럴 것이라고 하니 놀라운 일이 아닐 수 없다.

조씨 집안이 배출한 한국 인문학 3인방

다음으로 인물과 문장을 보자. 주실에서는 많은 학자들이 나왔다는 점이 주목된다. 박사만 해도 14명이 배출되었다고 한다. 그것도 궁벽한 산골 동네에서 14명이나 나왔다는 것은 무엇인가 있긴 있다는 소리다. 전북 임실군의 삼계면이라는 곳에서도 박사가 40여 명 나온 사례가 있지만, 그것은 면 단위이고 여기는 일개 조그만 마을이다. 조그만 마을 하나에서 현재까지 박사가 14명이나 나왔다는 것은 신기한 일이다.

　더군다나 주실마을에서 나온 박사들은 시원찮은 나이롱 박사들이 아니다. 모두 한국 인문학의 대가들이다. 대표적인 3인방만 꼽자면 서울대 국문학과 조동일(趙東一) 교수, 국민대 대학원장을 지냈고 현재는 명예교수로 있는 조동걸(趙東杰) 교수, 성균관대 부총장을 지낸 조동원(趙東元) 교수가 모두 주실마을 조씨들이다. 조지훈 선생의 호적 이름이 조동탁(趙東卓)이니까 이들은 모두 같은 동(東) 자 돌림의 같은 항렬이다.

　조동일 교수는 유명한《한국문학통사》(전 6권)의 저자이다. 한국 문학 전체를 삼국시대부터 근세에 이르기까지 통시적으로 정리한 이 책은 문학뿐만 아니라 역사와 철학을 전공하는 사람들까지 필독서로 꼽는다. 조동일 교수 특유의 직절(直切)한 필치로 문(文)·사(史)·철(哲)을 꿰뚫은 명저이다.

　조동걸 교수는 한국 근세사 분야에서 탁월한 업적을 쌓은 분이다. 특히 독립운동사에 정열을 불태웠는데, 다른 분야도 아닌 일제에 항거한 독립투사들에게 관심을 집중한 것은 주실마을에 어려 있는 자존심의 표출이 아닌가 싶다.

　조동원 교수는 한국의 금석문 탁본을 20년에 걸쳐 발로 뛰어다니면서 정리한《한국금석문대계(韓國金石文大系)》(전 7권)가 대표작이다. 남한 전 지역의 비석에 새겨진 금석문을 집대성했기 때문에 현장에 직접 가지 않더라도 이 책만 있으면 원본을 그대로 볼 수 있다. 탁본이기 때문에 오자가 일체 없다는 점이 장점으로 돋보인다. 미술사, 역사, 불교, 민속, 도교, 서예 전공자들에게 필수 장서임은 물론이다.

　요즘에야 인문학이 파리 날리는 신세로 전락하여 겁 없이 인문학을 전공했다간 자칫 쪽박 차기 쉽지만, 그럼에도 불구하고 그 나라, 그 민족의 혼과 정신은 역시 그 나라의 인문학에 들어 있다는 것이 나의 평소 생각이다. 인문학이 죽으면 그 나라의 주체성도 죽는다. 이런 점에서 주실마을 태생의 인문학자 3인방, 조동걸·조동일·조동원을 경외의 염으로 바라보지 않을 수 없는 것이다. 거기에다 조동탁까지.

　주실마을 조씨들의 항렬을 따져보면 동 자 윗대 항렬은 영(泳) 자가 된다. 항렬정하는 데에도 법칙이 있다. 오행의 상생(相生) 법칙으로 볼 때 수생목(水生木)이니, 수(水)는 목(木)을 생(生)해준다. 즉 도와준다. 따라서 수(水)가 부모에 해당하고, 수의 도움을 받는 목(木)은 자식 항렬에 해당한다. 동(東)은 목(木)으로 본다. 동쪽은 계절적으로 봄이고, 오행으로는 목(木)이다. 영 자는 삼수변(氵)이 들어간 글자라서 수(水)로 본다. 수생목이니까 목(木) 위의 항렬은 수(水)에 속하는 글자를 찾으면 된다.

납북 한의학자 조헌영과 그 아버지의 비극

영 자 항렬 가운데서도 인물이 많이 배출되었다. 조근영(趙根泳, 1896~1970), 조헌영(趙憲泳, 1899~1988), 조준영(趙俊泳, 1903~1962), 조애영(趙愛泳, 1911~) 4남매가 그렇다. 근영은 와세다대 출신이며 국립도서관장을 지냈고, 헌영은 일본 중앙대를 나왔으며 유명한 한의학자이고, 준영은 보성고보를 나와서 초대 민선 대구시장과 경북도지사를, 애영은 여류 시조 시인이다. 이 중에서 조헌영이 바로 조지훈의 부친인데 한의학의 대가였다. 소문에 의하면 그는 이북에 납북된 뒤에도 한의학을 계속 연구하여 많은 한의학 제자들을 배출했다고 한다. 상당수의 이북 한의학자들이 그의 제자라는 것이다.

95년에 연재된《조선일보》의 '신명가(新名家)' 시리즈를 보면 조헌영의 프로필에 대한 소개가 나오면서, 조헌영이 한의학을 연구하게 된 계기를 설명하고 있다. 여기에 보면 조헌영은 원래 영문과를 졸업하고 일본에 머물며 허헌(許憲)이 회장으로 있는 신간회의 동경지회장, 귀국한 후에는 신간회 총무간사를 지냈다. 신간회가 해산된 뒤 일경의 감시를 피하는 방편으로 서울 명륜동과 성북동에 '동양의약사' 라는 한의원 간판을 달고 의원 행세를 하며 해방을 기다렸다. 영문학도인 그가 엉뚱하게도 한방에 정통하게 된 것은 일본 유학 시절, 병에 걸린 친구를 치료하기 위해 독학으로《동의보감》을 연구한 결과라는 것.

그는 〈동양의학사〉, 〈통속한의학원론〉 등 전문 한의학서를 여러 권 저술했는데, 이 책들은 한때 한의과대학의 교과서로 사용됐다. 이 책자에 대해 경희대 한의과대학 김병운(金秉雲) 교수는 "한의학의 과학성과 민족의학으로서 가치성을 처음으로 이론화한 입문서"라고 평가하고 있다. 조헌영은 납북된 뒤에도 한의학 연구서를 내는 등 북한 한의학의 기초를 닦았다고 한다.

한의사 일 외에 조선어학회가 주관한 '한글맞춤법통일안' 심의위원을 지내기도 했다. 해방 후 고향에서 한민당 의원으로 당선됐으나, 반민특위 위원에 선임된 후 한민당과 결별했다. 2대 의원선거에서는 무소속으로 나와 연속 당선되었다. 그러다 6·25 때 납북됐는데, 북한은 88년 5월 평양방송을 통해 '조헌영이 노환으로 작고했다'고 그의 별세를 보도했다(《조선일보》, 1995.6.12일자에서 인용함).

조동걸이 자신의 마을 이야기를 기술한 〈주실이야기〉를 보면 조헌영이 1930년대에 약재를 채취하기 위해서 동네 초동들을 데리고 경북 영양의 일월산을 누비고 다녔다고 되어 있다. 아무튼 조지훈의 부친도 보통 인물이 아니었음을 알 수 있다. 민족 반역자를 척결하기 위한 반민특위 위원으로 활동하면서도 동시에 여러 권의 한의학서를 저술한 한의학자이면서, 납북된 뒤에는 북한 한의학을 발전시킨 선구자가 되었으니 말이다. 조헌영이 북한에서 88년까지 생존했으니 아들인 조지훈보다 20년을 더 살았음을 알 수 있다.

근영, 헌영, 준영, 애영 4남매의 아버지는 누구인가? 바로 조인석(趙寅錫, 1879~1950)이다. 영 자 위 항렬이 석(錫) 자이다. 오행의 상생 법칙에 따르면 금생수(金生水)이니까 수(水)의 윗대 항렬로 금(金)이 들어가는데, 석 자에 쇠 금변이 들어간다. 조인석은 1900년경 서울로 올라가서 개화가 대세임을 목격하고, 고향에 돌아와 종가이자 자신의 집인 호은종택에 신학문을 가르치기 위한 영진의숙(英進義塾)을 설치한다. 또한 〈초경독본(初經讀本)〉이라는 청소년 교육용 책자를 저술하고 동네 아이들에게 신학문을 가르쳤으니, 계몽가이자 교육자였던 셈이다.

조인석은 4남매를 모두 훌륭하게 교육시켰지만, 그 자신은 자살로 생을 마감하였다. 여기에는 6·25의 비극이 있다. 6·25 당시, 그의 3남 준영이 경북도경 국장을 지내고 있었다. 그래서 아버지인 조인석은 젊은 좌익 청년들에게 매일 시달렸다. 20대 초반의 젊은이들이 집에 들어와 "이 영감! 아들 어디에 있어?

아들 찾아내!' 하면서 칠십 노인에게 반말로 모욕하니, 조인석이 마침내 참지 못하고 근처의 방죽으로 가서 투신자살했던 것이다.

나는 조인석의 자살도 주실 조씨들의 전통과 직접 연관이 있다고 본다. 보통 사람은 칠십 나이가 되면 어지간한 수모는 그러려니 하고 넘기기 마련인데, 삼불차의 지조를 중시한 선비 조인석은 새파랗게 어린 것들에게서 이런 치욕을 받고 그냥 넘길 수 없었던 것으로 보인다. 자존심과 목숨 중 자존심을 선택한 것이다. 조인석은 조지훈의 직계 조부이다. 1950년 당시 30세였던 조지훈은 칠십 조부의 자살을 어떻게 받아들였을까?

기왕 족보 조사한 김에 조인석의 부친도 알아보자. 조인석의 부친은 어떤 사람이었을까? 조승기(趙承基, 1836~1913)이다. 석 자 위는 기(基) 자 항렬이다. 토생금(土生金). 기 자에는 흙 토(土)가 들어 있다. 조승기는 일제가 국모인 명성황후를 시해하자 의병을 일으켜 의병 대장을 했다. 조승기 역시 불의에 분노할 줄 아는 행동하는 선비였던 것이다. 이처럼 주실 조씨들은 학자도 많고, 그 학자들도 책상물림에 지나지 않는 백면서생이 아니라 결정적인 순간에 한 방 날릴 줄 아는 행동하는 선비들이었음을 알 수 있다.

지리적 안목에서 보다

경북 영양군 일월면의 주실이라는 작은 마을에서 이처럼 지조와 학문을 갖춘 많은 인물들을 집중적으로 배출할 수 있었던 이유는 무엇인가? 재·인·문의 삼불차를 4세기 가까운 세월 동안 유지할 수 있었던 비방이 있었다면 그 비방은 무엇인가?

여기에 대한 답은 두 가지 방면에서 생각해볼 수 있다. 두 가지란 이판(理判)과 사판(事判)이다. 이판이란 눈에 안 보이는 데이타(invisible data)를 가지고 사태를 파악하는 방법이고, 사판이란 눈에 보이는 데이타(visible data)를 가지고 사태를 파악하는 방법이다. 전자가 다분히 신비적인 파악이라면, 후자는 합리적인 파악이다. 사판이 드러난 현상에 대한 분석이라면, 이판은 이면에 잠재되어 있는 부분에 대한 분석이라고나 할까. 어떤 사안에 대하여 정확한 판단을 내리기 위해서는 이판과 사판 양쪽을 모두 보아야 한다는 것이 불가 고승들의 입장이다.

한쪽만 보아서는 미급이다. 이판사판을 모두 통과해야 실수가 적다. 그래서 이판사판이란 말이 나왔다. 이걸로 보나 저걸로 보나 답은 하나로 나왔으니 행동으로 옮길 수밖에 없다가 이판사판이다. 불교의 화엄철학에서는 이 경지를 이사무애(理事無碍)라고 표현한다. 이(理)와 사(事)에 모두 걸림이 없는 경지. 고려 때까지만 하더라도 국사나 왕사제도가 있었는데, 국사나 왕사 정도의 경륜은 이사무애의 경지에서 나온다고 보았다.

사판적 분석이야 세상사에 밝은 분들이 많을 테니까 제쳐두고, 주로 이판의 입장에서 주실마을의 인물 배출 배경을 뜯어보자. 이판의 입장이란 천문·지리·인사(人事)라는 삼재(三才)의 안목에서 보아야 하지 않을까 싶다. 이판의 각론으로 들어가면 삼재와 만난다. 천문이란 타이밍을 가리키고, 지리란 넓은 의미로는 환경을 말하지만, 좁은 의미로는 명당이다. 인사는 넓은 의미로는 천문과 지리를 매개하는 존재인 사람을 말하지만, 좁은 의미로는 인간의 몸에 대한 식견을 지칭한다. 이 세 가지가 조화를 이룰 때 일이 성취된다.

대만 총통의 국사를 역임한 남회근(南懷瑾, 1918~) 선생은 그의 역저 《역경계전별강(易經繫傳別講)》(국내에서는 신원봉 교수에 의해 《주역강의》로 번역됨)에서 이를 명리(命理), 지리(地理), 의리(醫理)로 요약했다. 중국에서 전통적으로 내려오는 관습에 따르면 식자층은 반드시 이 삼리(三理)에 대해서 공부해야 한다는 주장을 펴고 있다. 자기 운명의 이치인 명리를 알아야 천시(天時)가 언제 오고 가는지를 알 수 있고, 거기에 따른 진퇴를 결정할 수 있다. 그리고 지리를 알아야 살아 있을 때의 양택(陽宅)과 죽은 후의 음택(陰宅)을 제대로 잡을 수 있고, 의리를 알아야 병의 원인을 파악해서 몸을 건강하게 유지할 수 있다.

이 삼리 중에서 의리는 70년대 초반 대학의 한의학과라는 제도권 내에 들어가서 학문 대접을 받을 수 있었지만, 지리와 명리는 여전히 제도권 밖에서 학문적 시민권도 없이 서성대고 있는 상황이다. 지리는 명리에 비해 형편이 조금 낫다. 서울대 최창조 교수가 한국 사회의 식자층 세계에 지리를 소개하면서 인식이 약간 개선된 것 같다. 미신잡술이라는 종래의 인식에서 약간 벗어나 풍수라는 것이 우리의 전통적인 자연관을 반영한 것일 수도 있다는 쪽으로 변하고 있다.

상대적으로 가장 천대받는 것이 명리이다. 명리는 아직도 미아리 골목에서 잠자고 있는 것 같다. 이야기가 조금 옆길로 샜지만 다시 주실마을로 돌아가자. 내가 보기에 주실마을은 삼리 가운데 지리적 안목에서 분석할 필요가 있다. 한국의 문화 현상은 한국의 토양에서 우러난 문법으로 해석해야 깊이 들어갈 수 있다고 본다. 나는 그 문법이 바로 지리라고 생각한다.

매를 날려 집터 정한 호은종택

주실마을의 가장 중심맥에 자리잡은 호은종택 터는 이름 그대로 호은공이 잡은 자리이다. 한양 조씨인 호은공 선대는 한양에서 거주하다가 1519년 조광조의 기묘사화를 만나 멸문의 위기에 처하자 전국 각지로 흩어져 피신했는데, 그 후손 중 하나인 호은공이 인조 7년인 1629년에 주실에 자리를 잡았다고 한다. 호은종택이 자리잡은 지맥은 영양 지방의 명산인 일월산에서 흘러 내려온 맥이다. 주실에서 일월산까지 능선을 타면 12킬로미터 정도 걸린다. 주실에 도달한 지맥은 야트막한 세 개의 봉우리로 응결된다. 그 가운데 봉우리 밑 부분에 호은종택이 자리잡고 있다.

집안에서 내려오는 구전에 의하면 이 집터를 잡을 때의 일화가 흥미롭다. 호은공이 매방산에 올라가 매를 날려 매가 날아가다가 앉은 자리에 집터를 잡았다는 일화이다. 매방산은 높이 100여 미터 정도의 야트막한 산으로서, 주실에 맺힌 세 개의 봉우리 중 맨 오른쪽에 해당하는 세 번째 봉우리 이름이다.

이때의 매는 아마도 야생의 매가 아닌 집에서 꿩 사냥용으로 기르던 보라매로 생각되는데, 이 매가 앉은 지점은 흥미롭게도 물기가 질컥질컥 배어 있는 늪이었다고 한다. 호은종택 터는 원래 늪지대였던 것이다. 늪을 메워 집을 지었다는 이야기가 된다. 호은종택은 매를 날려 터를 잡은 다소 희귀한 사례에 속한다. 매를 날려서 집터를 잡았다는 점, 그리고 늪지대를 메워 집을 지었다는 점에서 호은종택의 터잡기는 일상적인 택지법(擇地法)과 구별된다.

불가에서 절터를 잡을 때 고승들이 오리를 날려 그 오리가 착지하는 지점에다 절터를 정한 경우는 간혹 있다. 전남 순천의 송광사에서 전해오는 이야기에 의하면 고려 때 보조국사가 암자 터를 정할 때 오리를 날렸다고 한다. 또 한 가지 사례는 조선 중기 호남 지역에서 많은 신통을 나타내었다고 회자되는 진묵대사의 경우이다. 진묵대사 역시 나무로 만든 오리를 날려 절터를 잡았다는 이야기가 전한다.

불가에서는 오리를 해수관음의 화현으로 보기도 한다. 항해를 업으로 하는 뱃사람들은 해수관음을 바다의 풍랑을 다스리는 신으로 여겼는데, 비록 바다가 아닌 육지의 저수지에서 살지만 오리는 하늘을 날 수도 있고 물결 위에 떠 있을 수도 있으므로 해수관음과 그 능력이 비슷하다고 보았다. 이때의 오리는 집오리가 아닌 청둥오리로 보이는데, 청둥오리는 한국의 민속에서 매우 중요한 동물이다.

청둥오리는 하늘을 날 수도 있고, 또한 물 속에 잠수할 수도 있기 때문에 고대인들은 오리를 신령한 능력을 지닌 동물로 여겼다. 솟대 위에 꼭 나무오리를 만들어 올려놓는 한국의 민속도 이러한 신령함의 표현이라는 게 학계의 정설이다. 이처럼 불교에서 절터를 잡을 때 오리를 날렸다는 이야기는 들었어도 매를 날려 집터를 잡았다는 이야기는 처음 접한다.

왜 매를 날렸을까? 아마도 날짐승은 하늘에서 날다가 땅에 내려앉을 때 본능적으로 유리한 지점을 잡는 능력이 있지 않나 싶다. 동물은 사람보다 감각이 발달했다. 매를 날린다는 것은 동물의 감각 또는 본능을 이용한 방법 같다. 물론 처음부터 무턱대고 매를 날리진 않았을 것이다. 사람이 어느 정도 범위를 잡아놓은 다음에, 정확한 지점을 찍을 때 매를 날리지 않았을까. 혹은 두세 군데 후보지를 잡아놓고, 그 가운데 어느 쪽을 최종적으로 선택할 것인가 고심하다가 마지막 결정을 동물의 촉각에 맡겨 결정하는 수순을 밟았을 가능성도 있다. 일종의 동물점이라고 볼 수도 있다.

신인합발(神人合發)이라는 말이 있듯이, 인간의 이성과 동물의 본능이 상보적으로 결합된 형태가 내가 생각하는 동물점의 개념이다. 점이 왜 필요한가? 터를 잡는 것은 궁극적으로는 신명(神明)의 영역이다. 인간의 이성과 분석만 가지고는 한계가 있다. 95퍼센트까지는 인간의 이성으로 접근할 수 있지만, 마지막 5퍼센트는 접근이 불가능하다. 그런데 이 5퍼센트가 성패를 좌우한다. 5퍼센트를 충족하지 못하면 결국에는 최종 착점 단계에서 빗나간다.

풍수이론이라는 것은 따지고 보면 신명의 세계라고 하는 신비한 영역을 인간의 경험과 이성의 차원으로 유형화한 작업이다. 유형화란 평균 개념이다. 평균 개념 가지고는 100퍼센트에 도달할 수 없다. 그러므로 완벽한 풍수이론은 성립될 수 없다. 이론으로 커버할 수 없는 나머지 부분은 직감과 플러스 알파가 작용한다. 대가(大家)는 직감과 플러스 알파의 영역을 인정할 수 있는 사람이다. 호은공이 집터를 잡을 때 매를 날려서 최종 착점을 정했다는 구전은 이론이 지닌 한계를 동물이 지닌 직감으로 보완한 경우이다.

호리병 들고 늪지로 숨은 도인

그 다음 주목할 사항은 평지나 언덕이 아닌 늪지를 집터로 선택한 부분이다. 산 사람이 거주하는 양택을 늪지에다 잡은 경우를 나는 거의 들어보질 못했다. 그러나 절터를 늪지에 잡은 경우는 있다. 대표적인 예로 백제 때 무왕이 잡은 익산의 미륵사 터가 원래 늪지였고, 진표율사가 잡은 김제 금산사의 미륵전이 늪지였다. 이외에도 치악산의 구룡사, 도선국사가 말년에 주석한 광양의 옥룡사, 고창 선운사의 대웅전 자리가 애초에는 늪지였다는 기록이 있다.

풍수의 좌청룡 우백호를 따지지 않고 늪지를 메워서 사찰을 세우는 방법은 고대 불교에서 행하던 유풍이다. 늪지에 건물을 세우면 습기가 차서 목재가 쉽게 부식하기 때문에, 늪지를 메울 때에는 반드시 숯을 집어넣는다. 숯은 습기를 빨아들이는 작용이 탁월하다. 미륵사나 금산사의 미륵전 자리를 팠을 때 실제 숯이 출토되었는데, 호은종택 자리가 원래 늪지였음이 사실이라고 한다면 그 밑에도 숯이 깔려 있을 공산이 높다.

아무튼 불교 사찰이 아닌 유교 선비의 양택을 늪지에다 잡았다는 사실은 상당히 이색적일 뿐더러 흥미롭다. 그리고 매를 날려 터를 잡은 호은공도 정신적으로 상당한 경지에 있었던 분이었다고 짐작된다. 호(壺)는 호리병을 지칭한다. 호은(壺隱)이란 호리병을 가지고 숨었다는 뜻으로 해석되는데, 여기에는 다분히 도가적인 취향이 내포되어 있다. 호리병은 방랑과 은둔을 좋아하는 도사들의 휴대품이다.

이렇게 놓고 볼 때 호은종택을 잡은 호은공은 주자 성리학을 연마한 유가 선비이긴 하되, 내면 세계 한 부분에는 다분히 도가적인 취향을 가지고 있었을지도 모른다. 이런저런 사실을 종합해보면 호은공은 방내(方內)는 물론 방외(方外)의 학문에도 일가견을 지닌 인물이었던 것 같다.

대문 정면에 자리한 붓 모양의 문필봉

호은종택의 대문을 등지고 정면을 바라보면 아주 인상적인 봉우리가 하나 빛을 발하고 있다. 눈이 부실 정도의 봉우리다. 정신을 번쩍 나게 한다. 바로 문필봉(文筆峰)이라서 그렇다. 집터나 묘터의 정면에 위치한 산을 안산(案山)이라 하는데, 이 문필봉이 호은종택의 안산에 해당한다. 이 문필봉이 왜 눈부시냐 하면 그 모습이 문필과 너무 흡사하고, 대문의 정면 일직선상에 교과서적으로 자리잡고 있기 때문이다. 문필봉은 글씨 쓰는 붓의 형태와 같다고 해서 붙인 이름이다. 쉽게 말하면 정삼각형 모습의 산이다.

삼각형 모양의 산을 오행으로 따지면 목형(木形)의 산이라고 부른다. 풍수가에서는 문필봉이 정면에 있으면 공부 잘하는 학자가 많이 나온다고 본다. 문필봉이 안산으로 있는 지역에서 장기간 거주하면 그 안산에서 방출되는 기운을 받아 문필가나 학자가 나온다고 신앙하는 것이 풍수이다. '천지와 내가 한 몸이요, 나와 천지가 같이 바른 마음이다天地與我同一體 我與天地同心正'라는 한자문화권의 세계관에 비추어보면 이러한 신앙은 납득이 간다.

문필봉이 있으면 대개 그 동네에서는 특출한 학자가 많이 나오기 때문에, 길을 지나가다가 우연히 문필봉이 보이면 나는 그 동네에 다짜고짜 들어가보는 습관이 있다. 그리고 이 동네에 어떤 학자가 살았느냐고 동네 사람에게 물어보면 십중팔구 누구 누구가 있다고 대답한다. 신기할 정도이다. 문필봉이 있어서 학자가 나왔는지 아니면 학자들이 문필봉을 보고 일부러 찾아 들어가서 학자가 나왔는지, 어찌됐든지 간에 둘 중의 하나는 틀림없다.

한국의 산천에서 주목할 현상은 삼각형 모양의 문필봉과 그 지역의 학자 배출이 밀접한 함수관계가 있다는 점이다. 산천과 인물이 같은 쳇바퀴로 돌아간다. 어떻게 해서 그렇게 되는 건지 그 중간 공식은 범부인 나로서는 확실하게 파악할 수 없지만, 드러난 결과를 놓고 볼 때 분명 상관관계가 있는데 어쩔건가! 문제는 중간 과정의 공식을 현대인이 모른다는 사실이다.

조선시대에 문필봉이 보이는 터는 요즘 식으로 이야기하면 땅값이 엄청나게 비쌌다. 돈만 있다고 되는 문제도 아니었다. 그래서 서민들은 천신도 못했다. 특히 주실마을 앞에 보이는 문필봉 같으면 내가 본 문필봉 가운데 최상급에 속한다고 해도 과언이 아니다. 모양이 뚜렷하고 방정하기 때문이다. 손으로 쓰다듬어도 보고 보듬어도 보고 싶다. 문필봉을 바라보고 있노라니 밥을 먹지 않아도 배가 부를 것 같다. 문필망식(文筆忘食)이라고나 할까.

폐일언하면 주실마을 산세의 모든 정기는 이 문필봉 하나에 집중되어 있다. 주실에서 많은 학자들이 배출된 것도, 박사가 14명이나 나온 것도, 인문학의 조씨 3인방도 이 문필봉의 정기와 관련 있지 않나 싶다. 시골 면장이라도 하려면 논두렁 기운이라도 받아야 한다는 게 우리의 전통적인 믿음이다. '평지 돌출'은 어렵다. 개천에서 용 나기란 말처럼 쉽지 않다. 주실마을 박사들이여, 고향에 오면 그냥 가지 말고 이 문필봉에 감사할 줄 알아야 한다. 자기가 출발했던 곳에 회귀하여 고마워할 줄 아는 것은 미덕임과 동시에 행복이 아니던가. '삶은 영겁회귀한다' 라는 말도 있지 않은가?

주실 사람들도 이 문필봉을 특별하게 생각하는 것 같다. 올 4월에 제작된 〈주실마을〉이라는 14쪽짜리 팸플릿 첫 페이지는 문필봉 사진으로 시작된다. 첫 페이지에 실었다는 것은 그만큼 마을의 명물로 중요하게 생각하고 있다는 증거이다. 이곳 사람들은 어렸을 때부터 어른들에게서 이 문필봉의 영험에 대하여 귀가 아프도록 들었을 것이다. 그래서 주실마을의 집들은 거의 이 문필봉을 향하여 방향을 잡고 있다. 문필봉을 안대(案帶, 案山)로 삼고 있다.

세 개의 문필봉 정기를 타고난 인재들

한편 일월산에서 14킬로미터나 달려온 용맥(龍脈)은 주실에 와서 세 봉우리로 맺혔다. 그리고 이 세 개의 봉우리에서 각각 인물이 나왔다. 주실을 정면에서 보았을 때 제일 왼쪽에 있는 제1봉에는 노계(魯溪) 조후용(趙垕容, 1833~1906) 고택과 만곡정사(晩谷精舍)가 자리잡고 있다. 노계고택은 주실의 개화와 구국운동에 앞장선 두석(斗錫)·붕석(朋錫, 독립유공자 건국훈장), 용해(龍海) 등이 태어났고, 운해(雲海, 의학박사·한솔그룹)와 서울대 국문학과 조동일 교수의 생가이기도 하다.

이 집은 ㅁ자 집의 전형적 건축양식이라고 팸플릿에 소개되어 있다. 만곡정사는 조선 후기 명문장으로 이름 높았던 만곡(晩谷) 조술도(趙述道, 1729~1803)에게 학문을 배우기 위하여 문하생들이 뜻을 모아 창건한 정자이다. 만곡은 옥천공의 손자로 이대산(李大山)에게 사사했고 많은 문도를 길러냈다. 만곡정사는 원래 영양 원당리에 건립했는데 순조 초에 주실로 옮겼다.

만곡정사의 액자는 정조 때 영의정을 지낸 번암(樊巖) 채제공(蔡濟恭, 1720~1799)이 직접 썼다. 채제공은 남인 출신으로 조선 후기의 명재상으로 꼽히는 인물이다. 남인들은 숙종 때 장희빈 사건에 이은 갑술옥사(甲戌獄事) 이후로 완전히 정권에서 소외되었으나, 정조 때 와서 탕평책의 일환으로 남인 출신인 채제공이 영의정으로 올라가는 전기를 맞았다(1793). 그러나 정조가 죽고 난 뒤 노론이 다시 정권을 독점하면서 발생한 신유사옥(辛酉邪獄, 1801)으로 남인들이 또다시 밀려났으니, 채제공이 고위직에 있던 정조 때가 잠깐이기는 하지만 남인들에게는 가장 좋은 시절이었다.

이 즈음에 채제공이 78세의 노구를 이끌고 주실을 방문한 것이다. 채제공뿐 아니라 당시 남인 계통 실학자인 이가환(李家煥)과 정약용(丁若鏞)도 주실 조씨들과 밀접한 교류가 있었다. 계산해보면 채제공은 죽기 2년 전인 1797년에 주실에 왔다. 그 기념으로 써놓은 글씨가 '만곡정사'라는 현판이다. 현판 왼쪽 아래에는 작은 글씨로 '번암 칠십팔서(樊巖 七十八書)'라는 채제공의 사인도 새겨 있다.

주실에 있는 또 다른 종택인 옥천종택. 호은공의 증손자인 옥천 조덕린의 종택이다. 거의 남향에 가까운 좌향을 놓은 것이 특이하다.

같은 남인으로서 정치적 동지이자, 학문으로 이름 높았던 만곡을 만나기 위해 적어도 열흘은 걸렸을 여로를 마다하지 않고, 산 넘고 물 건너 이 심심 산골짜기까지 찾아온 그 동지애와 의리 그리고 풍류가 느껴진다. 200년 뒤의 어느 비 오는 날, 글을 쓰기 위해 찾아와 처마 밑에서 그 현판에 어린 사연을 쳐다보고 서 있는 나그네의 소회도 무량하기만 하다.

만곡정사는 제1봉이 내려온 가장 끝머리에 위치했다. 만곡정사 뒤의 입수맥(入首脈, 땅의 기운이 들어오는 직접적인 통로)은 바위로 되어 있어서 기운이 다

른 곳보다 강하다. 흙이 아닌 바위가 깔려 있으면 기운이 강한 것으로 본다. 기운이 강한 곳은 일반 가정집으로는 부적당하고, 젊은 학생들이 모여 공부하는 학교를 세우면 좋다.

정사 앞으로는 활처럼 돌아서 냇물이 흘러가고, 앞에는 문필봉이 도합 네 개나 포진해 있다. 하나도 아니고 네 개씩이나 푸짐하게 도열해 있다. 주실마을 전체에서 볼 때 이 위치가 문필봉이 가장 여러 개 보이는 장소이다. 학문하는 정사로서는 제대로 잡은 터 같다.

네 개 문필봉의 중심, 호은종택과 옥천종택

제2봉은 주실의 내룡(來龍, 그 터의 등뼈에 해당하는 지맥) 중에서 가장 중심 자리이다. 풍수가에서는 항상 중심맥을 높이 친다. 호은종택과 주실에 있는 또 하나의 종택인 옥천종택(玉川宗宅)이 제2봉의 줄기에 자리잡았다. 조승기, 조인석, 조헌영, 조지훈의 생가인 호은종택은 제2봉의 맥이 내려온 가장 끄트머리에 자리잡았다. 호박을 보면 가지의 끝에서 열매를 맺듯이 땅의 기운도 위보다는 아래, 그리고 끄트머리에 맺힌다. 이 터가 주실의 가장 중심이라고 보면 된다.

지금은 집이 없어져서 빈터로 남아 있지만, 옛날에는 호은종택 바로 뒤에도 집이 있었다. 이 집에서 조동걸 교수가 태어났다. 그런가 하면 현재 호은종택 바로 우측에도 집이 한 채 있는데, 이 집에서 성균관대 조동원 교수가 태어났다. 조지훈, 조동걸, 조동원 교수가 앞뒤 옆집에서 태어났다니 재미있다.

주실에 있는 또 하나의 종택인 옥천종택은 주실 입향(入鄕) 시조 호은공의 증손자이며, 장사랑 조군(趙頵)의 둘째 아들인 옥천(玉川) 조덕린(趙德隣,

1658~1737)의 종택이다. 옥천공은 문과에 급제한 후 승문원 정자(正字), 세자시강원 설서(說書), 홍문관 교리, 승정원 우부승지를 역임하였다. 옥천공은 당시 시폐(時弊)를 비판한 '십조소(十條疏)'로 유명하다.

희당(喜堂, 草堂)·운도(運道, 月下)·진도(進道, 磨岩)·술도(述道, 晚谷)·거신(居信, 梅塢)·만기(萬基, 독립운동 유공자 건국훈장)·대봉(大鳳, 교육학 박사·영남대) 등의 명사가 종택에서 태어났다. 그리고 옥천공의 아들 희당이 아버지를 기리며 별당을 세우고 당호를 초당이라 하였는데 그에 따라 아호도 초당이라 했

옥천종택에 있는 우물. 풍수적인 원리 때문에 주실에서 단 하나뿐인 우물이다.

다(《주실마을》 6쪽). 이걸 보면 만곡정사의 주인공인 조술도는 옥천공의 아들임을 알 수 있다.

한 가지 흥미로운 사실은 주실마을 양택 중에서 옥천종택의 좌향(坐向, 집이 쳐다보는 방향)만 특이하다는 점이다. 호은종택을 비롯해서 다른 집들은 거의 간·인좌(艮·寅坐, 남서향)를 놓았는데, 옥천종택은 거의 남향에 가까운 임좌(壬坐)이다. 내룡도 2봉에서 맥 하나가 내려오다가 중간쯤에서 남쪽으로 70도 각도로 틀었는데, 그 꺾은 지점에 자리잡았다. 그러므로 옥천종택의 안대는 문필봉이 아니다. 대신 토금체(土金體, 끝이 약간 평평한 모습)의 안대가 놓여 있다.

이러한 안대는 보는 사람에게 심리적 안정감을 부여한다. 그래

서 중후하고 의지가 굳은 인물이 나온다고 한다. 안대의 높이도 호은종택에 비해서 그렇게 높지 않고 적당하다. 호은종택은 안산인 흥림산이 높아서 약간 답답한 감이 있는데 반해, 옥천종택은 전망이 훨씬 시원하다. 툭 틔어 보인다. 주실에서 가장 전망 좋은 집인 것 같다.

마을에 우물이 하나뿐인 이유

옥천종택에는 주목할 우물이 하나 있다. 마당 오른쪽 담장 곁에 있는 자그마한 우물이다. 특별히 깊은 우물은 아니지만, 이 우물은 주실에서 하나뿐인 우물이라는 데 특징이 있다. 옛날부터 주실마을에는 우물이 이것 하나뿐이었다.

60여 가구 사는 동네에 우물이 하나뿐이니 물 길어다 먹기가 상당히 불편했을 텐데도 우물을 여러 개 파지 않고, 오로지 이 우물 하나만 사용했다. 현재까지도 주실에는 우물이 없다. 대신 50리 떨어진 곳에 수도 파이프를 연결하여 식수를 해결한다. 다른 동네 같았으면 젊은 사람들이 불편을 견디지 못하고 진작에 마당 한가운데 지하수 관정이라도 박았을 텐데 주실에는 그런 일이 발생하지 않았다. 우물을 파거나 관정으로 지하수를 길어 올리는 일이 없다. 이유는 무엇인가?

풍수적인 원리 때문이다. 주실은 배 모양의 형국이므로 우물을 파거나 지하수를 파면 배 밑바닥에 구멍이 뚫린다고 믿어왔다. 구멍이 뚫리면 배는 침몰하기 마련이다. 고로 우물 파면 동네에 인물이 안 나온다고 생각했다. 이 생각을 현재까지 굳게 품고 있다. 복제 인간을 만들어낸다고 하는 이 과학시대에도, 이처럼 신화적인 사고를 지키고 있다니 놀랍기만 하다.

그러나 다른 한편으로 보면 조상의 유업을 지키려는 정신이 살아 있다는 징표이다. 1년이 멀다 하고 세태가 바뀌는 요즘, 400년의 전통을 지키는 유서 깊은 마을이라 무언가 다르긴 다르다. 무언(無言)의 법도와 기강이 살아 있음을 느낀다. 다른 동네 같았으면 벌써 구멍을 뚫었을 텐데.

저녁 해가 서산에 기울어갈 무렵 인적 없는 옥천종택을 이리저리 살피고 있는데 갑자기 한 시골 아주머니가 대문을 박차고 들어온다. 긴장한 표정의 아주머니는 나를 한참 살펴보더니 한 마디 꺼낸다.

"아이고 나는 물건 훔치러 온 도둑인줄 알았네요."

—저 도둑놈 아니고 답사 나온 사람입니다.

"아, 그래요. 얼마 전에 도둑이 와서 현판도 뜯어간 적이 있어요."

이야기 끝에 아주머니는 잠깐 어디로 가더니 박카스를 한 병 먹으라고 준다. 옥천공의 후손으로서 옥천종택을 관리하고 있는 조석걸(63) 씨의 부인이다. 털털하고 마음씨 좋은 한국 시골의 전형적인 어머니 모습이다.

"부정한 방법으로는 돈 안 벌어"

유서 깊은 동네에 오면 하룻밤 자고 가야 한다. 낮에 잠깐 들어 휑하니 사진만 찍고 떠나기보다는 하룻밤 자보아야 그 동네의 정기를 느낄 것 아닌가. 아마추어는 떠나고 프로는 잔다. 하룻밤 자야 깊이가 나온다. 그러나 주실에는 여관이 없어서 숙소가 마땅치 않던 차에, 염치 불고하고 아주머니께 잠 좀 재워줄 수 없느냐고 부탁했다. 그리하여 그날 밤은 조석걸 씨 사랑방에서 자게 되었다.

주인 양반 조석걸 씨 역시 공무원 하다가 정년퇴직하고 고향에서 농사도 짓고, 주실마을의 여러 문화재와 옥천종택을 관리하는 분이다. 사랑방에서 조석걸 씨와 옥천공에 관한 이런저런 이야기 끝에 주실 조씨들의 기질에 대한 이야기가 나왔다.

"우리 집안은 대대로 청렴하고 강직하게 살려고 노력했습니다. 나도 새끼들이 셋인데 공무원 박봉으로 어렵게 애들 대학을 마쳤죠. 용돈 한 번 넉넉하게 준 적이 없습니다. 하지만 새끼들한테 항상 강조했습니다. 아무리 어렵더라도 우리 집안은 절대 부정한 방법으로 돈 벌 생각을 해서는 안 된다고 말입니다. 막내 아들놈이 중학교 교사로 있습니다. 그런데 애가 학부형들이 성의 표시로 갖다주는 봉투를 전혀 받지 않았던 모양입니다. 하도 거절을 하니까 지나치다고 생각했던지, 나중에는 교장 선생이 따로 부르더랍니다. '조 선생, 너무 그래도 못쓰네' 하고 타이르더라는 이야기를 저한테 합디다."

사람에 따라서는 좀 지나치다고 평가할 수도 있는 대목이지만, 삼불차로 상징되는 370년 지조가 30대 초반의 조석걸 씨 막내아들에게까지 격세유전(隔世遺傳)되고 있음을 볼 수 있었다.

신교육의 전당 월록서당

마지막으로 주실에 맺힌 일월산 세 봉우리 중 제3봉은 매방산이라 불린다. 이 봉우리에는 월록서당(月麓書堂)이 자리잡고 있다. 〈주실마을〉 팸플릿에서 조동걸 교수가 월록서당에 대해 써놓은 설명문을 인용하면 이렇다.

> 1765년에 한양 조씨, 양성 정씨, 함양 오씨가 협력하여 일월산 기슭을 업고 홍림산을 안대하여 낙동강 원류인 장군천을 끌어안은 곳인 주실 동구에 세운 서당이다. 조선 후기 실학의 학풍과 더불어 교육의 대중화를 위한 서당 건립이 전국적으로 확산될 때 주실에는 월록서당이 건립되어 이 고을 교육의 중심을 이루었다. (중략) 건물은 겹집이며 팔작집으로 지었다. 내부 중앙은 강당이고 양편에 넓은 방이 꾸며져 있는데 좌편 방에는 존성재(存省齋), 우편에는 극복재(克復齋)라는 편액이 걸려 있다. 구한말 이후에는 신교육의 전당으로 변신하였다. 식민지 시기에는 조석기(碩基)가 설립한 배영학당이 있었는데, 배영학당은 1927년에 조선농민사로부터 전국에서 모범 야학으로 표창을 받기도 하였다. 해방 후에도 야학은 계속되는 한편 은화청년회와 주실소년회의 연극과 음악회가 열리던 문화의 전당으로 구실하였다.

주실의 세 봉우리를 다시 정리하면 제1봉에는 만곡정사와 조동일 교수의 생가가 있고, 제2봉에는 호은종택과 옥천종택, 그리고 조동걸, 조동원 교수 생가가 있으며, 제3봉에는 개화기 이후로 신교육의 전당인 월록서당이 자리잡고 있는 것이다. 조선의 지령(地靈)이 헛되지 않아 봉우리마다 열매가 맺혔다.

주실마을을 다녀온 지 일주일이 지났는데도 아직까지 가슴이 뿌듯하다. 지조를 생각해본다.

사랑채 터에서 바라본 최부잣집 전경.

경 주 최 부잣집

조선 선비의
노블레스 오블리제는 무엇인가

과거를 보되 진사 이상은 하지 말라.

재산은 만석 이상 모으지 말라.

만석 이상 넘으면 사회에 환원하라.

과객(過客)을 후하게 대접하라.

사방 100리 안에 굶어 죽는 사람이 없게 하라.

경주 최 부잣집에 내려오는 400년 전통의 가훈이다.

700~800석의 쌀을 저장할 수 있는 현존하는 한국 최대의 쌀 창고. 만석꾼 최 부잣집의 명성을 전해주는 유물이다.

12대 만석꾼, 9대 진사를 배출한 조선 최고 부잣집의 철학과 경륜

부불삼대(富不三代), 곧 '부자가 3대를 넘기기 힘들다' 란 말이 있다. 최근 들어 우르르 무너지는 재벌들을 보면서 옛 어른들이 남긴 이 말을 다시 한 번 생각해 본다. 100년은 유지될 줄 알았던 한국의 재벌들이 허망하게 넘어지고 부도나는 광경을 목격하면서 부자가 3대를 넘긴다는 것이 결코 쉬운 일이 아니라는 세간사의 이치를 깨닫고 있다. 이루는 것도 빠르지만 망하는 것도 신속하다. 삼천리를 내려가는 백두대간의 유장한 산줄기처럼 3대를 넘어 오래가는 부자가 어디 없단 말인가! 그 유장한 부자를 보고 싶다.

최 부잣집을 찾은 것은 그 유장한 부자, 졸부가 아닌 명부(名富)를 눈으로 보고 싶어서이다. 3대를 넘어가는 명부가를 보면서 길게 가는 삶의 경륜을 배우고 싶다. 한국에 명부가 없는 것은 아니다. 한국에도 명부가 있다. 그 집이 바로 경주에 있는 최 부잣집이다.

대문 앞에서 바라본 '이중 안대' 의 모습. 앞에는 재물이 모이는 말발굽 모양의 '창고형' 이고, 뒤에는 귀인이 나오는 금체형의 봉우리이다.

최 부잣집은 9대 동안 진사를 지내고 12대 동안 만석을 한 집안으로 조선 팔도에 널리 알려진 집이다. 9대 진사, 12대 만석꾼의 집. 만석꾼이야 찾아보면 많지만 12대를 연이어 만석을 한 집안은 아마도 조선 팔도에 이 집뿐일 것이다. 이 기록은 앞으로도 좀처럼 깨기 어려운 전무후무한 기록일 성싶다. 3대도 어려운 건데 어떻게 12대를 이어갔단 말인가. 12대를 이어갈 수 있게 한 경륜과 철학이 반드시 있었을 텐데 그것이 과연 무엇인가? 이런 의문을 품으면서 나는 경주행 기차에 몸을 실었다.

네가 살아야 나도 사는 상생의 원리

최 부잣집은 경주 교동에 있다. 먼저 경주라는 도시를 생각해보자. 경주는 한국에서 가장 오래된 고도(古都)로서 신라 천 년의 수도이다. 신라는 기원전 57년에 일어나 마지막 왕인 56대 경순왕이 왕건에게 나라를 바친 서기 935년에 망했으니까, 도합 56대 992년 간이라는 오랜 세월 동안 존재한 나라이다. 그러니까 신라가 태동할 때로부터 이후 천 년 동안 도읍지로 있었던 도시가 경주였다는 사실을 주목해야 한다.

이만큼 오랜 세월 동안 유지된 나라는 세계사에서도 찾아보기 힘들다. 오직 로마제국이 천 년을 지탱하였다. 그래서 나는 평소에 로마 천 년과 신라 천 년을 비교하곤 했다. 물론 로마와 신라를 비교할 때 그 규모와 영향력은 비교 대상이 될 수 없을 정도로 로마가 월등하지만, 그 유지 기간만 놓고 보면 신라와 로마는 천 년 제국이라는 점에서 대등하다고 해도 과언이 아니다. 그렇다면 역사가 오래되었다는 것은 어떤 의미가 있는가 하는 물음을 던질 수 있다. 다시 말해서 오랜 세월을 거쳤다는 것은 어떤 장점이 있다는 말인가?

보통 말하는 철학과 경륜이라는 것은 체험 내지는 경험의 두께에서 나오는 것 같다. 체험의 두께와 경륜은 비례하는 법이다. 경륜은 책상 위에서 습득한 건조한 지식에서 나온다기보다는 치열한 실전 체험에서 나온다. 체험이 빈약하면 철학도 빈약하다. 그래서 두터운 역사와 전통은 큰 나무의 깊은 뿌리가 된다. 뿌리 깊은 나무는 바람에 흔들리지 않는다는 말도 있지 않은가.

경주가 천 년의 역사와 전통을 지닌 도시라는 사실은 거기에 비례해서 그만큼의 노하우가 축적되어 있다는 뜻이라고 나는 생각한다. 경주라는 도시는 이런 맥락에서 바라볼 필요가 있고, 다른 도시가 아닌 천 년 고도 경주에서 9대 진사와 12대 만석꾼의 명가가 배출된 것은 우연이 아닌 것 같다.

최 부잣집의 경륜과 철학이 있다면 그것은 무엇인가? 최 부잣집에는 대대로 내려오는 가훈 내지는 몇 가지 원칙이 있다. 첫째, 과거를 보되 진사 이상은 하지 말라. 둘째, 재산은 만석 이상을 모으지 말라. 셋째, 과객(過客)을 후하게 대접하라. 넷째, 흉년기에는 남의 논밭을 매입하지 말라. 다섯째, 최씨 가문 며느리들은 시집온 후 3년 동안 무명옷을 입어라. 여섯째, 사방 100리 안에 굶어 죽는 사람이 없게 하라이다.

첫째, 진사 이상은 하지 말라는 원칙을 보자. 이는 한 마디로 정쟁에 휘말리지 않기 위해서다. 조선시대 진사라는 신분은 초시 합격자를 가리키는데, 진사라고 하는 것은 벼슬이라기보다는 양반 신분을 유지하기 위한 최소한도의 자격요건에 해당한다. 쉽게 말하면 양반 신분증이라고나 할까. 만약 어떤 집안이 3대에 걸쳐 초시 합격자를 배출하지 못하고 백두(白頭)로 지내면 한미한 집안으로 전락하기 때문에, 조선시대와 같은 신분사회에서는 품위를 지키기 위해서 최소한 진사 정도는 유지하고 있어야 했다.

그러나 최씨 집안은 진사를 넘어서는 벼슬은 문제가 있다고 보았다. 벼슬이 높아질수록 감옥이 가까워진다는 영국 속담처럼, 조선시대는 당쟁이 심한 사회였으므로 벼슬이 높아질수록 자의반 타의반으로 당쟁에 휩쓸리기 쉬웠다. 한번 당쟁에 걸려들어 역적으로 지목되면 남자는 사약을 받거나 유배형이고, 그 집 여자들은 졸지에 남의 집 종 신세로 전락할 수밖에 없다. 소위 멸문지화를 당하는 것이다. 그러므로 최씨 집안에서는 진사 이상의 벼슬을 하는 것을 멸문지화의 가능성에 접근하는 모험으로 여겼던 것 같다. 보통 사람들은 나중에 산수갑산을 가더라도 벼슬의 기회가 있다면 얼씨구 좋다 하면서 우선 당장 하고 보는 것이 대부분인데, 이 집안은 그러지 않았다. 벼슬의 종착역이 과연 어디까지인지를 끝까지 꿰뚫어본 데서 나온 통찰력의 산물이 바로 '진사 이상 하지 말라' 이다.

둘째, 만석 이상을 모으지 말라. 만석은 쌀 1만 가마니에 해당하는 재산인데, 이 이상은 더 재산을 불리지 말라는 말이다. 돈이라는 것은 가속도가 붙는 성질을 지니고 있다. 처음 어느 궤도에 오르기까지가 어렵지 그 궤도를 넘어서면 그 다음부터는 돈이 돈을 벌어들이는 상황에 돌입한다. 그런데 최 부잣집은 만석 이상 불가의 원칙에 따라 그 이상의 재산은 사회에 환원했다. 환원 방식은 소작료를 낮추는 것이었다.

당시 소작료는 대체적으로 수확량의 7~8할 정도를 받는 것이 관례였는데, 최 부잣집은 남들같이 7~8할 정도를 소작인들에게 받으면 재산이 만석을 초과하는 문제가 발생하므로 그 소작료를 낮추어만 했다. 예를 들면 5할이나 아니면 그 이하로도 받았다. 그러니 주변 소작인들 앞을 다투어 최 부잣집의 논이 늘어나기를 원하는 현상이 발생했다. 최 부잣집의 논이 늘어나면 날수록 자기들은 혜택을 보니까. 사촌 논 사면 배가 아프다는데 이 경우는 정반대이다.

상상해보라. 저 집 재산이 늘어나야 나에게도 좋다고 여기는 상황을. 저 집이 죽어야 내 집이 사는 것이 아니라, 저 집이 살아야 내 집이 산다는 상생의 방정식을 생각해보라. 이 어찌 아름답고도 통쾌한 풍경이 아니겠는가!

둘째와 같은 맥락의 가훈이 넷째, 흉년에 논 사지 말라이다. 조선시대에는 흉년이 들어서 아사 직전의 상황에 직면하면 쌀 한 말이라는 헐값에 논 한 마지기를 넘기기도 하였다. 우선 당장 먹어야 목숨을 부지할 수 있으니까 논 값을 제대로 따질 겨를이 없었던 것이다. 심지어는 '흰죽 논'도 있었다. 흰죽 한 끼 얻어먹고 논을 내놓았다고 해서 흰죽 논이다.

손님 접대에 1천 석, 빈민 구제에 1천 석

쌀을 많이 가진 부자에게는 흉년이야말로 없는 사람들의 논을 헐값으로 사들여서 재산을 늘릴 수 있는 절호의 기회였다. 네가 죽어야 내가 산다는 상극(相剋)의 방정식이다. 그러나 최 부자는 이러한 상극의 방정식을 금했다. 이는 양반이 할 처신이 아니요, 가진 사람이 해서는 안 될 행동으로 보았던 것이다. 뿐만 아니라 흉년에 논을 사면 나중에 원한이 맺히게 될 것은 뻔한 이치이다. 헐값에 논을 넘겨야만 했던 사람들의 가슴에 맺힌 원한을 어떻게 감당할 것인가. 한 수 앞만 내다보면 그 원한이 부메랑이 되어 되돌아올 것은 불문가지이다. 내가 보기에 최씨 가문의 도덕성과 아울러 고준한 지혜가 결합된 산물이 바로 둘째와 넷째 항목이다.

셋째가 과객을 후하게 대접하라이다. 조선시대는 삼강오륜과 예(禮)를 강조하다 보니 사회 분위기가 자칫 경직될 수 있었다. 그 경직성을 부분적이나마 해소해주는 융통적인 사회 시스템이 바로 과객을 대접하는 풍습이었지 않나 싶다. 과객은 길 가던 손님을 말한다. 당시에는 요즘같이 여관이나 호텔이 많지 않았으므로 여행을 하는 나그네는 전혀 알지도 못하는 양반 집이나 부잣집 사랑채에 며칠씩 또는 몇 달씩 머물다 가는 일이 흔했다.

조선시대 양반 주택에서 안방은 오로지 여자들만의 공간이었지만, 바깥 사랑채는 남자들만의 열린 공간이었다. 사랑채는 주인 양반의 손님이 머무르기도 하고, 지나가던 나그네가 갑자기 찾아와서 무료로 숙식을 해결할 수도 있는 과객들의 전용 공간이었다.

과객들의 성분은 다양하였다. 몰락한 잔반(殘班)으로 이 고을 저 고을 사랑채를 전전하며 무위도식하는 고급 룸펜이 있었는가 하면, 학덕이 높은 선비나 시를 잘 짓는 풍류객도 있었고, 무술에 뛰어난 협객도 있었다. 그런가 하면 풍수와 역학에 밝은 술객(術客)들도 있어서 주인집 아들의 사주와 관상도 보아주기도 하고,《정감록》을 가지고 세상의 변화를 예측하기도 했을 것이다. 조선시대 안방에서 가장 인기 있는 책이《토정비결》이었다면, 바깥 사랑채에서 가장 인기 있는 책은《정감록》이었다.

주인 양반은 온갖 종류의 과객들을 접촉하면서 새로운 정보를 수집하기도 하고, 다른 지역의 민심을 파악하기도 했다. 교통이 발달하지 못해서 여행이 어려웠던 조선시대에 이들 과객 집단은 다른 지역의 정보를 전해주는 메신저 역할을 하기도 하였으며, 여론을 조성하기도 했다. 최 부잣집에서는 이들 과객들을 후하게 대접했다.

어느 정도 후하게 대접했는지 보자. 최 부잣집의 1년 소작 수입은 쌀 3천 석 정도였는데 이 가운데 1천 석은 가용으로 쓰고, 1천 석은 과객 접대하는 데 사용하였고, 나머지 1천 석은 주변 지역의 어려운 사람들을 도와주는 데 썼다고 한다. 1년에 1천 석을 과객 접대하는 데 썼다고 하니 당시의 경제 규모로 환산해보면 엄청난 액수가 아닐 수 없다.

최 부잣집에는 과객을 접대하는 데 나름대로의 규칙이 있었다. 과객 중에서 상객(上客)이라고 여기는 사람은 매끼 식사할 때마다 과매기(마른 청어)를 한 마리씩 제공하고, 중객(中客)에게는 반 마리, 하객(下客)에게는 4분의 1마리를 제공하였다. 과매기는 전라도나 충청도에는 없는 경상도 특유의 음식이다. 포항, 울산 지역에서 마른 청어를 가리키는 말이다. 현재는 마른 청어 대신 마른 꽁치를 과매기라고 부르는데, 날씨가 추운 겨울에 제 맛이 난다. 처음에는 약간 비릿하지만 씹고 나면 꼬소롬한 맛이 난다.

최 부잣집에 과객이 많이 머물렀을 때에는 그 숫자가 100명을 넘었다고 한다. 100명까지는 큰 사랑채와 작은 사랑채에서 수용할 수 있지만, 그 이상을 넘어설 때에는 최 부잣집 주변에 살고 있던 노비들의 초가집으로 과객들을 분산 수용했다고 한다. 부득이 주변의 노비 집으로 과객을 분산해야 할 때에는, 그 과객에게 반드시 식사를 해결할 수 있는 과매기 한 마리와 쌀을 들려 보냈다.

쌀을 들려 보내는 방법이 특이했다. 최 부잣집에는 과객 배급용으로 쌀이 가득한 네모난 뒤주를 여러 개 비치해두고 있었는데, 그 뒤주 구멍은 성인 남자의 두 손이 겨우 들어갈 수 있도록 만든 특이한 형태의 뒤주였다. 과객이 그 뒤주에 양손을 넣어서 손에 잡히는 양만큼만 쌀을 퍼 갈 수 있도록 만든 장치였던 것이다.

과객이 최 부잣집에서 쌀과 과매기를 가지고 주변의 노비 집으로 가면, 그 노비 집에서는 무조건 밥을 해주고 잠자리를 제공하도록 룰이 정해져 있었다. 과객들을 접대하는 대가로 최 부잣집 주변에 사는 노비들은 소작료를 면제받았다. 50~60리 멀리 떨어져 사는 노비들은 소작료를 제대로 내야 했지만, 인근의 노비들은 과객 대접한다는 공로로 혜택을 받았던 것이다. 최 부잣집 주변 노비들은 과객 접대가 주요한 임무 중 하나였던 셈이다.

남에게 후하고, 스스로에게 박한 원칙

최 부잣집에서는 밤을 지내고 떠나는 나그네를 빈손으로 보내지 않았다. 과매기 한 손(두 마리)과 하루 분의 양식, 그리고 몇 푼 노자를 쥐어 보냈다. 어떤 과객에게는 옷까지 새로 입혀서 보낼 정도였다고 한다. 최 부잣집이 과객 대접에 후하다는 소문은 입소문을 타고 조선 팔도로 퍼졌다. 강원도 전라도는 물론 이북 지역에까지 최 부잣집의 명성이 퍼졌다고 한다. 이는 결국 최 부잣집의 덕망으로 연결되었다.

중국에 3천 식객을 거느렸다고 하는 맹상군이 있었다면, 조선에는 1년에 천 석의 쌀을 과객에게 대접하는 최 부자가 있었던 셈이다. 과객들의 입소문을 통해 조선 팔도로 전해진 최 부잣집의 덕망은 일제 때 식산은행 두취(頭取, 총재)로 조선에 부임한 일본인 아리가(有賀光豊)에게까지 전해져 한 가지 사건을 일으킨다.

여섯째, 사방 100리 안에 굶어 죽는 사람이 없게 하라는 조항도 같은 맥락이다. 사방 100리라고 하면 동으로는 경주 동해안 일대에서 서로는 영천까지이고, 남쪽으로는 울산이고 북으로는 포항까지의 영역이다. 주변에서 굶어 죽고 있는 상황인데 나 혼자 만석이면 무슨 의미가 있느냐. 이는 부자 양반의 도리가 아니라고 생각했던 것이다. 최 부잣집에서 소작 수입 3천 석 가운데 1천 석을 주변의 빈민구제에 사용한 것도 이런 이유에서다. 이 대목에서 불교의 《유마경》이 생각났다. 유마거사가 병석에 누워 있으면서 했다는 유명한 말, "중생이 모두 아픈데 내가 어찌 아프지 않을 수 있겠느냐!"

최 부잣집의 다섯째 원칙은 최씨 가문의 며느리들은 시집온 후 3년 동안 무명옷을 입어라이다. 조선시대 창고의 열쇠는 남자가 아니라 안방 마님이 가지고 있었다. 재산 관리의 상당 권한을 여자가 지니고 있었음을 뜻한다. 그런 만큼 실제 집안 살림을 담당하는 여자들의 절약정신이 중요했다. 보릿고개 때에는 집안 식구들도 쌀밥을 먹지 못하게 했고, 수저도 은수저는 절대 사용하지 못하게 하여 백동 숟가락의 태극 무늬 부분에만 은을 박아 썼다. 과객 대접에는 후했지만, 집안 내부 살림에는 후하지 않았던 것이다.

7대 조모는 삼베 치마를 하도 오래 입어 이곳저곳을 기워야 했는데, 서 말의 물이 들어가는 '서말치 솥'에 이 치마 하나만 집어넣어도 솥이 꽉 찰 정도였다고 전해진다. 누덕누덕 너무 많이 기워서 물에 옷을 집어넣으면 옷이 불어나서 솥 단지가 꽉 찼다는 말이다. 최 부잣집 여자들의 절약정신을 상징적으로 드러내는 일화이다.

이상의 여섯 가지 원칙이 최 부잣집의 제가(齊家) 철학에 해당한다면, 이외에

최 부잣집 앞에 흐르는 문천. 원효가 이 문천을 건너다가 옷을 적셔 요석공주가 그 젖은 옷을 말려주다가 두 사람의 인연이 맺어졌다.

육연(六然)이라고 하는 수신(修身)의 가훈도 있었다. 육연이란 다음과 같다.

    자처초연(自處超然): 스스로 초연하게 지내고,
    대인애연(對人靄然): 남에게는 온화하게 대하며,
    무사징연(無事澄然): 일이 없을 때에는 맑게 지내며,
    유사감연(有事敢然): 유사시에는 용감하게 대처하고,
    득의담연(得意淡然): 뜻을 얻었을 때에는 담담하게 행동하며,
    실의태연(失意泰然): 실의에 빠졌을 때에는 태연하게 행동하라.

  최 부잣집의 장손인 최염(崔炎, 68) 씨의 술회에 의하면, 어렸을 때부터 매일 아침 조부님 방에 문안을 가면 붓 글씨로 조부님이 보는 데서 이 육연을 써야만 했다고 한다. 어릴 때부터 군자다운 행동을 하도록 철저히 교육받았던 것이다.
  나는 육연에 대해 들으면서 경주에 살았던 수운(水雲) 최제우(崔濟愚) 선생의 《동경대전(東經大典)》에 나오는 '불연기연(不然其然)'이란 글귀가 연상되었다. 같은 연(然) 자 돌림이기 때문이다. '아니다, 그러나 그렇다'로 해석되는 '불연기연'은 부정을 거친 대긍정을 통해 사물이 지닌 모순성과 양면성을 수용하는 철학이다. 연의 사전적 의미가 '그러하다' '그렇다고 여기다'인 만큼 이 글자는 전체적으로 관용, 긍정, 초연의 의미를 담고 있다.
  최염 씨에게 물어보니 최수운 선생도 최 부잣집과 같은 경주 최씨라고 한다. 부산 동의대학의 최해진 교수는 〈최 부자 경영사상의 현대적 조명〉(1999년)이란 논문에서 수운 선생과 최 부잣집의 연관성을 주장했다. 최수운의 아버지 최옥(1762~1840)은 최 부자 국선(國璿)의 조부인 최진립(崔震立)의 6대손이므로 최국선의 현손(玄孫)인 언경(彦璥)과는 12촌이며, 《근암집(近庵集)》이라는 문집을 내었으나 벼슬에 낙방한 처사였다는 점을 감안하면 일찍부터 최 부자와 통교했을 가능성이 높다는 것이다. 다만 최제우가 역적으로 몰려 처형을 당한 후로 상당 기간 동안 통교를 할 수 없었다고 한다.
  그렇다면 육연과 불연기연은 최씨 집안의 연철학(然哲學)에서 유래한 것인가!

특권 계층의 솔선수범, 노블레스 오블리제

9대 진사와 12대 만석꾼은 그냥 나온 것이 아니다. 거기에는 철학이 있었던 것이다. 최 부잣집의 가훈을 음미하면서 나는 로마 천 년의 철학이 생각난다. 시오노 나나미의 《로마인 이야기》에 의할 것 같으면 로마 천 년을 지탱해준 철학은 바로 '노블레스 오블리제(Noblesse Oblige)' 였다고 한다. 노블레스 오블리제를 번역하면 '혜택 받은 자들의 책임' 또는 '특권 계층의 솔선수범' 이다.

로마의 귀족들은 전쟁이 일어나면 자기들이 먼저 솔선수범하여 최전선에 나가 싸우면서 피를 흘리고, 공중을 위해 자기의 금쪽 같은 재산을 사회에 환원했다. 귀족은 사회적인 책임을 져야 한다는 생각이 강했다. 책임지는 것이 귀족이고, 노예나 평민은 그 책임이 없거나 약했다. 여기서 로마를 이끌어간 리더십이 나왔다.

시오노가 《로마인 이야기》 전체를 통하여 몇 번이고 반복 강조한 부분이 바로 이 노블레스 오블리제이다. 이것은 가진 자가 못 가진 자에게 베풀어야 한다는 도덕적 의무만을 뜻하는 것은 아니다. 노블레스 오블리제는 그것을 행하는 사람 자신을 위한 것이며, 그들의 삶의 질을 더 높이고 삶의 의미를 찾기 위한 것이었다는 게 시오노의 주장이다.

그렇다. 도덕적 의무를 통해 자신의 삶의 질을 높였다는 대목이 중요하다. 최 부잣집의 원칙들이 내포하고 있는 의미는 도덕적 실천에서 끝나는 게 아니라, 그것을 통해 자신들이 이 세상에 태어난 의미와 보람을 찾는 방법이었던 것이다. 삶의 질은 의미와 보람에 달려 있는 것 아닌가. 재산은 만석 이상을 모으지 말라, 과객을 후하게 대접하라, 사방 100리 안에 굶어 죽는 사람이 없게 하라는 가르침의 실천을 통해 최씨들은 주변도 살고 자신들도 행복하였다.

한국 사람들은 이를 '좋은 일을 많이 한 집에는 반드시 경사가 있다積善之家 必有餘慶'라고 표현했다. 이는 요즘의 민법이나 형법보다도 훨씬 강력한 윤리적 기제였으며, 동시에 사회를 건강하고 아름답게 이끄는 철학이었다. 조선의 이 정신은 노블레스 오블리제와 일맥 상통한다. 최 부잣집의 원칙들은 한국적 노블레스 오블리제다.

사랑채가 있던 자리. 1970년에 화재가 나서 주춧돌만 남았다. 이 주춧돌은 본래 반월성에 있던 것이다.

육연만 해도 그렇다. 프랑스에서 오래 살다 돌아온 홍세화 씨가 자주 하는 이야기가 '톨레랑스(tolerance)' 이다. '관용' 또는 '용인'으로 번역되는 톨레랑스는 프랑스 정신이라고 할 만큼 프랑스인들에게 체질화되어 있다고 한다. 톨레랑스는 남의 생각과 행동이 나와 다를 수 있음을 인정하는 태도이다. 19세기까지 프랑스 파리가 세계의 수도 역할을 할 수 있었던 배경에는 온갖 다양성을 넉넉하게 수용할 줄 아는 톨레랑스 정신의 뒷받침이 있었기 때문이다. 프랑스 사회가 언뜻 보기엔 혼란스럽게 보이지만 난잡으로 흐르지 않고 세련된 문화를 가꾸어 나갈 수 있는 원동력은 톨레랑스라는 것이다.

나는 홍세화에게 톨레랑스를 배웠는데, 최 부잣집의 액자에 걸려 있는 육연을 보면서 조선 선비의 톨레랑스를 느꼈다. 이를 종합하면 최 부잣집의 수신은 톨레랑스, 제가는 노블레스 오블리제였다는 결론이 나온다. 이 둘을 합하여 이름을 붙여본다면 '최 부잣집 정신'이 되겠다.

재물과 벼슬에 대한 끝없는 욕망에 사로잡혀 사는 것이 인간일진대, 보통 인간이 이 욕망을 제어하고 절제하면서 산다는 것은 삶의 본질에 대한 깊은 통찰력 없이는 불가능한 일이다. 그 통찰력에서 지혜가 나오고 이 지혜를 후손들에게 전승하기 위한 제도적 장치가 종교의 계율로 나타나는데, 그 계율 가운데 하나가 바로 최 부잣집 정신인 것이다.

기가 센 남쪽의 바위산, 경주 남산

이제부터는 최 부잣집이 자리잡고 있는 경주의 지세에 대해서 살펴보자. 경주는 사방에 산이 포진해 있다. 동쪽으로는 명활산, 서쪽으로는 옥녀봉과 선도산(서악), 남쪽으로는 금오산(남산), 북쪽으로는 금강산(북악)으로 둘러싸인 분지이다. 이들 산에는 각기 견고한 산성을 축조하여 도성 방어에 대비했다.

한편 경주에 가보면 알겠지만 논농사를 지을 평야도 있다. 산이 많은 경상도 산세 중에서 경남의 김해평야를 제외하곤 경주 주변만큼 넓은 들판이 있는 곳도 드물다. 물도 충분하다. 남천과 북천이 경주 중심지를 거의 ㄷ자 형태로 둘러싸면서 흐르고 있다. 백제, 고구려가 망한 뒤에도 신라가 수도를 다른 지역으로 옮기지 않은 배경에는 경주가 지닌 이러한 이점이 고려되었던 것 같다.

경주의 산세에서 특별히 검토해야 할 부분이 하나 있다. 남산이다. 경주에서 남산은 매우 중요한 비중을 차지한다. 불교가 국교였던 신라 사회에서 불교 유적 대부분이 남산에 집중되어 있는 것은 신라 사람들이 남산을 정신적인 중심으로 간주했다는 표시이다. 남산에는 불(佛)보살이 상주하고 있고, 그 힘으로 신라와 경주가 번영한다고 믿었다. 남산은 신라인들에게 종교적 신앙의 산이자, 보통 산과는 다른 영적인 산이었던 것이다. 그렇다면 왜 남산을 이처럼 중시했는가?

우선 남향을 선호하는 우리의 주거 문화와 관련이 있다. 남쪽이 겨울에 따뜻하기 때문이다. 그래서 궁궐이나 집터는 남향을 선호한다. 경주에서 남쪽을 향해 집을 지을 때 정면 앞산에 해당하는 산이 바로 남산이다. 정면 앞산이란 안대(案帶)에 해당하므로 남산은 자동적으로 안대가 된다. 안대는 집의 대청마루에서 쳐다볼 때 정면에 보이는 산이라서, 보지 않으려고 해도 부지불식간에 매일 보게 되는 산이다. 사람이 365일 계속해서 어떤 산을 쳐다보다 보면 무의식 중에 심리적으로 그 산의 영향을 받는다고 한다. 그러므로 안대는 중요하다.

또 하나는 한자문화권에서 전통적으로 내려오는 인군남면(人君南面)사상과 관련 있다. 군왕은 얼굴을 향할 때 반드시 남쪽을 향해야 한다는 사상이다. 반월성도 그렇고 서울 경복궁의 방향도 마찬가지다. 경주에서 남면하면 앞산은 남산이 된다. 경주의 남산이나 서울의 남산이나 이러한 맥락에서 명명된 이름이다.

이외에 경주 남산은 그리 높지는 않아도 바위가 노출해 있어서 단단해 보이는 산이라는 점도 작용했다. 높다고 장땡이 아니고 바위산이라는 점이 중요하다. 동쪽의 명활산, 서쪽의 선도산, 북쪽의 금강산과 비교해볼 때 남산은 바위가 현저하게 노출한 산이다. 바위산은 일단 기가 센 산으로 간주해야 한다. 기가 세다는 것은 종교적 영험이 충만함을 의미한다. 경주 남산은 인군남면의 안산(案山)이자, 동시에 기가 센 바위산이라는 점에서 주목할 만하다.

요석공주가 해동성자 설총을 낳은 터

경주 지세의 총론을 짚어보았으므로 이제는 각론에 들어가보자. 최 부잣집 집터는 경주 교동 69번지에 속한다. 교동 69번지는 특별한 장소이다. 원래 이 터는 신라의 요석공주가 살던 요석궁 터라고 전해진다. 집 오른쪽 옆으로는 신라 신문왕 2년부터 자리잡은 계림향교가 있고, 집 뒤편에 신라인들이 신성한 숲으로 여겼던 계림이 자리잡고 있으며, 왼쪽 뒤편으로는 내물왕 무덤을 비롯한 다섯 개의 커다란 봉분이 작은 동산처럼 누워 있고, 좀더 왼쪽으로는 김유신 장군이 살던 재매정이 있다. 다섯 개의 왕릉 뒤로는 첨성대, 집터의 오른쪽으로는 신라의 반월성이 있다. 온통 신화와 역사의 자취로 둘러싸인 집이라서 집터 자체가 박물관 분위기를 풍긴다.

최 부잣집이 요석궁 터에 들어와 집을 짓고 자리를 잡은 시기는 현재 장손인 최염 씨의 7대조에 해당하는 최언경(崔彦璥, 1743~1804)부터이니까, 대략 200년 전부터 여기에 산 것이다. 그 전에는 어디서 살았는가? 경주시 내남면의 '게무덤'이라 불리는 곳에서 살았다. 이곳은 형산강의 상류 쪽인데 양쪽에서 물이 흘러와서 합수하는 지점이라고 한다. 풍수가에서 볼 때 양쪽에서 물이 흘러와 만나는 곳은 돈이 많이 모이는 터이다. 짐작컨대 게무덤도 그러한 터였을 것이다.

아무튼 최 부잣집의 파시조(派始祖)이자 13대조인 최진립(崔震立, 1568~1636)부터 이 게무덤에 살기 시작했고, 아들 손자대로 내려가면서 점차 재산이 쌓였다. 재산이 늘어감에 따라 방문하는 손님도 늘어나자 좁은 집으로는 감당하기 어려웠다. 최언경 대에 이르러 집을 좀더 넓은 곳으로 옮기기 위해 여기저기 터를 물색하던 중 현재의 요석궁 터를 택지하기에 이르렀다. 최 부잣집의 400년 역사에서 전반 200년은 게무덤 터이고, 후반 200년은 요석궁 터인 것이다.

요석궁은 원효대사와 요석공주의 로맨스가 어린 곳으로 유명하다. 그 로맨스는 자루 빠진 도끼에서 비롯된다. 원효대사는 해골바가지 물을 먹고 깨달음을 얻는다. 친구인 의상은 당나라로 유학을 갔지만, 원효는 다시 경주로 돌아와서 길거리를 떠돌아다니면서 아이들에게 노래를 부르게 했다. "누가 있어 자루 빠진 도끼를 내게 빌려주려는고, 내가 능히 하늘 괴는 기둥을 깎으려 하네."

당시 왕궁인 반월성 서쪽에 요석궁이 있고, 거기에는 장차 원효의 운명을 바꾸어놓을 과부 공주가 독수공방하고 있었다. 요석궁을 남쪽으로 나서면 바로 앞에 작은 시내가 나타난다. 이 시내는 동쪽의 토함산에서 발원하므로 경주 말로 '새내〔年川=東川〕'라 부르기도 하고, 왕성의 남쪽을 흐른다 하여 '모내〔汶川=南川〕'라고도 불렀다. 통일신라 때에는 월정교(月精橋)와 일정교(日精橋)라는 낭만적인 이름을 가진 아름다운 돌다리가 놓이지만, 원효 당시에는 요석궁 앞, 그러니까 후대의 월정교 남쪽에 느릅나무로 만든 다리가 있었다. 그 다리를 건너면 곧장 남산으로 이어지는 길이 나타난다.

그런데 고급 관리가 이 다리 이편에 접어들었을 때, 남산에서 내려온 원효도 어느새 다리 저편에 접어들었다. 다리가 그다지 넓지 않았겠지만, 그렇다고 성인 두 사람이 엇비껴 지나가지 못할 정도로 좁지도 않았을 것이다. 그런데 공주를 만나자 원효는 짐짓 물 속에 빠져 옷을 적셨다. 공주는 물에 흠뻑 젖은 원효를 요석궁으로 인도하여 옷을 말리게 하였다. 원효가 이 때문에 머무르게 되는데 공주는 과연 임신하여 설총을 낳았다(남동신,《원효》, 132쪽).

그러니까 최 부잣집은 원효대사의 아들인 설총의 임신지(姙娠地)이자 출생지라고 보아야 한다. 설총이 누구인가. 신라의 대학자로서 이두문자의 창시자가 아니던가. 이 집터에서 일차로 설총이 배출됐음을 기억하자.

임수는 있으되 배산이 없다

집터의 입지 조건을 보통 배산임수(背山臨水)라고 한다. 최 부잣집을 보면 임수(臨水)는 되어 있는데, 배산(背山)이 안 되어 있다. 집 앞에 흐르는 모내〔蚊川〕는 1천300년 전 원효대사가 다리에서 미끄러져 옷을 적셨다는 유서 깊은 냇물로서 임수에 해당한다. 동쪽인 토함산에서 발원하여 남쪽의 낭산과 남산 사이로 흘러오다가 반월성 부근에서 각도를 꺾고, 반월성의 움푹 들어간 부분에서 한 번 모였다가 다시 최 부잣집 앞을 거쳐 서쪽으로 돌아 흘러간다. 최 부잣집에서 보면 동출서류(東出西流)이다. 집 앞에 물이 흘러야 돈이 생긴다.

임수는 이 정도면 되었는데, 집 뒤의 배산이 보이질 않아서 이상하다. 대체적으로 명택들은 뒤에서 내려오는 배산(來龍)이 튼튼한 편인데 이 집은 내룡이 확실치 않다. 야트막한 둔덕으로 내려와서 언뜻 보면 평지에 가깝다.

왜 그럴까 하고 지맥을 조사하기 위해 집 뒤에 있는 밭을 여기저기 돌아다녀 보았다. 집 뒤 밭에는 아름드리 괴목들이 수십 그루 들어서 있다. 웬 나무들인가? 혹시 집 뒤의 허함을 비보(裨補)하기 위하여 심어놓은 나무가 아닐까? 나중에 장손인 최염 씨를 만나 집의 내룡이 약해서 집 뒤가 허하다고 이야기하니 역시 이 추측이 맞았다. 형산강 상류의 원래 집터인 게무덤 자리도 뒤의 내룡이 거의 없었고, 요석궁 터인 이 집도 내룡이 야트막한 둔덕이라서 뒤가 허하다는 것이다.

장손의 답변이 양쪽 모두 공통적으로 배산이 되어 있지 않다고 했다. 그 점을 보완하기 위해서 요석궁 터를 집터로 일단 잡아놓고, 집을 짓기 수년 전에 미리 집 뒤에 나무를 심어놓았다고 한다. 물론 비보할 목적에서였다. 나무 중에서도 수명이 오래 가는 괴목을 선택해서 심었다. 지금 있는 아름드리 고목들은 약 200년 전에 최언경이 집터를 비보할 의도로 일부러 심어놓은 나무들인 것이다. 해방 전에는 괴목나무 숲이 빽빽하였으나, 일제 말엽 일본인들이 괴목을 공출해 가기 위해 많이 베어버렸고, 해방 이후에도 많이 훼손되어 지금은 듬성듬성한 상태다.

　빽빽할 정도로 밀집된 괴목 숲이라면 뒤에서 불어오는 북풍을 어느 정도 차단할 성싶다. 보통 다른 집에서는 집 뒤에 대나무를 심어놓은 경우가 많은데, 이는 내룡이 험한 바위산으로 되어 있을 때 바위산에서 풍기는 살기를 차단하기 위한 방살용(防殺用)이다. 괴목에 비해 대나무는 관리가 거의 필요 없고 빨리 자라기 때문이다. 이에 비해 괴목은 성장하는 데 시간이 오래 걸리므로 장기적인 투자와 관리가 필요하다. 대신 성장하기만 하면 대나무보다 훨씬 품격 있고, 시간이 흐를수록 대나무보다 키도 크고 굵게 자라므로 방풍 효과가 크다.

사랑채 앞에 놓인 돌구유. 경주 시내에서 연꽃 모양의 석조는 이것뿐이다.

계림 숲도 모두 괴목이다.

최 부잣집 터를 자세히 보면 바로 옆에 위치한 향교보다 약간 낮게 자리잡고 있다. 200년 전 공터였던 이곳에 집을 지으려고 할 때, 향교의 반대가 있었다고 한다. 신성한 향교 옆에 민가가 들어서면 향교의 품위가 손상될 것을 우려했기 때문이다. 향교의 반대로 목재만 쌓아놓은 상태에서 몇 년 간 집을 짓지 못하다가, 어느 날 우연히 이곳을 지나던 고명한 선비가 집을 지을 수 있도록 향교를 설득해주었다.

그 설득 명분은 맹모삼천(孟母三遷)의 고사였다. 맹자 어머니가 아들 교육을 위해 세 번째로 이사간 곳이 다름 아닌 향교 옆이라는 고사를 예로 들어, 이는 옛날에도 향교 옆에 민가가 존재하였다는 사실을 말해준다고 한 것이다. 그러니 최씨들도 집을 지을 수 있다는 논리였다. 이 선비 덕분에 최씨들은 향교 옆에 집을 지을 수 있었다고 한다.

그리고 집을 지을 때 향교를 의식해서 향교보다 터를 낮게 깎아내고 지었다. 현재 주춧돌을 살펴보면 향교보다 두 계단 정도 낮다. 높을수록 권위가 있음을 상징한다. 민가가 향교보다 높으면 곤란하다. 안채 뒤를 조사해보니 땅을 깎아낸 흔적이 보인다. 원래의 자리에서 3미터 정도는 흙을 깎아내고 집을 지었음을 알 수 있다. 집터를 정지할 때 인부들을 시켜 흙을 깎아낸 것이다.

이는 향교보다 낮게 짓기 위해서이기도 하지만, 내룡이 평평하게 내려와서 뒤에 떠받쳐주는 맥이 약하니까 그 대신 터를 전체적으로 깎아서 바닥을 낮추었고, 바닥이 낮아지니 자연히 집 뒤의 둔덕은 높아지는 효과를 본 것이다. 따라서 원래 바닥을 3미터 정도 깎아내고 집을 지은 것은 내룡이 약하기 때문에 이를 보완하기 위한 풍수적인 비보책으로 해석된다.

그러나 내룡이 약하다고 해서 이 집이 맥도 없는 것은 아니다. 집 앞 문천을 건너 앞산에 올라가 이 집터의 국세(局勢)를 전체적으로 조망해보면 동쪽의 반월성 쪽에서부터 용맥이 구불텅구불텅 한참을 내려와 계림을 지나 최 부잣집 근처에서 멈추었음이 확연히 나타난다. 내룡이 야트막한 둔덕으로 내려와, 약하기는 하지만 맥을 이어 최 부잣집에 뭉쳐 있음이 확실하다.

재물이 쌓이는 'ㄷ자형' 도당산

 형산강 상류의 게무덤 자리에서 경주 교동으로 이사온 최언경 대부터 현재의 최염 씨까지 계산해보면 7대이다. 12대 만석 중에서 앞의 5대는 게무덤에서 했고, 나머지 7대를 요석궁 터인 현재의 교동 집에서 한 것이다. 최 부잣집 터가 비록 내룡이 약하다는 약점이 있지만, 터를 깎아내고 뒤에 괴목을 심어 할 수 있는 데까지 비보를 한 셈이다. 내룡이 약점이라면 이번에는 강점을 찾아보자.

 풍수적인 안목에서 볼 때 이 집의 최대 강점은 집 앞의 안대가 아주 좋다는 점이다. 이 집의 좌향(坐向)은 임좌(壬坐)이다. 임좌는 남향집에 속한다. 앞에서 설명한 바와 같이 경주에서 남향집은 남산을 향하게 되어 있다. 남산이 안대에 해당한다는 말이다. 그중에서도 최 부잣집은 정확하게 남산을 안대로 삼은 집이다.

 남산은 특별한 산이다. 이 집 대문에서 정면을 바라보면 경주 남산이 멀리 안대를 구성하고 있다. 그리고 가까운 쪽으로는 도당산이라고 하는 야트막한 야산이 겹으로 안대를 구성하고 있다. 내문 앞에서 쳐다보면 도당산이 바로 앞에 있고 그 너머로 남산의 세 봉우리 끝 부분이 도당산 너머로 보인다. 도당산과 남산이 겹쳐져서 이중으로 보이는 것이다. 물론 도당산과 남산은 상당히 떨어져 있지만, 이 집에서 쳐다볼 때에는 거의 겹친 것처럼 보인다.

 나는 최 부잣집의 이중 안대를 보고서야 비로소 안도감이 들었다. 이 집이 만석꾼이 살았던 집이라면 명당이 틀림없을 것이고, 명당이 틀림없다면 과연 어떤 점이 명당인가를 해명해야 한다는 부담감이 짓누르고 있었는데, 이중 안대를 보는 순간 비로소 그 부담감에서 해방되었기 때문이다.

 해방감은 곧 쾌감으로 상승했다. 가설이 현실로 입증되는 순간 올라오는 쾌감이다. 물론 이 쾌감은 오로지 술객만이 느낄 수 있는 쾌감일 테지만. 그러면 그렇지, 다른 데 다 놔두고 괜히 여기다 터를 잡았겠는가! 이것 때문에 여기에다 터를 잡았구나! 아마 200년 전에 터를 잡은 최언경 선생도 앞산의 이중 안대에 매혹 당했을 것이 틀림없다는 생각이 들었다.

앞의 도당산 모습도 재물과 관련 있다. 말발굽처럼 ㄷ자 형태로 생긴 야산이다. ㄷ자의 터진 쪽이 집 앞과 일치되어 있어서 재물이 새나가지 않고 쌓이는 형국이다. 도당산 같은 형태를 곡식을 쌓아놓은 창고사(倉庫砂)로 보는데, 말발굽형 창고사는 그중 최고로 친다. 그만큼 알아주는 창고사이다. 그런가 하면 도당산 너머로 남산의 세 봉우리가 넘어다 보인다. 세 봉우리의 모습은 둥그런 금체(金體)에 가깝다.

금체에서는 귀인이 나온다고 간주한다. 아쉬운 점은 금체 봉우리의 모습이 약간 기울어져 있다는 점이다. 좀더 확실한 형태로, 기울어지지 않고 똑바로 서 있었으면 더 좋을 뻔했다. 금체봉이 똑바로 서 있었으면 귀(貴)가 더 높았을 것이다.

어찌됐든 간에 창고사 위에 금체가 겹쳐 서 있는 형국의 안대는 대단히 희귀한 안대임이 틀림없다. 재물과 귀가 겹쳐서 시너지 효과를 내는 안대가 바로 최 부잣집 안대이다. 행여나 교과서적인 이중 안대를 보고 싶거든 최 부잣집 대문 앞에 서서 무한정 구경하시라! 관람료도 받지 않으니 몇 시간씩 들여다보아도 공짜이다.

최 부잣집의 내룡과 안대를 보면서 양자의 상관관계에 대하여 정리해보았다. 양택(陽宅)의 경우에는 안대가 더 중요하고, 음택

안채의 모습. 최씨 가문의 며느리들은 시집온 후 3년 간은 무명옷을 입어야 한다는 가훈 아래 절약 정신을 몸에 익혔다.

(陰宅)의 경우에는 내룡이 더 중요하다. 최 부잣집을 보아도 이 등식은 입증된다. 내룡은 땅속으로 전달되는 기이기 때문에 음기(陰氣)이고, 안대는 땅 위의 공기를 통하여 공중으로 전달되기 때문에 양기(陽氣)로 간주한다. 죽어서 누워 있는 사람은 뼈만 남아 있으므로 음기를 주로 받지만, 활동하는 산 사람은 양기를 주로 받는다고 본다. 물론 음양기 모두 받을 수 있으면 더욱 좋지만 말이다. 그러므로 양택을 볼 때 일단은 안대를 먼저 볼 필요가 있다.

왕궁 석재로 지은 아흔아홉 칸짜리 '민간 궁궐'

최 부잣집 마당으로 들어가보았다. 사랑채에 놓였던 화강암 주춧돌들을 바라보니 격조와 품격이 느껴진다. 사랑채에 올라가는 계단과 둥그스름한 기둥 받침대가 모두 붉은색이 약간 감도는 경주 화강암으로 이루어져 있다. 민가에 이처럼 원형의 화강암 주춧돌을 사용한 사례는 나도 처음 보는 것 같다. 마치 큰 절터나 궁터를 보는 느낌이 든다.

원래 이 집은 아흔아홉 칸에 부지 2천여 평, 1만여 평의 후원까지 있었다. 이 집에 살던 노비만도 100여 명이나 되었다고 한다. 최염 씨의 부인인 강희숙(姜熙淑, 63) 여사가 1961년에 시집올 당시에는 방앗간, 외양간 등이 헐려 마흔일곱 칸으로 줄어 있었고, 노비들도 거의 자유의 몸이 되어 살림을 나간 상태였다고 한다. 지금은 더 줄어들었다. 사랑채도 1970년 화재로 불타서 주춧돌만 남고, 안채와 문간채 창고만 남아 있는 상태다.

하지만 사랑채 터에 남아 있는 화강암 주춧돌은 전성기 때 최 부잣집이 얼마나 화려했는지를 무언으로 말해주고 있다. 알고 보면 이 화강암 주춧돌들은 200년 전에 반월성에 있던 것인데, 집을 지으면서 옮겨놓은 것이다. 원래 왕궁의 기둥을 받치던 돌들이다.

이 사랑채에서 수많은 과객들이 머물며 한담을 나누기도 하고, 바둑을 두고, 시국을 토론하고, 시를 짓기도 하고, 의기가 통하는 친구를 만나면 밤이 새도록 정담을 나누었을 것이다. 나는 사랑채 주춧돌 위에서 서서 그들이 나누었을 이야기들을 생각해본다. 이 사랑채에는 당대의 내로라하는 인사들이 손님으로 머물렀다. 그 면면을 살펴보자.

구한말에는 경북 영덕 출신의 유명한 의병장인 신돌석(申乭錫) 장군이 잠시 피신하여 집주인인 최준(崔浚, 1884~1970)의 보호를 받았다. 그때 신 장군이 요석궁(최 부잣집의 바로 옆집으로 종조부 집이었다. 현재는 한정식 집 이름) 대들보를 혼자 힘으로 들어 올려 설치했다는 일화가 있다. 신돌석 장군도 이 집의 과객 노릇을 했던 것이다.

또 면암(勉庵) 최익현(崔益鉉, 1833~1906)이 의병을 일으킬 때 수백 명의 수

행원을 데리고 이 집을 방문하여 며칠 묵었다고 한다. 그때 최익현이 최 부자에게서 상당한 거사 자금을 받아서 되돌아갔음은 물론이다. 면암은 충청도 기호학파라서 노론이었고, 최 부잣집은 남인이라 서로 당색이 달랐지만 국난을 당하자 당색에 관계없이 도움을 청하러 왔던 것이다.

일제 때 스웨덴의 구스타프 국왕도 왕세자 자격으로 서봉총 금관을 발굴하기 위해 경주를 방문하였는데, 이때 최 부잣집 사랑채에 머문 적이 있다. 서봉총(瑞鳳塚)이라는 명칭도 스웨덴의 왕세자가 발굴에 참여했다고 해서 붙은 이름이다.

국내의 저명인사로는 손병희·최남선·정인보·안희제·여운형·김성수·장덕수·송진우·조병옥이 다녀갔고, 의친왕 이강(李堈) 공도 사랑채에서 엿새 동안 묵으면서 최준에게 '문파(汶坡)'라는 호를 적어주고 갔다. 육당 최남선과 위당 정인보 두 사람은 이 집에 1년 이상 머무르며《동경지(東京誌)》를 편찬하기도 했다. 천도교의 손병희는 집주인인 최준이 존경하는 사이라 자주 와서 묵었다.

손병희와 최준은 보성학원 이사로,《동아일보》발기인으로 같이 참여하기도 했다. 독립운동을 하다 나중에 변절한 최린도 왔었다. 최린은 보성학교 교장으로 재직할 때 천도교도 100명과 보성학생 100명을 인솔하고 수운 선생 묘소를 참배하러 왔었는데, 이 인원이 모두 최 부잣집에서 숙식을 해결했다. 최수운과 최 부잣집이 같은 집안 간이라는 사실을 알았기 때문에 아무런 부담 없이 대인원을 데리고 와 묵고 간 것 같다.

인촌 김성수도 1년에 꼭 한 번은 들를 정도로 이 집에 자주 왔으며, 인촌 집안과 최 부잣집 집안은 서로 교류가 빈번했다고 한다. 인촌 집안은 호남의 제일가는 부자로서 당시 10만석을 하던 집이었고, 최 부잣집은 영남의 제일가는 부자로 만석을 하던 집이라 영호남 부자들끼리 서로 통하는 부분이 있었을 성싶다.

이러한 인연으로 최준은《동아일보》발기인으로 참여하였던 것이고, 인촌의 영향을 받아 교육 사업에 전재산을 기부했던 것이다. 인촌은 고려대를, 그리고 최준은 대구대와 계림학숙(鷄林學塾)을 세웠다. 대구대와 계림학숙은 영남대의

의 전신이다. 여기서 최 부잣집의 '마지막 부자' 최준에 대해서 알아보자.

만석꾼에서 빚쟁이로, '마지막 최 부자' 최준

문파 최준은 현재 장손인 최염 씨의 조부로, 마지막 최 부자로서 나라가 망한 일제시대를 넘긴 인물이다. 문파는 일제 식민지 상황에서 최 부자의 자존심을 지키면서 동시에 재산도 관리해야 하는 어려운 위치에 있었던 사람이다. 동학 후 활빈당이 부자들을 습격할 때에도 최 부잣집은 그 덕망으로 인해 어려움이 없었지만, 일제 식민지는 상황이 근본적으로 달랐다. 그는 조선의 명부로서 일본 명사들의 방문을 받긴 했지만, 재산을 지키기 위해 자존심을 죽이고 치사하게 살지는 않았던 것으로 보인다.

최준은 항일대동청년당을 조직한 독립투사 백산(白山) 안희제(安熙濟, 1885~1943)와 의기투합하여 백산상회(白山商會)를 설립한다. 물론 그 운영 자금은 대주주인 최준이 거의 책임졌다. 백산상회는 말이 상회이지 임시정부의 김구 선생에게 독립자금을 비밀리에 제공하기 위한 방편으로 세운 회사였다. 그런데 상해에 계속 군자금을 보내다 보니 백산상회는 결국 부도가 날 수밖에 없었고, 그 빚을 사장인 문파가 지게 되었다. 액수는 당시 돈으로 벼 3만 석에 해당하는 거금 130만 원이었다. 이로 인해 식산은행과 경상합동은행이 문파 최준의 모든 재산을 압류했다. 최준은 졸지에 만석꾼에서 빚쟁이로 전락한 것이다.

그러나 얼마 후 뜻밖에도 식산은행 총재인 아리가는 일본인이 최준 앞으로 되어 있는 빚 보증을 해제해주었다. 거액의 빚을 탕감해준 것이다. 최준은 재산의 절반 정도를 되찾을 수 있었다. 이 대목에서 생기는 의문은 왜 채권자인 식산은행 총재가 최준의 빚을 탕감해주었는가이다. 이 부분은 최 부자가 일제 때 은밀하게 친일을 했는지 하지 않았는지를 가름하는 중요한 대목이다.

탕감 이유로 세 가지 설이 있다. 첫째는 일제의 내선일체(內鮮一體)정책 때문이라는 것이다. 아리가는 당시 사이토 총독의 오른팔로서 일본의 호족 출신이었다. 아리가는 조선에 와서 조선 팔도 곳곳을 여행했다고 한다. 아리가의 취미가 고건축 답사와 여행이었고, 겸사해서 조선의 민심도 파악할 심사였다. 그런데 아리가가 방문하는 곳마다 사람들이 경주 최 부잣집의 인심이 후하다는 이야기를 하더라는 것이다. 그래서 아리가는 최 부잣집에 주목했고, 만약 식산은행이 최 부잣집의 재산을 몰수하여 거지로 만들면 일제의 식민정책에 많은 사람들이 의심의 눈초리를 보낼 것이라는 판단을 했을 가능성이 있다. 일본 사람이 들어와서 경주 최 부잣집이 망했다는 소문이 조선 팔도에 돌면 일본에 대한 반감이 더욱 악화될 것 아닌가.

여기에다 최 부잣집에 대한 아리가의 개인적인 호감이 부분적으로 작용했을 수도 있다. 아리가는 일본의 명문가 출신으로서 조선의 명문가로 소문난 최 부잣집에 대해 호감을 가졌을 가능성이 높다. 실제 아리가는 최 부잣집에 자주 놀러왔으며, 사랑채에 머물면서 이 집의 가주(家酒)인 법주(法酒)와 김치를 곧잘 먹었다고 전해진다. 이러는 과정에서 개인적인 우정이 싹텄을 가능성이 있다.

이상을 정리해보면 아리가가 최 부잣집 부채를 탕감해준 이유 가운데 80퍼센트는 내선일체라는 고등정책(유화정책) 때문이었고, 나머지 20퍼센트는 아리가와 최씨 집안 간의 개인적인 우정이 작용하지 않았나 싶다. 세상일에는 무릇 논리와 정리가 섞이는 법이다.

식산은행 탕감 건으로 해서 사이토 총독은 일본 육군성에서 경고장을 받았다. 그 내용은 "당신은 이적행위를 하고 있다. 그 돈이 상해 독립운동 자금으로 갔는데 왜 결손 처분을 해주느냐?" 하는 것이었다. 이 사건으로 인해 해군 출신인 사이토 총독과 역대 총독을 배출한 육군 출신 간의 알력 등 내부적으로도 상당한 논란이 있었음을 암시하는 대목이다.

쌀 800석 들어가는 한국에서 가장 큰 뒤주

문파 최준은 말년에 손자인 최염 씨에게 나중에라도 일본에 가거들랑 아리가의 무덤을 꼭 한번 찾아가라는 말을 남겼다. 아리가의 셋째아들(有賀敏彦)은 현재 한일문화교류협회 일본측 회장으로 활동하고 있다. 그리고 선대의 인연으로 해서 최염 씨에게 편지를 보내온 적도 있다.

동의대 최해진 교수는 식산은행 총재가 최준의 빚을 탕감해준 나머지 두 이유를 〈경주 최 부자의 경영사상 형성 배경과 내용〉에서 이렇게 설명한다. 식산은행이 백산무역에 대출해줄 때마다 문파에게 일부러 보증을 서게 하여 빚을 지게 한 다음 이를 미끼로 총독부에 협조하도록 회유하려 했다는 설이 두 번째이다. 세 번째는 일제가 부채 탕감을 해주는 대신 최 부자의 고가(古家) 모두를 환수하여 신라 박물관으로 만들려고 했다는 것이다. 문파는 당대에는 불가하며 사후에 제공하겠다고 약속했다. 그러나 다행히 해방이 되어 그나마 남은 재산이 일본으로 넘어가지 않았다.

한편 백산무역이 상해 임정에 자금을 송금한다는 사실을 탐지한 일경은 문파를 평양경찰서에 수감하고 손톱이 빠지는 고문을 했다. 그러나 문파는 끝내 발설하지 않았다. 문파가 상해 임시정부에 은밀히 자금을 제공했다는 사실은 김구 선생에 의해 증명됐다. 해방 후인 1946년 2월, 서울 경교장에서 만난 문파와 김구 선생은 서로 큰절을 했다. 이때 최준의 나이 62세였고, 김구는 70세였다.

백범은 문파에게 "최 선생, 그동안 수고가 많았습니다. 가산을 탕진하면서까지 우리 임시정부에 자금을 보내주신 최 선생의 공로를 3천만 동포가 모두 우러러 보게 될 것입니다"라고 치하한 뒤, '자금 조달 인명 기록장'을 보여주며 위로했다. 이 자리에서 문파는 안희제를 통해 상해로 보낸 거금의 독립자금이 한 푼의 착오도 없이 전달된 사실을 알고, 해방 2년 전에 고인이 된 백산의 무덤이 있는 의령을 향해 "백산, 미안하네. 준을 용서하게"라고 큰절을 하며 눈물을 글썽였다고 한다.

문파는 상해로 자금을 보내면서 중간에 백산이 활동비로 어느 정도 사용했을 것이라고 짐작했는데, 백산이 그 최소한의 활동비마저 전혀 사용하지 않고 전달한 데 대한 고마움과 미안함이 섞인 눈물이었다. 백산과 백범은 독립운동의 양백(兩白)으로 통하는 인물이다. 현재 역사학자들의 모임인 백산학회(白山學會)는 백산 안희제의 정신을 기념하기 위하여 만든 학회이다.

다시 최 부잣집 이야기로 돌아오면, 최 부잣집에서 사랑채 말고 또 볼 만한 것은 마당 한쪽에 위치한 창고이다. 정확하게는 가을 추수가 끝난 후 각지에서 날라온 쌀을 저장하던 뒤주이다. 정면 다섯 칸, 측면 두 칸짜리로 우리 나라에서 개인 집 뒤주로는 가장 큰 것이라고 한다. 쌀이 얼마나 들어가느냐고 물으니 1천 석은 못 들어가지만 700~800석은 들어갈 것이라고 한다. 이런 뒤주가 몇 개 더 있었는데 다 없어지고 이제 남은 것은 이것 한 개뿐이다. 이 뒤주를 보니 최 부잣집의 부가 어느 정도였는지 실감난다.

그 다음으로 볼 만한 것은 사랑채 앞에 놓인 돌로 만든 석조(石槽), 즉 구유다. 석조 형태가 연꽃 모양으로 되어 있다. 현재 경주시 전체에 20여 개의 석조가 있는데, 연꽃 모양의 석조는 이것이 유일하다고 한다. 그만큼 모양이 아름다운데, 신라 때 유물로 추정하고 있다. 원래 반월성 안 정자에 있던 것이기 때문이다. 조선조 때 최 부자의 선조가 이 정자를 구입하면서 석조까지 덤으로 가져온 것이다. 인촌이 사랑채에 들를 때마다 이 석조를 보고 욕심이 나니까 고려대학에 갖다 놓자고 여러 번 제의했다는 사연이 있다.

이 집 구조에서 눈여겨볼 것은 안채로 들어가는 대문의 구조이다. 안채 대문에 칸막이가 설치되어 있어서, 직방으로는 못 들어가고 옆으로 돌아서 들어가게 되어 있다. 이는 여자들의 살림 공간인 안채 내부를 바깥에서 정면으로 볼 수 없게 하기 위해 고안한 장치이다. 일종의 발을 쳐놓은 것이다.

만석 재산은 영남대 재단에

최 부잣집의 이곳저곳을 카메라로 찍으면서 집주인을 물어보았다. 현재 이곳에는 관리인만 살고 있을 뿐 집주인은 살지 않는다. 관리인에게 집주인의 이름과 주소를 물으니 최염 씨의 전화번호를 알려준다. 사랑채 팻말에는 이 집이 최식(崔植, 1907~1974)의 집이라고 되어 있지만, 최식은 이미 사망했고, 현재 주인은 최식의 장남인 최염 씨이다. 최염 씨와 통화를 한 다음 그의 집을 방문했다.

만석꾼의 장손이 어떤 사람일까 내심 궁금해하면서 서울 방배동 최염 씨의 집에 들어갔다. 최염 씨는 현재 60여 평 규모의 빌라 2층에 살고 있다. 보통 사람에게 60여 평 빌라면 괜찮은 집이지만, 100여 명의 하인을 부리던 12대 만석꾼의 장손 집치고는 작다는 생각을 했다. 올해 68세의 최염 씨는 처음 보는 순간 부드럽고 정돈된 성품이라는 인상을 받았다. 목소리 톤도 높지 않고 자근자근 이야기하는 스타일이다. 내가 아들 뻘인 것 같아서 큰절로 인사를 하려고 하니 극구 만류하면서 악수로 대신하자고 한다. 가훈인 육연이 걸려 있는 응접실에서 이야기를 나누었다.

가장 궁금한 것은 현재에도 만석의 재산이 유지되고 있는가 하는 부분이었다.
"유산은 못 받았습니다. 만석은 조부님(崔浚) 대에 끝났습니다."
―그렇다면 그 재산은 다 어디로 갔습니까?
"모두 영남대학 재단에 희사했습니다. 조부님은 인촌과 친했습니다. 인촌의 영향을 받아 교육 사업에 뜻을 두었고, 해방 이후 좌우익의 대립과 토지개혁을 겪으면서 많은 토지를 유지한다는 것이 시대 조류에 맞지 않다고 판단한 것 같습니다. 그래서 대학 설립에 전 재산을 희사한 것입니다. 해방 직후 대구대학(현재의 대구대학이 아니다)을 설립할 때 수백 정보의 부동산과 집에 있던 장서 8천 권을 모두 희사했죠. 6·25 후에는 경주 집을 포함한 나머지 재산을 털어서 경주에 계림학숙을 설립했습니다.

대구대학에는 여유 재산이 들어갔고, 계림학숙은 남은 재산이 전부 들어간 셈입니다. 계림학숙 초대 학장을 김범부 선생이 지냈죠. 서울의 유명한 교수들이 피난 내려왔기 때문에 계림학숙에는 유명 교수들이 많았습니다. 그러나 수복 후 교수들이 모두 서울로 올라가버려서 부득이 대구대와 계림학숙을 합쳤습니다."

―제가 알기로 영남대학은 박 대통령이 설립한 것으로 알고 있는데요?
"좀 우여곡절이 있습니다. 조부께서 대구대학을 운영하다가 5·16 후에 운영이 어려워졌는데, 마침 이병철 씨가 학교를 운영해보겠다는 뜻을 비쳐 교동 집 사랑채에서 조부님과 대면하였죠. 조부님이 이병철 씨에게 '자네 고려대학의 교주(校主)가 누구인지 아는가?' 하고 물으니, 이병철 씨가 '인촌 선생 아닙니까' 대답했습니다. 그러자 조부님은 '아니다. 보성학원의 설립자는 이용익 대감이고, 2대 교주가 손병희 선생이다. 손병희 선생이 운영하다가 인촌에게 학교를 맡겨서 오늘날의 고려대학으로 발전한 것이다. 그러므로 자네도 사심 없이 학교를 잘 운영하면 후대에 가서는 인촌처럼 교주 대접을 받을 것이다' 라고 당부하셨습니다.

이병철 씨에게 넘길 때 대가는 일절 받지 않았습니다. 그것이 마지막 최 부자인 조부님의 뜻이었습니다. 그러다가 한비사건(사카린 밀수사건) 이후 박 대통령에게 다시 넘어가 현재의 영남대학이 생긴 것입니다."

결론적으로 12대를 내려온 만석꾼의 재산은 대학 설립으로 그 대미를 장식한 것이다. 호남의 부자인 인촌이 고려대를 키웠다면, 영남의 부자 최준은 영남대학 전신인 대구대학을 세운 것이다.

─만약 대학 설립에 재산을 희사하지 않았다면 그 재산이 계속 유지될 수 있었을까요?

"못했을 겁니다. 옛날에는 장자가 전 재산을 고스란히 상속받을 수 있어서 본인만 노력하면 재산을 지킬 수 있었지만, 지금은 차남이나 삼남 그리고 딸들도 균등하게 유산을 받을 수 있도록 법으로 규정되어 있습니다. 재산이 분산될 수밖에 없지요."

경주 교동 집은 현재 영남대학 재단의 소유이며, 최염 씨는 그 집에서 거주할 수는 있다고 한다. 그러나 최염 씨는 60년대 초반부터 서울에서 사업을 하며 살았으며, 한 달에 한 번 정도 경주에 내려가 집을 둘러본다. 현재는 경주 최씨 중앙종친회 명예회장이 그의 직함이다.

그는 이런저런 이야기 끝에 "제가 서울에서 사업할 때 최 부잣집 장손이라고 밝히면 처음 보는 사람들도 저를 무조건 신뢰해주었읍니다. 조상들이 누대에 쌓아놓은 음덕의 혜택을 본 것이죠"라며 미소짓는다.

나는 조용히 다과상을 나르던 최염 씨의 부인 강희숙 여사, 그러니까 최 부잣집의 맏며느리에게 질문을 던졌다.

영남의 일급 명문가와 사돈 맺은 '치마 양반'

─최 부잣집의 종부이신 셈인데, 시집오기 전 친정은 어디였습니까?

"저희 집도 경북 봉화(춘양)에서는 내로라하는 부잣집이었습니다. 당시 봉화의 강 부자라면 알 만한 사람은 다 알고 있었으니까요. 그런데 막상 시집을 와서 보니 집이 어찌나 큰지 처음에는 길을 잘못 찾을 정도였어요. 수학여행 온 학생들이나 외국 관광객들도 찾아와 집 구경을 하고 가곤 했으니까요."

강 여사의 친정도 명문부택이었던 것이다. 최 부잣집이 비록 진사 이상의 벼슬은 하지 않았지만, 그 혼반(婚班)은 영남의 일급 명문가들이었다. 최염 씨의 6대 조모가 의성 김씨이고, 5대와 4대 조모는 모두 진성 이씨이고, 증조모는 서애(西厓) 유성룡(柳成龍) 선생 후손인 하회 유씨이고, 조모는 안동의 풍산 김씨이고, 어머니는 청주 정씨(한강 정구 선생의 후예)다. 그런가 하면 누님은 동계(桐溪) 정온(鄭蘊) 선생 집의 종부로 시집갔고, 둘째 누님도 서애 선생 종부이다. 최씨 집에 시집온 여자 쪽 친정이 모두 높은 벼슬을 지낸 집안이라서, 최씨 집을 우스갯소리로 '치마 양반' 이라는 별명으로 불렀다 한다.

—경주법주가 원래 이 집에서 손님 접대용으로 내놓던 가주를 상품화한 것이라고 하는데, 법주는 어떻게 담금니까?

"우리 집안에는 '교촌법주' 라는 특유의 술이 있어요. 이 술은 맏며느리만 전수 받아 빚을 수 있죠. 저도 시어머니에게 배웠습니다만, 술 빚는 방법은 누구에게도 가르쳐주지 않습니다. 저도 제 큰며느리에게만 전수했습니다."

법주는 가을걷이 후 햅쌀로 만들어 초봄까지만 먹는 술이란다. 늦가을에서 초봄까지만 한시적으로 먹을 수 있다. 기온이 올라가는 여름에는 상하기 때문에 담글 수 없다.

—법주 말고 자랑할 만한 또 다른 특산품은 없습니까?

"세 가지가 있었습니다. 남석안경, 한지, 미역이 바로 그것입니다. 저희 집에서는 대대로 수정 안경을 만들어 썼습니다. 경주 남산에 수정이 나는 곳이 있어서, 예전에는 저희 집 하인 중에 1년 내내 다른 일은 하지 않고 수정을 채취해서 안경알을 만드는 사람이 있었답니다. 수정을 갈아서 만든 안경은 겨울에 따뜻하고 여름에는 시원하며 김이 서리지 않고 안질에 안 걸리는 장점이 있습니다. 다만 무겁다는 것이 단점이죠. 안경테는 거북이 등껍질을 사용했습니다. 남

최 부잣집의 종손 최염 씨와 종부 강희숙 여사. 이 부부에게는 최 부잣집의 가훈과 관계된 웃지 못할 사연이 있다.

산 돌을 채취해서 만든 안경이라 남석안경이라 불렀죠. 이 안경은 귀한 손님들에게 선물했습니다. 사돈집에도 선물하고 추사 선생에게도 선물했다고 전해집니다.

또 한 가지가 한지입니다. 한지도 저희 집 소작인들이 만들었죠. 한지의 원료인 닥나무 밭이 별도로 있었습니다. 소작인들이 집 근처 닥나무 밭을 관리하면서 한지를 만들었죠. 손님들에게 편지 쓸 때 사용하고, 당시에는 한지가 귀한 물건이라 선비들에게 많이 선물했다고 합니다. 순수 한지는 불에 태워보면 완전 연소가 되어 날아가버리는 성질이 있습니다. 화학 물질이 섞인 한지는 고무처럼 오그라들죠.

한지 말고 미역도 많았습니다. 동해안 감포, 그러니까 감은사 앞 해중릉이 있는 부근 바닷가에는 소위 '미역바위'란 것이 있었습니다. 미역바위란 미역이 붙는 바위죠. 저희 집에서는 이 미역바위들을 사서 거기에 미역이 붙으면 채취했습니다. 평소에 미역바위 관리인이 상주하면서 김을 매줘야 했죠. 요즘 식으로 말하면 자연 양식을 한 셈입니다. 옛날에는 미역이 아주 귀한 물건이었다고 해요. 감포에서 미역을 가져와 집에는 미역이 많았습니다. 이 미역은 일가친척이나 주변에서 아이를 낳으면 산후 조리하라고 보내곤 했습니다."

판사가 되어 가훈 어긴 장손

이런저런 얘기 끝에 자녀들 이야기가 나왔다. 최염 씨 부부는 2남 1녀를 두었으며 장남인 최성길(崔成吉, 40) 씨는 사법고시에 합격해 서울 지방법원 판사로 재직 중이다. 따지고 보면 최성길 씨가 최 부잣집의 차종손이다.

―이 집 가훈은 진사 이상 벼슬을 하지 않는다는 것인데, 아드님이 판사를 하면 이 가훈에 위배되는 것 아닙니까?

"그렇지 않아도 그 부분 때문에 고민이 많았습니다."

강희숙 여사가 털어놓은 이 집의 비하인드 스토리를 소개하면 이렇다. 최성길 씨는 11번의 도전 끝에 사법고시에 합격했다고 한다. 그동안 무려 10번을 낙방한 셈이다. 그 과정에서 마음 고생이 이만저만이 아니었다. 실의태연(失意泰然)이라는 육연을 명심하면서 버텨왔으나 10번째 떨어지니까 부모 된 심정으로 너무 가슴이 아프더라는 것이다. 떨어져도 점수 차이가 크게 나서 떨어지는 것이 아니라 커트라인에서 아주 근소한 차이로 아슬아슬하게 떨어지니까 지독하게 운이 없다는 생각을 하다가도, 한편으로는 진사 이상은 하지 말라는 집안의 가훈을 어겨서 이렇게 번번이 낙방하는 것 아닌가 하는 불안감도 들었다. 판사는 진사 이상의 벼슬로 볼 수 있기 때문이다.

독실한 불교 신자이기도 한 강 여사는 아들의 합격을 위해 영험한 사찰에 가서 불공을 드렸다. 강 여사가 불공을 드리던 어느 날 법당에서 잠깐 졸았는데, 꿈에 시조부님(최성길의 증조부)이 나타나 '이제는 됐다'면서 강 여사에게 도장을 쥐어주더라는 것이다. 우연의 일치인지는 몰라도 그후 11번째 시험에서 최성길 씨가 고시에 합격했다고 한다. 영혼의 세계는 눈에 안 보이는 세계이기 때문에 가타부타 함부로 단정할 수 없지만, 이 일화를 통해 최 부잣집이 얼마나 가훈을 의식하면서 살고 있는지를 간접적으로 짐작할 수 있다.

장시간 동안 이것저것 귀찮은 질문을 던졌는데도 종부인 강 여사는 전혀 귀찮은 내색을 보이지 않고 차분하게 답변해준다. 오랜 세월을 통해 명문가 종부로서의 품위가 몸에 배었다는 인상을 받았다.

나는 강 여사와 대담을 주고받으면서 몇 년 전에 본 영화 〈센스 앤 센서빌러티(Sense & Sensibility)〉가 생각났다. 그 영화에서 '절제된 담담함' 같은 것을 느꼈는데, 강 여사에게서도 비슷한 감정을 느꼈다. 만석의 재산은 사라졌지만, 이 절제된 담담함은 계속될 것이다.

3천500평의 널따란 터에 자리잡고 있는 기세훈 고택 전경. 사랑채 뒤편으로 700평의 대숲이 조성되어 있는 자연 속의 집이다.

전 남 광 주 기 세 훈 고 택

전통은 든든한 뒷심이다

고택 뒤 700평 대숲에서 '사각사각' 들려오는
대나무 이파리 소리와 온갖 새들의 합창.
그리고 대숲에서 자라 맛이 일품인 죽로차.
한국의 고급문화를 상징하는
'계산풍류'의 현장이 바로 기세훈 고택이다.

애일당 마루에서 바라본 안산의 모습. 나무에 가려서 안산이 분명히 보이지 않는 아쉬움이 있다.

한국적 살롱문화 계산풍류(溪山風流)의 산실

'기(奇) 고(高) 박(朴)'이라는 말이 있다. 전남 광주 일대에서 알아주는 성씨(姓氏)를 손꼽을 때 하는 말이다. 광주 일대라고 하면 광주를 포함한 나주, 장성, 창평(남평, 담양, 화순, 동복까지 포함하여) 지역을 일컫는데, 이들 지역에서는 기·고·박 세 성씨를 명문으로 여기는 유풍이 현재까지도 전해지고 있다.

그래서 조선시대에 이 세 성씨보다 품격이 떨어지는 집안에서는 기·고·박과 혼사를 맺으려고 많은 노력을 기울였고, 다행히 혼사가 성공하면 주위 사람들은 그 혼사를 '택(턱)걸이 혼사'라고 불렀다. 그만큼 기·고·박 집안은 선망의 대상이었던 것이다.

그렇다면 왜 이 세 집안이 명문으로 손꼽힐까? 조선시대에 어느 집안이 명문으로 부상하기 위해서는 그 집안에서 걸출한 인물을 한 명쯤 배출해야만 했다. 인물이 되는 자격 세 가지를 든다면 우선 학문이 높고, 의리를 지키며, 인품이 훌륭해야 한다. 어떤 집안에서 이러한 인물이 배출되면 그 집안은 주변에서 명문가로 대접받고, 그 인물은 또한 그 집안의 중시조가 되기 마련이다.

300년의 역사를 이어온 고택의 흙담길. 소나무와 대숲이 어우러져 있고, 새소리가 가득하다.

광주 일대의 세 명문 성씨, '기·고·박'

광주 지역에서 기씨 집안이 명문으로 부상한 계기는 고봉(高峯) 기대승(奇大升, 1527~1572)이라는 걸출한 인물 때문이다. 고씨 집안에서는 임진왜란 때 금산전투에서 3부자가 함께 전사한 의병장 제봉(霽峯) 고경명(高敬命, 1533~1592)을 배출했다. 동아일보사 사장을 지낸 고재욱과 대법관을 지낸 고재호, 국회부의장을 지낸 고재청, 3공 때 국회의원을 지낸 고재필 씨가 그 후손들이다.

박씨 집안에서는 문장과 학행으로 이름을 날린 눌재(訥齋) 박상(朴祥, 1474~1530)과 그의 동생인 육봉(六峯) 박우(朴祐, 1476~1547), 그리고 육봉의 아들로서 시인이자 영의정을 지낸 사암(思庵) 박순(朴淳, 1523~1589)을 배출했다. 국회의원을 지낸 박종태, 전남대총장을 지낸 박하욱이 이 박씨의 후손들이다. 이후로도 이들 집안에서 계속 훌륭한 인물이 나왔음은 물론이다.

기·고·박이라고 할 때 기씨를 가장 앞에다 두는 것은 이 지역 사람들이 고봉 기대승이라는 인물을 그만큼 높이 평가했다는 의미를 내포한 것으로 보인다. 아울러 굉(주)·나(주)·장(성)·창(평)이라는 표현도 원래는 나·광·장·창이었다고 한다. 광주보다 나주가 훨씬 컸기 때문에 나주를 앞세웠는데, 광주에서 고봉이 태어났기 때문에 광·나·장·창으로 바뀌었다고 고봉 후손들은 힘주어 주장한다. 만약 이 말이 사실이라면 고봉이라는 한 인물이 지역에 미친 영향이 대단했던 셈이다. 인물 하나가 지역 순위(?)까지 바꾸었으니 말이다. 어쨌거나 기씨가 명문으로 자리잡은 배경에는 고봉의 영향이 절대적이었음을 알 수 있다.

과거는 그렇다 치고 현재 기씨들은 어떻게 살고 있는가? 항상 현재가 중요한 것 아니겠는가! 고봉의 후손들이 모여 살고 있는 기씨 집성촌 가운데 하나가 광주시 광산구 광산동에 있는 광곡마을이다. 광곡(廣谷)은 우리말로 '너브실'이다. 동네 앞에 나주평야의 넓은 들판이 펼쳐 있어서 너브실이다. 너브실 50여 가구 중 몇 집만 빼놓고 거의 기씨들이 살고 있다.

300년 역사의 너브실 기씨 집성촌

너브실에서 가장 유명한 집이 고봉의 13대 후손인 기세훈(奇世勳, 1914~) 박사 고택인 애일당(愛日堂)이다. 이 집은 고봉의 6대손인 기언복(奇彦復)이 숙종 때 처음 터를 잡은 이래 300년의 역사를 이어온 집으로, 현재 고봉의 사상을 연구하는 고봉학술원이 들어서 있다. 집 바로 옆에는 고봉의 아들이 3년 간 시묘살이를 하며 거처한 칠송정(七松亭)이 있고, 칠송정 뒤로 10분 정도 올라가면 고봉의 묘지가, 조금 더 올라가면 고봉이 죽기 전까지 수양하면서 공부한 암자인 귀전암(歸全庵) 터가 남아 있다.

너브실 중앙에는 고봉을 추모하는 서원인 월봉서원(月峯書院)이 있고, 월봉서원 오른쪽으로 가면 구한말 때 기씨들이 자녀 교육을 위해 세운 서당인 귀후재(歸厚齋)가 자리잡고 있다. 이름에 귀(歸) 자가 많다. 이렇듯 너브실에는 고봉이 공부하던 암자에서부터 묘지, 서원, 서당, 학술원까지 모든 유적과 시설이 모여 있다. 고봉의 탄생지는 너브실에서 10리 정도 떨어진 신룡동이지만, 고봉에 관한 유적이 집중되어 있는 곳은 이곳 너브실이고, 그 중심에 기세훈 고택이 자리잡고 있다고 보면 된다.

기세훈 고택이 갖고 있는 특징은 무엇인가? 한 마디로 전통의 무게와 자연의 향취가 조화를 이룬 집이라고 표현하면 적당할까. 300년의 역사를 지닌 고택이면서도 대밭과 소나무 그리고 각종 정원수들이 어우러져 마치 숲 속에 들어와 있는 듯한 아늑함이 느껴진다.

이 아늑함을 대하니 몇 년 전 방문한 LA의 베버리힐스 생각난다. 그곳의 저택들을 둘러보면서 가장 인상적이었던 부분이 넓다란 대지에 울창하게 우거져 있던 각종 꽃나무와 수목들이었다. 마치 집이 아니라 수목원에 들어선 것 같은 인상을 받았다. 집에서 풍겨 나오는 이국의 꽃과 나무 향기들이 도로 옆까지 진동해서 대문 안으로 들어서기도 전에 이미 가슴이 설레었다.

아파트에서만 살다가 베버리힐스의 향기 어린 집들을 보는 순간 내 뇌리를 스친 생각은 '나도 돈 벌어야겠다' 는 욕망이었다. 그러나 지금 생각해보니 베버리힐스에는 역사와 전통에서 우러나온 무게가 없었다. 분명 아름다운 집이기는 했지만, 역사의 신산(辛酸)에서 우러난 인문학적 지층이 쌓여 있지 않아 지나치게 사람을 들뜨게 했다. 들뜨면 십중팔구 향락적인 방향으로 흐르기 쉽다. 향락을 목표로 한 집은 바로 졸부의 집이다. 그래서 집에도 역사와 인문학적 지층이 중요하다는 생각이다.

반대의 경우도 생각해볼 수 있다. 전통의 무게만 덩그러니 남아 있고, 자연의 향기가 결여되어 있으면 박물관에 사는 것과 같은 부담을 느낄 수 있다. 기세훈 고택은 양자를 모두 갖춘 집이다.

700평 대숲 '망우송'이 발하는 자연의 향기

이 집이 지닌 자연의 향기는 대숲에서 나온다. 전체 대지 3천500평 중 사랑채 뒤쪽으로 700평 넓이의 대숲이 조성되어 있다. 대숲에 들어서면 왠지 모르게 청정한 느낌이 든다. 옛 선비들은 이 느낌을 유현(幽玄)하다고 표현했다. 대숲에서 그윽하고 현묘함을 느끼는 이유는 무엇일까?

그 이유는 소리에 있지 않나 싶다. 대숲에서 귀를 기울이고 있으면 바람이 불 때마다 사각사각, 대나무 이파리가 부딪치면서 내는 소리가 있다. 선비라면 이 소리를 즐길 줄 알아야 한다. 일이 바쁜 사람에게는 들리지 않는 소리다. 할 일 없는 건달이 되어야 들리는 소리다. 그 소리를 한참 듣다 보면 집착과 번뇌가 사라지는 것 같다. 이름하여 망우송(忘憂頌)이다.

폭포에서 나는 물소리 다음으로 듣기 좋은 소리가 바로 대 잎에서 나는 소리라고 한다. 폭포는 인공으로 만들기 어렵지만, 대나무 숲은 조성할 수 있다. 선비 집에 대나무를 심은 이유는 그 푸르른 절개 때문이기도 했지만, 한 걸음 더 들어가면 소리에 있었다. 집터뿐만 아니라 불교 사찰이 있던 절터에서도 거의 대밭이 발견되는 이유도 같은 맥락에서다. 남도 지역의 폐사지를 답사할 때마다 발견하는 점인데, 산 중턱에 푸른 대밭이 있으면 그 자리는 어김없이 절이 있었던 자리다.

대숲에는 또 하나의 소리가 있다. 새들의 소리다. 대나무는 줄기와 잎이 빽빽하기 때문에 밤에 새들이 몸을 숨기고 잠들기에 좋다. 특히 참새들이 그렇다.

그래서 대숲에는 새들이 많이 모여든다. 고택 대숲에도 줄잡아 수백 마리가 모여 있는 것 같다. 그야말로 온갖 잡새들이 지저귀는 통에 늦잠을 잘 수 없다. 지저귀는 시간대도 각기 다르다. 한낮에는 시시때때로 꿩들이 운다. 해가 넘어가는 석양 무렵은 까치들의 시간대이다. 마치 노인의 쉰 목소리처럼 까악까악 하고 지저귄다. 까치는 가장 높은 나무에 앉는 습관이 있고, 멀리 있는 것도 잘 볼 수 있는 시력을 갖고 있다. 그래서 까치가 울면 손님 온다고 하는 옛말이 일리가 있는 말이다.

초저녁에는 소쩍새가 지저귄다. 가만히 듣고 있으면 영락없이 '솥쩍다, 솥쩍다' 한다. 소쩍새 소리를 듣고 있노라면 타임머신을 타고 수만 년 전으로 거슬러 올라가는 것 같다. 새벽에는 특유의 낭랑한 소리로 뻐꾸기가 지저귄다. 해가 뜨는 아침에는 수백 마리의 참새 떼가 지지배배, 단체로 합창한다. 삶의 의욕을 북돋는 소리로 들린다. 대나무 숲은 단순한 숲이 아니라 온갖 새들의 합창을 선사하는, 음향 좋은 스피커인 것이다.

소리 때문만은 아니다. 대나무를 심는 데는 현실적인 이유도 있다. 대나무를 집 뒤에 빽빽하게 심어놓으면 범이 들어올 수 없다고 믿었다. 옛날에는 호랑이가 많아서 사람이 호랑이에게 물려 가는 호환(虎患)이 많았다. 어지간한 탱자나무나 싸리나무 울타리는 호랑이가 쉽게 뛰어넘지만, 빽빽한 대숲은 호랑이가 쉽게 뚫지 못한다고 한다.

또 하나 현실적인 이유는 돈이 되기 때문이다. 대나무로 만들 수 있는 수공예품이 많다. 대자리, 대발, 죽부인, 광주리, 바구니 등등 플라스틱이 없던 시대에는 대나무야말로 일상생활에 긴요한 생필품이었던 것이다. 조선시대에 대나무는 장날에 나가 곧바로 현금과 바꿀 수 있는 고부가가치 자원이었다. 담양을 포함한 이 일대

가 우리 나라 최대의 대나무 산지라는 점을 참고할 필요가 있다.

대숲의 또 다른 선물, 달콤한 죽로차

고택의 대나무 숲 속에는 또 하나의 귀한 물건이 자라고 있다. 바로 차(茶)나무들이다. 널찍한 대숲 아래에 푸른빛 차나무들이 소리 없이 자라고 있다. 같은

광주시 광산구 광산동 광곡마을 기씨 집성촌에서 가장 유명한 집. 오른쪽에 있는 것이 고택 사랑채인 애일당이다.

차나무라 해도 대나무 숲의 차나무를 좋은 것으로 친다. 대숲은 사시사철 그늘을 드리운다. 이는 햇볕과 그늘이 이상적으로 배합된 반음반양(半陰半陽)의 조명을 유지할 수 있다는 말이다. 차나무가 성장하는 데 가장 이상적인 조건이 바로 반음반양이기 때문에 그 차 맛 또한 뛰어날 수밖에 없다. 반음반양의 대숲에서 재배한 차를 죽로차(竹露茶)라고 부르는데, 이는 대나무의 아침 이슬을 받아먹고 자란 차 잎으로 만든 차라는 뜻이다.

죽로차는 그늘에서 자라서 차 잎이 연하고 부드러워 쓴맛을 내는 탄닌 성분이 적다고 한다. 맛이 달콤하다는 이야기다. 뿐만 아니라 차 잎이 연하면 차 잎을 솥에서 덖어 비빌 때 잎에 자잘한 상처가 많이 생겨서 차를 뜨거운 물에 우리는 과정에서 맛이 잘 우러난다고 한다. 그래서 옛날부터 대밭에서 자라는 차를 상품으로 쳤다.

차 잎은 물에 우려먹는 용도만 있는 것은 아니다. 돼지고기 쌈에 차나무 생엽을 얹어 먹으면 그 맛이 색다르다. 생엽을 씹어보면 시원하고 향긋한 맛이 오래도록 남는데, 그 여운이 마치 동양화의 여백처럼 잔잔하다. 이외에도 차 잎은 식중독으로 배가 아플 때 먹는 가정 상비약으로도 사용했기 때문에, 남쪽 지방의 선비 집에서는 집 뒤에 차나무를 심어놓았던 것으로 보인다.

이 집에서 사용하는 식수도 보통 지하수가 아니라 대나무 숲을 통과한 자연수라는 점을 주목해야 한다. 대나무 뿌리는 그물코처럼 촘촘하고 깊게 뻗어 가는 속성이 있는데, 물이 이 뿌리를 통과하면서 자동적으로 정제된다고 한다. 자연 정수 효과가 발생하는 셈이다. 물도 대숲 밑에서 흘러나온 물을 알아준다. 고택의 대숲은 집의 품격을 높여주는 역할뿐만 아니라 다른 측면에서도 실용적인 장점을 지니고 있다.

소가 누워 있는 형국의 백우산

이 집이 지닌 자연의 향기를 좀더 깊이 이해하기 위해서는 집터를 보아야 한다. 이 집은 전남 지역의 유명한 양택 가운데 한 곳이다. 흔히 전남의 양택을 꼽을 때 해남의 녹우당(윤선도 고택)과 구례의 운조루, 그리고 이 집(애일당)을 꼽는다. 그래서 가끔 풍수를 연구하는 풍수 매니아들이 답사차 버스를 대절해서 다녀간다.

먼저 좌향(坐向)을 보자. 안채 자리는 자좌(子坐)로써 정남향으로 자리잡고 있고, 사랑채 자리는 묘좌(卯坐)로써 정서향이다. 안채는 여자들이 사용하는 살림 공간이기 때문에 따뜻하게 햇볕이 들어오는 남향으로 앉혔고, 남자들이 머무는 사랑채는 뒷산 지맥이 내려온 방향에 맞춰 정서향으로 했다. 형국상 이 집은 내려온 지맥에 따라 서향집으로 자리잡아야 맞는데, 안채의 살림공간은 햇볕이 많은 남향이 편리하므로 지맥의 흐름과는 상관없이 남향으로 잡은 것이다.

이처럼 안채와 사랑채의 방향이 서로 다른 경우는 흔치 않다. 해남의 녹우당이 이와 동일한 구조인데, 녹우당 역시 안채는 남향이고 사랑채는 서향의 구조이다. 안채에선 실용을 중시했다면, 사랑채는 풍수를 중시한 결과로 해석된다.

기세훈 씨의 설명에 의하면 이 집터는 노령산맥(호남정맥)의 지맥이 광주 쪽으로 가다가 끝에 뭉친 곳이라고 한다. 혈자리는 맥의 끝에서 생기는 것이 자연의 이치다. 호박을 보더라도 호박은 호박 줄기 끝에 맺힌다. 열매는 끝에서 맺어지는 법. 풍수도 마찬가지서 끝을 찾아야 한다. '용맥이 천리를 달려오다가 마지막에 혈자리 하나를 만들어놓는다千里行龍에 一席之地'고 하지 않던가!

이 이치를 아는 지관들은 지맥이 끝나는 종점을 찾기 위해서 수백 리 산등성이를 오로지 두 발로 걸어서 답사했다. 등산화도 없고, 버너도 없고, 물통도 없고, 등산용 자켓도 없던 시절에 수백 리 답산(踏山)이란 명당을 구하겠다는 종교적 신념 없이는 감행할 수 없는 고행이었음이 분명하다. 노인네들에게서 들은 바에 의하면 옛날 지관들은 산속에서 허기와 갈증을 채우기 위한 비상식량으로 깜밥(누룽지)과 오이를 반드시 휴대하고 다녔다 한다. 깜밥은 무게가 가볍고 장시간 변질이 안 되니까 비상식량으로 적당했고, 목이 마를 때에는 오이를 먹으면 갈증이 어느 정도 해결된다.

집 뒤 주산은 호남정맥의 한 줄기가 끝에서 뭉치며 이뤄놓은, 해발 260미터의 야트막한 산이다. 옛날에는 청량산이라고 불리었다는데, 언제부턴가 백우산이라고 바뀌었다. 청량산은 문수보살이 상주한다는 불교적 맥락의 이름이고, 백우산은 소가 누워 있는 형국이라는 의미의 풍수적인 이름이다. 불교에서 풍수로의 변천이 드러난다. 불교국가인 고려에서 풍수국가인 조선조로 넘어오면서 대체로 이러한 산 이름의 변화가 일어났다. 당대의 지배 이데올로기가 산 이름에도 투사된 결과이다.

소 이름이 들어간 산들은 형세가 부드럽고 완만해서 풍수가에서 선호하는 형태다. 백우산도 완만하고 부드럽다. 그런데 이름에다 왜 흰 백(白) 자를 붙였을까. 오행에서 볼 때 흰색은 서쪽을 상징하는 색깔이다. 산의 방향이 서쪽을 향하고 있으니까 붙인 이름일 것이다. 이 집은 터 뒤의 내룡(來龍)이 아름답게 내려온다. 구불구불 갈지자로 내려오는 모습에서 용의 꿈틀거리는 힘이 손에 잡힐 것 같다. 그 꿈틀거림에서 용의 움직임을 연상하는 것은 풍수문화권의 독특한 미학이다.

내룡이 이처럼 아름답고 힘있게 내려오는 곳은 양택보다도 음택이 더 알맞다고 본다. 음택, 곧 묘지의 주체는 뼈이고, 뼈는 땅속에 묻혀 있기 때문에 밖의 외기(外氣)보다는 땅속의 내기(內氣)를 더욱 많이 받는다고 보는데, 내룡이 이 내기를 주관한다고 본다. 고봉의 묘를 백우산 줄기에 잡은 것도 이 내룡의 아름다움을 중시한 결과로 여겨진다.

고택 전방 300~400미터 앞으로는 영산강 상류에 해당하는 황룡강이 활처럼 돌아 나가고 있다. 풍수학의 고전인 〈설심부(雪心賦)〉에 의하면 "산은 인물을 관장하고, 물은 재물을 관장한다." 작은 물줄기가 아닌 황룡강이라는 큰 물줄기가 이처럼 집터를 활처럼 돌아 나가는 것은 이 터가 재물이 풍부한 터임을 암시하는 것이다.

물도 그 흘러가는 모습에 따라 각기 호칭

집 뒤켠에 있는 기씨 집안의 납골묘. '바르게 산 어른들의 유택'이라고 새겨져 있다. 앞으로 기씨 집안 사람들은 전부 화장할 예정이다.

이 다르다. 터 앞을 활처럼 둥그렇게 감싸면서 돌아 나가는 물은 금성수(金星水)라고 부른다. 갈지자로 굴곡을 이루면서 흘러가는 가는 물은 수성수(水星水), ㄷ자 모양으로 평평하며 각지게 흘러가는 물은 토성수(土星水), 사람 인(人) 자 모양으로 뾰쪽하게 흘러가는 물은 화성수(火星水). 한일 자처럼 일직선으로 흘러가는 물은 목성수(木星水)라고 한다. 고택 앞을 흘러가는 황룡강은 금성수에 해당한다. 풍수에서 금성과 수성, 토성수는 길하다고 보고, 화성과 목성수는 흉하다고 본다.

 이 터에서 또 하나 주목할 사항은 산수역거(山水逆去)이다. 산수역거란 산과 물이 서로 엇갈리는 방향으로 진행하는 현상이다. 예를 들어 산은 동쪽에서 서쪽으로 뻗어가고 있다면, 물은 그 반대방향인 서쪽에서 동쪽으로 흘러가는 것을 일컫는다. 이는 매우 좋게 본다.

 집 앞의 조산(祖山, 정면에서 멀리 보이는 산)은 구룡산이다. 구룡이란 말처럼 집터 왼쪽(북쪽)에서 시작해 오른쪽(남쪽)으로 뻗는 용맥이 구불구불 길게 내려와 집터 앞에서 조산을 이루고 있다. 반면 황룡강은 오른쪽(북쪽)에서 발원하여 왼쪽(남쪽)으로 내려가고 있다. 진행 방향이 서로 엇갈리는 산수역거를 보여주고 있는 것이다.

 산수역거의 반대도 있다. 풍수에서는 산수역거의 반대를 산수동거(山水同去)라고 부른다. 이는 산과 물이 같은 방향에서 시작하여 같은 방향으로 흘러가는 현상이다. 동거(同去)는 좋지 않게 본다. 바닷물도 난류와 한류가 서로 부딪치는 곳에 물고기가 많듯이, 산과 물도 서로 부딪치는 곳에 묘용이 발생하는 것이 자연의 이치다. 산과 물도 서로 스파크가 튀어야 한다.

 이 집터 바로 앞에 흐르는 조그만 실개천도 놓치지 말아야 한다. 보통 사람은 이 실개천을 무심코 지나치기 쉽지만, 풍수가에게는 결코 지나칠 수 없는 중요한 부분이다. 이 실개천이 이 집의 내당수(內堂水, 집터 바로 앞에서 흐르는 개울물)가 된다. 이 내당수가 좌우 양쪽에서 두 줄기로 집터를 감아 흐르다가 대문 앞쪽에서 하나로 합수(合水)되어서, 다시 황룡강으로 흘러 들어간다. 이렇게 집터를 좌우에서 감아 돈 물줄기가 합수되는 것도 매우 상서롭게 본다.

산과 물이 서로 엇갈리는 '산수역거'의 풍수

집 앞의 조산은 구룡산이다. 구룡(九龍)이란 이름에서 알 수 있듯이 이 산은 초보자가 보아도 용을 연상할 만큼 구불구불한 형태가 선명하다. 사랑채에서 바라보았을 때 구룡산 좌측으로 조그만 삼각형 형태의 봉우리가 두 개쯤 보이고, 오른쪽으로는 바가지 모양의 둥글둥글한 봉우리들이 연달아 이어지고 있다.

삼각형은 필봉(筆峰)이고, 바가지 모양은 금체(金體)의 노적봉으로 간주한다. 바위 암벽으로 나타나는 살기(殺氣)는 전혀 보이지 않고, 금체의 노적봉들만 많이 보인다. 노적봉도 역시 재물과 관련 있다.

한 가지 아쉬운 점은 정원에 높이 서 있는 두 그루의 은행나무에 가려서 문필봉과 노적봉이 잘 보이지 않는다는 점이다. 풍수에서는 나뭇잎에 가리면 그 봉우리 기운이 중간에 차단된다고 믿는다. 은행나무로 인해 좋은 기운이 차단되고 있는 상황이다. 이 때문에 예전에는 조산이나 안산(案山) 봉우리를 가리는 나무는 잘라내거나 아예 키우지를 않았다. 원래 집 마당 안에는 지붕을 넘어가는 높이의 큰 나무를 키우지 않는 법이다.

전통 민속에서는 집에 지붕을 넘어가는 오래된 나무나 큰 나무가 자라고 있으면, 그 나무에 목신(木神)이 사는 수가 많아서 집에 좋지 않다고 본다. 만약 목신이 살고 있는 나무를 함부로 베어내면 '동티'가 난다고 믿는다. 70년대 초 새마을운동 때 길 넓힌다고 동네 앞의 수백 년 된 괴목을 톱으로 잘라낸 후 작업을 한 인부들이 몇 명씩 죽었다는 소문이 돈 것은 바로 이러한 동티 때문이다.

그래서 옛날 어른들은 집안에 지붕을 넘어가는 키 큰 나무를 애시당초 키우지 않았다. 어쨌거나 사랑채에서 보았을 때 구룡산 좌측으로 멀리 보이는 삼각형의 문필봉이 잘 보일 수 있도록 은행나무를 조치하는 것이 좋을 성싶다.

고봉사상의 산실, 고봉학술원

현재 이 집에는 고봉의 사상을 연구하는 고봉학술원(高峰學術院)이 같이 있는데, 고봉의 13대 후손인 기세훈 씨가 사재를 털어 꾸려나가고 있다. 영남학파

쪽에서 퇴계에 가려 남명에 대한 조명이 상대적으로 소홀했듯이, 그동안 기호학파 쪽에서는 율곡에 가려 고봉에 대한 조명이 소홀했다. 고봉학술원은 호남학파의 수장이라고 할 수 있는 고봉의 사상을 본격적으로 조명한다는 취지에서 설립되었다. 올해로 15호째 발간한 학술지의 이름도 다름 아닌《전통과 현실》.

고봉사상이 지닌 현재적 의미는 무엇인가? 과거에 그랬다는 것이 현재에 어떤 의미가 있는 것인가? 어떻게 하면 전통을 현실에 연결할 것인가? 이러한 문제의식이 담긴 제호라고 여겨진다. 결국 전통과 현실을 어떻게 서로 연결시킬 것인지가 문제다. 이는 비단 고봉학술원에만 적용되는 문제는 아니다. 현재 가동하고 있는 퇴계학, 율곡학, 남명학 연구소 역시 같은 상황에 놓여 있다고 생각한다.

유교뿐만 아니라 한국 불교 쪽도 마찬가지다. 전통과 현실을 연결하는 문제는 송광사에서 세운 '보조사상 연구원'이나 해인사의 '성철선사상 연구원'에서도 지향해야 할 과제이다. 현재적 의미를 놓치고 과거 조상의 업적에만 집착하다 보면 문중학(門中學)에 머물고 말거나 자칫 시대착오(anachronism)라고 비판받을 염려가 있다. 그렇다면 어떻게 하면 현재를 잡을 것인가? 주문하기는 쉽지만 만족할 만한 결과를 내놓기는 어려운 문제다.

방법은 결국 서양 역사학자의 표현대로 과거와 현재의 끊임없는 대화에서 찾을 수밖에 없다. 과거와 현재의 대화. 대화를 하자면 적당한 장소가 필요하다. 내가 보기에 이 대화를 위한 장소가 기씨 집안의 살롱인 고봉학술원이고, 기세훈 고택이다.

우선 과거를 보자. 고봉 기대승의 생애와 사상에서 주목할 점은 대략 세 가지로 요약할 수 있다. 첫째는 그의 사상이고, 둘째는 퇴계와의 인간적 관계, 셋째는 계산풍류(溪山風流)이다.

첫째 고봉사상은 무엇인가? 고봉은 당대의 석학인 퇴계와 벌인 사단칠정(四端七情) 논쟁으로 유명하다. 사단(仁의 측은지심, 義의 수오지심, 禮의 사양지심, 智의 시비지심)은 선한 마음의 이성(理性)을 가리키고, 칠정(인간의 일곱 가지 감정, 희·노·애·락·애·오·욕)은 인간의 본능적 감정(感情)을 가리킨다. 여기서 퇴계는 사단이 이(理)에서 발생하고, 칠정은 기(氣)에서 발생한다고 보았다. 즉 사단과 칠정, 이와 기를 서로 혼합시킬 수 없고〔不雜〕, 따로 분리시켜 보려는 입장이다.

금욕적인 퇴계, 풍류적인 고봉

반면 고봉은 양자를 서로 떼어놓고 볼 수 없다〔不離〕는 반론을 폈다. 퇴계가 이와 기를 분리하려고 한 이유는 이를 강조하기 위해서다. 이를 강조하는 것은 윤리와 도덕을 중시함으로써 본능적인 감정이 지배하는 세계에서 벗어나 이성중심의 문명세계로 나아가자는 의도이다. 그러나 고봉은 사단과 칠정의 분리가 너무 인위적이라고 지적했다. 이성과 감정은 두부 자르듯 자를 수 있는 게 아니며, 사단과 칠정 역시 동전의 양면처럼 둘이면서도 동시에 하나라는 입장이다.

몇 년 전에 작고한 다산학의 권위자이자 한국학자인 이을호 선생은 고봉의 이러한 입장을 '이이일원론적 묘합(二而一元論的 妙合)'이라고 정의했다〔유가의 묘합의 원리〕. 둘이면서 하나인 이이일(二而一). 이는 고봉에서 끝나는 게 아니라 9년 후배인 율곡이 그 뒤를 잇고, 다시 남인의 거두 윤백호(尹白湖)로 이어지고, 다산을 거쳐 사상의학의 창시자인 동무(東武) 이제마(李濟馬)까지 관통하는 사상사적 흐름이라고 이을호 선생은 주장했다.

따지고 보면 이이일은 원효가 〈대승기신론소〉에서 제시한 일심이문(一心二門)의 구조와도 상통한다. 진여문(眞如門, 이상의 세계)과 생멸문(生滅門, 현실의 세계)이라는 두 문〔二門〕이 결국 한마음〔一心〕에서 통섭된다는 일심이문의 원리가 원효의 주저인 〈대승기신론소〉의 핵심이고, 이 일심이문이라는 소포트웨어를 가지고 원효는 당시 백가쟁명의 상태에 있던 불교 사상계를 회통(會通)한 것이다.

오늘날 입장에서 굳이 퇴계와 고봉의 노선을 구분한다면 퇴계의 노선은 도덕적 원칙을 고수하면서 금욕적인 실천에 주력하는 입장이라면, 고봉의 노선은 현실의 변화를 인정하고 자연을 즐기는 포용적이고 풍류적인 쪽이라고 볼 수 있다. 퇴계가 거주한 안동 지역이 오늘날 한국에서 가장 순도 높은 유교적 전통과 선비적 자존심을 지키는 고장이 된 것은 퇴계 학풍의 영향이 아닐까 싶다.

반면 기호 지방 특히 호남에 문학과 예술 그리고 풍류가 발달한 것은 고봉의 사상적 노선과 무관하지 않다고 생각한다. 아울러 고봉이 주장한 이이일의 사상적 원리를 현재 한민족의 숙원사업인 남·북간 대립 해소의 사상적 단초로 생각해 봄직도 하다. 남북은 둘이면서 하나가 아닌가.

한편 경성제대 교수로 있었던 다카하시 도오루(高橋亨, 1878~1967)는 퇴계의 입장을 주리론(主理論)으로, 고봉과 율곡의 입장을 주기론(主氣論)으로 파악했다. 한국 유학사를 주리와 주기라는 틀로 파악하는 방법은 다카하시가 창안한 방법인데, 최근 소장학자들 사이에서 이 틀이 적절치 않다는 주장이 나오고 있다. 조선의 철학은 이를 목표로, 기를 제어해야 한다고 확신한 철학이다(조남호,〈조선의 유학〉). 따라서 기만을 전적으로 주장하는 주기파는 실제로는 존재하지 않았다는 이야기다. 그렇다면 불잡(不雜)이냐 불리(不離)냐, 또는 이을호의 방식인 둘이냐 하나이냐의 틀로 보는 것은 어떨까 생각해본다.

한편 고봉과 퇴계의 인간적 관계는 어떠했을까? 퇴계와 고봉이 벌인 사단칠정 논변은 어떠했을까? 사칠논변이 일어날 당시 퇴계의 나이 58세이고, 고봉은 32세였다. 퇴계는 성균관 대사성으로 재직하는 원로 학자였고, 고봉은 이제 막 대과에 급제한 촉망받는 신예 학자였다. 퇴계와 고봉의 관계에서 우리의 주목을 끄는 점은 26살이나 연상인 퇴계가 아들뻘인 고봉의 주장을 경청하고, 고봉을 토론 상대로 인정했다는 점이다. 두 사람이 편지를 주고받으며 논변을 진행한 기간이 무려 8년이었다. 이 대목에서 우리는 퇴계의 인품을 느끼지 않을 수 없다.

고봉 역시 원로의 학문적 권위에 눌리지 않고 예리하게 자신의 논지를 주장하면서도 인간적으로는 퇴계에게 자신의 신상 문제를 자문하는 유연한 모습을 보였다. 퇴계는 참신한 젊은 지성을 만났다고 생각한 것 같고, 고봉은 인품이 훌륭한 어른을 만났다고 생각한 듯하다. 오늘날 생각해보면 퇴계와 고봉의 관계는 인품과 지성의 상보적 만남이었다. 퇴계가 고봉에게서 신선한 관점을 보충 받았다면, 고봉은 퇴계를 통해 학문과 인생을 숙성시킨 것 같다.

전주대 오종일 교수의 연구(〈고봉사상의 입체적 조명, 그의 인생 역정을 따라서〉)를 보면 퇴계와 고봉은 서로를 신뢰하고, 현실적인 도움을 주기 위해 노력하는 관계였다. 퇴계가 서울을 떠나 고향인 안동으로 돌아갈 때, 고봉은 한강가에서 유숙하며 봉은사까지 퇴계를 배웅하고, 배가 떠나려 할 때 그 석별의 정을 다음과 같은 시로 남겼다.

한강수는 넘실넘실 밤낮으로 흐르니	漢江滔滔日夜流
떠나시는 우리 선생 어이하면 붙잡으리.	先生此去若爲留
모랫가에 닻줄 끌고 못 떠나게 배회할 제	沙邊椳纜遲徊處
밀려오는 애간장 시름을 어떻게 할거나.	不盡離腸萬斛愁

또 선조 원년 승정원에 있을 당시에는 가까이 모시던 선조가 낙향한 퇴계에 대해 갖고 있는 심정을 전하면서 이에 대처해야 할 퇴계의 처신에 대해서도 일일이 편지로 적어 보냈을 정도이다.

지금 임금께서 선생을 보고 싶어하는 생각이 간절한데 끝내 나오시지 않으니 걱정됩니다. 만약 그 사이에 임금의 마음(선생을 보고 싶어하는)이 바뀌면 어떻게 할까 하는 것이 첫째 걱정이고, 선생이 조정에 나오시면 다행인데 그렇게 하지 않으시니 둘째 걱정이고, 그래도 임금의 선생에 대한 애정이 각별하니 조정에 꼭 나오게 하려고 벼슬을 내린다면 어떻게 처신하실 것인지요. 제 생각으로는 회피만 해서는 안 될 것 같으니 봄이 가기 전에 한번 서울에 올라와 임금께 감사하다고 말하고, 경연에서 성학(聖學)을 강론한 다음, 병을 핑계로 물러나기를 청하면 대의에 어긋남이 없을 것입니다.

덧붙여 조정 경연에서는 어떤 과목이 진행 중이며, 임금의 학문적 열정과 관심은 어떠하다는 것을 세세하고 설명하고, 만약 퇴계가 경연에 임한다면 임금의 관심은 어떤 부분에 있을 것이다라는 이야기까지 전했다. 고봉은 퇴계에게 당시 조정 분위기가 어떻게 돌아가고 있는지 전하는 것도 빼놓지 않았다.

이러한 신뢰가 있었기 때문에 퇴계는 고봉에게 자신의 아버지 찬성공의 묘갈명(墓碣銘, 무덤 앞에 세우는 묘표에 새기는 글)을 써주기를 부탁하고, 고봉의 나이 44세 때 퇴계가 죽자 고봉은 실성한 사람처럼 통곡하면서 그의 묘 앞에 묘갈명을 써서 바친 것이다. 오늘날 퇴계의 묘 앞에 서 있는 묘비가 바로 그것이다. 두 사람은 인간관계의 전범을 후학들에게 보여주었다. 아울러 안동에 살았던 퇴계와 광주에 살았던 고봉의 아름다운 관계는 오늘을 사는 영·호남의 식자층들에게 많은 시사점을 던져준다.

마지막으로 계산풍류에 대해 이야기해보자. 계산풍류란 사대부들이 경치 좋은 계곡에다 누정(樓亭)을 지어놓고 문(文)·사(史)·철(哲)을 논하고 즐기던 조선시대의 고급문화를 지칭하는 표현이다. 호남에서 서원이 창건된 시기는 대체로 16세기 후반쯤이지만, 누각과 정자는 그보다 40~50년 앞서서 세워진다. 호남의 고급문화는 서원보다는 누정에서 먼저 출발했다는 말이다.

한국 누정문화의 최고봉, 고봉의 '계산풍류'

호남 계산풍류의 현장은 무등산 원효계곡에서 시작하여 창평, 담양 일대로 이어지는 지역에 자리잡은 수많은 누정들이었다. 면앙정(俛仰亭), 소쇄원(瀟灑園), 독수정(獨守亭), 식영정(息影亭), 송강정(松江亭), 환벽당(環碧堂), 명옥헌(鳴玉軒), 풍암정(楓岩亭) 등을 포함하여 약 70여 개의 누정이 창평과 담양 일대에 현재까지도 존재하고 있다.

15세기 말부터 16세기에 걸쳐 빈번히 일어난 사화를 목격한 뜻있는 선비들이 벼슬살이에 환멸을 느끼고 시골로 내려와 자연과 벗하면서 생겨난 것이 누정이다. 당시에는 150여 개의 누정이 있었다고 하니 이 일대는 그야말로 한국 누정문화의 본고장이자, 한국 문예부흥기의 중심지였다고 할 수 있다.

고급문화는 역시 먹고 사는 일이 어느 정도 해결되어야 꽃필 수 있다. 조선시대에 이처럼 많은 누정, 즉 살롱들이 들어설 수 있었던 밑바탕에는 창평 들판의 경제력이 뒷받침하고 있었다. 19세기 때 통계이긴 하지만, 창평 일대에 천석꾼이 대략 600가구나 살았다고 하니 놀라울 뿐이다. 그만큼 창평 일대는 풍요로운 땅이었던 것이다.

여기에는 조선시대 고부가가치 자원인 대나무 숲도 한몫했다. 이 부의 흔적은 오늘날 유명한 창평 한과와 엿으로 남아 있다. 특히 쌀로 만든 창평엿은 입에 달라붙지 않고 맛이 좋기로 유명하다. 쌀이 귀하던 때에 쌀로 엿을 만들어 먹었을 정도로 창평은 부자들이 많이 살았던 곳이다.

다산 연구가인 박석무 씨는 〈무등산의 풍류와 의혼(義魂)〉이라는 글에서 이러한 계산풍류의 인맥을 잘 밝히고 있다. 이에 따르면 문과에 급제하여 벼슬 하다가 30대에 연산군의 학정을 만나 낙향한 지지당(知止堂) 송흠(宋欽, 1459~1547) 때 계산풍류가 처음 시작됐다.

학포(學圃) 양팽손(梁彭孫, 1480~1545), 면앙정(俛仰亭) 송순(宋純,

기고봉 묘에서 바라본 주변 산세. 좌측으로 멀리 보이는 지맥이 구불구불하여 용의 모습을 연상시킨다.

1493~1583)이 송흠에게서 학문과 문학을 배우면서 여기에 참여했다. 하서(河西) 김인후(金麟厚, 1510~1560)는 면앙정의 제자로서 소쇄원에 주로 머물렀다. 대사성을 지낸 송천(松川) 양응정(梁應鼎, 1519~1581)은 양팽손의 아들로서 계산풍류 멤버였는데 송강(松江) 정철(鄭澈, 1536~1593), 옥봉(玉峯) 백광훈(白光勳, 1537~1582), 고죽(孤竹) 최경창(崔慶昌, 1539~1583)과 같은 뛰어난 제자들을 배출한다.

가장 한국적인 정취가 서린 정원이라고 평가받는 소쇄원을 세운 인물은 양산보(梁山甫, 1483~1536)이다. 그는 조광조의 문인으로서 기묘사화 때 벼슬을 단념하고 고향에 내려와 소쇄원을 세웠다. 양산보는 면앙정 송순과는 인척간이고, 하서 김인후와는 사돈간이다. 고봉 기대승과 제봉 고경명, 백호(白湖) 임제(林悌, 1549~1587), 미암(眉巖) 유희춘(柳希春, 1513~1577), 청련(青蓮) 이후백(李後白, 1520~1578) 같은 당대의 일급 문사들이 계산풍류에 참가했다. 이들은 한자리에 모여서 자연의 풍광을 예찬하고, 시를 짓고, 고금의 학문을 논하는가 하면, 나라를 걱정하였다. 여기에서 논의한 내용들이 후일 사림들의 상소를 통해서 조정에 반영됐다.

16세기 호남의 탁월한 문사들의 모임인 계산풍류의 중심 무대가 소쇄원이었다면, 그 좌장 격은 송순이었다. 그는 여러 차례 고위 관직을 역임했으나, 그 학문과 인품으로 인해 91세로 세상을 뜰 때까지 호남 문인들의 존경을 받은 인물이다. 그는 면앙정을 보고 다음의 가사를 남겼다. "10년을 경영하여 초가삼간 지어내니 나 한 칸, 달 한 칸에 청풍 한 칸 맡겨두고, 강산은 들일 데 없으니 둘러 두고 보리라."

송순 밑에서 김인후, 임억령, 고경명, 정철, 임제, 양산보, 김성원, 기대승, 박순 등이 가르침을 받으며 풍류를 익혔다. 그 스승에 그 제자들이다. 여기서 송순이 회갑을 맞이해서 면앙정을 증축하고 제자들에게 〈면앙정기〉를 부탁할 때, 다른 사람을 제쳐두고 고봉에게 부탁한 사실이 눈에 들어온다. 그때가 1553년이니까 고봉의 나이 불과 26세 때다. 선배 문사들을 제치고 불과 26세의 고봉이 발탁되었다는 사실에서 고봉이 계산풍류에서 차지한 비중을 엿볼 수 있다.

고봉은 젊은 시절 문사들과 어울리면서 풍류가 무엇인지 깨친 인물이다. 그러므로 고봉을 평가할 때 그가 참여한 계산풍류 정신을 빼놓을 수 없다. 계산풍류 정신은 부도덕한 정치권력에 휩쓸리지 않고 풍류를 즐기면서 문·사·철을 연마하는 데 있다. '풍류로써 세상을 건지리라'는 말도 있지 않은가! 계산풍류의 멤버들이 즐기기만 한 것은 아니다. 고경명, 김천일, 김덕령의 예에서 보듯 국난을 당해서는 의병장으로 나가 싸웠다.

가학 계승에 최선 다하는 후손들

이제부터는 이 집안의 현재를 보자. 고봉학술원에서 발간하는 《전통과 현실》의 표지는 창간호부터 현재까지 소쇄원 전경 그림을 계속해서 사용하고 있다. 어찌하여 학술지의 표지를 소쇄원 전경으로 택했는가? 소쇄원으로 상징되는 호남 계산풍류 전통을 오늘날에 계승하겠다는 의지의 표현이다. 이것이 바로 고봉학술원이 지향하는 목표이다. 기세훈 고택은 고봉학술원을 뒷받침하는 건축적 토대라고나 할까. 서양식으로 말한다면 기세훈 고택은 살롱을 지향하고 있는 셈이다.

유럽의 고급문화는 살롱에서 그 토대를 마련했다고 해도 과언이 아니다. 한국도 이제 살롱이 필요한 시기가 되었다고 본다. 그러나 한국에는 룸살롱 말고는 학자와 예술가가 모일 수 있는 진짜 살롱이 없다. 살롱을 제공하는 패트런 (후원자)이 없기 때문이다. 한국 사람들은 돈을 벌 줄만 알았지 쓸 줄을 모른다. 쓸 만한 일에 돈을 쓰지 않는다는 사실을 뒤집어보면 한국의 돈 있는 사람들이 추구하는 이데아가 없기 때문이라는 결론이 나온다. 그러다 보니 사회가 하향 평준화 쪽으로 가지 않나 싶다. 모든 일은 둠벙부터 파놓아야 한다. 시작이 중요하다. '둠벙 파놓으면 개구리 뛰어든다'는 속담도 있지 않은가!

고봉의 13대 후손인 기세훈 씨의 고택은 전통의 무게와 3천500평 넓은 대지, 새들이 지저귀는 대밭과 차나무, 돌담길, 그리고 학술원까지 갖추고 있다. 한국적인 살롱, 그러니까 계산풍류를 계승할 수 있는 기본 조건은 마련된 셈이다. 매년 학술회의가 열릴 때면 많은 학자들이 고택에 머물다 간다. 주변 풍광이 아름답기 때문에 화가들도 많이 오고 소설가, 도예가, 사진작가, 국악인, 디자이너, 향토사학자, 조각가, 영화인들도 방문한다. 이 집에서도 접빈객이 중요한 일이다.

고택 종손인 기세훈 씨는 올해 88세의 고령이다. 천석꾼의 아들로 태어나 광주학생운동이 일어난 당시 광주고보를 거쳐 와세다대 법학과를 졸업했다. 창씨개명을 거부했기 때문에 사법고시에 합격하고서도 판사에 임명되지 못했다. 판사를 못하면 못했지 기고봉의 후손으로서 창씨개명은 할 수 없었다고 한다. 그러다 1969년 서울고등법원장을 거쳐 초대 사법연수원장으로 재직 중 사법권 독립을 요구하는 사법파동의 주역이 되어 옷을 벗었다. 그 뒤로 변호사 생활을 해왔다. 현재는 행주 기씨 대종회 회장을 맡고 있다. 88세의 고령에도 불구하고 만나보니 아직 눈에 힘이 남아 있고, 강단이 있는 분이라는 인상을 받았다.

―일생 법조인으로 사신 셈인데 어떻게 법조계와는 다른 분야인 고봉학술원을 지원하시게 되었습니까?

"호남유림회 대표를 맡았던 선친께서 저를 보고 한탄하신 말이 있습니다. '너 대에 우리 집 가학(家學)이 끊기는구나.' 저는 고봉 집안의 가학이 끊긴다는 사실에 많은 고민을 했습니다. 가학을 이어야 한다는 선친의 당부도 있었고, 여기에다가 한국의 전통 학문과 풍류를 계승하고 싶은 제나름대로의 의지도 작용한 결과입니다."

―돈을 버는 일이 아니라 써야 하는 일이기 때문에 주변의 반대도 있었을 성 싶은데요?

―"그렇습니다. 주변의 반대가 많았습니다. 《전통과 현실》을 한 번 발간하는데 3천 만원 정도 들어갑니다. 특별히 부자가 아닌 저에게는 적은 액수가 아닙니다. 그러나 저는 제 인생의 모든 보람을 여기에다 두고 있기 때문에 추진할 수밖에 없었습니다."

―어르신네가 돌아가시면 이 일은 누가 계승합니까?

"큰아들이 할 겁니다."

기세훈 씨는 2남 3녀를 두었는데, 한양대 의대 내과과장으로 있는 장남 기춘석(59) 씨는 간 분야에서는 한국에서 손꼽히는 전문가이다. 아버지 옆에 앉아 있는 기춘석 씨에게 질문을 돌렸다. 매우 과묵한 인상이다.

─전공도 다른데 어떻게 이어갈 수 있겠습니까?

"처음에 저도 고민했습니다. 전공이 의학인데 인문학 쪽이 주를 이루는《전통과 현실》을 이어간다는 게 부담스러웠습니다. 하지만 저희 집의 전통이자 동시에 계산풍류의 전통을 잇는 일은 어느 정도 대가를 치르더라도 의미가 있는 일이라고 생각합니다. 그래서 저는 비록 의학 쪽 논문이긴 하지만 창간호부터 《전통과 현실》에 논문을 게재해왔습니다. 제 나름대로의 참여 방법이었죠."

올해 발간한 제15집의 비용은 기춘석 씨가 담당했다고 한다. 차남도 대학교수로 있다. 차남인 기백석(49) 씨는 중앙대 의대 신경정신과 교수로 있다. 큰 사위인 김병교 씨는 우주항공연구소 소장 겸 충남대 교수로 있고, 둘째 사위인 정승기 씨는 전주 영진건재와 태평양수영장 사장이며, 셋째 사위인 신동우 씨는 아주공대 건축과 교수이다.

명문가 종손의 결단, 집 뒤의 납골당

기세훈 고택에서 개인적으로 가장 인상 깊은 것은 집 뒤켠에 있는 이 집의 납골당이다. 돌에 '바르게 사신 어른들의 유택'이라고 각인되어 있다. 기세훈 씨는 본인부터 죽으면 화장해서 이 납골당에 들어갈 것이라고 했다. 앞으로 가족들이 죽을 때마다 매장을 하지 않고 납골당에 안치하겠다는 뜻이다. 전통을 계승해온 명문가의 종손으로서는 매우 파격적인 결단이 아닐 수 없다.

사실 알고 보면 풍수적으로 화장이 매장보다 위험부담이 적다. 매장의 경우 물이 나오는 곳에 잘못 매장하면 그 후손들이 해를 입을 수도 있지만, 화장의 경우에는 뼈를 태워버리기 때문에 해도 없고 득도 없는 무해무득(無害無得)이라고 본다.

풍수가에서 뼈는 혼백(魂魄) 중 죽은 사람의 백(魄)이 들어가는 매체로 작용한다고 본다. 따라서 매장을 하면 이 백이 조상과 후손이 영적인 교신을 하는 매체가 되는 것이다. 매장을 하고 나서 보통 10일 이내에 직계 가족의 꿈에 망자가 나타나는 경우가 많은데, 풍수가에서는 이 꿈을 그러한 영적 교신의 흔적으로 간주한다. 묘가 잘못되면 교신 내용도 골치 아픈 것이 많다. 골치 아픈 전화는 차라리 받지 않는 편이 낫다. 그게 바로 화장이다.

화장은 조상과 후손의 교신 수단인 뼈를 불에 태워버리기 때문에 전화가 올 수 없다. 그래서 화장이 무해무득이다. 명당이라면 몰라도 국토도 좁고, 명당 구하기도 힘든 상황에서는 차라리 화장이 안전하다. 이 집안의 납골당을 보면서 전통과 현실을 다시 한 번 생각해본다.

동계고택의 전경. 멀리 좌측으로 강강한 바위산인 금원산의 모습이 보이고, 터 앞으로는 서출동류(西出東流)가 감아 돌아 나간다. '서출동류라면 똥물도 약이 된다'고 할 만큼 풍수가에서 높이 평가하는 물 흐름이다.

경 남 거 창 동 계 고 택

때를 기다린다

'금색 원숭이의 정기가 뭉쳐 있다' 는 뜻의 금원산(金猿山).
이 산을 배경으로 한 동계고택은 그 강강(剛剛)한 기세가
무림 고수가 살기에 적당한 집이라는 이미지를 준다.
바로 이 집에서 조선 후기 최대의 반란 사건 주도자인
정희량이 배출되었다는 것을 우연한 일로만 돌릴 수 있을까?

동계고택 사랑채의 모습. 마당에 모래가 정갈하게 깔려 있다. 1천500평의 대지에 70칸 건물이 있는 저택을 쓸고 닦는 일만 해도 보통 일이 아니다.

혁명 기상 충만한 강골(强骨) 집안

서울에서 보았을 때 낙동강을 기준으로 낙동강 좌측에 해당하는 쪽이 좌도이고, 우측을 우도라고 부른다. 오늘날 경상남도 지역이 옛날에는 경상우도로 불렸던 것이다. 경상우도에서 손꼽을 수 있는 집안이 선조·광해·인조 세 왕대에 걸쳐 활동한 동계(桐溪) 정온(鄭蘊, 1569~1641) 집안이다. 경상좌도 집안들이 대체적으로 퇴계의 학풍을 계승했다면 우도 집안들은 남명의 학풍을 계승하고 있는데, 동계 정온은 사회적 실천을 강조하는 남명의 학풍을 이어받은 대표적인 인물이다.

남원에서 직행버스를 타고 함양을 거쳐 거창까지 가는 데 걸리는 시간은 1시간 10분 정도. 거창은 "울고 들어가서 웃고 나온다"는 곳이다. 산꾼들의 귀뜸에 의하면 거창 지역은 산세가 높고 험해서 들어갈 때에는 심난해 보여도, 지내다 보면 인심도 좋고 먹을 것도 많아서 살기 좋은 곳이라고 한다.

고택의 안산인 기백산(箕白山). 웅장한 필봉의 모습으로 바위산인 금원산과 어우러져 문무를 겸한 국세를 형성하고 있다.

동계고택을 찾아가려면 거창터미널에서 명승지인 수승대(搜勝臺) 쪽으로 방향을 잡아 택시로 15분 정도 더 들어가야 한다. 수승대 바로 못 미쳐서 좌측 길로 접어드니 강동마을이 나오고, 이어 마을 정면 중앙에 동계고택이 나타난다. 동계고택으로 접근하는 순간, 주변 산세에서 풍기는 인상이 범상치 않았다.

사람마다 풍기는 첫인상이 다르듯 집들도 각기 풍기는 인상이 가지각색이다. 답사를 다니다 보면 이처럼 집들마다 지닌 개성을 비교해보는 데서 남모르는 자득지미(自得之味)를 느낀다. 보통 오래된 고택이 자리잡은 동네에 들어갈 때에는 편안하고 안정된 느낌이 오는 경우가 많다. 여기서 말하는 느낌이라고 하는 것은 여러 가지 세부적인 사항을 어느 한순간에 종합하여 나온 판단을 말한다. 풍수학인들은 답사를 오래 다닐수록 각론적 분석에 치중하기보다는 총론적 느낌에 의존하는 경향이 있다.

'무림 고수' 가 살 만한 집

  동계고택이 '무림 고수가 살 만한 집' 이라는 인상을 주는 이유는 무엇일까? 바로 금원산 때문이다. '금색 원숭이의 정기가 뭉쳐 있다' 는 뜻을 지닌 금원산은 백두대간이 덕유산에서 지리산으로 내려가다가 중간에 뭉친 산이다. 높이가 해발 1천360미터로 비교적 높고, 암벽이 노출된 강강한 바위산이다. 오행으로 보면 화기(火氣)와 금기(金氣)가 4대 6 정도로 섞인 화금체(火金體) 산으로 보아야 할 것 같다.

  동계고택을 마주 보았을 때 무엇보다도 고택의 좌측 뒤로 우뚝 솟은 4, 5개의 금원산 봉우리가 바라보는 사람으로 하여금 엄숙함 또는 위압감을 느끼게 한다. 마치 봉암사가 자리잡고 있는 문경의 대머리산 희양산이 주는 인상과 비슷하다. 양쪽 다 터 뒤쪽으로 높은 바위산이 받치고 있는 형국이다. 긴장감이 감도는 엄숙함이라고 표현해야 할까. 동계 고택의 태조산(太祖山)에 해당하는 금원산이 주는 이미지는 긴장감이 감도는 엄숙함이다. 이 함부로 말 붙이기 어렵게 느껴지는 엄숙함 때문에 무림 고수의 이미지가 연상되었던 것이다.

  한 마디로 강기(剛氣)다. 알려진 고택을 답사하면서 금원산처럼 화금체 바위산이 조산으로 뒤에 받치고 있는 경우는 거의 찾아볼 수 없었다. 도를 닦는 절터라면 모를까 보통 사람이 사는 집터는 이런 곳을 피하기 때문이다. 산의 정기를 흡수하기 벅찬 일반인에게 금원산이 지닌 것 같은 강기는 단순히 강하다는 데서 끝나지 않고 사람을 때리는 살기(殺氣)로 변하는 수가 많으니까 문제이다.

  지기(地氣)가 지나치게 강한 곳에 집을 짓고 살면 밤에 꿈자리가 사납거나 때때로 가위에 눌리는 수도 있고, 아니면 성격이 이상하게 포악해지거나 몸이 시름시름 아파서 결국 병이 드는 경우가 많다. 1, 2년은 어떻게 버틸 수 있다 하더라도 3년이 넘어가면 버티기 어렵다. 그래서 이런 장소에는 절터나 수도원이 들어서야 제격이고, 아니면 아주 기가 강한 사람이 터를 누르면서 살아야 한다.

  그렇다면 이처럼 기가 강한 금원산을 조산으로 동계고택이 들어설 수 있었던 이유는 무엇인가? 양중음(陽中陰)의 이치 때문인 것으로 보인다. 《주역》의 팔괘 중 리괘(離卦)가 상징하는 것처럼 단단한 양(陽)의 가운데에 부드러운 음(陰)이

들어 있다는 뜻이다. 바게트빵처럼 단단한 껍질 속에는 부드러운 속살이 있기 마련인데, 이 부드러운 속살에서 묘용(妙用)이 많이 나온다. 동계고택 터는 이 속살에 해당하는 자리라고 보면 틀림없다.

금원산에서 시작된 기운이 한참 내려오는 과정에서 마침내 그 성난 노기를 풀고 야트막한 동산으로 결국을 이룬 곳에 동계고택이 자리잡고 있다. 비록 화금체 바위산인 금원산에서 시작했지만, 대미를 장식한 곳은 흙산으로 봉긋하게 올라온 동산이다. 강함에서 우러난 부드러움. 이러한 곳이 양중음의 전형적인 자리인데, 이런 자리가 명당임은 두말할 나위 없다. 호남의 3대 수도터 중 하나로 꼽히는 전북 변산의 월명암도 양중음의 자리다.

예리한 필력 상징하는 문필봉

동계고택의 전체 국세에서 또 하나 주목을 끄는 것이 기백산이다. 이 산은 높이가 1천320미터에 달하는 고산인데, 고택에서 보자면 정면에서 약간 우측 전방에 자리잡고 있다. 산의 모습이 전체적으로 삼각형이면서 끝이 깃발처럼 뾰쪽하다. 전형적인 문필봉(文筆峰)의 모습인 것이다. 첫눈에 보기에도 대단히 우람한 문필봉이다.

한국의 오래된 명문가를 찾아가보면 집터 아니면 묘터 앞에 거의 문필봉 하나쯤은 발견된다. 답사를 해보니 60~70퍼센트가 그렇다. 참 재미있는 사실이 아닐 수 없다. 기백산은 맨 끝이 뾰쪽해서 필력이 날카롭고, 붓을 받치고 있는 하부 구조가 두텁고 웅장해서 뚝심과 자존심도 갖춘 문필이다. 끝만 날카롭고 하부 구조가 약하면 외부 압력에 오래 버티지 못하지만, 기백산처럼 두텁고 웅장한 문필봉이면 어떤 어려움이 있더라도 초지일관 지조를 굽히지 않는 저력이 있다. 봉우리 끝도 살펴보아야 한다. 봉우리 끝이 흡사 붓끝처럼 예리하면 그 정기를 받은 사람의 필력 또한 예리하다고 본다.

이렇게 놓고 보니 동계고택은 조산인 금원산의 무인적 기질과 안산인 기백산의 문사적 기질이 어우러진 집터이다. 문무겸전(文武兼全)의 터라는 것이 바로 이를 두고 하는 말이다. 금원산과 기백산을 바라보니 400년 전에 살다간 동계라는 인물의 성품이 어떠했을지 미루어 짐작할 수 있겠다. 이 집안 사람들의 기질도 대강 짐작이 간다.

풍성한 재물운 암시하는 물길

이번에는 돈을 보자. 문무겸전을 했다 하더라도 사람이 품위를 유지하기 위해서는 쓸 만큼의 돈이 있어야 하는 법. 부귀영화라는 말을 보더라도 귀(貴)보다는 부(富)를 앞세우지 않던가!

돈이 있는지 알아보기 위해서는 우선적으로 물을 살펴야 한다. 배산임수라고 할 때 임수의 상태를 본다는 말이다. 동계고택 앞으로는 내당수(內堂水)가 흐르고 있었다. 내당수는 집터를 기준으로 청룡·백호의 범위 안에서 흐르는 물을 가리킨다. 청룡·백호를 벗어나서 바깥에서 흐르는 물은 외당수(外堂水)라고 부른다.

내당수는 밖에서부터 집터를 향해 흘러 들어오는 물을 으뜸으로 치고, 그 다음으로 둥그렇게 활처럼 휘어지면서 집을 감아 도는 물을 좋게 본다. 고택 앞의 내당수는 활처럼 돌아 나가는 물이다. 그런데 특이하게도 내당수 바깥쪽에 외당수가 하나 더 있다. 이중으로 내외당수가 흐르고 있는 것이다. 집 대문 바로 앞으로 흐르는 물이 있고, 여기서 20미터쯤 밖에 외당수가 흐르고 있다. 내당수가 되었건 외당수가 되었건 간에 물은 일단 재물로 보기 때문에 하나가 아닌 두 개의 내외당수가 겹으로 집 앞을 흐른다는 것은 그만큼 돈이 많다는 뜻이다.

집 앞에 내외당수가 겹으로 흐르는 경우는 쉽게 찾아보기 힘든 희귀한 사례다. 안쪽의 내당수는 이름이 없지만, 바깥쪽 외당수는 강천이라는 이름이 있다. 강천이 어느 쪽에서 흘러오는지 보기 위해서 물길을 따라가보니 금원산 쪽에서 흘러오는 조그만 실개천이 하나 있고, 이 실개천이 흘러 오다가 강천에 합해지고 있었다. 물은 여기서 끝나지 않는다. 고택의 좌측 뒤에서 돌아 흐르는 동계라고 불리는 가느다란 냇물 줄기가 하나 더 있고, 이 물도 내외당수와 함께 강천에서 합류한다.

강천은 다시 수승대 쪽에서 흘러오는 위천과 합쳐지면서 거창 쪽으로 흘러간다. 무려 다섯 개의 물줄기가 고택 주위에서 합수한 형국이다. 물은 집 앞에서 합해질수록 좋다고 본다. 물줄기가 많이 모일수록 재물뿐만 아니라 사람들의 인심도 한군데로 합해진다고 보기 때문이다. 이를 일러 만득일파(萬得一波)라고 하는데, 들어오는 쪽 물은 만 갈래로 나뉘어 오더라도 이 물이 나갈 때에는 한군데로 합하여 나간다는 말이다.

툭 터진 국세와 '서출동류'의 물 흐름

물이 흐르는 방향은 어떤가? 패철을 놓고 재보니 고택 좌향(坐向)은 임좌(壬坐)이다. 임좌라면 정남향에서 15도 정도 서쪽으로 기운, 거의 정남향에 가까운 방향이다. 고택 앞의 물은 집의 오른쪽에서 시작하여 왼쪽으로 흘러가므로 소위 말하는 서출동류(西出東流)에 해당한다. 서쪽에서 시작하여 동쪽으로 흘러가는 물이라는 뜻이다. 답사를 다니면서 어느 사찰 노스님에게 들은 바에 의하면 "서출동류라면 똥물도 약이 된다"고 한다. 그만큼 선호하는 물 흐름이다.

왜 서출동류가 좋단 말인가? 내가 오랫동안 품은 화두이다. 예전에는 이 화두를 두 가지 각도에서 생각했다. 첫째는 서출동류가 중국 풍토에나 적용되는 말이라고 추측했다. 왜냐하면 중국의 황하나 양자강이 모두 서쪽에서 발원하여 동쪽으로 흘러갈 수밖에 없는 형국이기 때문에 중국 사람이 서출동류를 중시한 것은 당연하다. 그러나 한반도의 강들은 동쪽에서 발원하여 서쪽으로 흘러가는 경우가 대부분인데 이는 어떻게 설명할 건가?

둘째는 오행으로 따지면 서쪽은 금(金)이고 동쪽은 목(木)인데, 금에서 목으로 흘러갈 때 금과 목의 중간에 수(水)가 흐르는 격이라는 것이다. 오행상생으로 보면 금생수(金生水), 수생목(水生木)이 성립하니까 결과적으로 좋은 것이 아닌가 하고 생각했다.

그러나 작년에 서양의 어느 생태학자가 쓴 책을 읽은 뒤로 생각이 바뀌었다. 이 책을 읽다가 물은 서쪽에서 시작하여 동쪽으로 흘러가는 물이 생태계에 가장 좋다는 대목이 눈에 확 들어왔다. 이 방향으로 흘러가는 물이 일조량을 가장 오랫동안 받을 수 있다는 것이 그 근거였다. 해는 동쪽에서 뜨니 물이 서쪽에서 시작하면 물이 흘러가는 동안 반대쪽에서 떠오르는 태양을 마주 보는 시간이 길어지고, 빛을 많이 받을수록 그 물은 산소 함유량이 풍부해져 생태계에 이롭다는 주장이다. 고민하고 있던 서출동류의 비밀을 엉뚱하게도 벽안의 생태학자가 풀어준 셈이다.

마지막으로 국세(局勢)를 보자. 경상도 지세는 산이 많고 들판이 적기 때문에 이 지역의 고택들은 뼈대는 있으되 상대적으로 국세가 좁은 경향이 있다. 양쪽을 다 갖추기는 어려운 법. 그러나 동계고택은 예외다. 툭 터진 느낌을 줄만큼 국세가 넓다. 이처럼 마음을 시원하게 하는 터는 거기에 사는 사람의 포용력까지 키워주는 것 같다. 울울한 산중에 사는 사람보다는 넓은 들판에 사는 사람의 마음이 넓기 마련이다.

불교 사찰 터도 마찬가지다. 앞이 시원하게 터진 암자 터는 오도(悟道, 불도의 진리를 깨달음) 후의 보림(保任) 터가 많다. 보림이란 분별을 떨치고 만상을 수용하는 마무리 공부이기 때문에 넓게 터진 터에서 공부한다. 한 가시 유의할 섬은 시원하게 터진 터는 고단자가 공부하는 곳이라는 사실이다. 초보자는 약간 답답하다 할 정도로 주변이 꽉 짜인 터가 맞다. 그래야 마음을 다져 잡는다. 초보자가 너무 호방한 터에 있으면 마음의 갈피를 잡지 못하고 마음이 밖으로 동하는 일이 발생한다. 나는 집터에도 같은 문법이 적용된다고 생각한다.

안채의 모습. 종손의 어머니이자 14대 종부인 최희 여사가 혼자 고택을 지키며 정성스럽게 가꾸고 있다.

동계고택이 지닌 풍수조건을 총합적으로 평가한다면 '나도 한번 살아보았으면 하는 집'이라는 말로 요약하고 싶다. 그만큼 끌리는 집터이다. 동계고택을 보면서《맹자》〈진심장〉에 나오는 "궁즉독선기신(窮則獨善其身)이요, 통즉겸선천하(通則兼善天下)"란 글귀를 떠올렸다. 궁색할 때에는 홀로 수양하는 데 주력하고, 일이 잘 풀릴 때에는 천하에 나가서 좋은 일을 한다는 뜻이다.

나는 평소에 패가 잘 안 풀릴 때를 대비하여 조용히 숨어서 독선기신(獨善其身)할 만한 장소를 물색해왔는데, 동계고택을 보니 다른 생각이 올라온다. 남아로 태어나서 겸선천하를 한번 해보아야겠다는 의욕이 샘솟는 것이다. 이 정도의 집 같으면 포부를 가질 만한 집터임이 분명하다. 평지 돌출은 어려운 법. '시골 면장이라도 한번 하려면 하다 못해 논두렁 기운이라도 받아야 한다'는 게 한국 사람들의 뿌리 깊은 정서인데, 이 정도 집터는 잡아놓고 나서 세상에 나가야 뭐라도 하나 하지 않겠는가!

동계 제사 때 고사리와 미나리만 올리는 사연

지리(地理)를 이 정도 보았으니 인사(人事)를 살펴볼 차례다. 이 집안 초계 정씨들은 일찍부터 과거급제를 한 기록이 있다. 고려시대의 과거 합격자 101명의 명단이 실린 〈정사방목(丁巳榜目)〉이 고택에서 소장하고 있던 고문서에서 발견된 것이다. 고려 말 우왕 3년(1377)에 치른 국자감시에서 장원급제한 초계 정씨 가문의 정전(鄭悛)에게 당시 예부(禮部)에서 수여한 이 원본 문서는 합격 동기생 101명 전원의 명단을 기록한 국보급 자료이다.

합격자 101명 가운데 수석 합격자인 정전은 동계 정온의 6대조가 된다. 초계 정씨 윗대에서 거창의 용산, 안음, 서마리 등지에서 살다가 현재 사는 동네인 강동에 들어와 살기 시작한 시기가 동계의 조부인 승지공(諱淑, 1501~1563) 때부터니까, 어림잡아 500년 가까운 입향 역사가 있는 셈이다. 이 동네 정씨들이 조선시대에 명문가로 부상하게 된 계기는 동계 정온이 임금에게 목숨을 걸고 올린 직언 상소문(甲寅封事)이다.

동계가 46세 되던 해, 당시 임금 광해군은 동생인 영창대군을 강화도로 귀향 보냈다가 강화부사 정항을 시켜 죽이고, 부왕인 선조의 계비이며 영창대군의 생모인 인목대비를 폐출하려 했다. 이에 동계는 상소문을 올려 임금이 지금 패륜행위를 저지르고 있다고 직언했다. 이때 광해군은 친형인 임해군을 역모로 몰아 죽이고 외조부인 연흥부원군 김제남을 역적이라고 죽였으며, 동생마

저 죽이고 선왕의 공신과 현신들이 귀에 거슬리는 상소를 했다고 해서 죽이거나 귀양을 보낸 상태였으니, 자기에게 패륜을 저지르고 있다고 직언한 동계를 그냥 살려둘 리 없었다. 동계도 이미 죽음을 각오하고 상소를 올렸음은 물론이다.

동계가 올린 상소문은 광해군이 막 수라상을 받았을 때 입직 승지가 읽어주었다고 한다. "그런 짓을 하시고 죽어서 무슨 낯으로 종묘에 들어가서 역대 선왕들을 만나시겠소?" 하는 대목에 이르자, 노기가 충천한 광해군이 수라상을 발길로 걷어차니 반찬 그릇과 장 종지가 어떻게나 세게 튀었던지 옆에 있던 시녀와 승지의 머리가 터져버릴 정도였다. 뿐만 아니라 이처럼 흉측한 상소를 전달한 승정원 승지들도 책임이 있다고 해서 그 자리에서 파직되는 사태가 일어났다.

기록에 의하면 전국의 유생은 물론이고 부녀자들까지도 동계의 상소문을 언문으로 번역하여 읽지 않은 사람이 없었다 하며, 동계가 구금된 감옥의 역졸들도 선생의 인품에 감복되고 또 여론에 압도되어 지성으로 동계를 보살폈다고 전한다. 동계를 옹호하는 전국 신비들의 여론 때문에 동계는 죽지 않고 대신 제주도 대정현에 10년 동안 위리안치(圍籬安置) 되는 형을 받는다. 위리안치란 유배지의 담장 주위를 마치 새장처럼 가시덤불로 에워싸서 하늘만 빼꼼히 보이도록 조치한 집에서 사는 형벌이다. 말하자면 지독한 가택연금 생활인 것이다.

후일 추사 김정희가 제주도 유배를 가서 생활한 곳이 동계가 위리안치된 바로 그곳이었기 때문에, 추사는 대정현 사람들에게서 동계의 유배 생활이 어떠했는지 소상하게 전해듣고 동계의 선비다운 처신에 감동을 받은 것 같다. 추사는 제주 귀양이 풀린 후 일부러 이곳 거창의 동계고택을 방문하여 당시 동계 후손인 정기필에게 동계 선생에 대한 제주도민의 칭송을 전하고 '충신당(忠信堂)'이라는 현판을 써주고 갔다고 한다.

동계가 충절의 선비로서 존경받게 된 또 다른 사건은 병자호란 때 일어났다. 병자호란은 임진왜란과 조선조에 일어난 2대 난리로 꼽히는데, 그 성격상 임진왜란이 인명 피해와 물질적인 피해가 두루 컸다고 한다면 병자호란은 물질적인 피해는 적었지만 정신적인 피해는 오히려 임란보다 심각했다고 볼 수 있다. 비록 신의주까지 도망하기는 했지만 임란 때에는 조선의 왕이 일본 장군에게 무릎 꿇고 항복하는 치욕적인 일이 없었던 반면, 병자호란 때에는 그때까지 우습게 알던 오랑캐에게 임금인 인조가 맨발 벗고 엎드려 절하는 치욕을 당했기 때문이다.

명분과 자존심을 생명보다 소중하게 여긴 조선조 선비들에게 임금이 남한산성에서 무릎 꿇은 삼전도(三田渡)의 치욕은 선비로서의 자존심을 송두리째 망가뜨리는 일대 사건이었다. 1636년 동계는 남한산성에서 오랑캐와의 화의를 적극 반대했으나 결국 화의가 성립되자 칼로 배를 긋는 할복 자살을 기도했다. 주욕신사(主辱臣死, 임금이 욕보면 신하는 죽어야 한다)의 정신이었다. 그러나 모진 목숨이 마음대로 끊어지지 않자 국은에 보답 못 한 것을 한탄하고 덕유산 자락의 모리라는 곳에 은거하면서 백이·숙제처럼 죽을 때까지 미나리와 고사리를 먹고살았다.

동계가 고사리를 캐며 살았다고 해서 그 은거지는 고사리 미(薇) 자를 넣어서 채미헌(採薇軒)이라는 이름으로 전해진다. 요즘도 후손들이 동계 제사를 지낼 때에는 제사상에 반드시 고사리와 미나리를 올려놓는다고 한다. 이 집에서 고사리와 미나리는 그냥 나물이 아니라 의리와 절개의 상징인 것이다.

무신란의 주동자 정희량

옛말에 일치일란(一治一亂)라고, 한 번 치세가 있으면 다음 번에는 난세가 오는 법이다. 이는 비단 국가뿐만 아니라 한 집안사에도 적용되는 것인가. 세상사라는 게 치세만 계속될 수는 없는 것 같다. 정씨 집안에서는 동계라는 인물이 집안을 명문가로 올려놓는 치세를 이루었다면, 동계의 현손인 정희량(鄭希亮, ?~1728)은 정씨 집안을 존폐의 기로에 몰아 넣은 일대 난세를 기록했다.

정희량은 영조 4년에 발생한 무신란(戊申亂)의 주동자였다. 무신란은 조선 후기에 발생한 반란사건 가운데 그 규모가 가장 크고, 거기에 가담한 충청·영남·호남의 내로라하는 명문 집안들을 거의 멸문 또는 쑥대밭으로 만든 사건이다. 상층 엘리트들이 대거 가담했다는 측면에서 무신란은 일반 민란과는 성격이 다른 정변적(政變的)인 성격을 띠고 있었다고 생각한다.

기록과 정황을 종합하면 무신란의 발생 원인은 대략 네 가지로 집약할 수 있다. 첫째는 경종의 독살설이다. 경종이 음식 중 게장을 특별히 좋아했는데 독이 든 게장을 먹은 직후 갑자기 사망했다는 설이 파다하게 퍼졌다. 경종이 죽을 때 입에서 붉은 피를 토하고 죽은 점, 임종 직후 경종의 시체에 반점이 퍼진 사실이 독살설을 뒷받침한다.

둘째는 경종의 뒤를 이은 영조가 숙종의 친자가 아니라는 점이다. 역대 이씨 왕실의 남자들은 수염이 별로 없었는데, 영조는 이상하게 수염이 많았다. 이는 결국 영조의 어머니인 무수리의 미천한 신분과 연관되면서 영조가 이씨 왕통이 아니라는 설이 제기되었다.

셋째는 경종의 뒤를 이은 영조의 등장과 함께 노론이 다시 정권을 장악하게 되자, 노론에 밀려 정권에서 소외된 남인과 소론(준소)들이 난을 일으켰다는 설이다.

넷째는 당시 굶어 죽는 사람이 속출하는 극심한 흉년이 계속되어서 사람을 잡아먹는 지경에 이를 정도로 민심이 흉흉했다는 점이다. 이 시기를 전후한 시대를 '민란의 시대'라고 규정할 수 있을 만큼 이때 수많은 민란이 발생했다.

무신란은 '이인좌(李麟佐)의 난' 또는 '정희량의 난'이라고도 부른다. 조선시대 각종 반란사건에 대한 수사 기록인 〈추안급국안(推案及鞫案)〉에서 무신란 기록을 들춰보면 문건 제목에 이인좌와 정희량의 이름이 보인다. 동계의 고손인 정희량이 무신란의 주역 가운데 한 사람이었음을 암시하는 대목이다. 충신의 후손에서 일순간에 역적 집안으로 전락한 강동의 정씨들은 30명 정도가 사건에 연루되어 죽고, 약 20년 동안 동네를 떠나서 이곳저곳 뿔뿔이 흩어져 숨어 살아야만 했다. 한 마디로 집안이 절단난 것이다. 조선시대 죄인 중에서 가장 큰 죄인이 쿠데타에 실패한 역적이었으니, 이후로 정희량에 관한 사실은 초계 정씨 족보에서부터 문집에 이르기까지 모든 기록에서 철저하게 삭제되었음은 물론이다.

사랑채의 현판 글씨인 '모와(某窩)'. 1909년 의친왕 이강 공이 이 집을 방문했을 때 남긴 것이다.

정희량·이인좌·나숭대를 이어준 혼맥

이는 무신란의 주도 세력인 충청도의 이인좌, 경상도의 정희량, 전라도의 나숭대(羅崇大) 집안도 마찬가지였다. 나숭곤은 전라도의 유명한 남인 집안인 나주 나씨로서, 고려 때부터 이 지역 유지로 군림해온 벌족이었다. 이 집안은 1589년 정여립의 기축옥사 때에도 서인들의 엄청난 공격을 받고도 뿌리 뽑히지 않고 명성과 부를 유지해온 집안이었다. 후일 동학 때 농민군들이 호남에서

나주성을 함락하지 못한 이유도 나씨들이 성 안 민심을 장악하고 있었기 때문이다. 그런 나주 나씨들 중 토라(土羅)에 속하는 일족들이 나숭대와 관련되었다는 혐의를 피하기 위해 금성 나씨라고 하는 새로운 본관 명칭을 만들어 나갈 정도로 무신란의 충격은 대단한 것이었다.

여기서 한 가지 흥미로운 사실은 이인좌와 정희량, 나숭대 집안이 서로 혼맥(婚脈)으로 밀접하게 연결되어 있다는 점이다. 조선시대 정치사의 이면에는 혼맥이 주된 요인으로 작용하고 있음을 주목해야 한다. 이 세 집안 간에도 거미줄같이 얽히고 설킨 혼맥이 있었다.

먼저 정희량을 보면 정희량의 조부인 제천공의 부인, 즉 할머니의 친정이 나주 나씨 집안이다. 제천공의 장인 되는 사람은 나위소(羅緯素)로서, 나위소는 인조대에 동계와 같이 벼슬을 한 인물이며 당대 호남의 유장(儒丈)이었다. 강동 정씨와 나씨들은 이후에도 계속 혼맥을 맺었다. 나씨 할머니의 친정 재종증손자 되는 나상질(羅尙質)이 정희량의 재종숙인 정중제(鄭重濟)의 사위가 되었으며, 정중제의 아들인 정광준(鄭光俊)이 나상질의 숙부인 나의조(羅義肇)의 사위가 되었다.

나씨들과 이인좌 집안 간의 혼맥도 이에 못지 않다. 나위소의 형님이 나계소(羅繼素)이다. 나계소의 손자가 나만서(羅晚瑞)이며, 나만서의 아들이 나숭곤(羅崇坤)이다. 나숭곤은 이인좌의 매부가 된다. 이인좌의 막내동생인 이기아(李夔兒)가 나만서의 동생인 나만규(羅晚揆)의 사위가 된다. 나숭곤의 입장에서 보면 막내처남이 종매부가 된 것이다.

이인좌는 어떤 집안인가? 그는 경상도 문경 출신이지만 기병은 청주에서 하였다. 청주에 기반이 있었기 때문이다. 이인좌는 전주 이씨 임영대군(臨瀛大君, 세종의 아들)의 후예로서, 인조와 효종 때 대사헌과 함경도관찰사를 지낸 이응시(李應蓍)의 증손자였다. 이인좌의 당숙인 이홍발(李弘渤)은 숙종 때 기사사대신(己巳四大臣)의 한 사람인 이의징(李義徵)의 아들로써 소론에 속하였다. 이인좌의 할머니는 남인으로서 영의정을 지낸 권대운(權大運)의 딸이었고, 그의 부인은 윤휴(尹鑴)의 손녀였으니 핵심 남인 집안이었음을 알 수 있다.

이인좌와 정희량의 혼맥은 어떤가? 이인좌의 당숙인 이홍발이 정희량의 둘째 조카인 정의련(鄭宜璉)의 장인이니, 이인좌와 정의련은 재종 남매간이 된다. 이를 보면 이인좌, 정희량, 나숭대의 집안은 종횡의 혼맥으로 얽힌 관계였음을 파악할 수 있다. 이러한 혼인이 이루어진 배경에는 이들이 사회적인 명성에서 별 차이가 없는 비슷한 수준의 양반이었다는 점, 정치노선에서도 같은 남인이었다는 점이 크게 작용했다. 이인좌가 소론이면서도 남인과 밀접한 유대관계에 있었으므로, 세 집안은 남인이라고 하는 이념적 공통 분모와 혼맥이라고 하는 혈연적 공통 분모가 이중으로 결합하면서 강력한 유대관계를 형성했고, 결국에는 생사를 같이한 혁명 또는 반란 동지의 관계로까지 발전한 것이다.

'갓 쓴 여자'를 기다리지 않은 대가

소설가 이병주가 그랬던가! 승자의 기록은 태양의 조명을 받아 역사로 남지만, 패자의 기록은 달빛의 조명을 받아 신화나 전설이 된다고. 정희량에 관한 내용도 마찬가지다. 강동마을에서 구전으로만 희미하게 전해지는 정희량에 관한 이야기를 후손인 정량원(鄭亮元, 62) 씨가 1999년 《강동이야기》라는 책으로 펴냈다.

정량원 씨는 현재 사업체를 운영하는 사장이지만 십 수년 간 시간 나는 대로 자료를 찾고 현지를 답사하여 정희량에 관한 모든 자료와 정보를 꼼꼼하게 섭렵한 향토사학자이기도 하다. 비록 조선시대에는 역적이었지만 이제 시대가 바뀌었으니 새로운 시각에서 정희량을 해석할 필요가 있다는 취지에서 책을 냈다고 한다. 이 책에 보면 정희량에 관한 몇 가지 일화가 나온다. 정희량은 어릴 때부터 인물이 대단히 준수하고 두뇌가 비상했으며, 생각하는 것이 엉뚱하다 싶을 정도로 호방했다고 한다.

정희량이 너댓 살쯤 된 어느 봄날, 조부인 제천공이 어린 손자 정희량을 안고 집 앞에서 바람을 쐬고 있었다. 그때 마침 우측으로 바라보이는 금원산에 산불이 나서 대단한 기세로 타고 있었다고 한다. 시커먼 연기가 하늘을 가리고 그 연기 사이로 불꽃이 널름거리는 광경을 보고 할아버지 품에 안겨 있던 어린 손자가 한다는 말이 "할아버지 저 둥그런 하늘이 솥[鼎]이었으면 좋겠습니다"였다. "허허, 고놈이! 하늘이 어떻게 솥이 될 수가 있겠느냐. 그래 하늘이 솥이라면 무엇을 할 것이냐?" "만약 하늘이 솥이라면 저 불로 죽을 끓여서 굶는 백성들을 모두 먹이면 온 나라 안에 배고픈 사람이 없을 것 아닙니까?" 어린 손자의 이 말을 들은 제천공은 한편으로는 손자의 생각이 기특하면서도, 다른 한편으로 그 그릇이 너무 크고 생각이 지나치게 거창하여 걱정했다고 한다.

무신란이 일어나기 30년 전쯤에는 이런 일도 있었다. 정희량에게는 고모 한 명이 있었는데, 이 고모가 《주역》을 많이 공부해서 예지력이 뛰어났다. 참고로 정씨 집 여자들은 《주역》을 공부하는 전통이 있었다고 한다. 이 고모가 친정 오라버니인 천옹공이 선대의 묘를 고령으로 이장하기 위해서 일꾼들을 데리고 나가려고 하자, "이장을 하실 때 하관할 자리에다 먼저 쌀 서 말을 묻어놓고 기다리면, 여자가 갓을 쓰고 그 앞을 지나갈 것이니 그것을 보고 두 시각 후에 하관하십시오" 했다. 그게 무슨 소리냐고 천옹공이 되묻자 "먼 훗날 우리 집에 군사가 많이 필요할 때가 올 것인즉, 쌀 서 말을 묻어두면 쌀 한 톨 한 톨이 군사 한 명씩 되어 그 일이 성사되도록 도울 것이며, 하관도 그 시각을 맞추어야 그 군사들이 힘을 쓸 것입니다"라고 대답했다.

듣기에 허무맹랑한 이야기였지만, 천옹공은 좋은 것이 좋다는 생각에 쌀 서 말을 묻고 기다렸으나 한참이 지나도 갓 쓴 여자는 나타나지 않았다. 그런데 곧 비가 올 것처럼 날씨가 흐려지자 서둘러 하관하고 흙을 덮었는데, 그때 마침 비가 세차게 쏟아졌다. 천옹공이 산소 아래를 쳐다보니 어떤 아낙네가 들에서 일하는 일꾼들의 새참 동이를 머리에 이고 가면서 음식에 빗물이 떨어지지 않게 하려고 동이 위를 솥뚜껑으로 덮고 가는데, 그 모양이 흡사 여자가 갓을 쓴 모습이었다.

천웅공이 조금 더 기다릴 것을 후회하면서 집에 돌아와 여동생에게 그 이야기를 하니 여동생 왈, "비가 내린 후 두 시각이 지나야 그 쌀들이 충분히 붙게 되고, 살이 분 다음 묻어야 금방 썩는 것처럼 군사라는 것도 제 몸을 속이 썩도록 용감히 싸워야 대장이 성공하는 법인데, 그렇게 기다리지 못하고 생쌀을 묻었으니 뒷날 우리 집의 누군가가 군사를 쓰게 될 때 혹시 죽어서 썩기 싫어하는 부하 군사로 인해 화를 입을까 심히 걱정됩니다."

뒷날 무신란 때 정희량을 비롯한 거사 지휘자들이 배신한 부하들에게 체포되어 죽임을 당하자, 항간에서는 천웅공이 고령에 산소를 이장할 때 갓 쓴 여자를 기다리지 않고 생쌀을 묻어 그 후손이 부하들에게 배신을 당했다는 전설이 퍼졌다.

"뒷날 너는 목 없는 귀신이 될 것이다"

여기 주목을 끄는 또 하나의 전설이 있다. 무신년 봄에 정희량이 거사를 하려고 하자 정희량의 누나가 《주역》을 펴놓고 골똘히 괘를 풀어보더니, 동생의 손을 붙들고 이렇게 말했다. "네가 정히 큰일을 할 명운을 타고났지만, 지금은 때가 아니니 조금 더 기다렸다가 금년 가을 나락이 고개를 숙이기 시작할 때 하거라. 그때가 천시(天時)에 맞다." 그러나 정희량이 거사를 더는 미룰 수 없는 상황이라고 답하니 "이것도 역시 우리 집 가운이고 너의 명운이라 어쩔 수가 없구나. 지금 거사를 하면 너는 뒷날 목 없는 귀신이 되고, 무덤 없는 혼백이 될 것이다" 하고 한탄했다 한다.

이러한 전설들은 알고 보면 풍수도참에 관한 내용들이고, 여기서 한 걸음 더 유추해보면 정희량도 풍수도참적인 맥락에서 자신이 특별한 운명을 타고난 사람이라고 여겼을 가능성이 있다. 묘를 이장했다는 일화에서 쌀 서 말은 풍수이고, 나락이 고개를 숙일 때 운운은 도참에 관한 내용이기 때문이다. 조선 후기 각종 반란사건의 이념적 기반 중 하나가 다름 아닌 풍수도참이었고, 《정감록》은 이러한 풍수도참적 세계관을 반영한다.

여기서 호기심을 자극하는 부분은 《정감록》이 공식 기록에 처음 등장하는 시기가 바로 무신란 때부터라는 점이다. 그렇다면 혹시 무신란 주도자들 중 누군가가 《정감록》을 비롯한 풍수도참설을 유포하여 민심을 움직이려 한 것은 아닐까? 정희량은 혹시 자신을 '정도령'이라고 생각한 것은 아닐까? 조선시대 사람들의 내면세계를 지배한 풍수도참적인 시각에서 보면, 동계고택의 풍수와 정희량이라는 인물의 출생은 몇 가지 점에서 부합한다.

'인걸(人傑)은 지령(地靈)'이라는 대전제에서 보면, 동계고택의 태조산인 금원산의 정기를 받은 인물이 강동마을의 정씨 집안에서 한 명은 태어나기 마련이다. 그 인물은 일단 열두 띠 가운데 원숭이해에 출생한 신생(申生) 가운데서 찾아야 한다. 왜 원숭이띠인가 하면 금원산이 원숭이(申)의 정기가 뭉쳐 있는 산이기 때문이다. 그 다음으로 신생 중에서도 천간(天干, 육십갑자의 윗부분을 이루는 요소)에 임(壬)이 들어간 임신생(壬申生)이 금원산의 정기를 받아먹을 것이다. 동계고택의 좌향(坐向)이 임좌(壬坐)이기 때문이다.

정희량의 출생 연도는 역적이라고 해서 모든 기록에서 지워지고, 족보에도 없다. 추리해보는 수밖에 없다. 이인좌의 나이가 무신년 당시(1728년) 우리 나이로 36세였다는 점은 기록에 나와 있다. 이인좌와 정희량이 흉금을 터놓고 같이 어울렸던 것으로 미루어 보아 둘 다 비슷한 연배인 30대 후반이 아니었을까. 기록에 의하면 무신년에 정희량이 큰며느리를 보았다고 되어 있으니, 당시 혼인 적령기가 17~18세 정도였음을 감안하면 정희량이 무신란 당시 37, 38세쯤이 아니었을까 추측할 수 있다. 무신년을 기점으로 육십갑자를 소급해 올라가면 37세가 임신년에 해당한다.

그 다음에 생각해볼 요소가 거사년인 무신년(戊申年)이다. 이 역시 원숭이해이다. 만약 정희량이 임신생이라면 원숭이띠가 원숭이해에 거사를 한 셈이다. 이러한 중복은 상서롭게 본다. 그러나 여기에 원숭이가 한 마리가 더 더해졌어야 한다. 세 마리의 원숭이가 삼중으로 중복되어야만 제대로 힘을 쓴다고 보기 때문이다. 《주역》에서는 짝수보다는 홀수인 1·3·5·7·9를 선호하기 때문이다.

주역을 잘하는 정희량의 누나가 말한 "나락이 고개를 숙이기 시작할 때"는 바로 그해 음력 7월쯤을 의미한다. 7월은 십이지로 볼 때 신월(申月)이다. 원숭이달에 거사를 했으면 원숭이띠가, 원숭이해, 원숭이달에 일을 벌이니 원숭이〔申〕가 셋이나 겹친다. 따라서 정희량의 누나는 3이라는 숫자가 천(天)·지(地)·인(人) 삼재를 가리키고, 시간과 공간 그리고 사람이 모두 원숭이로 꽉 차니 거사가 성공할 것이라고 본 것이다. 천문과 지리, 인사가 어우러진 풍수도참의 세계는 대개 이러한 구조로 되어 있다.

집안 다시 일으킨 야옹 정기필

초계 정씨들이 반란의 주모자를 배출하고서도 멸문을 당하지 않고 다시 집안을 복구할 수 있었던 배경은 무엇인가? 가장 큰 이유는 동계와 같은 충신의 제사가 끊기게 해선 안 된다는 사대부층의 여론 때문이었다. 그리하여 영조 당대에 동계의 제사가 허가된다. 이는 정희량에 대한 미움보다도 선조인 동계에 대한 존경의 염이 더 컸음을 나타낸다. 중시조인 동계의 명망이 없었더라면 이 집안은 무신란 때 끝났다고 보아야 한다.

그만큼 한국 명문가는 중시조의 명망이 중요한 요소로 작용한다는 사실을 알 수 있다. 동계 사당 정면에 정조대왕이 동계를 위해 직접 지은 어제시(御製詩) 현판이 이를 상징적으로 말해준다. 무신란의 여파로 20년 동안 숨어 지내야 했던 정씨 집안을 다시 일으킨 인물은 영양현감을 지낸 정기필(鄭夔弼, 1800~1860)이다. 야옹은 피폐한 강동마을을 거의 복구했고, 현재 강동마을의 정씨들은 대부분 정기필의 후손일 정도로 야옹은 동계 다음으로 비중 있는 인물이다. 야옹 이후로도 계속해서 인물들이 배출되면서 정씨들은 과거의 명성을 이어가고 있다.

현재 동계고택의 15대 종손은 정완수(鄭完秀, 60) 씨이고, 종부인 유성규(柳星奎, 55) 씨는 안동의 저명한 가문인 전주 류씨 유치명 선생의 직계 후손이다. 안동의 전주 류씨들은 독립운동 많이 한 집안으로 유명하다. 전주 류씨라고 하길래 시인 류안진 씨하고는 어떻게 되느냐고 물어보니 집안의 언니라고 한다. 정완수 씨는 직장이 경북 영주에 있어서 거창 종택에 거주하지는 못한다. 그러나 종손으로서 종가를 지키지 못한다는 부담감이 항상 있고, 몇 년 안에 일이 정리되는 대로 종가로 돌아올 계획이라고 한다.

그러나 종가로 돌아와서 사는 일도 쉬운 일이 아닌 것 같다. 우선 고택의 관리가 쉽지 않다. 1천500평의 대지에 70칸 건물이 있는 저택을 쓸고 닦는 일만 해도 그렇다. 50평 아파트도 매일 청소하기 쉽지 않은데 1천500평이라니. 청소는 그렇다 치고 봉제사(奉祭祀) 접빈객(接賓客)이 더 문제다. 저명한 고택이기 때문에 지나가는 방문객을 비롯하여, 이곳저곳에서 항상 많은 손님들이 찾아온다. 알고 찾아오는 손님들은 소홀하게 대접할 수도 없다. 손님 접대가 종손에게는 가장 큰일이다. 비용도 만만치 않게 들어간다.

이 정도 고택을 유지하려면 한달 생활비가 어느 정도 들어가느냐고 종손에게 넌지시 물어보니, 500만 원 정도는 있어야 기본 품위를 유지할 수 있다고 한다. 더구나 종손은 접빈객을 하면서 고택을 관리해야 하니 직장을 갖기가 어렵다. 보통 사람이 직장도 없이 매달 500만 원의 비용을 충당하기란 쉽지 않다. 이 집뿐만 아니라 전국의 유명한 종손들이 직면하고 있는 공통적인 딜레마가 여기에 있다. 특별히 재산이 많다면 모를까, 그렇지 않으면 종손들이 집을 지키면서 살기가 어렵다는 결론이 나온다.

최 부잣집 출신 14대 종부의 요리 솜씨

동계고택에서 종손인 정완수 씨 부부보다 더 유명한 사람이 종손의 어머니이자 14대 종부인 최희(崔熙, 75) 씨다. 14대 종손으로 거창교육장으로 있던 정우순(鄭禹淳) 씨가 5년 전 타계한 후 혼자 살면서 이 넓은 집을 지키고 있다. 안채 뜰 앞에 보랏빛으로 피어 있는 꽃잔디도 최 할머니가 정성스럽게 가꾸어놓은 것이다.

최희 할머니는 요리 솜씨로 유명해서, 요리잡지나 여성지에서 자주 취재하러 나온다. 한국 상류층의 전통 요리법을 많이 알고 있기 때문이다. 할머니의 친정이 한국 최고의 부잣집이자 12대 만석꾼을 지낸 경주 최 부잣집이었으니 그 안목과 솜씨를 미루어 짐작할 수 있다.

최 할머니는 당시 영남 상류층의 혼사를 수백 건이나 성사시킨 유명한 중매쟁이 강숙희(男, 현재 살아 있다면 약 120세) 씨의 중매로 동계 집안의 며느리가 되었다. 강숙희 씨는 풍채와 학식 그리고 언변이 좋아서 그가 중매하면 거의 안 되는 혼사가 없었다고 하는 영남 지역의 전설적인 중매쟁이다.

최희 씨는 최 부잣집의 현 종손인 최염 씨의 누님이기도 한데, 동계고택을 방문하기 전에 최염 씨를 통해 미리 연락을 해놓은 상태라서 할머니가 손수 준비한 저녁식사를 안채에서 맛보는 기회를 가졌다.

음식 맛은 전체적으로 담백했다. 명가의 음식 맛을 보기 위해서 동행한 모 식품업체의 최경부 연구원은 이 집 간장 맛에 찬사를 보냈다. 간장 특유의 퀴퀴한 냄새가 거의 없으면서도 맛은 고소하고 담백하다는 평이다. 할머니에게 비결을 물어보니 고택 전체의 구조가 일조량을 많이 받는 위치에 있고, 거기에다 금원산에서 내려오는 물맛이 더해져 그런 것 같다는 설명이다. 아닌게 아니라 이 집 물은 서출동류의 격조 있는 물이다.

반찬 중에서는 수란과 육포가 맛있었다. 수란은 종가 주안상에 꼭 오르는 음식이라고 한다. 달걀을 끓는 물에 데친 다음 고소한 잣 국물에 띄운다. 보기에도 깔끔하고 영양가도 높다. 보통 먹는 계란찜이나 후라이하고는 차원이 다른 음식 같았다. 쇠고기를 말린 육포는 산에 갈 때마다 비상식량으로 챙기는 것이기 때문에 개인적으로 관심이 가는 음식이다.

육포 맛 내는 비법을 물으니 우선 쇠고기를 물에 담가서 피를 빼야 한다고 한다. 그리고 햇볕에 말려야 하는데, 모기장을 쳐서 파리가 붙지 않도록 주의해야 한다. 포를 뜰 때에는 손으로 직접 떠야 맛이 있다. 여기에 물엿과 설탕, 진간장, 후추, 조미료 약간을 첨가하는데, 단 마늘은 넣지 않는다고 한다.

잠은 사랑채에서 잤다. 사랑채에는 '모와(某窩)'라고 쓴 편액이 걸려 있다. 1909년 의친왕 이강(李堈, 1877~1955) 공이 이 집 사랑채에서 40일 정도 머물 때 남긴 친필로 '모리의 집'이라는 뜻이다. 이강 공은 구한말에 승지를 지낸 이 집안 종손 정태균(鄭泰均)과 한양에서 친하게 지낸 인연으로 이 집을 찾았던 것이다. 여기에 얽힌 사연도 있다.

의친왕이 사랑채에 머물고 있을 때 거창 인근은 물론이고 남원, 무주, 진안, 장수에서까지 사람들이 몰려와 임금을 보겠다고 뜰 앞과 문밖에서 인산인해를 이루었다. 몇 년 전에는 이강 공의 아들인 가수 이석 씨가 종택을 방문하기도 했다. 아버지가 머문 사랑채에서 자보고 싶다는 바람을 갖고 온 것이다. 사랑채에 들어간 이석 씨는 감회 어린 눈물을 글썽거리며 아버지가 요를 깔고 자던 방바닥에 대고 몇 번이나 절을 했다고 한다.

  종택 사랑채의 하룻밤은 상쾌한 숙면이었다. 7층 아파트의 잠자리와는 확실히 다르다는 걸 실감하겠다. 자고 나니 몸이 부드럽지 않은가! 아침을 먹기 전에 근처에 있는 수승대까지 산보를 나갔다. 거리는 1킬로미터. 20분 정도 뒷동산 산길을 넘어 가는 적당한 거리다. 솔잎 냄새와 새소리를 들으면서 당도한 수승대 또한 절경이었다. 계곡 한가운데 소나무 사이로 거북이 모양을 한 커다란 바위〔岩龜臺〕가 신비롭게 놓여 있고, 그 꼭대기에는 사람이 앉을 수 있게 돌로 된 좌석까지 마련되어 있다.

  신선은 바로 이런 곳에서 세월을 보내는구나. 집에서 불과 20분만 걸으면 산수화 속으로 들어갈 수 있으니 더 무얼 바랄 것인가! 이런 풍광에서 행복하지 않을 수 있겠는가! 전생에 무슨 복을 지어야지 금생에 이런 풍광을 누리며 살 수 있을까?

윤보선 고택의 별채인 산정채 모습. 70년대에 3김씨를 비롯한 야당 인사들이 윤보선 대통령과 자주 회합을 갖던 곳이다.

서 울 안 국 동 윤 보 선 고 택

덕을 쌓아야 인물 낸다

풍수적 기운이 짱짱한 화강암 지반의 서울 종로구 일대.
특히 안국동 지역은 서울의 대표적 명당 터이다.
그중에서도 '안국동 8번지' 윤보선 고택은 서울에서도 손꼽히는 명택이다.
한국 정치의 산실이라고도 불리는 이 고택을 처음으로 낱낱이 밝힌다.

산정채로 들어가는 철제 소문(小門). 전통의 상징성과 모던한 아름다움이 이상적으로 결합한 문으로, 윤보선 전 대통령이 직접 디자인했다고 한다.

서울 도심의 숨은 명당 '안국동 8번지'

'유천희해'라고 적힌 추사체 현판 글씨. '하늘과 바다를 희롱하며 논다'는 뜻으로 선비들의 호방한 기개가 담겨있다.

서울은 600년이 넘는 세월 동안 한반도의 중심으로 우뚝 선 도시다. 한국 인구의 3분의 1에 해당하는 1천500만 인구가 살고 있는 수도이자 세계적인 도시 서울. 이 서울을 대표하는 명문가는 어떤 집인가? 보는 사람에 따라 관점이 다를 수 있지만, 이 분야의 원로 어른들에게 자문을 구한 결과, 정치인 이종찬 씨 집안과 윤보선 전 대통령 집안이 꼽혔다.

이종찬 씨 집안은 선조 때 인물인 백사(白沙) 이항복(李恒福)의 직계 후손으로서 8대를 내리 판서를 배출하였고, 대대로 서울에서 거주하며 삼한갑족(三韓甲族)이란 소리를 들었다. 상해 임시정부의 이시영(李始榮), 독립운동가이자 아나키스트로 최근 조명 받고 있는 이회영(李會榮) 형제가 모두 이 집안 사람들이다.

윤보선 전 대통령 집안은 대통령을 배출했을 뿐만 아니라 근·현대사에서 활약한 이 집안 윤씨들이 한국인명사전에 무려 50여 명이나 들어가 있다. 한 집안에서 인명사전에 50여 명이나 등재될 정도로 많은 인물을 배출하는 경우는 흔하지 않다.

그러나 이씨 집안은 아쉽게도 고택이 남아 있질 않고, 윤씨 집안은 다행히 고택이 남아 있다. 그 집이 바로 종로구 안국동에 위치한 해위(海葦) 윤보선(尹潽善, 1897~1990) 고택이다. 그러니까 안국동에 있는 윤보선 고택은 1천500만 인구가 살고 있는 수도 서울을 대표하는 명택이라고 해도 과히 틀린 말은 아닐 것이다.

외부인에게 공개하지 않는 고택

고택 풍수에 관심 있는 나로서는 진작부터 한번 구경해보고 싶었던 집이 바로 이 집이다. 그러나 윤보선 고택은 일반인이 쉽게 접근할 수 없는 집이다. 연고가 없는 외부인이 보고 싶다고 해서 쉽게 볼 수 있는 집이 아닌 것이다. 한국의 이름난 고택들은 대체적으로 개방되어 있는 편이지만, 이 집만큼은 예외다. 그동안 TV 방송국을 비롯한 여러 언론매체들이 수차례 취재 또는 촬영을 시도했지만 집주인의 허락이 나지 않아서 촬영을 못한 경우가 여러 번이다. 현재 안채에서 장손 가족이 살림을 하고 있으므로 찾아오는 사람 모두에게 안방 모습을 공개할 수는 없기 때문이다.

현재 집주인은 윤보선 선생의 장남인 윤상구(尹商求, 53) 씨. 개인사업체를 운영하고 있으며, 교회 장로를 맡고 있다는 사항만 밝힌다. 조용한 성품이라서 남 앞에 나서는 걸 싫어할 뿐만 아니라, 언론에 사생활이 노출되는 것은 더더구나 기피한다. 익명의 서민은 매스컴을 타고 싶어 안달이지만, 유명 명문가 후손에겐 매스컴에 노출될수록 돌아오는 것은 사생활의 제약이다.

다행히 윤상구 씨에게 취재 허락을 받을 수 있었다. 인터뷰는 하지 않고 고택에 대한 사진촬영만 한다는 조건이었다. 고택 내력에 관한 몇 가지 질문 사항은 이메일로 주고받았다. 내가 이 집에 대한 참고자료로 이용한 것은 한옥 전문가인 신영훈 씨가 91년에 취재한 〈한국의 종갓집〉이란 잡지 연재물뿐이다.

안국동 8번지 고택. 원래 이 집은 지금으로부터 130년 전쯤인 구한말에 민씨 성을 가진 대감이 지은 집이라고 한다. 인품이 훌륭해서 '민 부처'라는 별명을 가진 사람이었는데, 장안의 유명한 도편수(우두머리 목수)를 동원해서 99칸이 넘는 거대한 규모의 저택을 짓는다는 소문이 당시 임금인 고종의 귀에까지 들어갔다. 고종이 민 부처를 소환하여 "네가 대궐만큼이나 큰 집을 짓는다고 하는데 반역할 의사가 있느냐"고 추궁했다. 이때 민 부처의 답변이 걸작이다. "이 집은 부처가 살 집입니다."

부처가 살 집이라는 것은 불교 사찰을 의미하고, 사찰이라면 당연히 크게 지을 수 있다는 말이다. 동시에 자신의 별명이 부처이니 자기가 살 집이라는 의미도 된다. 이 재치 있는 임기응변에 고종도 파안대소하고 그냥 넘어갔다고 한다. 그후 일본에 망명했다가 귀국한 박영효(朴泳孝, 1861~1939) 대감이 적당한 거처가 없다는 얘기를 들은 고종이 민 부처에게 박영효에게 집을 넘겨주라는 명령을 내려서 박영효가 얼마간 살았다고 한다.

담장 하나 사이로 바로 옆집은 《열하일기(熱河日記)》와 《허생전(許生傳)》의 저자 연암(燕巖) 박지원(朴趾源, 1737~1805)과, 연암의 손자로 개화파의 수장 격이던 박규수(朴珪壽, 1807~1876)가 살던 집인데, 우리 나라에 몇 그루밖에 없는 백송이 아직 그 터를 지키고 있다. 지금은 헌법재판소로 바뀌었다.

개화기 역사를 보면 박영효는 갑신정변(1884)에 참여했다가 실패하자 1차 일본에 망명한 적이 있고, 그후 김홍집 내각의 대신으로 있으면서 고종 폐위 음모에 가담하여 또다시 일본에 망명했다가 1907년에 귀국하여 용서를 받았다. 두 번의 일본 망명과 귀국 등 여러 정황을 감안할 때, 박영효가 이 집에 살기 시작한 시기는 아마도 1차 망명에서 돌아온 1880년대 후반쯤이 아닐까 싶다. 김옥균(金玉均, 1851~1893)이 박영효에게 써준 편액이 이 집에 남아 있으니 두 번째 망명 이후는 아닐 것 같다.

이후로 잠깐 김씨 성을 가진 사람의 소유가 되었다가 1910년대에 윤씨 집에서 이 집을 구입하였다. 그 이후로 윤씨 집안이 계속 여기에 살아왔으며 현재까지 종가로 유지되고 있다. 100칸이 넘는 저택이라서 사람이 많이 모여 살 때에는 일가친척 70여 명에다 하인들까지 합해 100여 명이 거주했다고 한다. 옛날에는 바깥 행랑채, 큰 사랑채, 뜰 아래채, 곳간 등이 있었으나 지금은 사라지고 문간채, 산정채, 안채, 작은 사랑채만 남아 있는 상태다. 현재 대지 1천400평, 건평 250평의 규모를 유지하고 있다.

대문 하나에 소문 세 개의 '회삼귀일' 구조

윤보선 전 대통령은 충남 아산군 둔포면 신항리 새말이라는 곳에서 태어나 10세쯤 이곳으로 이사와서 그 이후로 줄곧 이 집에서 살았다. 대통령이 되기 전부터 이 집에서 살았고 대통령을 그만둔 후에도 이 집에서 살았다.

고택 돌담길을 따라 대문 앞에 서니 왼쪽 편으로 40~50센티미터 높이의 네모난 돌이 눈에 들어온다. 말을 타고 내릴 때 발을 디디기 위한 용도로 사용한 하마석(下馬石)이다. 서울의 전통 가옥 대문 앞에 아직까지 하마석이 남아 있는 것은 희귀한 사례이다. 대문을 열고 들어서니 세 개의 소문(小門)이 나타난다. 오른쪽 소문은 별채인 산정(山亭)채로 들어가는 문이고, 가운데 나무 사이로 몇 미터 들어가서 여는 문은 안채로 들어가는 문이며, 왼쪽 문은 작은 사랑채로 통하는 문이다. 큰 대문 하나에 작은 대문 세 개의 구조는 셋이 모여 하나로 귀결하는 회삼귀일(會三歸一) 구조이다.

삼한을 통일하고 고려가 성립할 때 자주 등장한 원리가 회삼귀일이라서, 예로부터 우리 민족은 이를 회통과 통합의 원리로 존중해왔다. 세 개의 소문 가운데 가장 눈길을 끄는 문은 산정채로 들어갈 때 거쳐야 하는 작은 문이다. 철제로 만든 작은 문인데 나같이 둔감한 사람이 보기에도 아주 귀엽고 아담해 보인다. 철제로 되어 있어 튼튼한 질감을 주면서도 심플하다. 문의 전체 높이는 180센티미터, 여닫이 높이는 1미터 정도로 낮게 되어 있어서 보는 이에게 위압감을 주지 않는다. 문 위에는 삭은 지붕까지 있어 문이 지녀야 하는 품위를 모두 갖춘, 문을 지나가는 사람에게 문을 통과하고 있다는 느낌을 분명히 주는 문이다.

윤상구 씨 설명에 의하면 원래는 나무로 된 문이었는데, 6·25 때 부서져서 60년대 초반 해위 선생이 직접 모양을 설계하여 쇠문으로 바꿨다고 한다. 그러니까 이 예쁜 문은 해위 선생 작품이다. 수많은 고택을 다녀보았지만 이처럼 예쁘면서도 실용적이고, 문이 갖는 상징성을 확실히 갖추고 있는 문은 보질 못했다. 전통의 상징성과 모던한 아름다움이 이상적으로 결합한 문이라고 생각한다.

문은 무엇인가? 동양문화에서 문이 지니고 있는 상징성은 깊다. 그 상징성을 한 마디로 표현하면 성(聖)과 속(俗)의 경계를 나타낸다. 성스러운 공간과 세속의 공간을 구분하는 장치가 문이다. 바깥에서 중심부로 들어갈 때마다 문을 하나씩 통과하는데, 그 문을 통과할 때마다 세속의 세계에서 좀더 성스러운 공간, 즉 중심부로 점점 더 진입한다는 의미가 들어 있다. 마치 옷을 한 꺼풀씩 차례

차례 벗는 것처럼 문을 통과할수록 세속의 때를 벗고 정화된다고 보기 때문이다. 예를 들면 사찰에 들어갈 때 맨 앞의 일주문부터 시작해서 사천왕문, 불이문, 금강문 등등 여러 개의 문을 거쳐서 대웅전에 도달하도록 한 것과 같은 맥락이다.

구중궁궐(九重宮闕) 또는 구중심처(九重深處)라고 할 때 구중(九重)이라는 의미는 아홉 개의 문을 지칭한다. 동양에서 문을 통해서 성스러운 공간을 확보하려 했다면, 서양에서는 실내 공간의 높이를 통해서 성스러움을 확보하려 했다. 서양의 유명 성당 내부에 들어가면 동양의 사찰에 비해서 천장이 유난히 높다. 천장이 높으면 건물 안에 있는 사람들이 경외감과 신성함을 느끼기 마련이다. 반대로 천장이 낮으면 아주 답답하다. 동양이 문이라면 서양은 높이에 주목한 것 같다.

윤보선 고택의 문도 마찬가지가 아닌가 싶다. 일단 대문을 열고 들어가서 그 다음에 산정채로 가는 작은 소문을 통과하고, 다시 산정채의 출입문을 열도록 되어 있다. 문을 하나하나 통과할수록 그 건물에 들어가는 사람으로 하여금 무언가 신성하고 깊이 있는 공간으로 들어가는 것처럼 느끼게 하므로, 결과적으로 이 철제 소문의 존재는 산정채의 품격을 높이는 기능을 하고 있는 셈이다. 문이 많아서 걸리적거린다고 생각하는 사람은 생활에 너무 바쁘게 쫓기면서 살아왔다는 증거이다.

그렇다면 산정채는 어떤 용도의 집인가? 우선 이름부터 특이하다. 뫼 산(山)에 정자 정(亭)이니까 산속에 있는 정자라는 뜻인데 이 집에 산이 어디 있단 말인가?

집 안에 들여놓은 산속 별장, 산정채

그런데 과거의 집은 현재의 집과 전혀 달랐다 한다. 옛날에는 현재 연못 자리에서 대문 쪽까지 작은 산맥을 만들어놓았다고 한다. 연못도 있었고 연못을 건너가는 다리도 있었으며, 그 옆에 작은 동산이 있었다. 그 동산을 산으로 간주하고 산 옆에 있는 별채라는 뜻에서 산정채라고 했다.

비록 산정채는 집 안에 있는 별채이지만 마치 산속의 정자에 있는 것 같은 호 젓함과 한가로움을 느낄 수 있도록 이름을 산정채라고 짓지 않았나 싶다. 실제 로는 집 안에 있으나 관념상으로는 산에 들어와 있는 셈이다. 임천간(林泉間)에 노니는 걸 좋아했던 선비들의 풍류를 엿볼 수 있는 작명이다.

산정채에는 그 풍류에 걸맞는 현판이 하나 큼직하게 걸려 있다. '유천희해(遊 天戲海)', 하늘과 바다 위에서 노닐고 춤춘다는 뜻이다. 하늘과 바다에서 놀 수 있어야 진짜 노는 것 아니겠는가. 그 호탕함이 부럽다. 글씨체에도 산정채에 드 나든 선비들이 가슴에 품었던 호방한 기개가 그대로 묻어 있다. 집주인에게 확 인해보니 추사의 친필이라고 한다.

정면 네 칸, 측면 두 칸 크기인 산정채에는 이 현판 글씨 외에 조그만 편액이 하나 더 걸려 있다. '태평만세(泰平萬歲)'라고 새겨진 편액이다. 그런데 편액 모양이 특이하다. 동행한 사진작가 권태균 씨의 설명에 의하면 박쥐 모양을 딴 것이라고 한다. 역시 답사는 전문가와 같이 다녀야 얻는 것이 많다. 중국 청나 라의 마지막 황제 부의가 살았던 장춘의 궁궐에서도 박쥐 모양을 한 편액을 본 적이 있다는 것이다. 뿐만 아니라 우리 나라에서 빨래를 두드릴 때 쓰는 다듬잇돌 의 양옆에도 박쥐 문양이 새겨 있다.

왜 박쥐인가? 서양에서는 박쥐가 악마의 상징이지만, 동양에서는 반대로 오 복(五福)의 상징으로 본다. 박쥐를 한자로 복(蝠)이라고 쓰는데, 이 자가 복 복 (福) 자와 비슷하기 때문이다. 그래서 장신구에도 박쥐 문양을 새겨놓는 경우 가 종종 있다.

이 산정채는 한국 현대사의 현장이기도 하다. 윤상구 씨의 설명에 의하면 영 국 에딘버러대학에서 고고학을 공부한 후 1932년 여름 귀국한 해위 선생이 1945년 해방이 될 때까지 13년 동안 일체의 바깥 활동을 삼가면서 칩거한 곳이 며, 우리 나라 최초의 정당인 한국민주당의 산실이었고, 70년대까지 우리 나라 야당 회의실로 쓰인 곳이기도 하다. 한국 현대 정치사의 중요한 일들이 바로 이 산정채에서 논의되었던 것이다.

김영삼, 김대중 대통령도 젊었을 때부터 여기를 드나들던 멤버이다. 지난

안채와 작은 사랑채를 구분해주는 돌담. 돌담에 작은 문이 나 있다.

1980년 '서울의 봄' 때에는 해위 선생이 당시 야당의 양대 거물인 김영삼, 김대중 씨를 이곳으로 불러서 야당 후보 단일화를 당부했다고 한다. 그것이 해위 선생의 공식적인 마지막 정치활동이었다. 이러한 배경을 지닌 곳이다 보니 산정채는 TV 방송국에서 드라마 촬영 무대로 눈독을 들이는 곳이다.

산정채에서 눈여겨볼 장치 하나는 '양실(洋室)'이라고 불리는 햇볕가리개다. 산정채의 한쪽 면이 서향이어서 오후가 되면 석양이 낮게 깔려 실내로 깊숙이 들어오기 때문에 이 햇볕을 차단하기 위한 장치다. 우리 나라 고택 가운데 이러한 햇볕가리개가 설치되어 있는 건물은 강릉 선교장, 해남 녹우당, 비원의 연경당, 그리고 산정채라고 한다. 산정채의 햇볕가리개는 특징이 하나 있는데, 그것은 러시아 양식으로 되어 있다는 점이다. 구한말 개화기 때 러시아 사람들이 제작했다는 설이 있다.

녹색의 잔디와 붉은 베고니아 꽃을 배경으로 고요한 중후함 속에 서 있는 산정채. 한국적인 격조와 품위가 배어 있는 건물임이 틀림없다. 서울 한복판에 이런 건물이 아직 한 채라도 남아 있어서 다행이다. 시골도 아니고 1천500만 인구가 복작거리는 서울에서 이처럼 품위 있는 건물을 유지하다 보니 함부로 집을 개방할 수 없는 집주인의 심정을 이해할 만하다.

이번에는 안채를 보자. 이 집의 안채는 다른 고택의 안채와는 달리 누마루가 있다. 대개 누마루는 남자들이 사용하는 공간인 만큼 사랑채에 달려 있는 경우가 흔하지만, 이 집만큼은 안채에 누마루가 달려 있어서 다른 집 안채처럼 여성적인 분위기가 아니다. 또한 건물 크기도 산정채보다 훨씬 크고 높아서 안채 특유의 아늑함은 적고 그 대신 당당한 위엄을 풍긴다.

윤보선 대통령이 집무하던 안채

아니나 다를까. 이름은 안채지만 윤보선 대통령이 한때 여기에서 집무를 했다고 한다. 4·19 이후 내각책임제 하에 장면 씨가 총리에 취임했으나 마땅히 거주할 사무실이 없어서 반도호텔을 임시 사용하고 있었다고 한다. 청와대는 당시 대통령이던 윤보선 대통령이 사용하고 있었다. 실세 총리가 처한 상황을 감지한 윤 대통령은 그림이 좋지 않다고 판단하고 장면 총리에게 청와대에 와서 살기를 권유했다. 그리고 자신은 안국동 이 집 안채에 들어와 살면서 대통령 집무를 보려고 했다. 그러나 5·16에 이은 대통령직 하야로 그 계획은 실현되지 못했다.

대통령이 집무도 하면서 여러 사람들을 접견할 수 있도록 안채 구조를 일부 바꾸었기 때문에, 일반 고택의 안채와는 다른 당당한 분위기를 가진 건물로 변한 것 같다. 안채에 걸려 있는 '국태민안(國泰民安)'이라는 현판이 그러한 역사를 말해주고 있다. 현재는 장남인 윤상구 씨 가족이 안채에 살고 있다.

안채에서 눈에 띄는 점은 마당에 깔린 모래다. 마당에 흰 모래가 깔려 있어 방문객에게 정갈한 느낌을 준다. 한옥 마당에 모래를 깔아두면 빛을 반사하는 작용을 한다고 알려져 있다. 전기가 없던 시절에는 낮이라 해도 방 안 조도가 아무래도 어둡기 마련인데, 이걸 보완하기 위해서 모래가 반사하는 빛을 이용했다. 모래는 빛을 받으면 그것을 다시 반사하는데, 그 반사된 빛이 방 안으로 전달된다는 것이다. 따라서 마당에 깐 흰 모래는 일종의 간접 조명장치였던 셈이다.

마당에 깔린 흰 모래에는 실용적 용도 외에도 또 하나의 미학이 감춰져 있다. 바로 정갈함과 고요함이다. 모래에 담긴 정갈함과 고요를 맛보려면 절 마당에 가보아야 한다. 그것도 방문객이 아직 오기 전인 새벽녘에 가보아야 한다. 행자 스님이 쓸어놓은 절 마당에는 규칙적으로 왔다갔다한 대빗자루의 흔적이 물결처럼 남아 있다.

방문객의 등산화 발자국이 찍히기 전인 꼭두새벽에 그 대빗자루의 선명한 흔적을 바라보노라면 그 어떤 정갈함과 고요함을 느낄 것이다. 선적(禪的) 희열이라고 표현해야 할까. 특히 일본 사찰에 아침 일찍 가보면 이와 같은 빗자루 자국이 선명한 마당을 많이 목격할 수 있었다. 요는 사람 발자국이 찍히기 전에 가보아야 한다는 점이다. 내가 고택을 방문한 시간은 오전 10시쯤으로 그리 이른 시간이 아니었는데도, 이 집 안채 마당에는 가지런한 빗자루 자국이 그대로 남아 있었다. 나는 그것을 한참 들여다보았다.

풍수에 관심 없는 집주인

이 집 풍수를 보자. 집주인은 독실한 기독교인이라 명당에 관심이 없고, 덕을 쌓으면 복이 온다는 정도만 생각했다. 그래서 이 집터에 대해 가전(家傳)되는 정보는 하나도 얻어들을 수 없었다. 가전되는 정보를 접할 수 없을 때에는 내가 직접 보고 판단하는 자가발전의 방법을 강구할 수밖에 없다. 이 경우 약간의 위험 부담이 있다. 내가 보는 안목에 만의 하나 착오가 있을 가능성도 있기 때문이다.

가장 위험 부담이 없을 때는 옛날 어른들에게서 전해 내려온 가전 정보와 현장에서 내가 독자적으로 파악한 정보가 서로 일치하는 경우이다. 강호에 숨어 있는 풍수계의 고수들에게 일발 역습을 당하지 않기 위해서는 이 방법이 가장 안전하지만, 이 집 같은 경우는 부득이 위험을 무릅쓰고 그동안 쌓은 나의 내공을 공개할 수밖에 없다.

먼저 서울의 전체 풍수를 스케치하면서 안국동으로 들어가보자. 전통 도읍지의 풍수 조건은 세 가지로 정리한다. 첫째는 사방에 산이 받쳐주고 있어야 한다. 사방이라 함은 패철(佩鐵, 지관이 몸에 지니던 자석) 상에 나타난 건(乾, 북서)·곤(坤, 남서)·간(艮, 동북)·손(巽, 동남)이나 자(子)·오(午)·묘(卯)·유(酉) 또는 인(寅)·신(申)·사(巳)·해(亥) 방향을 말한다. 사방에 산이 있다는 것은 그 안쪽에 사는 사람들이 사방에서 나오는 산의 정기를 받을 수 있어서 좋고, 전쟁이 발생했을 때에는 산을 진지 삼아 외적의 침입을 방어할 수 있는 이점이 있다.

둘째는 강이 흘러야 한다. 강은 물이고 산은 불로 본다. 동양사상에서는 수(水)와 화(火)를 오행을 대표하는 선수로 보기 때문에 이 둘을 가장 중시한다. 화만 있고 수가 없으면 건조해서 생명이 잉태될 수 없다. 비유하자면 고층 아파트에 가습기가 없으면 몸이 뻣뻣해지고 목도 건조해지는 것과 같다. 그래서 반드시 강물이 흘러야 한다. 현실적인 측면에서 보자면 강물은 운송수단이다. 육상교통과 자동차가 발달하기 전에는 강물이 고속도로와 같은 운송수단이었다는 점도 감안해야 한다.

셋째는 자급자족할 수 있을 정도의 들판이 있어야 한다. 도읍지에는 인구가 밀집하기 마련이고, 이때 가장 중요한 문제는 식량의 자급자족이다. 그래서 넓은 들판이 있어야 한다. 이러한 세 가지 조건을 갖춘 곳은 도읍지가 되었다. 신라의 경주가 그렇고, 고려의 개성, 조선의 서울, 북한의 평양, 후백제 견훤의 전주가 그러하다.

서울은 경복궁 뒤의 북악산을 주산으로 하여 낙산을 좌청룡으로, 인왕산을 우백호로, 남산을 안산으로 한다. 한 가지 부족한 부분은 목체(木體)의 산이 없다는 점이다. 한국의 국지사(國地師) 대우를 받은 고 지창룡 선생의 이론에 따르면 제왕이 사는 수도에는 오덕구(五德丘)라고 해서 목·화·토·금·수형의 산이 전부 갖춰져야 한다고 한다. 하지만 경복궁을 중심으로 보았을 때 목산(木山)이 보이질 않는 결점이 있어서, 부득이 남산 이름을 목멱산(木覓山)이라고 지었다는 것이다. 멱(覓)은 찾는다, 구한다는 뜻이므로 목멱산은 목을 찾는다는 뜻을 내포하고 있다. 남산은 형태로 보아서 목산은 아니지만 이름으로 대신 비보한 셈이다. 그래서 남산을 길게 누운 나무 형국이라고 해도 무방하다는 것이다.

조선의 이씨(李氏) 왕조가 특히 목을 중시한 또 하나의 이유는 그 성씨 탓이다. 한문으로 이(李) 자를 파자하면 목(木) 자가 들어가기 때문에 이씨 왕조는 풍수도참적인 맥락에서 목을 자신들의 운명과 동일시했다.

서울의 명당 안국동 일대

윤보선 고택이 들어서 있는 안국동 일대(계동·가회동·화동)는 거시적으로 보아 경복궁의 좌청룡 자락인 낙산 자락에 자리잡고 있다. 좌청룡의 큰 줄기는 낙산이지만, 미시적으로는 낙산 안쪽으로 다시 여러 갈래의 내청룡·내백호로 분화하면서 그 안에 살기 좋은 명당자리를 형성하고 있다. 조선시대 서울 양반들이 모여 살았던 북촌이 바로 이 청룡자락 내에서 여러 갈래로 갈라진 내청룡·내백호에 앉아 있는 동네다. 역대로 서울 명사들은 이 줄기에 살았다.

이 동네를 자세히 관찰하면 작은 지맥들이 희미하게나마 이어지고 있는 것을 확인할 수 있다. 윤보선 고택에서 볼 때 중앙고 뒷산에서 나와 인촌고택, 그리고 현대 본사로 이어지는 라인이 내청룡이라면, 감사원 쪽에서 나와서 정독도서관―소격동―미 대사관저―한국일보―인사동까지 이어지는 라인을 내백호로 볼 수 있다.

도로가 나면서 잘리긴 했지만 이 동네에는 아직까지 희미하게나마 이러한 작은 용맥들의 융기가 남아 있는데, 큰 건물들이 들어서면서 점차 훼손돼가는 추세다. 북촌 지역만큼은 큰 건물의 신축을 가급적 피해 그나마 남아 있는 아기자기한 용맥들을 보존할 필요가 있다. 그 자그마한 용맥들의 꿈틀거림을 바라다 보면 삶에 대한 새로운 의욕이 솟아난다.

또 하나 주목할 점은 암반이다. 종로구청에서 발행한 〈종로구지(鐘路區誌)〉를 보면, 종로구 전역의 지층이 화강암이라고 나와 있다. 종로구 주위에는 편무암이 많지만, 종로구 지반에는 유독 단단한 화강암이 많은 것이다. 형국이 빼어나면 그 속내인 지기도 맑은 법, 이 지역의 풍수적인 기운이 짱짱함을 말해주는 대목이다.

천지인(天地人) 삼재(三才)사상을 작품화하는 데 주력하고 있는 소설가 김종록 씨의 작업실이 인사동에 있어서 일이 있을 때마다 들러 하룻밤씩 자는데, 자고 일어나면 아파트에서 잔 것보다 몸이 훨씬 부드럽고 개운하였던 경험이 있다. 산속 암자에서 자고 일어난 것 같은 상쾌함이었다. 인사동이 사람도 복작거리고 공기도 탁해서 잠자리가 불편할 것으로 예상했는데 의외였다. 알고 보니 이유가 있었다.

이 친구가 몇 년 전 인사동 집의 정화조를 묻기 위해서 땅을 2미터 정도 파내려 간 적이 있는데, 혹시 물이 나오면 방비하려고 동판까지 준비했다. 그러나 땅을 파보니 뜻밖에도 황금빛 마사토가 나왔다. 마사토란 화강암이 흙으로 변해가는 중간 과정에 있는 비석비토(非石非土)의 흙을 가리킨다. 마사토는 기가 지나치게 강하지도 약하지도 않아서 지관들이 선호하는 흙이기도 하다. 이 지역 일대의 지반에는 화강암이나 마사토가 깔려 있어서 잠자리가 개운했던 것으로 보인다. 추측컨대 윤보선 고택의 지층도 이와 같을 것이다.

'순환 발복' 고려한 다섯 개의 좌향

윤보선 고택의 풍수에서 가장 흥미 있는 대목은 건물마다 각기 좌향(坐向)이 다르다는 점이다. 좌향이란 쳐다보는 방향을 일컬으므로, 건물마다 쳐다보는 방향이 다르다는 말이다. 먼저 기준이 되는 대문의 좌향을 보자.

대문은 갑좌(甲坐)이다. 갑좌는 거의 서향이다. 서향으로 대문을 잡은 이유는, 지금은 복개되었지만 옛날에는 삼청동 가는 길에 개천이 흐르고 있어서 서향으로 대문을 잡으면 이 개천을 앞에다 둘 수 있었기 때문이다. 서향은 이 개천을 의식한 좌향이다.

산정채는 ㄴ자 모양이지만 창문이 세 군데로 향하고 있어서 세 개의 좌향이 나온다. 갑좌, 병좌(丙坐), 임좌(壬坐)가 그것이다. 한쪽은 대문과 같은 방향인 갑좌이고 다른 한쪽은 병좌이다. 병좌는 북향이라서 주산이면서 동시에 백호에 해당하는 북악산 쪽을 바라보는 방향이다. 산정채 마루에 서서 북향을 바라보면 이 북악산의 끝 봉우리가 보이는데, 그 모습이 꽃봉오리 같기고 하고 문필봉 같기도 해서 상서롭게 보인다. 병좌는 다분히 이 북악산 봉우리를 받기 위한 좌향으로 해석된다. 산정채에는 임좌도 있다. 이는 남향이라서 햇볕이 많이 들어온다.

안채 정면은 해좌(亥坐)이다. 하지만 안채 역시 ㄱ자로 굽어 있기 때문에 기역자로 굽어지는 부분에서 또 하나의 좌향이 성립된다. 그것이 유좌(酉坐)이다. 유좌는 동향인데, 안채 안방과 건넌방이 동향으로 되어 있다. 안채 옆에 담 하나를 사이에 두고 붙어 있는 작은 사랑채는 임좌이다. 해좌와 임좌는 15도 차이인데, 거의 같은 남향에 속한다.

이렇게 놓고 보면 이 집 건물들의 좌향은 갑·병·유·해·임이라는 다섯 가지 방향을 향해 있다. 일반적으로 집터의 좌향은 한 개 아니면 두 개로 잡는 것이 보통인데 비해 다섯 개의 좌향은 좀 많은 편에 속한다. 윤보선 고택은 왜 이렇게 여러 방향의 좌향이 복잡하게 혼합되어 있는가? 우연히 그렇게 된 것인가?

그렇지 않다. 풍수를 모르는 사람은 무심코 지나치기 쉽지만, 풍수의 이기(理氣)를 연구하는 사람에게는 이 부분이 중요한 공부거리다. 풍수의 이기파(理氣派) 이론에 따르면 패철 상에 나타난 24개의 좌향에는 각각 비밀이 숨어 있고, 그 좌향마다 효력이 발생하는 시점이 각기 다르다고 한다.

비유하자면 해는 동쪽에서 뜨기 때문에 아침에는 해가 동쪽에 있다 하고, 점심에는 해가 중천에 있으므로 해가 정남에 떠 있다 하고, 저녁 무렵에는 해가 지기 때문에 해가 서쪽에 떠 있다고 하는 것과 같다. 시간대마다 해가 떠 있는 위치가 다르다는 점을 염두에 두어야 한다. 마찬가지로 패철 상의 24방위도 시간에 따라 순환하면서 어떤 때에는 갑좌가 발복(發福)하고, 어떤 때에는 병좌가 발복하고, 다시 시간이 흐르면 경좌가 발복한다는 것이 이기파의 이론이다.

아무리 좋은 자리라도 그 자리가 영원 불변토록 발복하는 것이 아니고, 시간이 흐르면 다른 좌향으로 발복이 옮겨간다. 간단하게 설명하면 '로테이션

(rotation) 발복' 이치다. 이 세상에 영구불변이란 없고 모든 것은 순환하게 되어 있는 것이 우주의 이치이기도 하다.

로테이션 발복의 이치를 파악한 이기파들은 집을 지을 때 ㅁ자로 짓는다. 왜냐하면 동서남북 사방으로 순환하는 발복의 기운을 그때마다 받아먹기 위해서다. 낚싯대를 하나만 드리운 사람보다 네다섯 개 던져놓은 사람이 고기를 잡을 확률도 높은 법이다. 어느 코에 걸릴지 모른다. 그래서 조선조의 풍수 매니아들은 명당도 하나만 가지고는 부족하고 여러 개를 잡아놓아야만 안심했다고 한다. 물론 ㅁ자 집을 지은 배경에는 여러 가지 다른 건축학적인 이유도 작용했겠지만, 풍수가의 입장에서 볼 때 로테이션 발복의 이치가 숨어 있다는 이야기다.

시대적으로도 조선 후기는 한국 풍수사상 최전성기를 구가한 시기인 만큼, 서울 북촌 요지에 있는 이 집을 지을 때에도 당연히 당대의 일급 지관들이 컨설팅했을 개연성이 높다. 그때의 지관이란 오늘날로 치면 건축설계사였으니 이만한 저택을 지으면서 건축설계사 없이 작업했을 리 없다. 문지방을 다듬고 서까래를 올리는 일은 목수가 했지만, 집 전체의 마스터플랜은 지관이 남낭했다.

지관의 임무를 따지고 들어가면 결국 얼마나 자연과 조화를 이룬 집을 지을 것인지를 고민하는 데 있었다. 산세와 용맥이라는 자연과, 건축이라고 하는 인위를 어떻게 최대한 조화시킬 것인가, 자연도 살고 나도 사는 '상생적 건축의 묘용(妙用)'이 풍수라고 해도 과언이 아니다. 일급 지관이란 이 조화의 묘용을 최대화할 수 있는 능력을 가진 사람이다. 현세적인 발복이란 결국 조화의 산물 아니겠는가! 조화가 깨지면 어떻게 되는가. 자연도 죽고 나도 죽는다는 게 생태학자들의 외침이 아닌가.

공덕 쌓아 얻은 '마체' 명당

자연과 인위의 조화를 모색하는 학문이 풍수라고 할 때, 그 조화의 터득은 단순히 기술적인 분석과 지식만 가지고 되는 게 아니다. 분석과 지식도 물론 필요하지만 더 중요한 것은 윤리적 뒷받침이다. 이때의 윤리적 뒷받침이란 바로 덕을 쌓는 일이다. 적덕(積德)을 하지 않고서는 큰 명당자리를 얻지 못한다는 게 풍수가의 신념일 뿐만 아니라, 동양사상에서 일관되게 강조하는 부분이다.

도교에서도 신선이 되려면 호흡과 정신통일이 중요하지만 그보다 더 중요한 전제는 삼천공덕(三千功德)이라고 말한다. 도교 경전을 보면 공덕을 3천 가지 이상 쌓아야 신선이 될 수 있는 자격이 생긴다고 설파하고 있다. 도교에서 말하는 '공과격(功過格)'이 바로 공덕을 체크하는 장부이다. 머리만 좋고 약아빠진

윤보선 대통령이 기거하던 안채의 모습. 일반 안채와 달리 누마루가 달려 있어 남성적인 분위기를 풍긴다.

사람은 명당은커녕 신선 승급에서도 반드시 탈락한다. 여기서 적덕과 공덕을 강조하는 이유는 이 집안이 바로 그러한 공덕과 명당에 관한 유명한 일화를 남겼기 때문이다.

지금으로부터 7년 전인 1994년 초가을, 충남 아산시 음봉면 동천리에 있는 윤보선 대통령 선산을 답사한 적이 있다. 내 풍수 선생님이 적선을 하고 얻은 명당을 보아야 한다고 권유했기 때문이다. 전라도 풍수가에서 회자되는 이야기에 의하면, 이 집 윗대에 시골로 낙향하여 생활이 어려울 때였다고 한다. 하루는 이 집에 스님이 탁발을 왔는데, 먹을 것이 귀하던 시절이라 스님에게 마땅히 줄 것이 없었다. 그러나 이 집 할머니는 얼른 옆집에 가서 보리쌀을 한 됫박 꾸어와서 스님에게 드렸다고 한다. 본인이 없으면 그만둘 것이지 옆집에까지 달려가 보리쌀을 꿔다 보시하는 성의를 보인 것이다. 몇 달 뒤, 다시 그 스님이 탁발을 나왔다. 그때에도 다시 옆집에서 빌려서 보시했다. 세 번째 방문에 시도 역시 그러한 성의를 보이자, 그 고운 마음씨에 크게 감동한 스님은 보답으로 명당자리를 하나 알려주었다고 한다. 그 자리를 쓰고 난 후부터 윤씨 집안이 크게 발복했다고 한다.

다른 책(《한국 명가의 풍수》, 김호년)을 보니까 윤씨 집안의 명당에 대해서 내용이 약간 다르기는 하지만 비슷한 이야기가 채록되어 있다. 조선 후기 의정부 공찬(恭贊)을 지낸 윤득실이 당파싸움에 염증을 느끼고 충남 아산으로 낙향하여 농사를 짓고 살았다. 농사를 짓고 살았으니 형편이 넉넉할 리 없었고, 가장인 윤득실이 죽자 생활은 더욱 어려워졌다. 그런 와중에서도 아들 윤씨는 항상 적선을 하고 살아야 한다는 윤득실의 유지를 받들면서 생활하고 있었는데, 어느 날 둔포시장에서 돌아오던 윤씨는 길에 쓰러져 있

는 스님을 발견했다. 늙은 스님은 추위와 배고픔에 지쳐 생사의 기로에 있었고, 윤씨는 스님을 업어다 집 안에 모시고 극진히 보살폈다. 그 극진한 보살핌에 대한 보답으로 스님이 잡아준 자리가 현재 윤 대통령 선산이 위치해 있는 음봉면 동천리의 명당자리다.

전해오는 두 가지 이야기가 모두 윤씨 집안이 활인공덕(活人功德)으로 명당을 얻었다는 내용이고, 명당을 얻기 위해서는 먼저 공덕을 쌓아야 한다는 교훈을 담고 있다. 그때 스님이 잡아주었다는 묘 자리를 가보니 좌측으로 마체(馬體) 봉우리 두 개가 선명하게 바라다보였다. 마치 말 귀 형상처럼 하나는 크고 하나는 약간 작은 두 개의 둥그런 봉우리가 나란히 서 있는데, 선생님 이야기로는 이 마체 봉우리가 귀물(貴物)이라고 한다.

현재 이 선영에는 제일 위쪽에 윤보선 전 대통령의 묘가 있고, 그 밑으로 명당이라고 소문난 윤득실 공의 묘가 있고, 그 아래에 윤보선 전 대통령 부모의 묘가 합장되어 있다. 명당도 명당이지만 이 집 선산을 둘러보면서 더욱 인상적인 것은 선영을 관리하는 후손들의 정갈함이었다. 선영 전체가 아주 깔끔하고 정갈했다.

정갈하다는 것은 무덤을 장식하는 데 사용하는 커다란 상석이나 기타 석물이 거의 없음을 의미한다. 갑자기 돈 번 졸부들 묘지를 가보면 잡다한 형태의 석물들로 덕지덕지 치장을 해놓기 마련인데, 이 집은 그러한 석물이 보이질 않았다. 그러면서도 묘역 전체가 깨끗하게 관리되어 있어서 머리카락 하나 떨어진 것이 없다고 느낄 정도였다. 묘비석도 50센티미터 내외의 자그마한 것 하나만 사용했다. 아주 소박한 단장이다. 그날 나는 동행한 선생님과 "충청도 명문가 선산은 이렇게 관리하는 것이구나" 하는 감탄을 주고받았다.

집 내부 상황 고려하는 '실내풍수'

다시 윤보선 고택으로 가보자. 대도시 한가운데에 자리한 고택은 주변 전망을 확보하기가 불가능하다. 무슨 말이냐 하면 고택 주위로 새로운 건물을 높게 신축해버리면 주변 전망이 흐트러질 뿐만 아니라, 풍수적으로도 변화가 발생한다. 현재 이 집 대문 바로 앞에도 교회 건물이 있고, 옆으로는 4층 콘크리트 건물이 이 집을 내려다보고 있는 형국이다. 주변 건물이 높이 올라가거나 새로운 건물이 신축되면 당연히 집의 전망이 바뀌고, 전망이 바뀐다는 것은 풍수적으로 주변 산봉우리들〔砂格〕이 높이 올라가거나 바뀌는 것과 같은 영향을 미친다. 그렇다고 건물을 짓지 못하게 통제할 수도 없는 노릇 아닌가.

그러므로 현대에 들어서는 도시에서 명택을 구한다는 것이 별다른 의미가 없게 되었다. 언제 도로가 날지 모르고, 언제 대형 건물이 들어설지 모르는 상황이다. 처음에는 좋았다 하더라도 시간이 지나면 주변 사격이 통째로 바뀔지 모르는 상황에서 명당을 보존한다는 것이 현실적으로 불가능하다.

이러한 도시적 상황에 적응하면서 새롭게 등장한 것이 '실내풍수(室內風水)', 또는 '가상학(家相學)'이라는 풍수이다. 집 바깥의 거시적인 형세보다는 집 내부의 책상 배치나 문 내는 방향, 침대를 두는 방향, 벽지 색깔 등에 초점을 맞춘다.

나는 이러한 새로운 흐름의 풍수를 '소풍수(小風水)'라 표현하고 싶다. 청룡·백호·득수·안산 같은 주변 경관의 스케일을 중시하는 대풍수(大風水)의 시대는 가고, 집 내부의 공간 배치에 관심을 갖는 소풍수의 시대가 도래한 것이다. 이는 현대인이 자연과 격리되고, 인공 구조물이 밀집된 도시로 삶의 공간을 옮기면서 나타난 필연적인 현상이다. 대풍수가 자연을 다루는 풍수라면, 소풍수는 인공 구조물을 다루는 풍수이다. 결국 대풍수 시대에서 소풍수 시대로 바뀌는 것은 문명의 방향이 자연 대신 인공으로 대치되고 있는 상황을 반영한 현상이다. 좋게 말하면 풍수의 진화이고, 나쁘게 말하면 인스턴트화이다.

소풍수의 발생지는 홍콩이다. 홍콩은 땅은 좁고 인구는 밀집된 과밀 도시이기 때문에 청룡·백호를 따지는 전통적인 차원의 대풍수가 유통될 수 없었다. 또 한 가지 원인은 홍콩에서는 산 사람이 거주할 수 있는 땅도 절대적으로 부족한 상황이었기 때문에 죽은 사람이 들어가는 묘지까지 배려할 공간이 없었다. 죽은 사람은 죽은 사람이고 산 사람이 더 중요한 것 아니겠는가. 그러다 보니 음택(陰宅)의 문제는 뒷전으로 제쳐놓고 양택(陽宅) 문제에 집중할 수밖에 없

산정채 앞 잔디에 놓여 있는 해위 흉상.

었고, 양택 문제를 해결하려다 보니 소풍수로 발전한 것이다.

현재 한국 풍수의 전반적인 추세는 양택보다는 상대적으로 음택에 더 비중을 두는 경향이 있고, 음택에서는 구조적으로 소풍수라고 하는 것이 성립될 수 없다. 음택을 중시하는 한국에서는 여전히 대풍수가 주류로 존재하고 있는 것이다. 반면에 홍콩, 일본을 비롯하여 유럽과 미국에서는 소풍수가 중산층 이상의 계층에서 설득력을 얻고 있는 추세다. 유럽과 미국에 가보면 풍수에 관한 책이 신과학, 명상, 뉴에이지에 관한 책들과 함께 수십 종류나 출판되어 있다.

죽음 이후의 문제에 대해서는 관심이 없는 서양 사람들의 가치관에서 볼 때 묘지를 명당에 쓰면 후손이 복을 받는다는 음택 쪽은 애초에 수용이 불가능하고, 현재 살아 있는 사람들이 어떻게 하면 건강하고 잘살 수 있는가 하는 양택 쪽에 관심을 기울이는 것이 당연하다.

여기서 한 가지 주목할 사항은 서구에서 유행하는 풍수 책의 상당수가 홍콩에서 퍼져나간 것들이라는 점이다. 홍콩이 영국의 식민지였기 때문에 한문으로 된 풍수 책을 60~70년대부터 영국 사람들이 영어로 번역하기 시작했고, 이 책들은 처음에는 영국으로 그 다음에는 미국과 구라파로 전파된 것이다. 서양에 소개된 뒤 20~30년 간의 잠복기를 거쳐 90년대 초부터 풍수는 서양 사람들에게 본격적으로 먹히기 시작했다. 관심을 갖는 계층도 먹고살기 어려운 하층민보다는 먹고 살 만한 중산층 이상의 계층이라서, 풍수는 고급 문화로 인식되었다. 바야흐로 동양도 서양에 한 수 가르침을 베푸는 시대에 돌입한 것이다.

서양의 풍수 책들은 중국 사람이 쓴 것이 많고, 아니면 그 밑에서 훈도를 받은 서양인들이 쓴 책들이 대부분이다. 미국의 풍수 시장까지 중국인들이 장악하고 있는 상황이다. 여기서 한국인이 쓴 책은 거의 없고, 있다 하더라도 중국인들의 풍수 카르텔을 뚫고 들어가기가 쉽지 않다. 한국 교포들은 대부분 교회를 다니기 때문에 풍수를 믿지도 않고, 믿지 않으니 수요도 없고, 그러다 보니 풍수 전문가가 육성되기 어려운 상황이었다. 그러는 사이 미국에 이민을 가서도 자신들의 전통 문화를 우직하게 지키는 차이니스들은 풍수라고 하는 고급 시장을 장악해버렸다.

개인적으로 조사한 바에 의하면 미국에서 유명한 중국 지관이 받는 건물 상담료는 통상 건물가의 1퍼센트쯤 된다. 5억 불짜리 건물이면 500만 불이고, 5천만 불짜리 건물이면 50만 불을 상담료로 받는다는 이야기다. 그것도 한 건에. 풍수도 고부가가치 벤처 사업임을 직시하자.

"개화기 이래 한국에서 가장 많은 인물을 배출한 집안"

이제 인명사전에 50여명이나 등재된 해평 윤씨 윤보선 대통령 집안의 가계를 살펴보자. 이 집안 가계와 인물들의 프로필은 조남준 씨가 95년 모 일간지에 연재한 〈신명가〉에 자세하게 정리되어 있다. 간추리면 다음과 같다.

선조 때 영의정을 지낸 오음(梧陰) 윤두수(尹斗壽, 1533~1601)가 해위의 10대 조이다. 임진왜란 때 왜군이 평양으로 육박해 오자 여러 대신들이 함흥으로 옮기자고 하여 선조도 뜻이 같았으나, 윤두수는 함흥보다 영변이 방어하기에 유리하므로 영변으로 옮기자고 강하게 주장했다. 후에 함흥이 함락되고 두 왕자가 왜군에게 포로로 잡히자 그 선견지명에 모두들 감탄하였다.

집안이 크게 번성하기 시작한 것은 해위의 조부 때부터이다. 큰할아버지가 구한말 군부·법무대신을 지낸 윤웅열(尹雄烈)이고, 할아버지가 안성군수·육군참장을 지낸 윤영열(尹英烈)이다. 윤영열은 바로 소설《단(丹)》에 등장하는 구한말 '8장사' 가운데 한 명이다. 대원군에게는 힘과 무술이 뛰어난 여덟 명의 장사가 있었다.《단》의 내용 가운데, 마치 무협지에 나오는 것처럼 어느 날 이 8장사가 우뚝한 독립문을 뛰어넘었다는 이야기가 나온다. 독립문을 뛰어넘을 정도로 대단한 무공을 지녔던 인물이 바로 윤영열이다. 윤웅열은 치호(致昊), 치왕(致旺), 치창(致昌) 세 아들을 두었다. 치호는 1881년 최연소자(17세)

로 신사유람단에 끼여 일본을 다녀온 뒤 개화사상에 눈떴다. 뒤에 미국 유학을 하였고 귀국한 후에는 서재필, 이상재, 이승만과 함께 독립협회를 조직했다. 현재 우리가 부르는 애국가를 작사한 사람이기도 하다.

윤영열은 아들 치오, 치소, 치성, 치병, 치명, 치영 등 아들 6형제와 활란, 노덕 등 딸 형제를 두었다. 치오는 일본을 다녀온 사촌형 치호의 조언에 따라 단신으로 도일, 경응의숙을 다녔다. 37세 때 대한제국 학무국장, 중앙중학교 교장을 지냈다. 치오의 장남 일선은 일본 경도제대 의학부를 나와 우리 나라 근대 병리학을 선도한 의학계의 태두로 해방 후 서울대 창설에 참여하여, 56년에서 61년까지 서울대 총장과 원자력원장을 거쳐 과학기술재단 이사장을 지냈다. 차남 명선은 동경제대 법문학부를 졸업한 뒤 일본 고등문관 시험에 합격, 만주국 간도성창장을 지냈다. 부인은 공주 갑부로 유명한 김갑순의 딸인 김정자이다.

중추원 의관을 지낸 치소는 6남 3녀를 두었는데, 6남 가운데 장남이 보선, 제2공화국 대통령이다. 보선의 해위라는 아호는 상해에서 영국으로 유학을 떠날 때 신규식 선생이 지어준 것이다. 해위는 '바닷가 갈대는 바람에 휘날려도 꺾이지 않는다'는 뜻이다. 보선의 장남 상구는 시라큐스대 건축학과를 나와 건축자재 사업을 하고 있다. 차남 동구는 로드아일랜드 스쿨 오브 디자인을 졸업한 뒤 현재 한국예술종합학교 교수로 재직 중이다. 장녀 완구의 남편 남홍우는 일본 고등문관 시험에 합격하고, 《형법강의 1》《형법강의 2》 등의 저서를 낸 형법학계의 권위자로 고려대 교수를 지냈다. 차녀 완희는 화가로 활동했으며, 상해임시정부에서 국무총리를 지낸 신규식의 아들 신준호와 결혼했다. 치소의 2남인 완선은 경도제대를 졸업했고, 3남 원선은 일본 동경 농림대를 나와 2공화국 때 민선 경기지사를 지냈다. 부인 이진완은 흥선대원군 이하응의 증손녀다.

치병은 구한말 육군정위를 지냈으나 자녀가 없어 치소의 5남 택선을 양자로 들였다. 택선은 일본대를 나와 교통부장관 비서관, 국회교체위 전문위원을 역임했다. 치영은 와세다대, 하와이대, 조지워싱턴대를 연달아 졸업했는데, 일찍이 미국으로 건너가 이승만과 관계를 맺어 초대 내무장관, 서울시장, 3공화국 공화당의장을 지냈다.

  이들 다음 세대에 배출된 인물들은 지면 관계상 부득이 생략할 수밖에 없다. 이 집안에서 배출된 수많은 인물들과 안국동 윤보선 고택을 보면서 과연 '개화기 이래로 한국에서 가장 많은 인물을 배출한 집안'이라는 평이 과장이 아니라는 생각이 들었다.

지리산 실크로드의 거점 역할을 했던 몽심재 전경. 몽심재는 죽산 박씨인 연당 박동식 고택의 사랑채 이름이다.

죽산 박씨의 남원 몽심재

나보다 못한 사람을 생각한다

우백호보다 좌청룡이 훨씬 길고 튼튼해 풍수상 '청룡장안(靑龍長案)' 형국을 갖춘 몽심재.
이 터에서는 도인(道人)이 많이 나온다.
몽심재를 중심으로 90여 가구 남짓한 죽산 박씨 집성촌에서
종교 성직자가 무려 40여 명이나 배출된 것은 우연한 일이 아닐 것이다.

몽심재 현판 글씨. 몽심재라는 이름 속에는 백이·숙제의 지조를 흠모한 조선 선비의 각오가 담겨 있다.

원불교 성직자 40여 명 배출한 명당

백두산에서 시작된 백두대간은 3천 리를 내려오다가 지리산에서 마지막 여정을 풀었다. 지리산은 그 둘레 길이가 500리가 넘는 한국 최대의 덕산(德山)이다. 산 둘레로 돌아가면서 이름난 고을들이 들어섰는데 남원, 구례, 하동, 산청, 함양이 그곳이다. 이 고을들은 지리산을 중심으로 환지리산 문화권을 형성했다.

환지리산 문화권이란 지리산이라고 하는 험준한 산악 지방을 서로 연결하면서 자연스럽게 생겨난 일종의 문화 실크로드이다. 지리산 길을 따라서 영·호남의 물적, 인적 교류는 물론 유·불·선에 정통한 기인, 달사들이 오고 가면서 수많은 신화와 전설, 사연들을 남겼다. 이 실크로드의 한 축이 전라도 남원이다.

사랑채인 몽심재의 전경. 축대가 높아서 계단을 다섯 계단이나 만들어놓아 위압감을 준다.

남원에 가면 죽산 박씨들의 고택인 몽심재(夢心齋)라고 하는 집이 유명하다. 남원의 죽산 박씨들이 500년 동안 세거하는 동네가 남원시 수지면 호음실(보통 '홈—실'이라고 부른다)에 있고, 호음실의 중심에 몽심재가 자리잡고 있다.

몽심재가 남원 인근 지역에서 회자된 이유는 과객 대접을 잘했기 때문이다. 찾아오는 손님들을 후하게 대접하기로 유명했던 몽심재는 조선 후기 지리산 로드에서 중요한 비중을 차지하는 베이스캠프였다.

지리산 넘는 조선 선비들의 아지트

조선시대 대갓집에서 중시한 일 두 가지가 있다. 하나는 조상의 제사를 충실히 지내는 일이었고, 다른 하나는 찾아오는 손님들을 정성스럽게 대접하는 일이었다. 전자의 봉제사(奉祭祀)가 조상에 대한 종교적인 봉사였다고 한다면, 후자의 접빈객(接賓客)은 타인들에 대한 사회적인 서비스 개념이 아니었나 싶다.

이중에서 특히 접빈객 풍습은 오늘날의 입장에서 볼 때 여러 가지 의미를 지니고 있다. 조선시대 명문가들이 한결같이 접빈객을 중시한 이유는 적선(積善)을 해야 한다고 생각했기 때문인데, 접빈객을 통해서 덤으로 정보 수집이라는 효과도 볼 수 있었다.

적선과 적덕(積德)은 집안을 오랫동안 유지하고 뒤끝을 좋게 하기 위한 필수적인 덕목이었다. '좋은 일을 많이 한 집안에는 반드시 좋은 일이 있다積善之家必有餘慶' 가 바로 그것이다. 불교의 인과, 윤회사상과 유교 특유의 집안[家]을 중시하는 전통이 서로 어우러져 결합한 생각이다. 불교는 자기가 전생에 저지른 업을 현생에 다시 받는다고 보지만, 유교는 조상이 덕을 쌓아놓으면 후손이 그 음덕을 받는다고 보았다.

내가 전국의 여러 명문가를 조사하면서 내린 결론 중 하나도 바로 적선이라는 항목이다. 명문가 후손들은 한결같이 입을 모아 적선을 많이 해야 집안이 잘된다고 굳게 믿고 있었다. 적선을 삶의 원리로써 강조하는 것은 한국뿐만 아니라 중국도 마찬가지다. 대만의 살아 있는 국사(國師)로 존경받고 있는 남회근(南懷瑾, 1918~) 선생도 비슷한 이야기를 한다.

남 선생에 의하면 운명을 바꾸는 방법은 첫째는 적덕이요, 둘째는 명리를 통찰하는 것이요, 셋째는 풍수요, 넷째는 책을 많이 읽는 것이라고 한다. 집안을 일으키는 일이나 운명을 좋게 바꾸는 일이나 모두 적선이 첫손가락으로 꼽힌다.

접빈객을 중시한 또 하나의 현실적인 이유는 정보 수집에 있었다고 본다. 옛날에는 신문도 없고 전화도 없고 자동차도 없었다. 무엇을 가지고 다른 지역 소식을 알겠는가. 오직 사람뿐이었다. 내 집을 찾아오는 손님들이야말로 세상이 어떻게 돌아가고 있는가를 전달해주는 뉴스 전달 매체였다. 독서를 많이 한 식자층의 방문은 더욱 그러했을 것 같다.

인품과 지성을 갖춘 식자층의 방문은 다른 지방에 대한 소식뿐만 아니라, 더불어 문학과 역사와 철학을 토론하면서 자연스럽게 전국의 기인, 달사들과 인맥을 형성하는 계기도 되었을 것이다. 그 와중에서 새로운 여론을 수렴하기도 하고, 또는 주도적으로 형성하기도 하는 연결 고리를 만들었을 것이다.

백이·숙제의 각오 담긴 사랑채 이름 '몽심재'

이러한 일들이 엮어지는 공간은 그 집안의 사랑채였다. 명문가 사랑채는 접빈객이 이루어지는 남자들만의 공간이자 문화공간이었던 것이다. 많은 사람을 접대할 수 있는 사랑채를 운영하기 위해서는 충분한 재력이 밑받침되어야 함은 물론이다. 적어도 1천 석 이상의 재산이 있어야 손님 접대에 부담을 느끼지 않을 수 있었고, 전국적인 소문이 날 정도가 되려면 3천 석 이상은 가지고 있어야 했다. 지역구가 1천 석이라면 전국구는 3천석 이상이었다고나 할까.

조선시대 서민 가족(6인 기준) 한 가구가 1년 동안 소비하는 쌀의 양이 평균 다섯 가마 정도였다는 통계를 감안하면, 1천 가마의 쌀은 200가구가 1년 동안 먹고 살 수 있는 식량이다. 3천 가마는 600가구 3천600명이 1년 동안 먹고 살 수 있는 양이다. 예나 지금이나 돈 없이는 불가능한 것이 문화사업이다.

조선 후기 전라도 남원 지역의 유명한 사랑채가 지리산 자락 견두산 아래에 자리잡은 몽심재였다. 몽심재는 죽산 박씨 연당(蓮堂) 박동식(朴東式, 1763~1830) 고택의 사랑채 이름이다. 대략 18세기 후반부터 20세기 초반에 이르기까지 몽심재는 전라도 일대의 선비들 사이에서 과객 대접이 후하기로 소문났던 집이다.

당호(堂號) 몽심재는 이성계의 조선 건국을 반대하고 개성 근처의 만수산 남쪽 두문동에 들어가 고려 왕조에 끝까지 충절을 지킨 두문동 72현(賢)의 영수인 송암(松菴) 박문수(朴門壽, 시호는 忠顯)의 시에서 유래했다.

송암공은 몽심재를 건립한 연당의 14대조에 해당한다. 송암이 지은 시 중에 "마을을 등지고 늘어서 있는 버드나무는 도연명(元亮)이 꿈꾸고 있는 듯하고,

산에 오르니 고사리는 백이 숙제의 마음을 토하는 것 같구나隔洞柳眠元亮夢 登山薇吐伯夷心"란 대목이 있다. 도연명과 백이, 숙제가 보여준 고결함과 지조를 흠모한 시이다. 이 시의 첫줄 끝 자인 몽(夢) 자와 둘째 줄 끝 자인 심(心) 자를 따서 '몽심재'라고 지은 것이다.

언뜻 보아서는 문학적인 이름 같지만, 자세히 들여다보면 대의명분과 지조를 지키기 위해 스스로 가시밭길을 택한 조선 선비의 단호한 각오가 묻어 있다. 고사리만 먹고살았다는 백이, 숙제에서 그 이름이 유래했다고는 하나, 물론 이 집이 실제로 고사리와 찬물만 먹고 산 가난한 집은 아니었다. 몽심재는 조선 말기 만석꾼 소리를 들은 남원 일대의 큰 부잣집이라 인심이 후했다.

조선시대의 대표적인 숙박시설 네 곳

전라좌도(全羅左道). 판소리로 구분하면 동편제에 해당하는 지역이 남원이다. 조선시대에 구례, 순천 지역에서 한양을 가려면 일단 남원을 거쳐야 하고, 남원에서 김제로, 김제에서 전주 근처의 삼례로, 삼례에서 여산을 거쳐 은진으로, 은진에서 경기도로 올라갔다고 한다. 한양으로 과거시험을 보러 가는 선비들의 이동 코스도 이와 마찬가지였다. 여행이 보편화하지 않은 시절이라 여행할 때 숙식 해결이 가장 큰 문제였다. 조선시대 과객들이 숙식을 해결할 수 있는 장소는 크게 네 군데였다.

첫째는 객사와 원(院)이었다. 객사는 시설이 가장 좋은 특급 호텔이라서 고급 관료들이 이용하였다. 원은 시설 좋은 여관급이었다. 원은 원래 불교에서 유래된 숙박시설이다. 고려시대에는 큰 사찰을 사(寺), 작은 절을 원이라고 했다. 사원이란 이 두 개가 합친 표현이다.

원은 간선도로에서 사찰로 들어가는 진입로 길목에 설치하는 것이 일반적이었으며, 산사가 세속과 접촉할 수 있는 관문 역할을 했다. 원은 명산대찰을 순례하는 승려들과 재가 신도들뿐만 아니라 행상들에게도 숙식을 제공했다. 또한 원에는 의술을 익힌 승려가 있어 행려병자를 치료하고 빈민구제사업도 실시했다.

원의 책임자인 원주(院主)는 상인들과 접촉하며 각종 정보를 수집하고 물품을 구입했다. 상인들은 원을 통해 사찰에서 생산한 종이, 불구(佛具), 술, 소금 등을 구입하여 시장에 판매하였으며, 원에서 자금을 융자받기도 했다. 그러므로 원은 교역소 역할도 겸하고 있었다(최영준, 《영남대로(嶺南大路)》).

조선시대로 넘어오면서 불교가 쇠퇴했기 때문에 원이 지니고 있던 종교적인 부분은 사라지고 단순한 숙박 기능만 남았다. 오늘날 조치원, 장호원, 제비원 등의 지명들은 고려시대부터 그 지역에 존재한 원의 이름에서 유래했다. 이러한 원들은 역사와 전통이 있는 숙박시설이었다.

조선시대 과객들이 숙식을 해결한 두 번째 장소는 주막이다. 주막은 여관에다 식당을 합한 곳으로, 조선시대 평민들이 가장 손쉽게 접할 수 있는 숙박시설이었다. 신분에 관계없이 누구나 돈을 내면 숙박이 가능했다.

세 번째 장소는 불교 사찰이다. 불교 사찰은 공식적인 숙박시설은 아니었지만, 고급 관료나 지체 높은 양반이 여행을 하다가 인근에 숙박시설이 없으면 가까운 사찰에 임시로 머물 수 있었다. 이 경우, 그 절 승려들은 여행객의 숙식에 필요한 제반 서비스를 의무적으로 제공해야 했다. 만약 승려들이 불친절하게 대하면 벼슬아치들에게 곤장을 맞는 수도 있었다. 전남 담양의 용흥사 같은 절은 서울에서 나주목사로 부임하러 가던 벼슬아치들이 단골로 숙박하던 절이다.

네 번째 장소가 바로 양반가 사랑채다. 주로 학문을 익힌 선비들이 많이 이용했다. 집주인에게 그 학문과 인품을 인정받은 선비는 장기간 무료로 체류할 수 있었다. 조선시대 때 남의 집 대문 앞에서 '이리 오너라' 하고 하인을 부르는 것은 방문객의 신분이 상민이 아니라 선비나 양반계층임을 암시하는 대목이다. 상민 같으면 남의 집 문 앞에서 반말로 하인을 부를 순 없는 노릇이다. 이렇게 하인을 부르고 사랑채에 머물 수 있는 손님은 학식과 신분을 갖춘 계층이었다.

남원 몽심재는 말했다시피 구례, 순천 쪽에서 한양으로 과거 보러 올라가는 선비들이 들르는 단골 사랑채였다. 전라도뿐만 아니라 경남 함양 쪽에서 넘어오는 영남 선비들도 남원을 거쳐서 한양에 올라갔는데, 남원을 들를 때에는 별일이 없는 한 몽심재에 머물렀다. 몽심재는 전라좌도뿐만 아니라 지리산 문화권 일대에 소문이 파다하게 퍼져서 남원에 가면 으레 몽심재에 들르는 것으로 되어 있었다고 한다. 이곳에 모여 과거시험에 관한 여러 정보를 교환하기도 하고, 친구도 사귀면서 여행에서 쌓인 여독을 풀었다.

원로들의 구전에 의하면 당시 선비들이 남원 몽심재 다음으로 들른 집은 김제 금구면 서도리에 있는 서도(西島) 장(張)씨 사랑채였다. 이 집 또한 김제 일대의 명문가이자 만석꾼 부자로 소문이 나서 과객들이 많이 찾던 집이라고 한다. 금구 서도 장씨 집 다음에는 호남대로의 가장 중심지인 삼례로 해서 여산으로 갔을 텐데, 이들 지역에도 소문난 사랑채가 한두 집은 있지 않았나 싶다.

호랑이 상으로 호환 물리친 이서구

몽심재가 자리잡은 남원 수지면 호곡리 호음실은 남원 일대에서 손꼽히는 명당이다. 남원 사람들이 양택지로 꼽는 명당은 대략 네 군데이다. 첫 번째 명당은 남원시 주생면 상동리 이언, 남원 양씨 집성촌이다. 국회의원 양창식 씨도 이곳 출신이다. 두 번째는 주생면 지당리에 있는 지당으로 남원 윤씨와 남양 방씨 집성촌이다. 방예원 사법연수원장이 남양 방씨다. 세 번째는 대산면 죽곡리에 있는 대곡, 남원 진씨

사랑채 앞에 있는 큰 바위. 주일암이라 불린다. 풍수적으로는 혈구의 역할을 한다.

와 장수 황씨 집성촌이다. 황희 정승의 후손들이 살고 있다. 마지막 명당이 수지면 호곡리에 있는 이곳 호음실, 죽산 박씨들의 집성촌이다.

여기서 남원 4대 양택지에 관한 이야기 한 토막. 옛날에 어느 스님이 남원 일대를 둘러보면서 지당이라는 동네의 산세가 아주 훌륭하다고 생각했다. 그래서 지당을 남원 일대에서 첫째 가는 명당으로 평가했다. 그러고 나서 고개를 하나 넘어 옆 동네로 가보니 방금 보고 온 지당보다 훨씬 더 훌륭한 산세를 갖춘 지역이 나타나는 것이 아닌가. 그래서 순간적으로 "이런!" 하고 탄식했다고

다. '이런'이라는 스님의 탄식이 한문으로 바뀌어 '이언(伊彦)'이 되었다는 구전이다.

남원의 남쪽에 자리한 견두산 호곡리 호음실은 원래 명칭이 개 견(犬) 자가 아닌 범 호(虎) 자를 넣어서 호두산(虎頭山)이었고, 호곡리 역시 좋을 호(好) 자가 아닌 범 호(虎) 자를 넣어서 호곡리(虎谷里)였다. 그러니까 과거에는 이곳 지명이 전부 범 호 자가 들어가는 호두산(虎頭山), 호곡리(虎谷里), 호음실(虎音室)이었던 것이다. 그러던 것이 개 견과 좋을 호로 바뀐 배경에는 호랑이와 관련한 풍수 설화가 있다고 전한다.

지리산이 가까운 남원에서는 사람이 호랑이에게 물려 죽는 피해가 많았다. 개는 물론이고 사람까지도 물려 가는 일이 빈번했다. 호환(虎患)은 당시 가장 무서운 재앙에 속했다. 죽은 사람의 시체는 물론 뼈마저도 찾을 수 없었으니까 말이다. 죽은 사람의 뼈만이라도 남아 있어야 장사를 지내는데 범의 밥이 되어 버렸으니 뼈마저 행방불명이라 장사도 지낼 수 없었다. 《조선왕조실록》에 의하면 호식(虎食) 당하는 숫자가 태종 2년에 수백 명이라 했고, 영조 30년에는 경기도 지방에서 한 달 동안 120명이 당했다고 한다.

말이 나온 김에 호환에 대해서 좀더 살펴보자. 민속학자 최성민 씨의 조사에 의하면 범이 먹다 남긴 시체를 산속에서 발견하면 시신을 화장해서 그 위에 돌을 쌓았다. 그리고 돌 위에 시루를 엎고 시루 구멍에 물레에 쓰는 쇠가락을 꽂아놓았는데, 이것을 호식총(虎食塚)이라 한다. 최성민 씨에 의하면 돌을 쌓은 것은 '신성한 곳'이라는 표시이기도 하지만 '창귀'의 발호를 막기 위함이었다고 한다.

창귀는 호식된 사람의 귀신으로 범의 호위병 노릇을 하면서 다른 사람을 불러내어 범의 먹이감을 만든 뒤 자기는 그 대가로 범의 굴레를 벗어난다는 귀신이다. 돌로 무덤을 쌓은 것은 이 귀신을 꼼짝 못하게 하는 동시에 무덤에 풀이 자라지 않도록 해 벌초하려다 창귀에 걸리는 피해를 막자는 의미다.

시루는 '철옹성'을 뜻하는 동시에 솥 위에 올라앉는 형국으로, 뚫린 구멍과 함께 하늘을 상징한다. 사악함과 불결함, 모든 것을 찌고 삶아 죽이는 시루를 엎어놓으면 창귀도 그 안에서 꼼짝 못하리라 여겼던 것이다. 아홉 개의 시루 구멍으로 귀신이 빠져나갈 수 없도록 벼락을 의미하는 쇠꼬챙이도 꽂았다. 쇠가락을 꽂은 또 다른 이유는 물레에서 가락이 쓰이는 용도처럼 창귀도 묘 안에서 맴돌기만 하고 나오지 말라는 것이었다고 한다.

  당시 사람들이 호환을 얼마나 두려워했던지 사주명리학(四柱命理學)에 등장하는 각종 흉살 가운데 '백호대살(白虎大煞)'이라 살이 들어가 있을 정도이다. '백호에게 물려가 죽는다'는 의미의 백호대살은 불의의 사고를 당하여 피를 흘리고 죽는다는 살이다. 이 살이 있는 사람은 본인이 피를 흘리고 사고를 당하거나, 백호대살이 남편궁이나 형제궁이면 거기에 해당하는 육친이 피를 흘리고 죽는다고 한다. 오늘날에는 백호대살을 교통사고로 해석한다. 호랑이 대신에 자동차이다. 자동차에 치이면 길에서 피를 흘리고 죽기 때문이다.

  남원에서 속출하는 호환을 해결하기 위해서 당시 전라감사였던 이서구(李書九, 1754~1825)가 남원을 방문했다. 《서전(書傳)》 서문을 9천 독(讀)이나 하였다고 해서 이름을 '서구(書九)'로 하였다는 일화가 전해지는 이서구. 그는 서화담—이도정—이서구—이운규—김일부로 이어지는 조선조 유가 도맥(道脈)의 반열에 올라 있는 인물이다. 고위 관료를 지냈으면서도 재야 학문인 천문·지리·인사(人事)에 능통했다고 하는 당대의 이인(異人)이다. 그는 전라감사를 정조와 순조 때 두 번이나 역임했으며, 많은 선정을 베풀어 전라도민에게는 오늘날까지도 특별한 전라감사로 기억되는 인물이다.

  이서구가 남원을 방문해 내린 처방은 남원 남쪽의 호두산에 어려 있는 호랑이의 정기가 너무 강하니 이를 눌러야 한다는 것이었다. 진압하는 방법은 호두산의 이름을 견두산으로 바꾸고, 호두산의 맥이 내려와서 뭉친 지역인 호곡리의 명칭을 호곡리로 바꾸는 것이었다. 그리고 사람들이 운집하는 장소인 광한루 옆에 돌로 된 호랑이 상을 세우도록 했다. 호석상(虎石像)은 호두산을 바라보게 했다.

  호두산의 호랑이 기운을 돌로 만든 호랑이 상으로 하여금 대항하게 한 것이다. 이름을 바꾸고 돌로 만든 호랑이 상을 세우는 조치를 한 연후에 신기하게도 호환이 사라졌다고 한다. 천문, 지리, 인사를 하나로 관통하는 법칙은 상응(相應, correspondence)이다. 지상의 호랑이와 돌로 만든 호랑이 그리고 사람이 부르는 호랑이 이름은 4차원에 들어가면 어떤 형태로든지 서로 상응한다는 이치를 보여주는 대목이다.

도인 나오는 청룡장, 여자 후손 복 받는 아미사

몽심재의 풍수는 어떤가. 지리산 노고단에서 내려오는 지맥 중 하나가 만복대를 거쳐 해발 775미터의 견(호)두산에서 일단 숨을 멈춘다. 그런 다음 견두산에서 다시 5킬로미터를 내려와 호음실에서 기운이 맺히면서 자리를 하나 만들어놓는다. 그 자리가 몽심재와 죽산 박씨 종택이 있는 곳이다.

몽심재가 들어선 자리의 형국은 옆으로 누워 있는 호랑이 머리 부분에 터를 잡은 셈이다. 호두혈(虎頭穴)이다. 몽심재 터는 호랑이의 턱 아랫부분에 해당한다. 앞의 안산은 호랑이 꼬리로 본다. 호두산의 호랑이 정기가 호곡리를 거쳐 마지막으로 뭉친 터가 이 지점이다. 그 호랑이의 정기가 뭉쳐 있다고 해서 호음실이 남원 4대 양택지에 들어간다.

몽심재의 지세에서 한 가지 특이한 점은 안대(案帶, 案山)가 아주 가깝다는 점이다. 안대가 대문 앞에서 100미터도 안 될 정도로 아주 가깝게 붙어 있다. 돌을 던지면 닿을 수 있는 거리에 안대가 위치하고 있는 것이다. 이는 그리 흔한 경우가 아니다. 물형(物形)으로 볼 때 이 안대는 호랑이 꼬리에 해당하고, 청룡·백호로 따지면 이 꼬리는 좌청룡이다. 좌청룡이 안대 역할까지 겸하고 있는 것이다.

원래 터 앞의 안대는 다른 곳에서 내려온 지맥이 자리잡는 것이 정상이다. 드물지만 자기 본신(本身)에서 분기해간 청룡이 좌측에서 오른쪽으로 돌아 내려가면서 안대를 만드는 경우가 있기는 하다. 몽심재는 그 드물게 있는 사례에 해당한다. 그러나 백호는 분명한 모습이 아니다. 약한 편이다.

따지고 보면 청룡의 맥이 지나치게 길고 튼튼해서 이와 같은 형국이 조성됐다. 백호보다 청룡이 훨씬 길고 튼튼한 경우를 풍수가에서는 '청룡장안(靑龍長

案)'이라고 부른다. 청룡장 터에서는 도를 닦는 도인이 많이 나온다고 보는 것이 통설이다. 그래서 불교 스님이나 도교의 단학 수련자들은 청룡장안으로 된 터를 아주 좋아한다.

또 하나 본신에서 갈라진 청룡이 안대를 이루는 경우는 어떻다고 보는가? 발복(發福)이 빠르다고 본다. 외부에서 온 맥보다 자기에게서 나간 맥이 안대가 되면 감응하는 효과가 훨씬 빠르다고 보는 것이다. 이치상으로 보아도 남의 팔보다는 자기 팔이 훨씬 가까울 뿐더러 자유자재로 사용하기도 더 편한 것과 같다. 안대가 터와 가까울수록 거기에 비례해서 발복하는 시간이 빠르다고 본다. 안대가 멀면 100년 후에 발복하는 터도 있다. 더군다나 본신이 안대를 이루면 감응이 속발(速發)한다.

몽심재 안대에서 또 한 가지 짚고 넘어갈 사항은 안대의 생긴 모습이 아미사(蛾眉砂)와 비슷하다는 점이다. 아미사는 초승달 형태로, 흔히 여자 눈썹처럼 생긴 사격(砂格, 산세의 모습)을 가리킨다. 몽심재 앞의 안대는 내가 보기에 아미사의 모습과 비슷하다. 내 풍수 선생님에게서 들은 바에 의하면 이처럼 잘생긴 아미사가 터 앞에 있으면 여자들이 훌륭하게 잘된다고 한다. 아미사는 여자를 상징하니까 남자보다는 여자 후손이 발복을 받는다고 믿는다. 풍수에서는 성차별이 없다.

그동안 답사한 명묘(明墓) 가운데 아미사가 유달리 좋았던 사례는 5공 때 보사부장관을 지낸 김정례 씨의 선산이었던 것으로 기억된다. 전남 담양에 있는 김정례 씨의 증조부 묘를 보면 정면에 나지막한 아미사가 아주 보기 좋게 자리잡고 있다.

지금으로부터 대략 100년 전쯤 전라도 일대를 풍미했던 지관인 문 선전(文宣傳, 성이 문씨이고 선전관이라는 벼슬을 지냈음)이 이 묘를 잡아주면서 "100년 후에 여자 판서가 나온다"고 예언했다고 한다. 그때는 사람들이 "여자가 무슨 판서를 할 수 있느냐"면서, 그 말을 듣고 다 웃었는데 결과적으로 여자 후손이 장관을 지낸 것이다. 풍수라고 하는 것이 보는 시각에 따라서 귀에 걸면 귀걸이요 코에 걸면 코걸이의 측면이 있지만, 그렇다고 해서 전혀 상관이 없다는 것을 증명하기도 쉽지 않은 노릇 아닌가.

호음실 몽심재 터가 도인이 많이 나온다는 청룡장이라는 점, 그리고 안대가 아미사라는 점, 물형이 호랑이 꼬리라는 점을 종합하면 이 터에서 힘있는 여자 도인이 많이 나올 수 있다고 추측해볼 수 있다. 이 때문인지는 몰라도 호음실의 죽산 박씨 가운데 원불교에 출가한 교무(教務)가 40여 명이나 배출됐다. 원불교에서는 출가한 성직자를 교무라고 부른다.

90여 가구 남짓한 시골 동네에서 도를 닦는 직업인 성직자가 40여 명이나 나왔다는 것은 대단한 일이다. 평균 두 가구당 한 명이 나온 셈이다. 40여 명 가운데 남녀 비율을 보면 남자가 10명, 여자가 30명쯤 된다. 여자 교무 숫자가 남자보다 단연 많다.

"호음실에서는 사위 구경하기 힘들다"

원불교에서 여자 교무는 결혼을 하지 않고 독신생활을 한다. 그러다 보니 호음실에서는 사위 구경하기가 힘들다는 말이 있을 정도이다. 동네에서 쓸 만한 여자들은 거의 원불교로 출가를 해서 독신생활을 하니까 사위가 적을 수밖에 없다. 자청해서 독신생활을 한다는 것은 어지간한 강단 없이는 불가능하다. 이곳에서 여자 성직자가 많이 배출된 사실을 풍수학인(風水學人)이 분석할 때, 몽심재를 포함한 동네 앞의 잘생긴 아미사와 무관하지 않다고 본다.

그렇다고 몽심재 터가 장점만 있는 것은 아니다. 단점은 국세가 좁다는 점이다. 안대가 바로 앞을 가로막아서 약간 답답한 감을 준다. 야무지고 실속 있는 터이기는 하지만 시원하게 터진 느낌이 부족하다. 이 단점 때문에 남원 4대 양택지 가운데 네 번째로 꼽히지 않았나 싶다. 안대가 아주 가까이 있을 경우에 발생하는 단점이 바로 이 답답함이다.

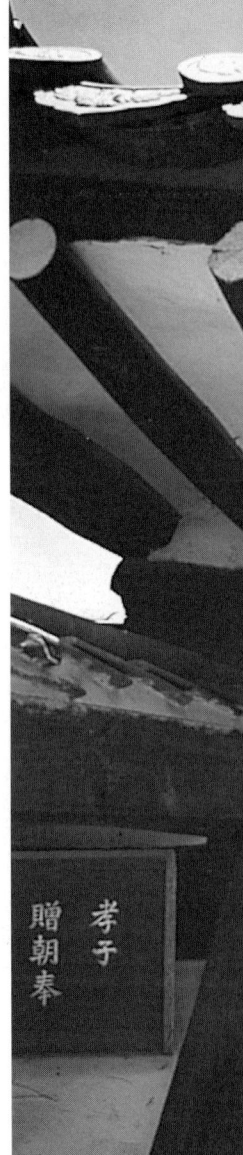

충신·효자·열녀를 모두 배출한 남원의 죽산 박씨 집안을 상징하는 삼강문.

이걸 보완하기 위해서는 집터를 되도록 높은 지점에 잡아야 한다. 그래서 사랑채 마루에 앉아서 안대를 바라보았을 때 안대의 높이가 눈 높이 정도면 좋다. 안대가 눈 높이보다 훨씬 올라가면 오히려 안대가 집터를 누를 수 있기 때문이다.

현재 사랑채(몽심재)의 위치를 보면 이 원칙에 맞추었다. 몽심재의 원래 터는 경사진 언덕이라서 뒤로 올라갈수록 위치가 높아지게 되어 있다. 사랑채도 언덕 위로 올라간 지점에 지었다. 안대의 높이를 감안했다는 증거다. 그래서 몽심재는 높은 축대 위에 자리잡고 있다. 축대를 쌓고 그 위에 몽심재가 있다. 처음 방문하는 사람이 사랑채인 몽심재를 바라보면 상당히 높게 보인다. 높게 자리잡고 있어서 방문하는 사람에게 위엄 있는 인상을 준다.

이 집의 안채보다도 사랑채인 몽심재가 그 규모도 훨씬 크고 당당하다. 몽심재에 올라가는 계단의 숫자를 세어보니까 다섯 계단이나 된다. 조선시대에는 사랑채의 계단 숫자가 많을수록 그 집이 지닌 품격도 비례해서 높아진다고 생각했다. 임금이 머무르는 한양에서는 궁궐보다 개인 주택의 사랑채 계단이 더 높으면 문제가 되었기 때문에 통제를 받았다. 대신의 사랑채도 두 계단 이상 올라가면 문제가 되었다. 대원군이 살았던 운현궁을 보면 세 계단이다. 임금의 아버지라서 그만한 대접을 하느라고 궁궐과 같은 세 계단으로 만들었다.

그러나 한양이 아니고 은퇴해서 지방에서 거주하는 정승이나 판서댁에서는 이러한 법도가 꼭 지켜지지 않고 느슨하게 적용됐던 것 같다. 간혹 서너 계단을 설치한 집도 있었으니 말이다. 그렇다 하더라도 몽심재의 다섯 계단은 예외적으로 높은데, 이는 풍수적인 높이에 맞추기 위해서 부득이 사랑채를 높게 잡아야만 했기 때문에 발생한 특수한 건축으로 해석된다.

몽심재의 형태는 '다섯 칸 겹집'이라 부르는 것이다. '겹집'이라는 것은 사랑채 앞면과 뒷면 양쪽으로 문과 마루가 설치되어 있음을 뜻한다. 앞면도 사용하고 뒷면도 사용한다. 다섯 칸 건물이지만 두 겹으로 되어 있으므로 실제로 사용 가능한 면적은 10칸, 평수로는 26평이다. 겹집이 홑집에 비해서 개방적인데, 경상도보다 전라도에서 겹집이 많이 발견된다.

인물 내는 사랑채 마당 앞 큰 바위

몽심재의 풍수에서 또 하나 눈여겨볼 부분이 있다. 그것은 사랑채 앞의 마당 중간에 놓여 있는 커다란 화강암 바위다. 가로 3미터, 높이 1.5미터 크기의 이 바위는 원래부터 이 터에 있었던 것이라고 한다.

집 안에 이처럼 큰 바위가 있으면 범상치 않다. 바위 자체가 강력한 에너지를 함축하고 있어서, 집 안에 거주하는 사람들에게 상서로운 영향을 미친다고 본다. 이러한 집안에서 인물이 나면 바위의 정기를 받아서 태어났다고 하는 일화들이 많이 전해지는 것은 이 때문이다. 그러므로 바위를 함부로 옮기거나 훼손하는 일은 꺼린다. 근래에 이러한 바위들을 포클레인으로 함부로 치우고 나서 좋지 않았다고 하는 소리를 여러 번 들었다.

바위 모양이 사람이 앉을 수 있도록 평평하면 그 위에서 바둑을 두거나 좌선을 하거나 낮잠을 자는 것도 좋다. 지기(地氣)를 받을 수 있다. 몽심재 마당 바위에는 '주일암(主一岩)', '존심대(存心臺)', '청와(淸窩)' 같은 글자들이 암각되어 있다. 역대 이 집 주인들이 새겨놓은 글씨로서 이 집 선조들도 바위의 존재를 특별하게 인식했다는 징표이다.

이외에도 몽심재 마당의 바위가 지닌 풍수적인 기능은 혈구(穴口) 기능이다. 대개 혈구는 연못인 경우가 많지만 이와 같은 바위가 그 역할을 대신하는 경우도 있다. 더구나 바위가 사랑채 앞 정면 일직선상에 놓여 있어서 이 기능은 더욱 분명하다. 사랑채의 좌향이 남향에서 약간 서쪽으로 튼 간좌(艮坐)인데, 대문의 방향은 인좌(寅坐)이다. 인좌는 간좌보다 15도쯤 더 서쪽을 바라보는 방향이다.

사랑채 좌향과 대문 방향이 이처럼 차이가 나게 설치한 배경에는 이 바위를 피해가기 위한 의도가 있었을 것으로 보인다. 간좌 대문을 설치하면 사랑채와 대문 사이를 바위가 가로막게 된다. 기왕이면 다홍치마라고 호랑이의 의미를 가진 인좌 대문은 호랑이가 키워드인 호두혈(虎頭穴)의 형국과도 일치하는 좌향이기도 하다. 호랑이 혈에 호랑이 대문이다.

몽심재가 건축구조상 다른 고택들과 다른 점은 무엇인가. 그것은 하인들을 위한 배려에 있다. 대문을 마주 보았을 때 대문 좌우측으로 문간채가 설치되어 있다. 문간채는 대문 옆에 붙어 있는 방으로 하인들이 거주하는 공간이다. 몽심재는 대문의 오른쪽 문간채에 대청이 한 칸 더 설치되어 있는 특이한 구조이다. 가로 세로 3미터 크기의 대청이다. 난간 손잡이까지 있어서 정자와 같은 형태다. 이 집에서는 문간채 옆의 이 정자를 '낙낙정(樂樂亭)'이라고 부른다. 낙낙정을 한글로 읽을 때는 '요요정'이라고 발음한다.

요요정은 하인들의 휴식을 위한 전용 공간이다. 조선시대 정자라고 하는 것은 양반들만의 공간이었으므로 노비나 종들은 감히 접근할 수 없었다. 그러나 몽심재의 주인은 날이 더울 때 양반들만 정자에서 쉴 것이 아니라, 하인들도 자기들끼리 마음 편하게 쉴 수 있도록 문간채 옆에 요요정을 만들도록 한 것이다.

노비와 종들을 배려하기 위해 만든 정자 요요정. 집주인의 너그러움을 읽을 수 있는 대목이다. 문간채 옆에 아랫사람들만을 위한 별도의 정자를 설치한 고택은 몽심재가 전국에서 유일하지 않나 싶다. 옛날이나 지금이나 힘없는 사람들에 대한 배려, 이것이 수백 년 간 이 집안을 유지시키는 원리이자 명문가의 필요충분 조건이다.

남원의 죽산 박씨들이 호음실에 들어와 살기 시작한 역사는 어떻게 되는가. 앞에서 잠시 언급했듯 고려 말 두문동 72현의 수장인 박문수 대로 거슬러 올라간다. 박문수는 개성 만수산 문을 막았다고 해서 이름을 문수(門壽)라고 했다. 죽산 박씨가 남원에 정착한 시기는 박문수 손자인 박자량(朴子良) 때다. 박자량은 조선 초기 한성판윤으로 있었으나, 숙부 박포(朴苞, ?~1400)가 제2차 왕자의 난 때 이방원에 대항하다가 패배하여 참수되었다. 그 바람에 박자량도 좌천되어 전라관찰사로 내려왔다가 처가인 남원 양씨가 살고 있던 남원 수지면 초리에 눌러앉았다. 남원은 한양과 멀리 떨어져 있어 이방원의 감시에서 벗어나는 지역이라고 여겼기 때문이다.

조선 중기까지 선비들이 낙향하면 대개 처가 동네에 정착하는 수가 많았다. 이는 그때까지는 여자도 유산을 어느 정도 물려받을 수 있었음을 의미한다. 박자량은 초리에 명륜(明倫)과 화락(和樂)이라는 두 서당을 짓고 후배들에게 글만 가르치는 조용한 생활을 한다. 그러다가 박자량의 후손인 박계성이 충절로 이름을 떨친다. 박계성은 임진왜란 때 의병을 일으켜 권율 장군을 도와 금산·행주대첩에서 큰 공을 세웠다. 이 공으로 권율 장군의 추천을 받아 한성판관에 제수된다. 그러다 정유재란이 발생하자 다시 의병을 모집하여 구례 석주관과 산동 등지에서 왜군들과 치열한 전투를 했고, 남원부사 임현의 원군 요청으로 율치에서 싸우다가 장렬하게 전사했다.

석주관 전투는 임진왜란사에서 가장 처절했던 전투 중 하나로 유명하다. 박계성의 부인이 남편의 전사 소식을 듣고 자결했고, 계성의 친동생 승성과 종제 언정도 진주싸움에서 순절했다. 후대에 면암 최익현은 이를 '일가삼충렬(一家三忠烈)'로 칭했다.

죽산 박씨의 내력

죽산 박씨들은 수지면 초리에서 300년을 살다가 옆 동네인 호곡리로 집단 이주한다. 비슷한 유전자를 가진 문중 사람들만 걸린다는 문질(門疾)로 인해 죽산 박씨들이 여기저기로 이주하면서 그 일파가 호곡리로 이주한 것이다. 이때가 대략 1700년대 초반쯤이다. 죽산 박씨들이 호곡리로 이사온 뒤에 집안을 비약적으로 일으키는 사건이 하나 일어나는데, 그것은 다름 아닌 명당에 얽힌 이야기다.

박원유라는 인물이 있었다. 호곡리에 처음 들어온 박시채의 조카이자 종손이다. 집안의 문질로 일찍 아버지를 여의고 박시채의 집에서 살았다. 박원유는 해마다 찾아오는 탁발승을 절대 빈손으로 보내지 않고 하다못해 냉수 한 그릇이라도 공양했다. 그러다 영조 14년(1738), 그가 열두 살 되던 해 가을에 이 스님이 또 찾아왔다. 스님은 "그대의 어머니가 돌아가시면 묘 자리는 염려 말라"며 돌아갔는데, 그해 12월 2일 아침에 또 찾아와 "간밤에 어머니가 별세하시지 않았느냐"고 물었다. 그리고 지금 건넛산 어떤 곳에 가면 그곳만 눈이 녹아 있을 터이니 그곳에 장사하면 후일 홍삼백팔(紅三白八)이 나고 자손이 흥성하며 부자로 살리라 예언하고 홀연히 떠났다.

박원유는 어려운 가운데 간신히 그곳에 어머니 묘를 썼는데, 스님의 예언대로 증손·고손대에 벼슬이 났다. 문과(대과라고도 하고 붉은 패를 주어 홍패라고도 한다) 급제 세 명, 소과(생원·진사이니 백패를 준다) 여덟 명을 배출하여 죽산 박씨의 벼슬이 끊기지 않았다. 뿐만 아니라 만석을 누린 거부(몽심재)가 나왔고, 사촌·육촌 간 같은 항렬이 82명이나 번창하였다. 이를 보고 세상 사람들은 죽산 박씨 집안에 명당바람이 났다고 탄복했다고 한다.

1대 주인은 박문수의 자손

죽산 박씨들이 호곡리로 이주한 뒤에 종가도 현재 호곡리 호음실 몽심재 바로 옆으로 옮겨왔다. 종가 대문에는 '삼강문(三綱門)'이라는 현판이 자랑스럽게 걸려 있다. '삼강(三綱)'에 해당하는 충신, 효자, 열녀가 모두 배출된 집안임을 나타내는 현판이다. 종가 오른쪽으로는 중시조인 박문수의 불천위(不遷位, 나라에 세운 공훈으로 사당에 영구히 모시기를 나라에서 허락한 신위) 사당이 자리잡고 있다. 사당 주련에는 "마을을 등지고 늘어서 있는 버드나무는 도연명이 꿈꾸고 있는 듯 하고, 산에 오르니 고사리는 백이·숙제의 마음을 토하는 것 같구나 隔洞柳眠元亮夢 登山薇吐伯夷心"라는 박문수의 시구가 말없이 서 있다.

몽심재는 종가에서 분가해 나간 연당 박동식의 고택이다. 1700년대 후반에 세워졌다고 한다. 몽심재의 제1대 주인이자 박문수의 16대손에 해당한다. 2대 주인은 승지 벼슬을 지낸 박주현(朴周鉉)이다. 여기에는 사연이 있다.

경술년 일본의 국권 침탈 직전, 일제는 정지 작업의 일환으로 조선 각지에 민회(民會)를 만들고 남원의 유력 인사인 박주현을 회장으로 추대했다. 그러나 박주현은 불응했고, 그 이유로 심한 고문을 당하고 후유증으로 몇 달 있다가 죽는다. 박주현이 죽은 후 얼마 있다가 한일합방이 되었는데, 이번에는 박주현의 사돈으로 곡성에 살고 있던 소송(小松) 정재건(鄭在健, 1843~1910, 송강 정철의 8세손)이 자결하는 사건이 발생했다.

정재건은 구한말 정언 벼슬을 지내면서 승지를 하던 몽심재 주인 박주현과 심교(心交)를 맺었다. 두 사람은 절친한 선후배 관계이자 사상적 동지였다. 그래서 서로 딸과 아들을 결혼시켜 사돈을 맺기까지 했다. 자기를 알아주던 지기이자 사돈이 일제의 고문으로 죽고 몇 달 있다가는 경술합방으로 나라까지 망했다. 상황이 이 지경에 이르자 정재건은 선비로서 목숨을 유지하며 산다는 것이 견딜 수 없는 치욕이라고 여겼다. 그는 사랑채에 들어가 의관을 정제하고 상투를 천장에 메단 다음, 단도로 오른쪽 목을 세 번 찔렀으나 여의치 않자 다시 왼쪽 목을 두 번 찔러 장렬히 순국했다.

천장에 상투를 매단 까닭은 죽은 후에도 의관이 흐트러진 모습을 다른 사람에게 보이지 않게 하려는 선비의 자존심이었다. 그는 자결하기 전, 흉금을 터놓는 선배이자 사돈이었던 박주현에게 다음과 같은 유서를 남겼다.

망한 나라의 신하로서 의리상 구차하게 살 수 없고, 나는 맹세코 명치 치하에서 살 수 없기 때문에 9월 4일에 칼에 엎드려 죽습니다. (중략) 형(박주현)이 돌아가셨다니 내 만 가지 생각이 모두 허사가 되고 말았소. 한번 가서 영정 앞에 통곡하지도 못하고 나라가 망하여 이미 극에 달했으니 진실로 이 세상에 차마 욕되게 살아 남을 수 없소. 이제 장차 웃음을 머금고 지하에서나 서로 만날 따름이오.

정재건의 유서를 보면서 역시 경술년에 자결한 매천 황현의 절명시 한 구절이 떠오른다. 한일합방이라는 국가적인 치욕을 당했을 때 전라도의 뜻 있는 선비 두 명이 자결했는데, 한 사람은 잘 알려진 매천 황현이요, 다른 사람은 알려지지 않은 소송 정재건이다. 매천은 전남 구례 사람이고, 소송은 전남 곡성 사람이다. 두 명 중 한 사람인 정재건이 남원의 몽심재와 이처럼 밀접한 관계에 있었다는 사실은 나도 이번에 처음 알았다.

3대 박해창이 영남 며느리 본 사연

몽심재 3대 주인은 2대 박주현의 장남인 박해창(朴海昌, 1876~1933)이다. 박해창은 순절한 정재건의 사위이기도 하다. 품계가 높지는 않지만 학문에 자질이 있는 선비들이 맡는 직책인 비서감랑 홍문관 시강(秘書監郎弘文館侍講) 벼슬을 지냈다. 호음실에서는 박해창을 보통 비랑공이라고 부른다. 고조·증조 때부터 근검절약하여 모은 재산이 비랑공 때에 이르러 드디어 만석이 되어, 박 비랑은 남원의 3대 만석꾼에 들어간다. 이때가 몽심재 인심의 절정기였다.

박 비랑의 땅은 구례 산동까지 뻗어 있었고, 추수기에 쌀을 저장하는 쌀 창고는 구례 이평, 구례 산동, 남원 읍내 이렇게 세 군데에 있었다고 한다. 그는 소작인들을 후하게 대하여 그가 죽자 생전에 그에게 신세를 진 영·호남의 과객들이 여러 곳에 자발적으로 유혜비(遺惠碑)를 세워 그의 덕망을 기렸다. 또 박 비랑은 1923년 사재를 출연하여 몽심재의 청룡자락 뒤편에 초등학교를 건립했다. 남원에서는 여덟 번째 세워진 초등학교이다. 한때 500명이 넘던 학생 수가 지금은 비록 50명으로 줄었지만, 현재까지도 이 초등학교는 청룡자락 뒤편에 건재해 있다.

박해창도 사돈과 관련된 일화가 하나 있다. 박해창이 홍문관에 근무할 때 같이 근무한 동료가 경상도 진주 용암에 살던 진주 정씨라는 사람이었다. 당시 조정에서 박해창은 박 한림(翰林)으로, 정씨는 정 한림으로 불렸는데, 영·호남을 배경으로 하고 있던 두 사람은 지방색의 차이로 자주 다투었다고 한다. 이를 지켜보던 임금이 두 사람을 불러서 "너희들이 자주 다투어서 안되겠으니 사돈을 맺도록 해야겠다"며, 두 사람에게 아들이나 딸이 있느냐고 물었다. 마침 전라도 남원의 박 한림에게는 아들이 있었고, 경상도 진주의 정 한림에게는 적령기의 딸이 있었다. 임금이 제시한 영·호남 화합책의 일환으로 두 집안은 반강제적으로 혼사를 맺어야 했고, 이 혼사로 인해서 남원 사람들은 진주의 사돈집을 자주 왕래하게 되었다.

근래에 사돈인 정씨 집안 사람들이 크게 사업에 성공해서 박씨 집안 손자들이 진외가인 정씨 집안의 덕을 상당히 보았다는 말이 전한다. 영·호남 화합책으로는 피를 섞는 방법이 가장 고전적이면서도 가장 확실한 방법이라는 생각이 든다.

만석꾼 아들에서 원불교 성직자로

만석꾼 박해창은 2남 2녀를 두었다. 장남은 일제 때 동경대학을 나왔으며, 차남이 바로 원불교 원로인 상산(常山) 박장식(朴將植, 1911~) 교무이다. 박 교무는 만나보니 올해 91세의 고령이지만 자태가 학처럼 고고하다. 일생을 법도에 맞게 살아온 사람만이 지닐 수 있는 특유의 고요함과 은은한 광채를 풍기고 있었다.

상산은 경성법학전문학교(현 서울법대 전신)를 나와서 개인사업을 하다가 일생의 스승인 소태산(少太山, 원불교 창시자)을 만난다. 상산은 소태산의 인품과 경륜에 깊은 감명을 받고 31세 때 원불교 출가를 결심한다. 당대의 재벌인 만석꾼의 아들이자 경성법전을 나온 인텔리가 도를 닦겠다고 출가를 감행한 사건은 당시 남원의 뉴스거리였다. 법학을 전공한 상산은 원불교에 들어가서 원불교의 헌법이라 할 수 있는 '교헌(教憲)'을 제정하는 데 주력하였고, 상식에 바탕한 원칙을 지키는 삶을 살았다.

원불교는 잡음이 별로 없는 비교적 조용한 종단이라는 것이 외부 인사들의 대체적인 평가이다. 종교단체는 최고 책임자인 종권(宗權)이 교체되는 시기에 잡음이 일어나거나 분파가 발생할 소지가 있는데, 원불교는 1대 소태산부터 4대 좌산(左山) 종법사에 이르기까지의 종권 교체 과정이 매우 원만하고 조용했다. 교헌에 대한 구성원들의 신뢰와 준수가 철저했기 때문이다. 민족종교인 원불교가 교헌에 의한 합리적인 종권 교체 전통을 수립한 데에는 원로인 상산의 투명하고 합리적인 인품이 크게 작용했다고 한다.

몽심재의 둘째 아들 상산의 원불교 출가는 호음실의 젊은 사람들에게 많은 영향을 미쳤다. 그 뒤를 이어 죽산 박씨 가운데 40여 명이 원불교 교무를 지원한 것이다. 상산은 아버지에게서 물려받은 자기 집(몽심재 바로 옆 건물)을 원불교 교당으로 개조했고, 이 교당에서 교무들이 줄줄이 배출됐다. 비율을 보면 남자 교무가 10명, 여자 교무가 30명이다.

'한국의 마더 테레사' 박청수

여기서 배출된 여자 교무 중 서타원(誓陀圓) 박청수(朴淸秀, 1937~) 교무가 있다. 박청수 교무는 흰 저고리에 검정 치마의 원불교 여자 교무 복장을 하고 전세계의 살기 어려운 현장을 찾아다닌다. 박 교무가 가는 곳마다 한국의 따뜻한 인정이 건네진다. 그래서 붙은 별명이 '한국의 마더 테레사'이다. 박 교무는 지난 20여 년 간 국경, 인종, 이념, 종교를 초월하여 세계 50개 국 사람들의 무지와 빈곤, 질병 퇴치에 힘썼다.

오랜 내전으로 지뢰가 많이 묻힌 캄보디아에서는 영국의 할로재단을 통해 미화 11만 달러가 들어가는 지뢰 제거 작업을 폈다. 또 천주교 나환자 복지시설인 성 라자로 마을을 25년 간이나 도와왔고, 성바오로 수도회 베타니아집 은퇴 수녀들과도 15년 간 교류하고 있다. 1991년에는 북인도 히말라야 설산의 오지인 라닥에 마하보디 기숙학교를 세우는 데 후원하였고, 설산 사람들에게 한국의 따뜻한 겨울 옷과 담요 등 7만 여 점을 3천500미터 고지에 올려 보냈다. '마더 박청수 기념 자선재단'을 설립하고 게스트룸 36개를 만들어 이것을 수입원으로 재단의 자체 운영을 도왔다. 50병상을 갖춘 종합병원 '마하보디 마더 박청수 자비병원'도 설립했는데, 이 병원은 히말라야 라닥뿐만 아니라 인도 캐시미르 주 전체를 통해 최초로 민간인이 세운 병원이라고 한다. 그런가 하면 캄보디아의 정신적 지도자 마하 고사난다 스님을 통해 담마 예트라 평화운동을 지원하고, 킬링필드로 지식인들이 희생된 탓에 교육을 담당할 교사가 부족한 이곳에 단기 교사 양성기금을 지원하기도 했다.

국내에서도 대안학교인 송학중학교를 전남 영광에 만들고, 교도소 출소자들까지 학생으로 받는 헌산중학교를 경기도 용인에 설립했다. 영광의 송학중학교는 우리 나라 최초의 대안중학교라고 알려져 있다.

박 교무를 직접 만나보니 목소리가 인상적이었다. 65세의 할머니인데도 불구하고 목소리가 맑고 곱다. 사람이 나이가 들면 대개 목소리가 탁해지거나 갈라지는 법인데 아직도 맑고 고운 목소리를 지니고 있다. 도가에서 내려오는 잠언 가운데 "관상(觀相)이 불여 음상(不如音相)"이라고, 관상보다 목소리가 더 중요하다는 말이 있다. 사람의 축적된 내공은 목소리에서 나타난다는 말이다.

―세계 각국의 어려운 사람들을 지원하고 계시는데 어려움은 없으십니까?

"왜 어렵지 않겠습니까. 저는 걱정으로 배가 부릅니다. 여기저기 도와줄 곳이 많습니다."

박 교무는 후원금을 모금하기 위해 여기저기 강연 다니느라고 항상 분주하

전세계를 상대로 헌신적인 봉사활동을 벌이고 있는 원불교의 박청수 교무. 몽심재가 배출한 서른 명 여자 교무 중 한 명이다.

다. 남편도 없고 자식도 없어서 별로 돈 들어갈 데 없는 독신 성직자가 왜 이렇게 역설적으로 돈 때문에 동분서주해야 하는지 생각해보았다. 타인의 고통을 차마 모른 채 할 수 없는 마음. 그 마음 때문이다.

'마더 박'이 벌이고 있는 제생의세(濟生醫世, 불쌍한 사람을 구제하고 세상을 치료함) 활동을 모두 열거하자면 몇 십 페이지가 필요할 것이다. 한국 여자로서 이만큼 세계적인 활동을 하는 사람도 드물다.

청룡자락이 아미사 안대로 내려온 호두혈의 형국은 여자 도인을 배출한다고 하는 풍수가의 예언이 맞는 것인지도 모르겠다. 지리산 문화권을 왕래하던 영호남의 과객들에게 후한 인심으로 유명했던 몽심재. 그 몽심재의 적선 좋아하던 유풍이 원불교를 통해 세계로 뻗어나가고 있다는 생각이 들었다.

수봉 문영박을 기려 세운 수봉정사. 문씨 세거지의 맨 앞에 위치해 있다. 여기에 있던 책들과 이후 추가로 수집한 책을 합해 인수문고를 만들었다.

대구의 남평 문씨 세거지

돈이 아닌 지혜를 물려주라

남평 문씨들의 문중문고인 '인수문고'는 8천500책(2만 권 분량)을 수장,
민간으로서는 고서를 가장 많이 갖고 있다.
전국의 문인, 달사들이 이곳에 찾아와 책을 열람하고
학문을 논한 문화공간이기도 했다.

남평 문씨 종가인 문정기 씨 가옥. 이 집을 포함해 인흥마을에 있는 아홉 채의 전통 가옥에 전부 문씨들이 거주하고 있다.

2만 권 고서 수장한 한국 최고의 민간 아카데미

인홍마을의 주산인 천수봉. 바가지처럼 둥그런 금체 형태의 산으로, 이 산 바로 밑에 문씨 세거지가 자리잡고 있다.

운명을 바꾸는 방법이 몇 가지 있다. 적선(積善)을 많이 하거나 선(禪)을 하거나, 명당에 묘를 쓰거나, 독서를 많이 하는 것이다. 이 가운데 누구나 실천할 수 있는 가장 보편적인 방법이 독서를 많이 하는 방법이다.

독서를 많이 하면 나쁜 팔자를 좋은 팔자로 바꿀 수 있다는 것이 우리 선조들의 믿음이었다. 불가나 도가보다도 상대적으로 유가에서 독서를 더 중요하게 생각했다. 그래서 유교 선비는 책을 좋아한다. 아울러 독서인을 높이 평가하는 것이 한국의 지적 전통이기도 하다.

그렇다면 한국에서 가장 많은 책을 갖고 있는 집안으로 어디를 꼽을 수 있을까. 경북 대구에 고서를 많이 갖고 있다고 알려진 집안이 하나 있다. 대구광역시 달성군 화원읍 인흥리에 있는 남평 문씨 집안이다. 인흥리에 세거하는 남평 문씨들은 '인수문고(仁壽文庫)'라고 하는 특별한 문고를 가지고 있다. 인수문고는 문씨 집안 공동의 문고를 일컫는데, 이러한 형태의 문고를 통상 문중(門中)문고라고 한다.

현대적 의미의 도서관이 등장하기 전까지 우리 나라에는 전통적으로 네 가지 유형의 도서관이 있었다. 첫째는 정조 때 세워진 규장각과 같은 왕립 도서관이고, 둘째는 성균관·향교·서원 등의 교육기관에 설치된 학교 도서관이고, 셋째는 문중의 자녀 교육을 위한 문중문고이며, 네 번째는 개인문고이다. 이 가운데 인수문고는 문중문고에 속한다.

역사서 많이 소장한 문중문고 '인수문고'

　문중문고는 그 성격이 특이하다. 특정 성씨의 구성원들만을 위한 문고라는 점에서는 사적인 용도이지만, 개인이 아닌 문중 전체를 대상으로 한다는 점에서는 공적인 성격을 지니고 있다. 어떻게 보면 문중문고는 공·사 합동적인 성격을 지니고 있다고 볼 수 있다. 구라파에는 존재하지 않는 이러한 성격의 문중문고는 유교적인 토양에서만 성립이 가능한 도서관이라 하겠다. 유교는 집안을 중시하는 문화이기 때문이다. 불특정 다수를 고려하는 묵자(墨子)와 오로지 개인만을 생각하는 양주(楊朱)의 입장을 모두 극좌와 극우로 간주하고, 그 사이에서 맹자가 중도 통합적인 방안으로 제시한 것이 문중〔家〕이라는 노선이었다. 그래서 유교문화권에서는 문화 활동이 '문중'이라는 단위를 중심으로 이루어졌다. 문중문고는 한국의 유교적 전통을 계승한 문고라고 이해할 필요가 있다.

　현재 인수문고가 소장한 장서는 대략 8천500여 책에 달한다. 1975년 인수문고가 성립될 때 인수문고의 전신인 만권당(萬卷堂)과 수봉정사(壽峯精舍)에 소장되어 있던 6천948책과 1975년 이후 추가로 수집한 1천500여 책을 합한 수치다. 보통 고서의 경우 1책이 보통 책 두세 권 분량이므로, 8천500책을 권 단위로 환산하면 2만 권에 해당한다. 한국의 국·공립 도서관이나 대학 도서관을 제외하고는 민간에서 보유하고 있는 가장 방대한 양의 고서라고 한다. 우리 나라 서원 가운데 가장 많은 장서를 보유한 것으로 알려진 안동 도산서원의 장서가 약 4천400책으로 알려져 있으니, 그 양만 가지고 따져본다면 영남학파의 본산인 도산서원의 서원문고보다 문씨들의 인수문고의 장서량이 많은 것이다.

　인수문고의 8천500책은 구체적으로 어떤 내용의 책들인가 궁금하다. 고서의 내용을 분류할 때 고대 중국에서 사용한 기준은 '광내(廣內)'와 '승명(承明)'으로 분류하는 것이다. 광내는 주로 각종 경전들을 말하고, 승명은 고금의 역사에 관한 책들이다. 광내는 가로이고 승명은 세로이다. 광내가 인식의 횡적인 확대에 소용되는 책이라면, 승명은 인식의 종적인 확대에 소용되는 책들이다. 씨줄과 날줄이 광내와 승명인 것이다.

황제가 거주하는 궁궐 좌측으로는 광내전(廣內殿)이라는 건물이 자리잡고 있었고, 우측으로는 승명전(承明殿)이 자리잡고 있었다고 한다. 그래서 나온 표현이 '좌통광내 우달승명(左通廣內 右達承明)'이라는 말이다. 좌우통달이 여기에서 유래한 표현으로, 이 말의 원래 의미는 횡으로는 제가의 경전과 종으로는 고금의 역사에 밝다는 뜻이다.

이 기준보다 더 확대하여 통용되던 분류 기준이 경(經)·사(史)·자(子)·집(集)의 사부(四部)이다. 경은 교과서 격에 해당하는 경전을 가리킨다. 사는 역사에 관한 책이다. 자는 무엇인가. 유(儒)·병(兵)·법(法)·도(道)·석(釋)의 각가(家)와 기예, 술수(術數), 소설 등 다양한 분야의 흥미로운 책들이 여기에 속한다. 집은 학자들의 개인문집을 말한다. 인수문고의 기반이 된 만권당에 소장되어 있던 6천948책 가운데 경부는 536책이고, 사부가 1천813책, 자부가 588책, 집부가 4천11책이다.

인수문고의 전체적인 특징에 대하여 전문가들은 이렇게 평한다. "기호(畿湖) 본위로 모은 규장각 도서관, 이왕직 도서관, 한림서림 등의 서적목록에서 보지 못하던 것을 상당수 볼 수 있다", "장서의 양뿐만 아니라 어느 책도 낙질(落帙)이 없는 것이 특징", "우리 나라 도서관사상 그 유례가 드문 문중문고". 이러한 평가 외에 덧붙이고 싶은 인수문고의 특징은 역사서를 유달리 많이 소장하고 있다는 점이다. 사부만 1천813책이다.

《삼국사기(三國史記)》(2책), 《고려사(高麗史)》(70책), 《여사제강(麗史提綱)》(13책), 《편찬려사(編纂麗史)》(25책), 《국조보감(國鳥寶鑑)》(28책), 《해동역사(海東繹史)》(6책), 《한력대사략(韓歷代史略)》(3책), 《소화외사(小華外史)》(6책)를 비롯해서 중국 역사서인 《사기(史記)》(2함16책), 《한서(漢書)》(30책), 《후한서(後漢書)》(2함16책), 《진서(晋書)》(3함20책), 《송서(宋書)》(2함16책), 《남제서(南齊書)》(1함6책), 《요사(遼史)》(2함12책), 《금사(金史)》(4함20책), 《원사(元史)》(8함40책), 《명사(明史)》(8함80책) 등을 망라하고 있다.

왜 이렇게 역사책을 많이 모아놓았을까? 역사서라고 하는 것은 인간사의 다양한 판례집과 같다. 판례가 어떻게 되었는지를 많이 알아야만 복잡한 상황에서 시비를 제대로 가릴 수 있다. 시비를 제대로 판단해야만 애매한 상황에서 자기 처신에 대한 확신을 가질 수 있는 것이다. 따라서 다양한 역사책을 섭렵하는 것은 시시비비를 제대로 가릴 수 있는 힘을 배양하고, 위기 상황에서 욕먹지 않는 처신을 할 수 있도록 해준다. 역사책을 많이 읽은 사람은 대체로 깐깐해서 불의를 보고 어물쩍 넘어가지 않는 경향을 지닐 수밖에 없다.

인수문고에 이처럼 유달리 역사책이 많이 수집되어 있는 것은 당대의 시대적인 상황이 투철한 역사의식을 요청하는 상황이었기 때문이 아닐까. 경기가 불황일 때 TV 사극을 많이 본다는 속설처럼, 시대가 혼돈할 때 남다른 역사의식이 필요한 법이다.

경술국치에 만권당 세운 까닭

인수문고의 기반이 된 만권당의 성립 시기는 경술국치를 당한 1910년 무렵이다. 나라가 망하던 시기에 세운 문고라는 점을 주목할 필요가 있다. 국파산하재(國破山河在)라고 하였던가. 나라가 망했어도 산하는 그대로 있고, 백성들은 그 산하에서 어찌되었든 살아가야 한다. 경술국치를 당했을 때 역사의식이 강했던 사람은 가산을 정리하여 만주 벌판에 가서 독립운동을 했다. 그 결과 집안은 풍비박산이 되었다.

반면 역사의식이 결여된 사람은 일제에 굴복하고 협력해서 그저 잘 먹고 잘 살았다. 총 들고 만주에는 가지 못하고, 그렇다고 일제에 비굴하게 협력하기도 싫은 사람이 취할 수 있는 제3의 길은 무엇이었을까?

인흥리의 남평 문씨들은 그 방도로써 만권당을 세우지 않았나 싶다. 만권당의 일차적인 목적은 남평 문씨들의 자녀 교육이었다. 한일합방이 되면서 일제가 신식 교육기관을 대거 설립하는 상황이었다. 문씨 집안에서는 일제가 세운 신식 학교에 자녀들을 보낼 수 없다고 판단했다. 일본 사람이 세운 학교에 자식들을 보내면 결국 자식들은 전부 일본 사람이 되는 것이라고 생각했다. 그렇다면 집안에서 직접 가르치자! 이러한 목표 아래 독자적인 교육 프로그램을 가지고 설립한 사립학교이자 도서관이 만권당인 셈이다.

수봉 문영박 생전에 많은 학자들이 책을 열람하며 묵었던 광거당. 일반 사랑채가 아닌 재실이라서 동네 한쪽에 떨어져 있다.

  그런데 학문을 제대로 하려면 책이 많아야 된다. 책을 널리 수집하자! 문씨들이 서울, 대구 등지에서 수집한 만권당의 책 가운데 상당수는 당시 중국에서 수입한 고가의 책들로 낱권이 아닌 전집으로 된 책들이 많았다.
  이 책들은 누가 선별했을까. 어떤 책을 구입하는가 하는 문제는 구입하는 사람의 학문적 수준과 관심 분야에 따라 결정된다. 그래서 서가에 꽂힌 책들의 종류와 내용을 보면 그 사람의 관심 분야와 깊이를 어느 정도 짐작할 수 있는 법이다. 만권당의 장서 중에서 중국에서 수입한 책들을 선별해준 인물은 창강(滄江) 김택영(金澤榮, 1850~1927)이다. 김택영은 구한말의 유명한 유학자요 문장가이다. 특히 역사에 관심이 많아서 《한국소사(韓國小史)》, 《한사계(韓史綮)》 같은 저서를 남겼다.
  김택영은 을사보호조약 이후 통분을 금치 못하고 중국에 건너가서 살았는데, 남평 문씨 집안과는 평소 밀접한 교류가 있었다. 그랬기에 김택영이 중국 상해에 머무를 때 만권당 주인의 부탁을 받고 책들을 추천해준 것이다. 중국에 망명해 있던 김택영이 관심을 기울인 분야는 역사 분야였던 것 같다. 인수문고에 역사책이 특히 많은 이유도 김택영의 문제의식이 반영된 탓이다. 나라를 다시 회복하고 주체성을 세우기 위해서는 무엇보다도 역사를 제대로 아는 것이 중요하기 때문이다.

김택영이 추천해서 구입한 책들을 그때마다 상해 배편에 선적하여 목포로 보냈다고 한다. 당시 상해에서 목포까지 왕래하는 선편이 있었던 모양이다. 배가 도착했다는 기별을 받으면 문씨 집안에서는 사람을 목포로 보내 책을 가져와야만 했다.

변변한 도로가 없던 시절에 수백 권의 책을 운반하는 일은 큰일이었다. 더군다나 전라도 한쪽 끝인 목포에서 경상도 대구까지 서에서 동으로 횡단 운반하는 일은, 서울에서 대구로 운반하는 코스보다 몇 곱절 더 힘이 들었다고 한다. 한반도의 지형적 조건상 영·호남 간에는 첩첩 산들이 가로막고 있어서 88고속도로가 뚫리기 전까지는 제대로 된 도로가 있을 수 없었음을 감안해야 한다.

책을 운반하는 수단은 다름 아닌 소 달구지였다. 수백 권의 책을 실은 소달구지는 목포에서 출발하여 털털거리면서 일단 지리산 남원으로 왔고, 남원에서 다시 함양, 거창의 산길을 넘어 대구 인흥리 남평 문씨 만권당에 도착했다. 당시 열악한 도로 사정을 감안할 때 소 달구지로 책을 옮겼다면 아무리 빨라도 보름은 너끈히 걸렸을 것이다. 만권당의 책들은 이렇게 모아진 것이다. 엄청난 돈과 시간과 정력을 투자한 결과이다.

일연이 《삼국유사》를 집필한 절터

이러한 엄청난 작업을 기획하고 실행할 수 있었던 남평 문씨 집안은 어떤 집안인가? 만권당은 돈만 있다고 되는 일이 아니었다. 학문에 대한 열정과 자기 주체성을 지키겠다는 자존심과 기백, 그리고 당대 명사들과의 다양한 인맥이 없으면 시도할 수 없는 일이었다. 그렇다고 뜻만 가지고 있다고 해서 되는 일도 아니다. 재력이 뒷받침하지 않으면 탁상공론에서 그치고 만다. 인간 세상에서 복(福)과 혜(慧)를 모두 갖추기가 어려운 법인데, 남평 문씨들은 모두 갖추었던 것 같다.

 인흥리에 사는 남평 문씨들의 시조는 문다성(文多省)이다. 문다성은 전라남도 나주군 남평면 장자못가에 솟은 천 길 높이의 바위에서 태어났다는 탄생 설화가 있다. 지금도 남평면 풍촌리 장자못가에는 문다성이 태어났다고 하는 '문암(文巖)' 바위가 우뚝 솟아 있다. 본관인 남평은 문씨가 나주의 남평에서 유래했기 때문에 붙은 이름이다.

 남평 문씨의 중시조는 고려 말에 중국에서 목화씨를 가져온 삼우당(三憂堂) 문익점(文益漸, 1329~1398)이다. 남평 문씨가 대구에 살기 시작한 것은 문익점의 9세손인 문세근(文世根) 때부터이다. 지금으로부터 대략 500년 전 경기도 파주에서 대구로 옮긴 것이다. 대구에서 다시 달성군 화원읍 인흥리, 현재의 남평 문씨 세거지에 들어와 터를 잡은 것은 문익점의 18세 손이자 문세근의 9세손인 인산재(仁山齋) 문경호(文敬鎬, 1812~1874) 때이다. 1840년대 전후에 인흥에 들어온 것으로 보인다. 따라서 인흥에 새롭게 터를 잡은 개기조(開基祖)는 문경호가 된다.

 여기서 입향(入鄕)이라고 하지 않고 개기(開基)라는 표현을 쓰는 이유는 1840년대 당시에 인흥 세거지에는 사람이 사는 동네가 없었고, 문경호가 들어오면서 처음으로 사람이 살기 시작했기 때문이다. 인흥은 조선 후기 당시 폐사지(廢寺趾)였다. 원래 고려시대에 인흥사(仁興寺)라는 절이 있던 자리인데 폐사가 된 상태였던 것이다.

 인흥사는 고려시대 일연(一然, 1206~1289) 스님이 11년 간이나 머문 사찰이다. 일연 스님이 《삼국유사》의 뼈대에 해당하는 '역대연표(歷代年表)'를 여기서 작성했다고 하며, 《삼국유사》의 상당 부분과 불경까지 편찬한 것으로 알려져 있다. 그래서 동네 이름도 절 이름을 따서 인흥이 되었다. 현재 남평 문씨 종손인 문정기(文定基) 씨가 살고 있는 집터는 인흥사의 대웅전 자리였다고 전한다. 종가의 문간채 앞에 있는 우물 이름이 고려정(高麗井)인데, 고려시대 인흥사 시절부터 사용한 우물이다. 세거지 앞의 밭 가운데 있는 석탑도 인흥사의 유물로 전한다.

절터를 집터로 잡은 이유

그러니까 문경호는 평소 사람이 살지 않는 인흥사 터에 관심을 갖고 있다가 적당한 시기가 되자 가솔들을 이끌고 이곳에 터를 잡았다고 할 수 있다. 절터를 집터로 바꾼 동네가 인흥인 것이다. 문경호는 풍수에 조예가 깊었다는 것으로 보아 이곳에 터를 잡은 배경에는 당연히 풍수적인 원리가 자리잡고 있을 것이다. 자손 대대로 수백 년 동안 거주할 세거지를 잡을 때 풍수를 보지 않고 무턱대고 잡았을 리 없다.

문경호는 왜 이곳에 터를 잡았을까. 그는 어떤 부분에 끌렸던 것일까. 먼저 인흥사 터를 살펴보자. 일반적으로 절터는 거의 명당자리에 자리잡고 있는 것으로 알려져 있다. 이 말은 어느 정도는 맞다. 그러나 100퍼센트 맞는 말은 아니다. 비보(裨補) 용도로 세운 사찰 자리는 명당이라고 할 수 없다. 지세가 너무 허한 곳이나 너무 강한 곳을 보강하거나 누르기 위해서 사찰을 세우는 수가 있기 때문이다. 당연히 그런 곳은 보편적인 명당은 아니다.

그리고 절터는 종교적인 수행을 하는 데 유리한 곳이어야 하기 때문에 바위가 많은 지형을 선호한다. 바위가 많은 곳은 지기가 강해서 소위 말하는 '기도발'이 잘 받는 곳이다. 예를 들면 해인사가 있는 가야산이나 도갑사가 있는 월출산이 그러하다. 이런 곳에는 일반인들이 주택을 짓고 살기 어렵다. 절터로는 더할 나위 없이 좋지만, 일반 가정집을 짓기에는 살기(殺氣)가 많아서 부적절한 곳임을 깨달아야 한다.

반대로 절터를 명당이라고 간주하고 묘나 주택을 쓴 경우도 상당히 있다. 이런 절터는 주변 사격(砂格)에 살기가 별로 없는 온화한 곳이다. 주변에 바위산이 별로 없는 절터는 일반 주택이 들어서도 무방하다. 문경호가 주목한 인흥사 터는 내가 보기에 절터치고는 바위산이나 살기가 보이지 않는 온화한 장소이다. 이렇게 온화한 폐사지는 조선 중기 이후부터 거의 묘 자리나 집터로 바뀌었다. 임진왜란을 겪으면서 왜군에게 많은 사찰들이 폐사되는 상황이 발생했기 때문이다. 내가 조사한 바에 의하면 산세가 강한 경상도 지역보다 산세가 부드러운 충청도나 전라도 지역의 폐사지가 집터 등으로 많이 바뀌었다.

경상도의 산세는 흔히 태산준령(泰山峻嶺)으로 일컬어진다. 대체적으로 산이 높고 기세가 강해서 사람들의 성품도 그 산세를 닮아 선이 굵고 뚝심이 있다. 경상도 전체의 산세를 놓고 볼 때 태산준령에 부합되는 곳은 북쪽의 안동이나 상주 쪽보다는 대구 쪽이 아닐까 싶다. 안동이나 상주는 산세가 높지 않고 비교적 부드러운 편이다. 산이 높아서 위압감을 주는 곳은 대구 근방의 산세라고 보아야 한다.

대구 지역을 둘러싸고 있는 양대 산은 팔공산과 비슬산이다. 팔공산과 비슬산 모두 1천 미터가 넘는 고산준령이고, 곳곳에 바위 절벽이 돌출해 있는 호방한 국세를 지니고 있어서 바라보는 사람으로 하여금 위압감을 느끼게 한다. 어지간한 역경에도 절대 포기하지 않고 돌파하는 장군과 같은 기상을 머금고 있다.

비슬산은 불교와 밀접한 관련이 있는 산이다. 비슬은 고대 인도의 힌두신인 비슈누(Visnu)를 한자로 음역한 표현이다. 비슬산은 신라시대까지는 줄곧 포산(苞山)이라 불렸다. 《삼국유사》에 보면 '포산이성조(苞山二聖條)'라고 해서 도성선사와 관기선사가 도통한 이야기가 실려 있는데, 그 무대가 바로 비슬산이다. 일연 스님이 반평생을 보내면서 수도한 보당암, 무주암, 묘문암이 모두 비슬산에 있는 암자들이다. 일연 스님과 뗄래야 뗄 수 없는 관계에 있는 산이 비슬산인 것이다.

인흥마을은 비슬산에서 갈라져 나온 지맥이 뭉친 곳이다. 비슬산이 대구 쪽으로 흘러가다가 그 주맥의 중간쯤에 장단산이 솟았다. 그 장단산 옆에는 소조산(小祖山, 집터로 내려오는 산맥 가운데 중심 되는 산)인 까치봉이 서 있고, 그 까치봉에서 북서쪽으로 소맥이 하나 내려와서 금체(金體) 형태의 천수봉으로 뭉쳤다. 천수봉 바로 밑에 인흥사가 있었고, 현재는 문씨들의 세거지가 자리잡고 있다. 좌향(坐向)은 서남향의 간좌(艮坐)가 성립한다. 간좌는 부자 터가 많다.

까치봉에서 천수봉까지의 거리는 약 2킬로미터 정도인데 비교적 부드러운 산세로만 내려온 점이 눈에 띈다. 안산을 비롯한 주변 사격도 살기가 보이지 않는다. 태조산(太祖山)인 비슬산이 강기(剛氣)를 품은 장군과 같은 기세인 반면, 인흥 쪽으로 내려온 지맥들은 부드럽게 내려와서 강강한 기운이 거의 보이지 않는 지점에 터를 형성했다. 외강내유(外剛內柔)라고나 할까. 외곽은 강한데 안은 부드럽다. 그 부드러움이 좋게 보인다. 그래서 선인들이 이곳 절터와 지명에 어질 인(仁) 자를 넣었는지도 모르겠다.

14대조 묘까지 남아 있는 선산

이곳을 답사한 지관들의 지적에 의하면, 소조산인 까치봉에서 주산(主山)인 천수봉에 이르기까지의 봉우리들이 오행의 상생(相生) 방향으로 이어져 있다고 한다. 상생이라 하면 까치봉이 삼각형처럼 끝이 뾰쪽한 목체(木體) 형태이고, 목체의 봉우리 다음에 불꽃같은 화체(火體)의 봉우리가 연결되고, 화체의 봉우리 다음에는 평평한 토체(土體), 토체 다음에는 바가지처럼 둥그런 금체가 이어지는 형국을 말한다. 까치봉에서 천수봉까지 이러한 모양의 작은 봉우리들이 연달아 이어졌다는 것이다.

오행의 상생으로 이어진 형국은 아주 귀하게 본다. 이와 비슷한 형국이 전주에서도 발견된다. 전주의 주산인 기린봉에서 태조 이성계의 선산이 있는 조경단까지 이어지는 봉우리의 형태가 화생토(火生土), 토생금(土生金), 금생수(金生水)의 순서로 되어 있다. 기린봉이 화체이고, 조경단이 수체(水體)이며, 그 중간에서 토체와 금체 봉우리가 중계를 해주고 있는 것이다.

이번에는 안대(案帶)를 보자. 안산은 260미터 높이의 함박산이다. 화원읍의 주산인 함박산은 말 안장 형태이다. 흔히 마체(馬體)라고 부른다. 안산이 마체 형태를 취하고 있으면 그 터에서는 벼슬하는 귀인이 나온다고 한다. 옛날에는 벼슬을 해야 말 안장에 올라탄다고 여긴 탓이다. 욕심을 내자면 안산 쪽에 문필봉(文筆峯)이 하나 추가되어 있었으면 더 좋았을 성싶다. 문사(文士)가 살기에는 아무래도 문필봉이 더 끌린다. 만약 문필봉까지 있었다면 이 터가 1840년대까지 빈터로 남아 있었을 리 없다. 그 전에 이미 다른 성씨들이 먼저 자리를 잡았을 가능성이 높다.

그렇다고 방법이 없는 것은 아니다. 양택(陽宅)에 문필봉이 없으면 음택(陰宅)에서 문필봉을 보강하면 된다. 한국의 풍수가에서는 전통적으로 양택보다

음택의 비중을 높게 본다. 양택은 그 터에 거주하는 사람만 영향을 받는다고 보지만, 음택은 핏줄을 이어받은 자손이면 누구나 다 영향을 받을 수 있다고 본다. 음택이 미치는 영향력의 범위가 더 넓은 것이다. 그러므로 음택에서 문필봉을 찾으면 된다.

우선 이 집안의 선산이 어떻게 되어 있는지를 물어보았다. 의외의 대답이 나왔다. 14대조의 묘부터 시작해서 바로 윗대의 묘에 이르기까지 하나도 산실되지 않고 모두 보존되어 있다는 것이다. 놀라운 일이다. 14대조라면 대략 500년 전의 조상인데, 그때부터 지금까지 이 집안의 묘가 모두 보존되어 있다는 것은 흔치 않은 일이다. 왕족이 아닌 민간 집안에서 500년에 걸친 조상의 묘를 보존하고 있다는 이야기는 나도 처음 듣는 이야기다. 이는 집안의 가통이 그만큼 확실하게 정립되어 있음을 나타낸다. 아울러 조상에 대한 존경을 짐작할 수 있는 대목이기도 하다.

이번에는 물을 보자. 동네 앞을 흐르는 천내천은 둥글게 돌아서 서북쪽으로 흘러 나간다. 천내천이 흘러서 배산임수의 조건을 갖추었다. 수구(水口)를 보자. 물은 서북 방향[乾亥方]으로 흘러 나간다. 수구 너머 멀리 서북쪽으로 낙동강이 보인다. 동네 어른들이 들려준 구전에 의하면 '멀리 보이는 낙동강 물이 보이지 않아야 동네에 좋다'는 말이 있다고 한다. 그래서 서북 방향에 소나무를 많이 심어놓았다고 한다.

지금은 몇 그루 남아 있지 않지만 풍수적인 안목에서 볼 때 이 소나무들은 수구막이 용도로 심어 놓은 것이므로 반드시 보강할 필요가 있다. 생태학적인 관점에서 보자면 겨울에 서북 방향에서 바람이 불어오면 춥기 때문에 이를 차단할 필요도 있다. 더군다나 낙동강 쪽에서 불어오는 서북방 바람은 강바람이라서 더욱 차갑다. 소나무 숲은 차가운 강바람을 막아주는 방풍림 기능을 수행할 것이다.

정(井) 자 구도의 가옥 배치

인홍에 새롭게 터를 잡은 문경호는 이미 1천 석 가까운 재력을 가지고 있었으며, 그는 이 재력을 바탕으로 인흥을 문씨들이 대대로 살 수 있는 세거지로 만드는 장기적인 마스터플랜을 세웠던 것으로 추측된다. 만약 이것이 사실이라면 인흥은 처음부터 계획된 마을이란 점에서 다른 마을과 구별된다. 그 계획이란 우물 정(井) 자 형태로 가옥을 배치하는 것이지 않았나 싶다.

현재 인흥마을의 가옥 배치 형태는 흥미롭게도 정 자 형태로 되어 있다. 사람이 거주하는 주택은 전부 합해서 아홉 채인데, 이 아홉 채가 우물 정 자처럼 가로·세로로 줄을 맞춰 자리잡고 있는 것이다. 이처럼 가옥이 질서정연하게 배치된 사례는 다른 지역에서 찾아보기 힘들다.

인흥의 문씨 세거지는 아홉 채의 개인 주택 외에 문씨들의 공공 건물이라 할 수 있는 세 채의 건물, 즉 광거당, 수봉정사, 인수문고가 있다. 인흥에는 개인 주택 아홉 채, 공공 건물 세 채해서 도합 12채의 건물만이 존재한다. 앞으로 더는 건물이 들어설 수 없다고 한다. 그 이유 중 하나는 우선 동네 터가 전체 2만 평 정도라서 이 정도의 건물이 적당하다고 판단하기 때문이다.

2만 평 가운데 1만 평은 건물이 차지하는 대지로, 나머지 1만 평은 동네 마당으로 쓰고 있다. 아홉 채의 주택이 각각 차지하는 평균 면적은 400~500평이라고 한다. 여기에다 광거당, 수봉정사, 인수문고의 면적을 합하면 1만 평을 거의 다 차지한다. 만약 이외의 건물을 더 지으면 동네 마당에다 지어야 하는데, 그렇게 되면 동네가 건물로 빽빽해져 여유 공간이 없어지고 품격이 떨어진다. 그러므로 더는 건물을 짓지 못하게 문중에서 합의를 보았다.

주택을 아홉 채만 유지하자는 것은 문씨 문중의 규약이기도 하다. 현재 아홉 채의 주택에는 장남 부부들만이 살고 있다. 차남과 딸들은 어떻게 하는가. 차남과 딸들은 다른 곳에서 살아야 한다. 장남 상속의 원칙이 현재에도 굳건하게 지켜지고 있는 곳이 이곳이다. 문씨 세거지를 보존하기 위해서는 부득이한 방법이라고 한다.

재산 중에서 인흥의 아홉 채 주택만큼은 현행 법률에 상관없이 반드시 장남에게 상속하지만, 주택이 아닌 다른 부동산이나 재산은 차남이나 딸들에게도 공평하게 상속된다. 물론 장남은 집을 물려받았으므로 다른 재산 분배에서는 그만큼 제외된다. 만약 장남이 대구 밖 외지의 직장을 다니면 어떻게 하는가 하고 질문을 던졌다. 직장 다닐 때에는 밖에 나가서 살 수 있지만, 정년이 되거나 퇴직을 하면 반드시 인흥에 돌아와 사는 것이 관례라고 한다.

문중 내규에는 외부인에게 집을 파는 것도 금지되어 있다. 독특한 분위기를 지닌 마을이다. 함부로 뜨내기가 들어와서 살 수 있는 곳이 아니다. 동네가 깔끔하게 정돈되어 있어서 휴지나 빈 병 쓰레기를 찾아볼 수가 없다. 흙담으로 둘러싼 아홉 채의 전통 가옥에 전부 문씨들이 거주하고 있어서 수시로 청소하고 관리하는 까닭이다. 종갓집인 문정기 씨 가옥이 대표적인 예이다. 반듯한 흙담, 잘 깎인 마당 잔디, 윤이 나는 현관 마루, 정감 있는 사랑채 온돌, 청결한 수세식 화장실, 안채 옆 채마밭 모두 사람의 손길로 다듬어져 있다.

사극 영화의 단골 촬영지

전통 가옥에서 흔히 연상되는 생활의 불편함은 느껴지지 않고, 한옥이 지닌 고풍스러움과 낯익은 편안함, 그리고 양반 집에 와 있다는 품격이 복합적으로 어우러져 있다. 이러한 한옥만 있으면 누가 아파트에 살겠는가 하는 생각이 절로 든다. 법도를 지키는 명문가 후손들이 사는 동네답다.

1935년 《동아일보》에서 전국의 책이 많은 집을 소개하는 답사기를 연재한 적이 있는데, 그 연재를 담당한 김태준(金台俊, 《조선소설사(朝鮮小說史)》의 저자로 당시 문명을 날림)은 인흥의 모습을 이렇게 적고 있다.

조선에 장서가 이야기가 나면 수년 전 연희전문학교에 만여 권 도서를 기증한 전남 곡성 정씨(丁氏)를 첫째로 꼽고는 아마 그 손가락으로 대구 문장지(文章之, 壽峯 文永樸) 씨 장서를 세어야 할 것이다. 하도 많은 소문을 들은 터라 일부러

대구역에 내려서 화원행 버스를 잡아탔다. (중략) 화원에서 동으로 한 마장쯤 골짜기로 들어가면 소송독류(疎松禿柳)와 인산지수(仁山智水)가 말하지 않아도 처사의 집같이 엄숙한 느낌을 주는 것이라. 상투를 짠 선비님들이 얼른 5, 6명 모여 왔다. 장서가 문장지 씨는 벌써 고인이 되고 그 자손 시채, 진채 제씨가 인계해서 유지한다고 한다. 따로이 재실을 깨끗이 짓고 석병토전(石塀土塼)과 무림수죽(茂林脩竹)이 모두 고아한 흥취가 있었다.

인수문고의 책들을 열람하는 용도로 사용되는 거경서사(居敬書舍). 두 칸짜리 독서실로 '경건한 마음으로 책을 읽는 방'이란 뜻이다.

몇 년 전에 타계한 한학자 임창순(任昌淳, 지곡서당의 창시자)이 1970년대 초반에 인흥을 다녀가면서 남긴 기록은 이렇다.

이곳은 본시 고려시대에 《삼국유사》의 저자인 명승 보각국존 일연이 거주하던 인흥사의 유지(遺址)다. 사찰이 어느 때에 없어졌는지 미처 알아보지 못하였으나 아직도 당시의 패초(敗礎)와 파와(破瓦)가 집터와 논밭 사이에서 산견되어 유심인(有心人)으로 하여금 왕석(往昔)의 고승의 유탁(遺躅)에 조문케 한다. 그러나 다행히 만 권의 전적을 간수한 광거당을 위시하여 주인 수봉 선생의 웅걸한 유택이 자리잡고 있음을 볼 때 유석의 별은 있으나 문풍(文風)이 다시 이 자리에서 떨쳤던 것은 또한 우연한 일이 아닌 듯하여 저으기 허전한 마음을 위로해준다.

명사들의 이같은 평가에서 나타나는 것처럼, 인흥의 문씨 집안은 조선의 문풍을 지키고 장서를 많이 소장한 집으로 전국적인 소문이 나 있었던 것 같다. 문씨 집안의 문풍이 전국적으로 알려진 계기는 1910년에 광거당이 설립되면서이다.

광거당은 본래 재실(齋室), 곧 제사를 지내려고 지은 집이지만, 광거당 내에 1만 권의 책을 비치한 만권당이 설치된 뒤로 전국의 문인과 학자들이 방문하여 책을 보고 학문과 예술 그리고 조선의 앞일을 걱정하고 토론하는 문화공간으로 사용됐다. 요즘 식으로 표현하면 살롱이면서 도서관이고, 거기에다 아카데미 기능을 가진 복합 문화공간이라고 보면 적당할 것 같다.

전국의 저명한 문인, 달사들이 소문을 듣고 방문하여 광거당 내에 비치된 1만 권의 책을 열람하기 위해 몇 달씩 머물다 갔다. 그러한 자취가 광거당 누마루 바깥에 있는 '수석노태지관(壽石老苔池館)'이란 추사 현판 글씨에 아직까지 남아 있다.

'수석과 묵은 이끼와 연못으로 된 집'이라는 뜻의 이 현판은 당시 광거당을 다녀간 문사들의 고풍스런 정취와 격조가 묻어 있는 현판이다. 지금은 아쉽게도 묵은 이끼와 연못은 없지만, 뜰 안 대숲과 담장 밖에 선 수백 년 된 소나무들은 남아 광거당의 문향(文香)을 전하고 있다.

광거당은 그 고풍스런 분위기로 인해 80년대 장미희가 주연한 영화 〈황진이〉의 촬영 무대가 되기도 했다. 이외에도 강수연이 주연한 〈씨받이〉에서는 수봉정사와 문씨 종가인 문정기 씨 집이 촬영 무대로 등장했다고 한다. 사극을 찍는 영화감독들은 다 알고 있는 집이다.

광거당을 세우고 또 그 내부에 만권당을 설치해서 수많은 책을 중국에서까지 수집하고, 당대의 문인과 달사들을 초청해서 대접하려면 그만한 재력이 뒷받침되어야 한다. 그 재력은 어디서 나왔는가.

아버지 후원으로 만권당 설치한 수봉 선생

개기조 문경호의 손자인 후은(後隱) 문봉성(文鳳成, 1854~1923) 대에 이르러 재산이 크게 불어났다. 문봉성은 경제에 탁월한 역량을 발휘하여 큰 부를 이루었다. 일찍이 한 역술인이 그의 관상을 보고 "나라의 큰 재목이 큰 부자에 그치고 마는구나" 하고 탄식했다는 말이 전해진다.

봉성은 이 부를 바탕으로 지금의 인흥마을 전역을 하나로 만들었으며, 거금을 들여 1만 권의 서적을 구입하는 한편, 광거당 내에서 일곱 종의 문헌을 간행하는 데 아낌없는 재정적 후원을 하였다. 고려시대 일연 스님이 불서를 간행한 터에서 700년 후 봉성은 유서(儒書)를 간행했던 것이다.

이러한 작업을 아버지 밑에서 진두지휘한 인물은 수봉(壽峯) 문영박(文永樸, 1880~1930)이다. 그는 문봉성의 둘째아들이다. 큰아들인 문영근(文永根)은 일찍 요절하였고, 셋째아들 문영환(文永桓)은 나이가 너무 어려 둘째아들이 일을 맡은 것이다. 문봉성은 둘째아들인 문영박이 하자고 하는 일은 무엇이든지 다 후원했다고 한다. 돈은 아버지가 대고 실제 일은 아들이 다 했다고 해도 과언이 아니다. 부자지간에 아주 호흡이 잘 맞았던 모양이다.

만권당을 설치하겠다는 야심찬 계획도 아들인 문영박이 처음 기안하고, 아버지가 적극적으로 후원하여 이룬 일이다. 그러니까 문영박이 오늘날 남평 문씨 세거지의 모습을 완성했다고 이해하면 된다. 문경호가 처음 터를 잡고 흉중에 품은 생각을 손자인 문봉성이 대들보를 세우고, 그 증손자인 문영박 대에 이르러 서까래와 기왓장을 다듬고 마당에 나무를 심은 셈이다.

앞에서 인용한 글 속의 '문장지'와 '수봉 선생'이라는 표현이 모두 문영박을 지칭하는 표현임을 볼 때, 수봉 문영박은 광거당을 중심으로 한 남평 문씨 세거지의 이름을 전국적으로 떨친 인물이었음을 알 수 있다. 현재 남평 문씨 세거지 맨 앞에 서 있는 건물은 수봉정사로, 이 건물은 문영박을 기념하기 위해 수봉 사후인 1936년에 세운 기념 건물이다. 수봉정사는 제2의 광거당이기도 하다.

'남아가 세상에 태어나서 천하의 좋은 사람을 다 사귀고 싶고, 천하의 좋은 책을 다 보고 싶다'는 선현들의 말처럼, 수봉은 학자와 문화인들을 좋아하고, 책을 좋아하여 가산을 털어 1만 권의 책을 모았다. 조선 유학계의 군성(群星)들이 구름처럼 찾아와 수봉의 집은 언제나 문전성시를 이루었다. 수십 명의 선비가 항상 광거당에 묵으며 수봉과 더불어 학문과 고금을 논하고 시와 글을 짓고, 술잔을 나누며 고담준론을 나누었다.

그 무대가 광거당이었다. 광거당은 일반 사랑채가 아닌 재실이라서 동네 한쪽에 별도로 떨어져 있다. 비록 사랑채처럼 사용하기는 했지만 엄밀한 의미에서 사랑채는 아니다. 이렇게 복합적인 성격의 건물은 현재 호남 지역에는 별로 남아 있지 않다.

한편 광거당에 잠을 잘 수 있는 시설은 있지만, 따로 식당이 있는 것은 아니다. 광거당에 있는 문간채는 손님들 시중 드는 하인들이 사는 공간이라서 외부에서 온 귀빈 식사는 이곳에서 제공할 수 없다. 그렇다면 손님들 식사는 어떻게 해결했을까.

보통 사랑채 같으면 바로 옆 안채에서 바로 식사를 나르면 된다. 하지만 광거당은 살림채와 100미터 이상 떨어진 독립 건물이어서 손님들이 오면 그때마다 밥과 반찬을 일일이 날라야 했다. 보통은 하인들이 밥상에 밥과 반찬, 국을 차려 내갔는데, 혹시 비라도 오면 상보를 덮어서 날랐다고 한다. 지금 생각하면 그 시절 손님 대접도 보통 일이 아니었던 듯 싶다.

상해 임시정부가 보낸 조문

수봉과 깊이 교류한 인물 가운데 눈에 띄는 인물들이 있다. 심재(深齋) 조긍섭(曺兢燮), 창강(滄江) 김택영 (金澤永), 난곡(蘭谷) 이건방(李建芳), 이정(彛庭) 변정상(卞鼎相) 등이 그들이다. 종횡으로 얽힌 이들의 교유 관계를 살펴보는 것도 흥미롭다.

심재는 영남 지방의 산림유학을 대표하는 학자이다. 한때 광거당에 머물면서 수봉의 자식들과 조카들을 가르칠 정도로 수봉과는 막역한 사이였다. 심재는 또한 수봉과 함께 매천 황현, 창강 김택영과도 친해서 이 네 사람 사이에는 서로 편지 왕래가 잦았다고 한다. 김택영은 다시 난곡 이건방과 이정 변정상과 친했다. 수봉이 이건방, 변정상과 친해지게 된 것은 중간에서 창강이 연결해주었기 때문이다.

김택영은 강화학파와 밀접한 관련이 있는 인물이다. 《당의통략(黨議通略)》의 저자이자 강화학파의 학통을 계승한 이건창(李建昌, 1852~1898)과는 무려 30년지기였다. 김택영은 이건창을 여한구대가(麗韓九大家)의 한 사람으로 꼽았다. 근세 개화기 무렵, 강화학파는 행동하는 양심이라 일컬을 만큼 실천적인 학파였다.

이건창은 부패한 벼슬길을 완강하게 거부하고 강화도에 은거했고, 강화학파로서 이건창과 한집안 간이던 이건승(李建昇) 역시 만주로 가서 독립운동을 하다가 고독하게 죽는다. 이건승을 비롯한 강화학파 멤버들은 일제 강점기를 수용할 수 없었다. 그들은 죽을 줄 알고 만주로 갔다.

연세대 민영규 교수가 강화학파의 궤적에 대해 쓴 《강화학 최후의 광경》(1994)이란 책을 보면, 이 시기 강화학파는 대부분 눈보라 치는 만주로 가서 풍찬노숙(風餐露宿)을 하다가 비장한 죽음을 맞이했다고 나온다. 자결한 매천 황현 또한 이건창을 비롯한 강화학파와 심교(心交)를 맺은 사이였다. 매천은 자결하기 1년 전 구례에서 서울까지 천 리 길을 걸어가 이건창의 무덤을 참배하고 대성통곡했다고 전한다.

난곡 이건방 역시 강화학파의 핵심 멤버로서 만주에서 죽은 이건승과는 집안의 형님·동생 관계였다. 강화학파 중 이건방이 유일하게 만주에 가지 않고 국내에 남아 목숨을 유지했는데, 민영규 교수에 의하면 이는 누군가 한 사람은 조선에 남아서 강화학파의 맥을 후세에 전하기 위한 부득이한 조치였으며, 그 마지막 맥이 위당(爲堂) 정인보(鄭寅普)에게 전해졌다고 한다. 후일 수봉이 죽고 난 후 정인보가 수봉의 묘갈명(墓碣銘)을 지어준 것도 생전에 스승이었던 이건방과 수봉의 관계를 인식하고 있었기 때문이다.

이상의 내용을 종합해보면 수봉은 조긍섭과 김택영을 매개로 강화학파와 사상적으로 교류한 것으로 보인다. 비록 광거당의 주인 수봉이 영남의 남인 학통을 기본으로 하고 있지만, 경술국치라는 난세를 당하여 당시 가장 양심적이고 실천적이었던 강화학파와 학파를 초월하여 의기(義氣)를 공유했을 가능성이 높다. 그렇다고 한다면 만권당도 강화학파의 실천적 양심에 동조하여 나온 산물이라고 추측해볼 수도 있다.

수봉이 사망한 후 상해에서 '대한민국임시정부' 발행으로 비단천에다 '대한국춘추주옹(大韓國春秋主翁)'이라는 제목의 추조문과 특발문(特發文)을 수봉의 자제들에게 비밀리에 보낸 것도 같은 맥락에서 볼 수 있다. 상해 임시정부에서 공식적인 조문을 보냈다는 것은 수봉이 임시정부와 직·간접의 관련을 맺고 있었음을 시사한다. 1931년에 보낸 이 조문은 고인이 임시정부에 상당한 독립자금을 지원한 데에 대한 감사의 표현이기도 했다. 가로 15, 세로 22센티미터의 분홍색 비단 천에 활자판 한자로 인쇄한 이 임시정부의 조문은 현재 문씨 집안에서 소중히 보관하고 있다.

인수문고의 지킴이 문태갑 씨

인수문고는 현재 어떻게 운영되고 있는가? 인수문고는 1981년 정부 보조를 받아 수봉정사 옆 공터에 별도의 건물을 지어 보관하고 있다. 1993년에는 인수문고 옆에 또 하나의 문고가 추가되었다. 바로 '중곡문고(中谷文庫)'이다. 중곡문고는 수봉의 손자인 문태갑(文胎甲, 72) 씨가 설치한 문고이다.

문태갑 씨는 관료와 정치인을 거쳐 서울신문사 사장을 지냈다. 인수문고의 정신을 잇기 위해 지난 수십 년 동안 학술회의나 인사동 헌 책방에서 자료를 수집했고, 해외 출장 때에도 책방을 뒤져가면서 수집한 책 5천 권을 모아 중곡문고를 설립했다. 인수문고가 고서 위주인 반면 중곡문고는 요즘 책들로 되어 있다.

문태갑 씨는 공직에서 물러난 후인 1995년부터 인흥으로 내려와 인수문고의 청지기 역할을 하고 있다. 70세가 넘었지만 눈빛과 목소리가 여전히 카랑카랑하다. 그는 청지기 역할을 제대로 하기 위해 인수문고 옆에 거경서사(居敬書舍)라는 자그마한 두 칸짜리 독서실을 지어놓고 여기서 주로 생활한다. '경건한 마음으로 책을 읽는 방'이라는 뜻이다.

우선 화려했던 공직생활을 그만두고 시골로 돌아와 생활하는 소감이 어떠냐고 물었다.

"지난 인생을 되돌아보니 관료나 정치인보다는 학자로 사는 것이 더 낫지 않았는가 하는 생각이 듭니다. 선친께서도 일찍이 제가 학문을 하기를 원하셨는데 그 기대에 부응하지 못한 것이 후회됩니다. 제가 만약 학자의 삶을 살았다면 젊었을 때부터 조상들이 남긴 만권당의 책들을 보면서 살았을 겁니다. 관료나 정치인으로 부산하게 사는 인생보다는 책을 보면서 사는 삶이 의미 있었을 거라고 생각합니다."

─집안에서 전통 서당 교육을 고수하고 신학문을 못하게 했다는데 어떻게 대학을 다닐 수 있었습니까?

"조부님이 1930년에 돌아가시면서 그것이 해제되었다고나 할까요. 제 윗대 형님들만 해도 조부님의 방침에 따라 신학문은 할 수 없었지요. 조부님이 오래 생존해 계셨더라면 아마 저희 연배들도 신식 학교를 가지 못했을 겁니다. 신학교에 간 것은 저희 연배들이 집안에서 처음입니다."

─요즘도 인수문고의 고서를 보기 위해 찾아오는 사람들이 많은가요?

"동양사상과 고전을 연구하는 대학교수들이 많이 찾아옵니다. 광거당도 개방하고 있습니다. 학술세미나 장소로 광거당을 요청하면 언제라도 저희 집안에서는 협조하고 있습니다. 뿐만 아니라 인수문고를 장기간 열람하고 싶은 사람을 위해서 거경서사도 개방해놓고 있습니다."

인수문고의 마당에는 녹색의 잔디가 소담스럽게 자라고 있었다. 그 녹색 잔디 위에 원목으로 된 의자에 앉아 고서를 뒤적이고 있는 문태갑 씨의 모습을 물끄러미 바라보면서 과연 인생의 말년을 어떻게 보내는 것이 의미 있는 것인지 생각해보았다.

인흥 토박이 문희갑 대구시장

당나라 때 중국 관료들은 관청에서 퇴근하면 부인, 자식들과 저녁식사를 하면서 잠깐 이야기를 나눈 후에는 곧바로 서재로 들어갔다고 한다. 가장이 한번 서재로 들어가면 누구도 그 독서를 방해할 수 없었다고 한다. 그러다가 정년퇴직을 하면 "그동안 읽지 못했던 책을 이제사 마음대로 실컷 읽을 수 있겠구나" 하면서 더욱 독서에 몰두했다는 이야기를 들은 적이 있다. 말년에는 여기저기 돌아다니는 것보다 뜰 앞에 의자를 내다 놓고 책 읽으면서 사는 삶이 고준하게 보인다.

수봉의 손자 가운데 또 한 사람, 우리가 알 만한 이가 현 대구시장으로 있는 문희갑(文熹甲, 64) 씨다. 문태갑 씨의 사촌동생인 문희갑 씨는 인흥에서 나고, 청소년 시기를 보낸 만큼 인흥에 대한 추억이 많다.

─명문가의 후손으로서 대구시장을 하고 있는데, 명문가의 후손이라는 점이 혹시 부담이 될 때는 없습니까?

"부담이 될 때도 있습니다. 내가 혹시 잘못해서 욕을 먹으면 문씨 집안 전체에 누가 될까봐 걱정입니다. 특히 살면서 억울한 일을 당했을 때 화가 납니다. 화가 나고 울화가 치밀 때마다 저는 사무실에 걸려 있는 인흥 광거당 사진을 보면서 마음을 가라앉힙니다. 고향 모습과 선조들의 가르침은 저에게 큰 위로와 힘으로 작용하고 있습니다."

문 시장은 경제 관료 출신이면서도 문화와 환경 분야에 대해 나름대로 철학이 있었다. 문 시장과 얘기를 나누는 도중에 귀가 솔깃한 이야기를 들었다.

"제가 경제 관료 출신이라서 사람들이 저를 보면 으레 경제 문제만 물어봅니다. 그러나 저는 그게 불만입니다. 경제보다는 문화가 더 중요하다고 생각합니다. 사람 사는 것이 경제가 목적이 아닙니다. 더 인간다운 생활을 하기 위해서 경제가 방법상 필요한 것이지 경제가 어떻게 최종 목적이 될 수 있겠습니까! 사람다운 삶을 살려면 문화가 중요합니다. 문화를 생각하다 보니 환경도 중요하더군요. 환경이 뒷받침하지 않으면 문화가 발전할 수 없다고 생각합니다.

인흥마을의 경우만 해도 그렇습니다. 대구 섬유사업을 진흥하기 위한 밀라노 프로젝트 때문에 이태리 사람들이 자주 대구를 방문합니다. 언젠가 전통 가옥을 보여주기 위해서 이태리 사람들을 인흥에 데리고 간 적이 있는데, 이 사람들이 한결같이 지적하는 것이 환경입니다. 무슨 이야기인가 하면 세거지 주변에 널려 있는 비닐하우스가 전통 가옥의 미관을 해치고 있다는 것입니다. 비닐 하우스를 철거하라고 하더군요.

그 말 듣고 보니 그렇더군요. 주변에 비닐하우스가 없었으면 훨씬 품위 있는 마을이 될 겁니다. 그러나 비닐하우스는 마을 사람들의 생업이 걸려 있어서 쉽게 철거시킬 수 없습니다. 앞으로 문화재를 지정하려면 그 집만 달랑 지정할 일이 아니고, 주변 환경 전체를 포함해서 지정해야 합니다. 이걸 보더라도 환경을 보호하지 않으면 문화도 보존하지 못한다는 이치가 드러납니다."

문 시장의 이러한 철학은 유년 시절부터 전통적인 가풍이 보존된 집안에서 성장한 배경과도 무관하지 않을 성싶다.

우리 사회는 일제 강점기를 거쳐 해방 후의 혼란, 다시 6·25의 폐허를 거쳐야만 했고, 70·80년대 산업화를 겪으면서 모든 전통이 급격하게 사라지고 퇴색하는 아픔을 겪었다. 어딜 가나 옛것이 제대로 남아 있는 곳이 없다. 그런 혼란을 똑같이 겪었으면서도 책 좋아하는 조선 선비의 가풍을 지금까지 우직하게 보존하고 있는 남평 문씨들의 고집이 자랑스럽게 느껴진다. 문씨들의 그 우직함과 고집은 정녕 태산준령인 비슬산의 정기에서 유래한 것이리라!

윤선도 고택의 뒷산인 덕음산. 산 이름을 풀이하면 '덕의 그늘'이 되므로, 윤선도 고택은 덕의 그늘에 싸인 집이다.

전남 해남의 윤선도 고택

내 뜻에 맞게 산다

1만 평의 집터에 50만 평에 달하는 장원(莊園)을 가진 윤선도 고택.
이곳에서는 호방함과 소요유(逍遙遊)의 쾌감을 맛볼 수 있다.
더욱이 청룡·백호·주작·현무라는 '유교적 만다라'의 세계를 잘 보여주는 고산고택은
천문과 지리에 해박한 옛 사람들의 지혜도 전해준다.

고택에서 우측으로 바라보이는 문필봉. 문필봉은 어느 방향에 있는지가 중요한데, 이 문필봉은 후손이 점잖은 벼슬을 하는 위치에 자리잡았다.

천문과 풍수 녹아드는 녹색의 장원

 진(晉)나라 때 장한(張翰)이란 인물은 낙양에 들어가 벼슬을 하다가 가을 바람이 일어나는 것을 보고는 자기 고향인 오중(吳中)의 순채나물과 농어회가 생각난다며 "인생은 자기 뜻에 맞게 사는 것이 귀중하다"고 말하고, 당장 벼슬을 버리고 고향으로 돌아갔다고 한다. 가을 바람이 일어나니 순채나물과 농어회가 그립다! 소슬한 가을 바람이 불 때면 나도 살며시 돌아가고 싶다. 그곳이 어디냐고 누가 묻는다면, 나는 "녹색의 장원"이라고 대답하련다.

윤선도 고택의 전경. 50만 평의 호방한 터에 자리잡고 있는 한국을 대표하는 고택이다.

 녹색의 장원(莊園). 내가 생각하는 녹색의 장원은 전라남도 해남에 있는 고산(孤山) 윤선도(尹善道, 1587~1671) 고택이다. 윤선도 고택은 그야말로 녹색의 장원이라고 부를 수 있는 집이다. 그만큼 격이 느껴지는 집이다. 그 격은 건물이 아니라 고택이 자리잡고 있는 터에서 느껴지는 호방함에서 나온다.

 내가 그동안 답사해본 남한의 100여 군데 명택 중 가장 호방한 터에 자리잡은 집이 바로 윤선도 고택이다. 집터 자체만 따지면 1만여 평 정도지만, 집터를 둘러싸고 있는 전체 터는 어림잡아 50만 평 정도는 될 듯 싶다.

 여기서 말하는 전체 터라는 것은 사신사(四神砂), 그러니까 청룡(青龍)·백호(白虎)·주작(朱雀)·현무(玄武)가 사방에서 둘러싸고 있는 가운데 면적을 지칭한다. 윤선도 고택은 사신사 내의 면적이 무려 50만 평 정도인 장원이라고 해도 과언이 아니다. 그 호방함만을 놓고 볼 때 이 집은 호남을 대표하는 고택일 뿐만 아니라, 한국을 대표하는 고택이라고까지 나는 생각한다.

50만 평의 전망 가진 남도 예술정신의 요람

　이처럼 호방한 고택은 입지 조건상 넓은 평야지대가 많은 호남에서 나올 수밖에 없다고 여겨진다. 이름난 고택이 많기는 단연 영남이지만, 영남은 호남에 비해 산이 많고 들판이 좁아서 집터가 오밀조밀한 짜임새는 있어도 호방한 맛은 적다. 이에 비해 호남은 평야가 많아서 짜임새는 적지만 상대적으로 호쾌한 터에 자리잡은 집이 많다. 영·호남의 지리적 조건이 이러한 차이를 만들었다. 근세에 회자된 "경상도 부자는 3천 석을 넘기 어렵지만, 전라도 부자는 1만 석이 넘는다"는 말은 영·호남의 지리적 차이를 상징적으로 나타낸다. 이런 맥락에서 볼 때 윤선도 고택은 평야가 많은 전라도 지역 만석꾼 집의 특성을 전형적으로 드러내는 고택임이 틀림없다.

　예술은 식후사(食後事), 밥 먹고 난 뒤의 일이다. 먹고살기도 바쁜데 어떻게 미를 추구하겠는가! 예술뿐만 아니라 학문도 마찬가지다. 배고프면 못 한다. 해남 윤선도 고택에서 조선 후기 호남을 대표하는 예술가들이 배출된 것도 이런 맥락에서 이해하면 당연한 일이다.

　남도(전라남도)를 흔히 예향(藝鄕)이라고 부르는데, 예향이라는 칭호를 얻게 된 근원을 추적해 들어가면 윤선도 고택과 만난다. 그만큼 윤선도 고택은 호남 예술정신의 요람이었다고 해도 과언이 아니다. 그 예술정신을 배태하게 한 배경에 50만 평의 광활한 전망을 가진 녹색의 장원이 자리잡고 있었던 것이다.

　문화를 위해서는 장원이 꼭 필요하다. 중국의 맹상군이 3천 식객을 거느렸다고 하는데, 그렇다면 맹상군 저택은 어느 정도 규모였을지 궁금하다. 맹상군도 장원을 가지고 있었으니까 3천 식객을 수용할 수 있었을 텐데, 이 집보다 훨씬 넓은 규모였을까?

　중국 정신을 대표하는 《여씨춘추(呂氏春秋)》《회남자(淮南子)》《직하도가(稷下道家)》 같은 책은 대규모의 학자 그룹이 모여 만든 일종의 집단 저술작이라 볼 수 있는데, 많은 학자들이 한자리에 모이는 것이 가능했던 것도 여불위(呂不韋, ?~기원전 235), 유안(劉安, 기원전 179~122) 같은 패트런(patron)이 있었기 때문이고, 짐작컨대 그 패트런들은 틀림없이 넓다란 장원을 소유하고 있었을 것이다. 나는 평소에 맹상군을 부러워했고, 《여씨춘추》와 《회남자》를 탄생시킨 그 여유가 부러웠는데, 해남에 와보니 윤선도 고택이 바로 그러한 장원이다. 인문학적 식견과 물리적 공간이 결합된 장원 말이다.

윤선도 고택 뒤로 조성된 9천 평의 비자나무 숲을 산책하면서 또 한 가지 생각이 든다. 이 정도 장원이 고향에 있다면 굳이 서울에 올라가서 아등바등 벼슬살이 할 필요가 없다는 생각이다. 조선시대 벼슬, 그거 상당히 골치 아픈 일이었다. 자칫하면 당쟁과 모략의 그물에 걸려 제 명에 못 살기 십상인데 뭣하러 하는가. 고향의 장원에 내려와 한가롭게 유유자적할 수 있는 생활이 가능한데 말이다.

소요유(逍遙遊)의 쾌감을 알아버린 사람은 결코 조직사회의 속박에 묶이지 않는다. 고향에 순채나물과 농어회가 기다리고 있는 사람은 눈에 불을 켜고 벼슬에 집착하지 않을 것 같다. 고향에 50만 평의 장원을 가진 사람은 이를 악물고 벼슬살이에 집착할 필요가 없을 것 같다. 갈 데가 있으니까. 그러나 벼슬살이 그만두면 오갈 데 없는 사람은 그런 여유를 가질 수 없다.

윤선도의 풍요로운 귀거래사 〈어부사시사〉

윤선도 고택의 내력을 살펴보면 그런 정서가 물씬 풍긴다. 강진 일대에 흩어져 살던 윤씨들이 해남군 해남읍 연동리에 들어와 터를 잡기 시작한 것은 16세기 초반 어초은(漁樵隱) 윤효정(尹孝貞, 1476~1543) 때부터다. 고기나 잡고 나무나 하면서 은둔하겠다는 다분히 도가적인 취향의 호를 가진 윤효정. 그러나 후손들이 실제 고기나 잡고 나무나 하는 생활을 한 것은 아니다. 이후로 윤선도에 이르기까지 5대에 걸쳐 내리 과거 급제자를 배출하면서 부와 명예를 갖춘 명문가로 화려하게 부상한다.

그러다가 고산 윤선도 대에 와서 은둔이 시작된다. 정치적으로 남인 계보에 속해 있던 고산은 당쟁의 와중에서 노론인 송시열에게 밀려 서울 생활을 청산하고 해남으로 귀거래사한 것이다.

그러나 고산의 귀거래사는 도연명의 귀거래사처럼 생활고에 시달리는 가난이 기다리고 있었던 것은 아니다. 벼슬살이라고 하는 사회적 욕구를 보상해줄 수 있는 자연적 욕구, 즉 소요의 즐거움이 있었다고나 할까. 그는 보길도에다 낙서재와 동천석실, 세연정을 지어놓고 신선놀음을 하는가 하면, 해남 연동의 종택을 증축한다. 윤선도는 고향에 돌아와 귀거래사가 아닌 국문학상 유명한 한글 가사 〈어부사시사(漁父四時詞)〉를 남긴다.

　　취하여 누웠다가 여울 아래 내려가려다
　　배 매어라 배 매어라
　　떨어진 꽃잎이 흘러오니 선경이 가깝도다
　　찌거덩찌거덩
　　인간의 붉은 티끌 얼마나 가렸느냐(윤선도, 〈어부사시사〉 봄 노래).

　윤선도의 예술혼은 그의 증손인 공재(恭齋) 윤두서(尹斗緖, 1668~1715)가 이어받는다. 윤두서야말로 실제 이 집에서 거주한 주인이다. 이 집에서 태어나서 죽을 때까지 생애의 대부분을 여기서 보냈다.

윤두서의 자화상과 정약용의 실학사상

　윤두서는 그의 자화상으로 유명하다. 극사실주의적인 수법으로, 하도 정밀하게 그려서 한국 최고의 초상화라고도 한다. 특히 자신의 눈과 수염을 그린 부분은 보는 사람으로 하여금 강렬한 느낌을 갖도록 하는 그 무엇인가가 있다.
　남자의 관상에서 가장 포인트는 눈이다. 눈에 정기가 어려 있기 때문이다. 윤두서의 자화상을 보면 눈에서 정기가 뿜어 나오는 것을 느낄 수 있다. 눈부시게 하는 빛이 나오는 것 같다. 살아 있는 그림이다. 그림이 살아 있다고 하는 경우가 바로 이를 두고 하는 말이다. 지금으로부터 280년 전에 붓과 먹으로 그린 그림이 카메라로 찍은 사진보다 더 강렬한 인상을 준다. 40대 남자의 수염을 한 올 한 올 그려놓은 모습이란. 그 한 올마다 굽히지 않는 야성과 아울러 정제된 섬세함이 느껴진다.

지난 1996년에 전남대 이태호 교수가 낸 《조선 후기 회화의 사실정신》이라는 책을 보면, 저자의 의도가 무엇인지는 몰라도 이 책에서 말하는 조선 후기 회화의 사실정신을 대표하는 작품이 바로 윤두서의 자화상이 아닌가 싶다. 그만큼 그림이 사실적이다.

윤두서의 미술적 자질은 그의 손자인 윤용(尹溶, 1708~1740)에게 이어진다. 윤선도에서 윤용에 이르기까지 근 150년 가량 예맥이 이어진 것이다. 이 집의 사랑채에 걸린 '예업(藝業)'이라 쓰인 나무 현판은 이를 상징적으로 나타내는 징표이다.

이 집안은 남도의 예술뿐만 아니라 학문의 요람이기도 했다. 어떤 학문이냐 하면 바로 실학이다. 조선 후기의 실학은 사색당파 중 주로 남인들이 발전시켰는데, 해남 윤씨 집안이 전라도 남인의 중심이었다는 사실을 감안하면 납득이 간다.

먼저 윤두서와 밀접한 인간관계를 맺은 인물로 옥동(玉洞) 이서(李漵, 1662~1723)가 있다. 이서는 동국진체(東國眞體)라는 한국적인 서체의 창시자이자, 실학의 대가이고, 《성호사설》을 쓴 성호(星湖) 이익(李瀷, 1681~1763)의 차형(次兄)이다. 이서는 윤선도 고택에 걸린 '녹우당(綠雨堂)'이라는 당호와 이 글자를 새긴 현판을 직접 만들어준 사람이다. 집 뒤의 비자나무 숲을 스치는 바람 소리가 흡사 비 오는 소리 같다고 해서 붙인 이 당호는 아무리 생각해도 기막힌 이름 같다.

윤두서와 이서는 그 형제들끼리도 친해서 윤두서의 실형(實兄)으로 묘갈명을 쓴 윤흥서(尹興緖. 1662~1733), 이익과 이서의 장형인 이잠(李潛, 1659~1706) 등이 단짝이었다고 한다(이태호, 374쪽).

한편 녹우당이라는 현판 글씨는 실학과 예술이 결합한 작품이다. 윤두서의 부인인 전주 이씨도 실학과 관련이 깊다. 부인은 바로 실학의 선구자이며 《지봉유설》의 저자인 이수광(李睟光, 1563~1628)의 증손녀이다. 이 집안과 실학의 인연은 여기서 끝나는 게 아니다. 실학의 완성자라고 일컬어지는 다산(茶山) 정약용(丁若鏞, 1762~1836)이 윤두서의 외증손이라는 사실을 주목해야 한다.

정약용의 어머니는 윤두서의 다섯 번째 아들인 덕렬(德烈)의 따님이다. 다산이 조선조를 통틀어 가장 체계적이면서도 방대한 분량의 저술을 남길 수 있었던 배경에는 외가의 영향이 있었을 개연성이 높다. 다산은 강진 유배 생활 중에 외가인 녹우당에 비치되어 있는 수많은 장서들을 열람했을지도 모른다. 외가에 온축된 학문적 토양 위에서 조선 후기 사상계의 거인인 다산이 배출되었다고 한다면, 녹우당은 다산의 학문적 젖줄이었던 셈이다.

동국진체의 창시자인 옥동 이서가 쓴 녹우당 현판 글씨. 집 뒤 비자나무 숲을 스치는 바람 소리가 비 오는 소리 같다고 해서 녹우당이다.

이를 종합해보면 윤선도 고택, 즉 녹우당은 조선 후기 호남을 대표하는 예술적 성취와 실학사상의 산실이었다. 평지 돌출은 어렵다. 한 시대를 이끌어가는 사상가를 배출하기 위해서는 그만한 바탕이 있어야 한다. 그 바탕이 윤선도 고택, 즉 녹우당이었다는 게 나의 생각이다.

덕(德)의 그늘에 싸여 있는 집터

녹우당이 자리잡은 터가 왜 명당이냐고 묻는다면, 사신사가 이상적으로 갖춰진 그 '호방함' 때문이라고 대답하고 싶다. 녹우당의 풍수적 특징은 다른 곳에서 찾아볼 수 없는 호방함에 있다. 윤선도 고택이 동양적 의미의 녹색 장원이라 불릴 수 있는 입지적 특징은 사신사가 아주 훌륭하다는 점을 꼽을 수 있다. 사신사를 제대로 이해하지 못하면 녹우당이 지닌 특징을 제대로 읽어낼 수 없다.

서구의 건축이론 가지고 백날 녹우당을 왔다갔다 해봐야 별로 건질 것이 없을 것이다. 처음 이 집터를 잡은 사람이 서구의 건축이론을 알았을 리 만무하기 때문이다. 그 사람은 사신사라고 하는 풍수적 원리에 의거해서 이 집터를 잡고 집을 지었음을 상기해야 한다. 풍수를 알아야 이 집을 알 수 있음은 물론이다. 다음의 내용은 서구이론에 의존해서 자신의 건축을 설명해야 한다는 강박관념에 사로잡혀 있는 동양의 건축가들에게 따끔한 일침을 가하고 있다.

자신의 커뮤니티에 대한 인지방식이 없이 다른 사람들의 생각과 방식으로 자신의 커뮤니티에서 일어나는 현상을 인식하는 사회는 결국 다른 사람들의

윤선도 고택의 안산. 풍수 원리의 사신사 중 안산은 주작에 해당한다. 멀리 보이는 산의 형태가 나락을 쌓아놓은 노적봉이다.

사회를 위한 종속체와 기생체가 되고 만다(리원허,《중국 고전 건축의 원리》, 시공사, 12쪽).

녹우당의 경우, 여기서 말하는 '커뮤니티에 대한 인지방식'이 바로 풍수이다. 적어도 한국에서 전통 건축을 알려면 풍수를 알아야만 종속체와 기생체를 면한다. 그런데 언제까지나 이걸 뒷방의 어두컴컴한 골방에 처박아둘 것인가!

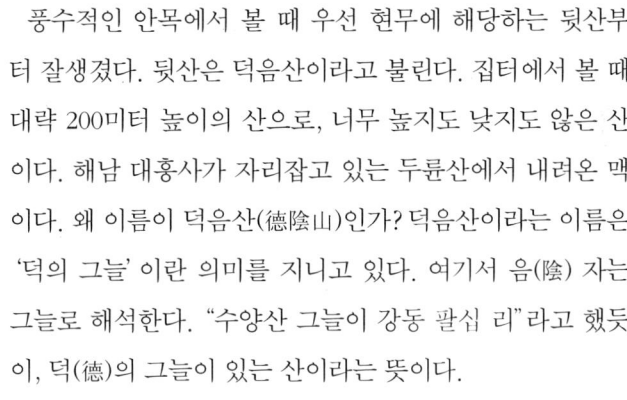

풍수적인 안목에서 볼 때 우선 현무에 해당하는 뒷산부터 잘생겼다. 뒷산은 덕음산이라고 불린다. 집터에서 볼 때 대략 200미터 높이의 산으로, 너무 높지도 낮지도 않은 산이다. 해남 대흥사가 자리잡고 있는 두륜산에서 내려온 맥이다. 왜 이름이 덕음산(德陰山)인가? 덕음산이라는 이름은 '덕의 그늘'이란 의미를 지니고 있다. 여기서 음(陰) 자는 그늘로 해석한다. "수양산 그늘이 강동 팔십 리"라고 했듯이, 덕(德)의 그늘이 있는 산이라는 뜻이다.

한국 사람은 '덕 있다'는 말을 좋아한다. "용장(勇將)이 불여 지장(不如智將)이요, 지장(智將)이 불여 덕장(不如德將)이다." 용맹함이나 지혜도 덕보다는 못하다고 믿는 것이 한국 사람이다. 글자대로 풀이한다면 윤선도 고택은 '덕의 그늘에 싸인 집'이 된다. 산 이름에 굳이 덕 자를 집어넣은 이유는 무엇인가?

덕 자를 집어넣은 이유 역시 풍수적 맥락에서 찾아야 한다. 덕음산의 모습이 토체(土體)의 형상을 하고 있기 때문에 옛날 어른들이 덕 자를 넣어 작명했을 것이다. 그렇다면 토체는 어떤 모습의 산인가? 산의 정상 부분이 한일 자처럼 평평한 산을 풍수가에서는 토체라고 부른다. 마치 두부 잘라놓은 것 같다. 이처럼 평평한 형태의 산을 토체라고 부른다. 수(水)·화(火)·목(木)·금(金)·토(土), 오행 중 토

(土)는 덕을 상징한다.

토의 위치는 오행의 한가운데에 자리잡고 있어서 종합적 성격을 지닌다. 어느 한쪽에 치우치지 않고, 수·화·목·금의 요소를 골고루 갖고 있다. 수의 느긋함과 화의 정열, 목의 고집, 금의 결단성을 모두 갖고 있는 것이 토이다. 따라서 토는 균형감각이 있다고 본다. 내가 볼 때도 덕이라고 하는 것의 본질은 균형감각에 있지 않나 싶다.

무조건 후하게 베푼다고 해서 덕이 아니다. 균형감각이다. 따라서 균형감각을 상실하면 덕을 상실하는 셈이다. 선과 악, 급함과 느림, 미와 추, 이타와 이기의 중간에서 균형을 잡는다는 것은 사실 쉽지 않다. 동양의 제왕학(帝王學)에서는 이러한 균형감각을 제왕이 갖춰야 할 덕목으로 꼽았고 그 상징이 토이다. 그래서 풍수가에서는 집 뒤의 현무에 해당하는 산인 내룡(來龍)이나, 집 앞의 주작에 해당하는 안대(案帶)가 평평한 두부 모양의 토체 형상이면 이를 매우 귀하게 여겼다. 소위 '일자문성(一字文星)'이 이것이다.

내가 보기에 덕음산은 완전히 평평한 토체는 아니지만 돌출한 바위나 울퉁불퉁한 기복이 없는 산이다. 전체적으로 단정함과 깔끔함이 돋보인다. 덕음산이 풍기는 이미지는 중후하고 세련된 신사의 인품 같다고나 할까. 아무튼 토체 산은 인격을 상징하는 산이고, 현무에 해당하는 산 형태로는 오행 중 최고로 치는 산이라는 사실을 주목할 필요가 있다.

청룡과 백호가 겹겹이 둘러싼 '두터운' 형세

현무 다음으로 좌청룡과 우백호 맥을 살펴보아야 한다. 좌청룡의 좌측이라는 것은 집을 등지고 보았을 때 좌의 방향이다. 집을 마주보는 방향에서는 우측에 해당한다. 오행 원리로 볼 때 좌청룡의 좌는 동쪽이다. 동쪽은 계절적으로는 봄이고, 그 성질은 인(仁), 색깔로는 청색이다. 좌청룡이라고 할 때 황룡이나 백룡 또는 흑룡이라고 하지 않고 하필 청룡이라고 하는 이유가 여기 있다.

여러 동물 가운데 동쪽에다 용을 배치한 이유는 동양의 고대 천문학과 관련된다. 우백호는 서쪽이다. 서쪽은 계절적으로는 가을이고, 그 성질은 의(義), 색

깔은 백색이다. 그래서 흑호라고 하지 않고 백호라고 하였다. 좌청룡·우백호의 실질적인 기능은 바람을 막는 것, 즉 방풍에 있다. 좌측과 우측에서 불어오는 라이트 훅과 레프트 훅을 막아주는 것이 좌청룡과 우백호이다. 만약 이게 시원찮으면 그 터는 오래가지 못하는 터라고 본다.

특히 종교적 수행을 위주로 하는 불교 사찰이라면 몰라도 사람이 거주하는 일반 양택에서는 좌우 방풍이 빠트릴 수 없는 중요한 기능이다. 바람을 막지 못하면 기운이 흩어진다. 막아주면 어린아이 요람처럼 아늑하다. 더욱 좋은 것은 청룡·백호가 겹겹이 막아주는 경우이다. 한 겹보다는 두 겹이, 두 겹보다는 세 겹이 좋은 것은 당연하다. 이럴 때 두텁다고 표현한다.

윤선도 고택의 지형을 자세히 살펴보면 덕음산에서 내려온 청룡·백호가 세 겹으로 집터를 둘러싸고 있는 것을 볼 수 있다. 한 겹도 아니고 세 겹이다. 그만큼 두터운 형세의 터라는 사실을 말해준다.

백호에 관한 여담 하나를 소개하자면, 전북 고부의 두승산에 올라가면 해발 500미터 정상 부근에 유선사라는 고찰이 있다. 그런데 이 절의 우백호 쪽에 호랑이가 산을 내려가는 모습을 한 3미터 정도의 호랑이 상이 있다. 백호맥이 아주 약해서 인위적으로 호랑이 상을 만들어 비보(裨補)한 것이다. 방풍 기능은 물론 주술적인 효과까지 염두에 둔 비보 사례이다.

마지막으로 주작을 살펴보자. 주작에 해당하는 산을 보통 안산(案山)이라고 부른다. 안산은 좌정하고 앉았을 때 정면에 마주 보이는 산이다. 안산의 기능은 비유하자면 볼록렌즈와 같다. 볼록렌즈는 집터를 향해 빛을 반사해주는 작용을 한다. 빛을 반사한다는 것은 집을 향해 기(氣)를 쏘아 보낸다는 의미다. 1~2년을 쏘아 보낸다면 그 효과가 미미할지 몰라도 수십 년을 계속해서 보내주면 그 효과는 무시할 수 없다. 인체의 바이오리듬에 상당한 영향을 미친다.

안산은 너무 높아도 안 되고 너무 낮아도 안 된다. 적당한 높이가 좋다. 툇마루에 앉아 있을 때 눈 높이 정도이거나 그보다 약간 낮아도 좋다. 안산이 너무 높으면 위압감과 답답한 느낌을 준다. 반대로 너무 낮으면 허한 감이 들어서 안정감이 적다. 뿐만 아니라 정면에서 불어오는 바람을 차단하는 기능도 약해진다. 녹우당의 안산 높이는 적당하다. 높지도 낮지도 않다. 더구나 그 생긴 모습도 나락을 쌓아놓은 노적봉(蘆積峰)처럼 생겨서 더욱 좋다. 노적봉은 먹을 것이 풍부한 것으로 본다.

'우주의 자궁', 유교적 만다라의 세계

윤선도 고택의 특징은 청룡·백호·주작·현무라는 사신사가 이상적으로 구비되었다는 점에 있고, 이를 달리 표현한다면 '유교적 만다라'가 구현돼 있다고 할 수 있다. 만다라는 티벳불교에서 우주의 총체성을 시각적으로 표현한 그림을 말한다. 기하학적인 도형과 무늬를 사용하여 우주의 삼라만상을 표현했다.

만다라를 한참 들여다보고 있노라면 마치 내가 우주의 중심에 있다는 느낌이 온다. 우주는 나를 중심으로 돌아가고 있다. 우주의 중심에 있다는 느낌은 완벽한 안정감을 준다. 완벽한 안정감이야말로 니르바나(열반)의 즐거움이 아니겠는가. 이처럼 만다라는 우주 중심에 있는 나를 불교 식으로 표현하는 방식이다. 그렇다면 인도나 티벳이 아닌 한자문화권에서는 이를 어떤 식으로 표현했을까?

내가 생각하기에 유교적인 만다라는 청룡·백호·주작·현무이다. 이 사령(四靈)은 우주의 동서남북을 가리킨다. 우주의 동쪽 끝에는 청룡이 있고, 서쪽 끝에는 백호가 있고, 남쪽에는 주작, 북쪽에는 현무가 있다. 따라서 사령이 둘러싼 한가운데에 집터를 잡는다는 것은 우주의 중심에 자리를 잡는 것과 같은 의미다.

내가 생각하는 유교적 만다라는 바로 풍수적 만다라이고, 풍수적 만다라는 자기를 둘러싸고 있는 동서남북의 산들, 즉 사신사가 완벽하게 집터를 둘러싸고 있는 형국이다. 이 안에 들어가 있으면 우주의 자궁 속에 있다는 느낌을 받는다.

사실 이만한 터 같으면 경주 불국사가 들어서도 될 만한 자리다. 그 격국(格局)으로 보아서 전혀 손색이 없는 자리라고 여겨진다. 그런데 개인 집터가 자리잡고 있다. 불교가 성하던 고려시대 같았다면 절이 들어섰을 자리지만, 유교의

윤선도 고택의 사랑채인 녹우당. 윤선도의 증손인 공재 윤두서가 이곳에서 생애의 대부분을 보냈다.

조선조가 들어서면서 유가 선비의 집이 된 것이다. 불교는 집을 떠나서 사찰에 들어가 무아를 깨닫고자 하는 시스템이지만, 유교는 집을 떠나지 않고 집 안에서 수신제가하는 시스템이라는 차이가 있다.

불교의 중심이 사찰에 있다면, 유교의 중심은 집(家)이다. 삶과 문화의 단위가 집을 통해 이루어진다. 고려에서 조선으로, 불교에서 유교로 패러다임이 바뀌면서 사찰이 들어설 터에 집이 들어섰고, 출세간적인 가치지향에서 입세간적인 가치지향으로 전환했다. 유교적인 관점에서 볼 때 집이라고 하는 곳은 더이상 밥이나 먹고 잠이나 자는 장소가 아니다. 거경궁리(居敬窮理)라고 하는 유교적 수양을 실천하는 성스러운 공간인 것이다. 즉 수양의 장소가 사찰에서 집으로 이동한 셈이다.

그러므로 아무 데나 집터를 잡을 수 없었다. 이 유교적 성스러움을 확보해주는 장소 중 하나가 사신사라고 하는 풍수적 장치가 조화를 이룬 곳이다. 불교를 극복하고 유교로 넘어온 조선시대 선비들은 양택을 이런 각도에서 생각했고,

녹우당은 이러한 유교적 성스러움을 전형적으로 갖춘 집이라고 보아야 한다.

하늘의 별자리에 기원 둔 풍수론

한편 풍수에서 말하는 사령은 그 근원이 땅이 아니라 하늘에 있다. 유교적 만다라의 근원도 하늘에 있다. 사령의 진정한 의미를 이해하기 위해서는 하늘을 연구해야 한다. 그래서 '도지대원(道之大原)은 출어천(出於天)' 이라는 말이 하늘을 연구하는 사람에게는 의미심장하게 다가온다. 한나라 때 동중서(董仲舒)는 《춘추번로》에서 "도의 근원은 하늘에서 나온다"고 설파한 바 있는데, 여기서 말하는 천(天)의 개념은 인격적인 상제나 하느님이 아니다.

이 천의 개념을 다름 아닌 천문(天文)으로 보아야 한다는 것이 동양 고전에 해박한 오초(吾超) 황안웅(黃安雄, 1943~) 선생의 견해다. 그러므로 천문을 연구하지 않고서는 지리를 제대로 이해하기 힘들다.

동양 고천문학(古天文學)에서 특별하게 생각하는 별자리는 황도대에 걸쳐 있는 28수(二十八宿)와 북두칠성이다. 하늘의 둥그런 원이 28수이고, 이 28을 북두칠성이 돌아가며 마치 시계바늘처럼 가리킨다. 28수가 손목시계의 둥그런 원이라면, 칠성은 그 안에서 돌아가며 시간을 가리키는 시계바늘 역할을 한다.

예를 들면 입춘날 저녁 술시(9시)에 북두칠성의 두병(斗柄, 북두칠성의 여섯 번째와 일곱 번째 별)이 가리키는 방향을 보면 정확히 28수의 인방(寅方)을 가리킨다. 인방은 음력 1월이다. 북두칠성이 가리키기 때문에 정월이 되는 것이다. 손목시계는 12개의 눈금이 있지만 하늘의 시계에는 28개의 눈금이 있다. 지상에는 12시가 있지만, 하늘에는 28시가 있다고 생각하면 된다. 지금 시간이 몇 시인지 알려면 손목시계를 보아야 하지만, 지금 우주시(宇宙時)가 몇 시인지 알려면 28수를 들여다보아야 한다.

우주시를 알아야 인간 세계에서 돌아가는 역사시(歷史時)를 알 수 있다는 관점이 동양 고천문학자들의 세계관이었다. 우주시와 역사시가 톱니바퀴처럼 서로 맞물려 돌아간다고 보았다. 우주시와 역사시가 맞물려 있고, 천문 현상과 인간의 삶이 서로 연관관계에 놓여 있다고 보는 천인상관적(天人相關的) 사상(co-relative thought). 동양과학사를 연구한 조셉 니덤(Joseph Needham)의 표현대로라면 유기체적 사고(organic thought)를 나는 심각하게 검토하고 있다. 기독교의 주기도문에도 '뜻이 하늘에서 이루어진 것같이 땅에서도 이루어지리라'고 하지 않았던가?

동쪽 하늘엔 청룡, 서쪽 하늘엔 백호

하늘의 가장자리 둘레인 28수는 네 개의 구획으로 나뉜다. 동·서·남·북이다. 하늘의 동쪽에 일곱 개의 별이 배당되고, 서쪽에 일곱 개, 남쪽에 일곱 개, 북쪽에 일곱 개가 배당된다. 합하면 28개다.

동쪽에 있는 일곱 별들의 이름은 각(角)·항(亢)·저(氐)·방(房)·심(心)·미(尾)·기(箕)이다. 이 별들을 청룡이라고 여겼다. 서쪽의 규(奎)·루(婁)·위(胃)·묘(昴)·필(畢)·자(觜)·삼(參), 일곱 별은 백호라고 여겼다. 남쪽에는 정(井)·귀(鬼)·유(柳)·성(星)·장(張)·익(翼)·진(軫)의 주작이 있다. 북쪽에는 두(斗)·우(牛)·여(女)·허(虛)·위(危)·실(室)·벽(壁)의 현무 별들이 있다. 이 동서남북 가운데에 하늘의 중심인 자미원(紫微垣)이 자리잡고 있다.

옛날 선비들은 이 28수를 주문처럼 외우고 다녔다. "각항저방심미기 두우여허 위실벽 규루위묘…." 이렇게 외우면 복이 온다고 여겼다. 요즘이야 별 쳐다볼 일이 없어서 이렇게 외울 사람도 없을 테지만 말이다.

그런데 여기서 주목할 부분은 왜 동쪽에 있는 각·항·저·방·심·미·기의 일곱 별들을 청룡이라고 여겼을까 하는 문제이다. 이는 청룡뿐만 아니라 서쪽의 백호와 남쪽의 주작, 북쪽의 현무에게도 공통적으로 해당하는 의문이다.

우선 용이란 어떤 동물인지부터 찾아보자. 1세기경 완성된, 세계에서 가장 오래된 사전인 《설문해자(說文解字)》에서는 용을 "춘분이등천(春分而登天) 추분이잠연(秋分而潛淵)"이라고 설명했다. 용은 춘분날 하늘로 올라가 추분이 되면 연못으로 잠긴다는 말이다. 정말 용이 있어서 올라간다는 말일까? 아니다. 이는 실제 용을 가리키는 게 아니다. 별을 가리키는 말이다. 정확하게는 동방 7수인

각·항·저·방·심·미·기가 춘분날 올라가서 추분날 내려온다. 여기서 각은 용의 뿔에 해당하고, 항은 용의 목, 저는 가슴, 방은 배, 심은 엉덩이, 미는 꼬리 끝이라고 본다.

춘분날부터 매일 저녁 6시부터 1도씩 높이 솟아오르던 용은 약 3개월 만에 자신의 전모를 완전히 드러내게 된다. 하짓날 저녁 6시 아직 여름 해가 서산마루로 떨어지지 않았을 뿐 점차 어둑해지는 하늘에 각항저방심미기의 용의 자태가 그 머리는 드높은 남쪽 하늘 위에 두고 꼬리는 동쪽의 산등성이까지 서서히 그 장대한 모습을 번쩍이는 비늘과 함께 드러낸다. 그후 다시 3개월 후 추분날 저녁 6시. 지는 해를 따라 서산 마루에는 용의 대가리가 마치 떨어지는 해를 잡아먹을 듯 부지런히 쫓아가는 모습이 눈에 보인다(전창선 외,《음양오행으로 가는 길》, 116쪽).

이처럼 청룡은 동방7수가 춘분날 저녁부터 하늘에서 서서히 떠오르는 모습을 형용한 것이다. 청룡은 하늘에 있었다. 마찬가지로 서방7수도 백호의 모습으로 형용하였음은 물론이다. 주작과 현무도 마찬가지다. 풍수에서 중시하는 사신사는 하늘의 천문에 그 근원을 두고 있다. 하늘 별자리에 있는 네 마리의 동물이 땅에 내려온 것이 사신사이다. 따라서 사신사의 풍수적 의미를 종합적으로 파악하기 위해서는 땅만 가지고 되는 일이 아니고, 천문에 대한 지식이 필수적이다.

지리 속에는 천문이 들어 있다. 지리라고 하는 공간을 이해하기 위해서는 천문이라고 하는 시간을 알아야 한다는 말이다. 시간을 따로 떼어놓고 공간을 논할 수 없고, 공간을 떼어놓고 시간만 논할 수 없다. 시간과 공간은 따로 노는 것이 아니고 함께 논다. 이걸 시공일여(時空一如, 시간과 공간이 맞물려 있음)라고 한다. 도의 근원인 천문을 모르고는 지리를 알 수 없다는 것이 내 풍수 선생님인 의산(懿山) 박병필(朴炳弼, 1926~) 선생의 지론이다.

결론적으로 조선 후기 호남의 예술과 학문의 요람이었던 윤선도 고택의 풍수적 특징은 바로 사신사의 조화에 있고, 그 사신사를 제대로 이해하기 위해서는 천문까지 파고 들어가야 한다. 그래야만 이 집터를 잡은 당대 선비들의 안목에 접근할 수 있다.

고택에 비치된 고천문서 《관규집요》의 비밀

녹우당의 주인이었던 윤선도나 윤두서가 천문에 대해서 전문가적 식견을 지니고 있었다는 징후는 여러 곳에서 포착된다. 먼저 윤선도를 보자. 그는 서울에서 벼슬살이를 그만두고 고향으로 귀향하면서 〈남귀기행(南歸記行)〉이라는 시를 남겼다. 그 첫 단락이 이렇다.

만력 39년에	萬歷紀年三十九
북두칠성의 두병이 자방을 가리키는 7일이라.	斗柄揷子日有七
거문고를 수선하고 약을 구입했으니 내 일은 마쳤구나.	修琴賣藥吾事畢
멀리 부모 계신 곳 그리며 해남으로 향하네.	遙念庭闈向南國

여기서 '두병삽자일유칠(斗柄揷子日有七)'이라는 대목이 눈길을 끈다. 고산이 밤하늘 북두칠성의 움직임을 면밀하게 관찰하고 있었음을 알 수 있다. 두병(斗柄)이란 북두칠성의 손잡이 부분을 가리킨다. 병(柄)이 손잡이란 뜻이다. 정확하게는 북두칠성의 일곱 별 중 여섯 번째 별[武曲星]과 일곱 번째 별[破軍星]로 이어지는 부분을 말한다. 이 부분이 시계바늘 같은 기능을 한다고 해서 시침(時針)이라고 했다.

이 시침이 패철의 24방위 중 어느 방향을 가리키느냐가 문제인데, '두병삽자일유칠'이란 것은 고산이 서울을 출발해 밤하늘을 쳐다본 바로 그날 시침이 자방(子方)에 꽂혀 있었다는 말이다. 자방은 정북쪽이다. 여기서 고산이 서울을 떠나 해남으로 출발한 날짜를 짐작할 수 있다. 이것을 시에다 적어놓은 것으로 보아서 고산은 평소에 천문의 흐름을 유심히 관찰하는 습관이 있었음을 알 수 있다.

윤선도뿐만 아니라 윤두서도 천문에 대한 조예가 깊었다. 윤선도 고택에는 유물 전시관이 별도로 마련되어 있는데, 유물 중에서 고산과 공재가 본 많은 장서들이 눈길을 끈다. 특히 내 관심을 끈 책은 34번으로 분류된 《관규집요(管窺集要)》 25권이다. 유물 전시관에서 이 책을 보는 순간 약간의 현기증과 함께 형언할 수 없는 반가움이 겹쳤다.

나는 몇 년 전부터 고천문학에 관심을 갖고 이 분야에 조예가 깊다는 여러 선생님들을 찾아 이 골짜기 저 골짜기 자문을 구하고 다녔다. 한국 천문 전승의 맥은 서경덕(徐敬德)―이토정(李土亭)―이서구(李書九)―이운규(李雲奎)―김일부(金一夫)로 내려왔는데, 근래에 오면서 그 맥이 희미해졌다. 제도권 대학에는 이 분야를 아는 사람이 거의 없다. 거의 실전(失傳)된 학문에 가깝기 때문이다. 그래도 재야에는 간혹 사람이 있다. 그런 인물 중의 한 사람이 삼정(三正) 권녕원(權寧遠, 1928~) 선생이다. 삼정 선생에게 과연 어떤 책을 보아야 고천문학을 확실하게 이해할 수 있는지 여쭈었을 때 들은 대답이 바로 《관규집요》라는 책이었다.

이 책은 총 73권의 방대한 분량으로써 청나라 때 저술된 책이다. 그 내용은 28수와 칠성 그리고 오성의 운행에 관한 것들로서, 동양 고천문학 서적 중에서 가장 포괄적이면서도 깊이가 있는 책이다. 사실 이 책 제목을 아는 사람도 별로 없다. 재야에 있는 극소수의 천문 전문가만 아는 책인데, 이 책이 윤선도 고택에 비치되어 있다니 놀랍기만 하다.

이 책은 윤두서가 보았다는데, 그가 어떤 경로로 이 책을 구입했을지도 궁금하다. 당시로서는 엄청나게 비싼 책이었을 뿐만 아니라 구하는 경로도 쉽지 않았을 텐데. 이 정도 수준의 천문서를 독파한 윤두서의 학문 세계는 과연 어떤 경지였을까? 과연 이 정도 집터에서 사는 집안의 후손답다는 생각이 든다. 천문이 이 정도라면 지리에 관한 해남 윤씨들의 식견도 어느 정도일지 짐작이 간다.

천문에 능통했던 '풍수 고수' 윤선도

윤선도는 천문뿐만 아니라 지리에도 전문가였다. 재야에서 유통되는 국내 지리서들을 보면, 우리 나라의 역대 풍수 고수 대열에 고산이 들어가 있다. 옥룡자(玉龍子)·남사고(南師古)·이토정(李土亭)·이서구(李書九)·유겸암(柳謙庵)·이의신(李懿信)·문선전(文宣傳)·일지승(一指僧)·일이승(一耳僧)·법품(法品)·나봉안(羅鳳眼)·홍성문대사(洪成文大師) 등을 열거하면서 윤고산을 꼭 집어넣고 있다. 이걸 보면 윤선도가 풍수 전문가로서 전국적인 명성이 있었음을 확인할 수 있다.

최근 우석대 김두규 교수가 우리 나라 역대 풍수 명인들에 관한 자료를 정리한 《조선 풍수학인의 생애와 논쟁》을 보면, 고산은 효종의 왕릉 선정 작업에도 참여할 정도의 풍수 대가였다. 훗날 정조가 윤선도의 풍수 실력을 무학대사와 같은 반열에 놓을 정도였다고 하니 그의 경지가 어떠했는지 짐작된다. 고산은 효종의 왕릉 선정 작업에 참여한 뒤 〈산릉의〉(1659)라는 저술을 남겨 당시 임금인 현종에게 당대의 명묘라고 일컬어지는 묘지들에 대한 자신의 관점을 밝혔다(김두규, 378쪽).

윤선도는 같은 시대에 산 명풍수가이자 친척간이기도 한 이의신과 재미있는 에피소드를 남겼다. 이의신이 해남의 연동 녹우당에서 고산과 함께 기거할 때다. 이의신이 밤이면 몰래 말을 타고 집을 빠져나가 새벽녘이면 들어오자, 윤선도는 이의신이 명당을 찾고 있는 중이라고 짐작했다. 어느 날 윤선도는 이의신에게 술을 먹여 일찍 잠들게 했다. 이의신이 잠든 것을 확인한 윤선도는 평소 이의신이 타고 다니던 말을 앞세웠다. 말은 주인 이의신이 밤이면 가던 그 길을 따라 한참을 가다가는 어느 지점에서 멈추었다. 그 지점을 보니 명당이 틀림없었다. 윤선도는 썩은 말뚝 하나를 찾아내 혈처에 묻고 집으로 돌아와서 시치미를 떼고 이의신에게 말했다. 내가 평소에 자리를 하나 봐둔 게 있으니 같이 가자고. 윤선도가 이의신을 안내한 곳은 바로 이의신이 잡아놓은 자리였다. 이의신은 깜짝 놀라 "명당에는 임자가 따로 있다"고 말하고 그 자리를 윤선도에게 양보하였다고 한다. 해남 지방에서 지금까지 회자되는 이야기다(김두규, 387쪽).

녹우당의 좌향(坐向)은 갑좌(甲坐)다. 갑좌는 거의 서향에 가까운 방향이다.

천문 · 지리 · 풍수의 정수가 담긴 집터

녹우당에 서서 주변 산봉우리들을 바라보면 오른쪽 방향의 산봉우리가 하나 눈에 들어온다. 주변 봉우리 중에서 가장 눈에 띈다. 문필봉이다. 조지훈 종택에서 설명했다시피 문필봉이야말로 조선조 유교사회에서 가장 비중을 차지한 봉우리다. 녹우당에도 역시 빠지지 않고 문필봉이 있었다. 그런데 어느 방향에 있느냐가 문제다. 집이 앉은 좌향을 기준으로 놓고 볼 때, 문필봉이 어느 방향에 있느냐에 따라 그것이 갖는 의미도 달라진다.

패철을 놓고 재어보니 신방(辛方)이다. 신(辛)은 오행 중 음금(陰金)에 속한다. 집의 좌향인 갑(甲)은 양목(陽木)이다. 금극목(金克木)이니, 자기(甲)를 이겨먹는 것을 정관(正官)으로 본다. 이때의 신방에 있는 문필봉은 집 좌향으로 놓고 볼 때 정관봉(正官峰)에 해당한다. 정관은 무엇이냐? 점잖은 벼슬을 상징한다. 여기서 학자가 배출되는데, 그 학자가 점잖은 벼슬을 한다는 의미로 해석할 수 있다.

그러므로 녹우당에서는 옛날부터 이 신방의 문필봉을 중시했다. 왜정 때에는 일본 사람들이 인부들을 데리고 올라가 이 문필봉 정상 부분을 삽으로 파내었다고 한다. 훼손하기 위해서였음은 물론이다.

오행의 상생상극(相生相剋)으로 집터와 주변 봉우리 방향의 역학관계를 따지는 방법은 그 사람의 팔자를 보는 사주명리학과 동일한 방식이다. 산을 볼 때에도 사람을 보는 방식을 동일하게 적용했다는 점에서 산인일치(山人一致)다. 사람의 명을 보는 명리와 산을 보는 지리가 서로 같은 쳇바퀴로 돌아가고 있다는 좋은 사례이기도 하다.

그런데 재미있는 사실은 풍수학자인 최창조 선생이 가장 강하게 비판하고 있는 부분이 바로 이 부분이란 점이다. 문필봉이면 어느 방향에 있든 좋은 것이지, 그게 특정 방향에 있다고 해서 특별히 더 좋다거나 또는 거기에다 정관이라는 의미를 부여하는 것은 술법 풍수라는 것이다. 최창조 선생은 형기(形氣)는 인정하지만, 이기(理氣)는 인정하지 못하겠다는 주장이다. 형기는 산의 모양을 중시하는 방법이고, 이기는 좌향을 중시하는 방법이다. 이를 사람에다 비유하면 형기가 사람의 관상을 보는 방법이고, 이기는 그 사람의 사주를 보는 것이다.

최창조 선생의 노선이 이렇다 보니, 제도권 내에서 풍수를 전공한 대부분의 소장파 학자들도 이 입장을 따르고 있다. 제도권 내에서 새로운 시각에서 풍수를 연구하는 학자들이 대부분 최창조 선생의 영향을 받았기 때문이다. 그러니 형기뿐만 아니라 이기도 중요하다고 보는 재야의 풍수가들과 충돌할 수밖에 없다.

물론 최창조 선생의 주장도 이해가 안 가는 건 아니다. 좌향이라는 게 귀에 걸면 귀걸이, 코에 걸면 코걸이가 되므로 어느 장단에 춤을 춰야 할지 모르니 객관적 엄밀성을 추구하는 학자의 입장에서는 이기무용론도 나올 만하다.

그러나 형기파와 함께 풍수의 양대 산맥을 형성하는 이기파를 완전히 배격하는 건 신중을 기해야 할 문제라고 본다. 그 첫째 이유는 이기를 무시하면 결국 동양의 고천문학을 무시하는 것이 되기 때문이다. 좌향을 따지고 들어가면 결국 천시(天時)의 문제이고, 천시의 문제는 다시 천문의 문제와 연결된다.

둘째는 이렇게 할 경우, 한국에서 전통적으로 내려오는 풍수 해석 방식의 절반을 버려야 하는 상황에 직면하기 때문이다. 이기가 과연 맞느냐 안 맞느냐 하는 문제를 떠나 고려와 조선시대의 선조들이 이기법을 신봉했으므로, 이걸 버리면 과거의 풍수를 제대로 해석해내기 어렵다.

범상한 사람이 윤선도 고택에 숨어 있는 천문, 지리의 비밀에 접근하다 보니 내공이 부족하다는 걸 여실히 느낀다. 이럴 때에는 숲 속에 들어가 쉬어야 하리라. 녹우당의 뒷길 덕음산 쪽으로 30분 정도 올라가다 보면 사오 백 년 된 비자나무 숲이 9천 평이나 자리잡고 있다. 그 비자나무 숲에 비자 열매들이 여기저기 지천으로 널려 있다. 한 알을 주워 씨를 빼내고 입 속에 넣어보니 쌉싸름한 향기가 레몬 향기 비슷하다. 비자 향을 맡으면서 예향 남도를 생각한다.

외암리 민속마을의 뒷산 모습. 봉우리가 세 개인 삼산(三山)의 형태로, 이런 산에서는 귀인이 나온다고 본다. 가운데 봉우리가 가장 높은 점도 미덕으로 꼽힌다.

충남 아산 외암마을의 예안 이씨 종가

정신의 귀족을 지향한다

시묘하는 동안 적막한 공간에 혼자 있다 보니
새들과 친해지고 새들의 울음소리를 흉내낼 수 있게 됐어요.
제가 소리를 내면 새들이 자기 친구인 줄 알고
초막 안으로 들어오기도 했습니다.

외암리 민속마을에서 예산 이씨 종가를 지키고 있는 이득선 씨. '시묘살이 3년'을 실천한 주인공이다.

'3년시묘' 실천한 효심의 모범

명산에는 법이 높은 고승이 살고 있듯이, 명택에는 학행을 닦은 선비가 한 명쯤은 자리를 지키고 있기 마련이다. 충청도 아산의 예안 이씨 문정공파 종가에 선비가 한 분 살고 있다는 소문은 몇 년 전부터 들어왔다. '구경 중에서는 사람 구경이 최고' 라는 말이 있듯이, 명택에 살고 있는 명인을 만난다는 것은 세상 사는 즐거움 중의 하나이다. 배우는 즐거움 때문이다. 교과서에서 배울 수 없는 것을 배울 때 즐거움이 커진다.

비록 한국이 좁다고는 하지만 찾아보면 골짜기마다 고수들이 한 명씩 숨어 있기 마련이고, 강호의 고수들을 만나서 밀전(密傳)하는 비결들을 하나씩 배울 때마다 담백한 기쁨이 올라온다. 고금의 역사를 토론하고, 역대의 호걸을 논하고, 죽림의 풍류를 찬미한다.

동네를 감아 흐르는 냇가 바위에 새겨진 '외암동천' 글씨. 원래 '동천' 은 신선이 사는 곳을 가리킨다.

천안에서 온양까지 가서 온양온천에서 다시 승용차로 15분 정도 들어가면 외암리 민속마을이 나온다. 새마을운동 이전의 한국 시골 풍경이 남아 있는 곳이 외암마을이다. 한 마을 65가구 중 50여 가구가 초가집이다. 누렇게 지붕을 이은 초가집들을 바라보니 삶의 긴장이 풀린다. 돌담길 사이를 한가하게 걸으며 이끼 낀 돌담에 스며 있는 냄새를 맡으니 지나온 세월 왜 그렇게 바쁘게 살았는지 하는 회한이 밀려온다.

예안 이씨 종가는 마을의 오른쪽 길을 따라 올라가면 나온다. 이 동네에서는 참판댁이라고 부른다. 하마석 앞에 차를 세우고 솟을대문을 지나니, '성인이 되기를 희망한다' 는 뜻의 '희성당(希聖堂)' 편액이 걸린 사랑채가 나타난다. 사랑채 앞에서 집주인이자 예안 이씨 종손인 이득선(李得善, 61) 씨가 반갑게 나그네를 맞이한다.

추억 속 시골 풍경 간직한 외암리 민속마을

내가 이 집을 찾은 까닭이 이 사람을 만나기 위해서다. 이 사람을 만나서 무엇하겠다는 것인가? '시묘살이 3년'에 대한 이야기를 듣고자함이다. 이득선 씨가 체득한 내공이 바로 '3년시묘(三年侍墓)'이다. 일생 동안 한학자로 살았던 부친(李用聖, 1903~1970)이 돌아가시자 묘 옆에다 초막을 짓고, 그곳에서 눈이 오나 비가 오나 3년 동안 생활하며 아버지에 대한 추모의 염을 간직한 것이다.

말로만 듣던 3년시묘를 직접 실천한 인물인 것이다. 현대에 살면서도 200~300년 전의 '중세적 삶'을 경험해본 셈이라고나 할까. 아마도 남북한을 통틀어 근래에 3년시묘를 글자 그대로 실천한 사람은 이득선 씨가 유일하지 않나 싶다. 내가 보기에 유교의 관혼상제 가운데 가장 고난도 의례가 3년시묘라는 장례 절차인데, 여기에 도전해서 성공한(?) 사람이 바로 이득선 씨라고 생각하면 된다. 그 3년시묘의 구체적 내용이 궁금했다.

이득선 씨의 첫인상은 의외였다. 눈빛이 형형하고 깡마른 체구의 대쪽같은 풍모를 예상했는데, 만나고 보니 훈훈한 기운이 감도는 미남이었기 때문이다. 올해 회갑의 나이인데도 불구하고 얼굴에서 이디 상힌 데가 별로 없다. 원래 타고나기를 미남으로 태어난 데다가 후천적인 자기관리에도 충실했다는 증거이다. 전체적인 느낌이 거칠거나 경직되지 않고 온화하면서도 맑게 정제되어 있다. 눈빛도 날카롭거나 탁하지 않고 그윽하다. 담백한 기운을 풍긴다. 이만한 연배에 있는 사람이 이 정도로 정제된 얼굴을 갖기도 쉽지 않을 것 같다. 신언서판(身言書判)이라고, 사람을 볼 때 일단 얼굴과 풍채가 좋으면 먼저 호감부터 간다.

부자 2대의 3년 시묘살이

─3년시묘는 몇 살 때 하신 겁니까?

"제 나이 서른 살 때인 1970년 겨울에 아버님이 돌아가셨습니다. 그때부터니까 서른 살에 시작하여 서른두 살까지 한 것이죠. 1970년 겨울부터 1972년 겨울까지입니다."

―3년시묘라는 것이 좀처럼 하기 힘든 것이라고 알고 있는데, 대학까지 졸업한 요즘 사람으로서 굳이 실천한 이유랄까 동기가 무엇인지요?

"몇 년 전에 주한 프랑스대사가 저희 집에 와서 했던 질문과 똑같은 질문을 하시는군요. 첫째는 부모님이 나를 길러준 은혜에 대한 보답의 차원입니다. 부모님이 나를 낳아 품안에서 기른 기간이 대략 3년입니다. 유교 의례에서 말하는 3년시묘의 3년이란 기간은 부모가 자식을 품안에서 기른 3년에 대한 보은의 의미가 있습니다.

둘째는 아버지가 3년시묘하는 걸 나도 보았기 때문입니다. 조부님(李貞烈, 고종 때 이조참판을 지냄)이 돌아가셨을 때 아버지도 역시 3년시묘했습니다. 그러니까 나도 당연히 해야 되지 않나 하는 생각이 들었습니다.

셋째는 아버지에 대한 저의 특별한 감정 때문입니다. 제가 대학(한양대 토목공학과)을 서울에서 다녔습니다. 종손이었지만 하숙비를 아끼기 위해서 어느 여관의 변소간 바로 옆에 붙은 허름한 방에서 자취를 했습니다. 냄새도 심했을 뿐만 아니라 밤에는 추워서 마스크 쓰고, 장갑 끼고, 오버까지 입고 자야 할 정도로 열악한 상황이었습니다. 종가의 재산을 지키기 위해서는 그런 고생을 할 수밖에 없었습니다. 한때는 아르바이트로 외과병원의 청소부도 해보았습니다. 만약 그런 내핍 생활을 하지 않았다면 제 학비를 대기 위해서 종갓집을 팔아야만 했을 겁니다.

해방 이후 토지개혁으로 1천 석 남짓하던 저희 집 전답이 거의 해체된 상태라서 살고 있는 집 외에는 별로 남은 재산이 없었으니까요. 실제로 충청도 인근의 몇몇 종가들은 이런 시련을 겪으면서 집을 팔았습니다. 그래서 종가가 사라지고 말았죠. 한번은 아버지가 저를 만나러 서울에 올라와서 자취방에서 주무신 적이 있는데, 그때 내심 충격을 받으신 모양입니다. 종갓집 장손이 이런 생활을 해야 하나 하고 말입니다. 저한테는 그런 내색을 안 하셨지만, 나중에 들어보니 아버지가 외암 집에 돌아가셔서 일주일 동안 마루에서 주무셨다고 합니다. 자식이 고생하는데 내가 어찌 편하게 잘 수 있느냐 하는 심정에서였겠죠. 저는 그 이야기를 어머니에게서 전해 듣고 부자지간의 정에 대해서 많은 생각을 했습니다.

넷째는 선비 집안의 전통을 이어가겠다는 자긍심이었죠. 저희 집안이 그래도 이 지역에서는 모모한 선비 집안으로 소문난 집인데, 그 집의 종손으로서 당연히 해야 할 일이라고 생각했습니다. 그래야만 저희 집안의 선비정신이 이어진다고 생각한 것이죠. 선친께서도 순종황후인 윤비(尹妃)께서 1966년 돌아가셨을 때 장례를 총괄하는 장례위원장을 지낸 바 있습니다. 저희 집에는 기호학파의 명맥을 잇는 집안이라는 분위기가 있었습니다."

조선 중기까지만 하더라도 3년시묘는 양반 중에서도 일급 양반의 반열에 속하는 계층에서만 행하던 상례였다. 유교사회의 중심가치는 효이고, 따라서 조선조 사회를 이끌어가는 지도층 양반일수록 효를 중시했다. 3년시묘는 그러한 가치관의 산물로써 상류층만의 풍습이었다는 점을 강조하고 싶다. 지도층 양반의 징표이자 도덕적 의무였던 것이다. 그러므로 지도층이 아닌 하층 양반은 굳이 3년시묘까지는 하지 않았다고 한다.

그러던 것이 조선 후기로 접어들면서 사회 전체로 확대되었다는 것이 전문가들의 견해다. 3년시묘가 신분상승의 기제로 사용된 것이다. 그러다가 해방 이후 산업화가 진행되면서 유교적 전통이 남아 있는 극소수 집안에서만 명맥을 이어왔다. 예안 이씨 종가는 그 극소수 집안 중 한 곳이다.

눈 올 때가 제일 힘들어

―시묘살이를 시작할 때 주변의 걱정이나 반대는 없었습니까?

"처음에는 동네 사람들이 반신반의했죠. 잘하면 석 달이나 하다가 말 거라고 보았죠. 저는 그런 말이 들릴 때마다 반드시 3년을 채우겠다고 다짐했습니다. 개인적인 자존심도 작용했다고 봐야죠."

―시묘살이의 구체적 과정이랄까, 생활은 어떤 겁니까?

"매일 해 뜨기 전 새벽에 묘소를 향해 출발합니다. 그때 시간이 대략 새벽 5시 30분 전후입니다. 신발은 짚신을 신고 머리에는 굴건(屈巾)을 쓰고 굴건 위에 다시 삿갓〔方笠〕을 씁니다. 옷은 제복(祭服)을 입고 갑니다. 소위 말하는 '굴건제복'을 착용하는 거죠. 집에서 묘소까지는 3킬로미터 정도인데 걸어서 1시간

5킬로미터에 걸쳐 동네 전체에 나 있는 돌담길 등 외암리에는 전형적인 시골 풍경이 고스란히 남아 있다.

20분 정도 걸리더군요.

  묘지에 도착해서는 묘소 앞에서 절하면서 아버지 생각을 하고, 그 다음에는 원두막같이 지어놓은 초막에서 생활합니다. 점심은 집에서 준비해간 누룽지로 대신합니다. 시묘하는 처지에서 맛있는 반찬을 곁들인 도시락을 싸가지고 갈 수는 없으니까요. 식수는 주변에 있는 옹달샘에서 해결했습니다.

  초막은 가로·세로 2미터 정도의 넓이고, 지상에서 70센티미터 정도 떨어진

높이에다 설치했는데, 그 모습이 원두막 비슷하다고 보면 됩니다. 하루 종일 이 안에 있다가 가끔 묘소 둘레를 산책하기도 하죠. 그러다가 서산에 저녁 해가 뉘엇뉘엇 넘어갈 무렵인 유시 정도 집으로 내려옵니다. 눈이 오나 비가 오나 매일 이 일과를 반복하는 것이죠."

―가장 어려웠던 일이 있다면 어떤 겁니까?

"눈이 올 때가 가장 힘들었습니다. 눈이 올 때는 신발도 바꿔야 합니다. 짚신을 못 신고, 장화를 신어야 합니다. 비가 올 때는 고무신을 신고요. 눈이 많이 오면 묘지에도 눈이 쌓이기 마련이니, 그 눈도 치워야 하죠. 눈을 치울 때 손으로 치웠습니다.

양손으로 눈을 헤쳐서 묘지에 이르는 길을 내고, 그 다음에는 묘지 주변의 눈을 전부 한쪽으로 치웁니다. 그 와중에서 두 손은 말할 것도 없고, 엎드려서 눈을 치우기 때문에 얼굴의 눈, 코, 입과 가슴 전체가 얼어붙는 것 같죠. 1분 정도 하면 관자놀이가 아프면서 머리가 띵하고 코와 입술이 달라붙습니다. 얼얼하니 감각이 없다고 봐야죠. 그때가 참 힘들었습니다. 그러나 10분 정도 손으로 눈을 치우다 보면 '탁' 하고 일순간 얼었던 코와 귀가 터지는 순간이 있습니다. 그 소리가 나면 그때부터는 수월합니다. 얼굴 근육이 추위에 적응했다는 신호이니까요."

―힘들게 손으로 눈을 치울 일이 아니라 대빗자루로 눈을 치우면 수월할 거 아닙니까?

"그렇지 않습니다. 제 아버지가 할아버지 시묘할 때 따라간 적이 있는데, 아버지도 빗자루를 사용하지 않고 손으로 직접 눈을 치우는 걸 목격했습니다. 그때 제가 왜 빗자루를 사용하지 않느냐고 물었죠. 아버지 대답이 '부모님이 누워 계신 곳을 감히 어떻게 빗자루로 쓴단 말이냐, 정성스럽게 손으로 치워야 법도에 맞는 것이다'였습니다. 그래서 저도 힘들지만 손으로 눈을 치웠습니다. 조부님도 그랬고 선친도 그랬고 저 또한 그렇게 한 것이죠."

―하루 종일 묘지 옆에 있다 보면 무료할 것 같은데, 어떻게 시간을 보냈습니까?

"인적이 없는 산중의 묘지에서 혼자 있으려면 사실 무료하기도 합니다. 그래서 동양의 고전들을 많이 보았습니다. 특히 관혼상제에 관한 《사례편람(四禮便覽)》세 권을 이때 집중적으로 탐독했죠. 2년이 넘어가니까 이걸 거의 달달 외울 정도가 되었습니다. 책을 보는 것에도 지치면 주변에 날아드는 새들을 관찰하기도 했습니다. 적막한 공간에 혼자 있다 보니까 자연스럽게 새들과 친해지게 된 것이죠. 친해지다 보니까 여러 새들의 울음소리를 흉내낼 수 있게 되었습니다.

산새들과 친구가 되다

―예를 들면 어떤 새들인지요?

"쑥스럽네요. 제가 흉내낼 수 있는 소리는 까치, 참새, 까마귀, 뜸부기, 청둥오리, 비둘기, 기러기, 염소, 닭, 개, 고양이입니다. 제가 소리를 내어 부르면 새들이 저에게 오기도 했습니다. 한번은 뜸부기 소리를 내니까 뜸부기가 자기 동료인줄 알고 초막 안에까지 들어온 적도 있습니다. 저도 참 신기했죠."

―시묘 3년이 면벽 3년 같은 수도 생활과 비슷했군요?

"지금 생각해보니까 적막한 자연과 친해진 계기가 된 것은 분명합니다. 자연의 소리라고 할까요, 그걸 접한 것 같아요."

―3년시묘를 하면서 겪은 에피소드가 있으면 좀 소개해주시죠.

"3년 동안 머리도 안 깎고 수염도 깎는 법이 아닙니다. 그래서 어깨까지 내려오는 장발에다 수염도 더부룩했죠. 그런 상태에서도 예비군훈련에 참석해야 했습니다. 예비군 훈련장에 굴건제복하고 장발을 한 사람이 나타나니까 훈련에 참석한 다른 사람들의 시선이 전부 저에게 쏠립디다. 제 몰골이 아마 가관이었을 겁니다. 굴건제복을 하고 예비군훈련을 받을 수는 없으니까, 예비군복을 그 자리에서 갈아입어야 했습니다. 예비군 중대장이 묻더군요. 왜 저 사람이 저 모양이냐고? 주변 사람들이 아버지 3년상 치르는 중이라고 이야기해주니까, 다음부터는 예비군훈련에 나오지 않아도 된다고 특별히 봐주더군요. 그래서 그 다음부터는 훈련을 면제받았습니다.

또 한번은 집에 급한 일이 있어서 제가 군청에 꼭 가보아야 할 일이 있었습니다. 물론 장발에 굴건제복 차림이었죠. 그런데 그 시기가 마침 의례를 간소화하는 정부의 가정의례준칙이 발표된 때라 군청 직원들이 제 모습을 보더니만 크게 긴장했습니다. 정부 시책에 정면으로 위배될 뿐만 아니라, 잘못하면 자기들이 상부에서 문책 당할 수 있으니까 제발 그만둘 수 없냐구요. 저를 설득하던 군청 직원들이 나중에는 제발 군청에 나타나지 말아 달라고 통사정을 합디다. 집에서 전화만 하면 자기들이 대신 일을 처리해준다고 말입니다. 시묘살이의 덕을 보긴 본 셈입니다."

모친상 때에는 3년 간 마루에서 잠자기

이러한 우여곡절을 겪으면서 이득선 씨는 3년시묘를 예정대로 마쳤다. 3년시묘를 하기 전까지 그는 한양공대 토목과를 졸업하고 조교로 근무하고 있었다. 그러나 부친상을 당해 고향에 내려와야 했기 때문에 직장에 사표를 낼 수밖에 없었다. 그 시절 한양공대를 졸업한 사람이라면 70, 80년대 건설붐이 한창이었기 때문에 잘 나가는 인생을 살 수 있었다. 고속도로와 각종 건축 공사 현장에서 한양공대 출신들이 두각을 나타냈으니까. 그러나 3년시묘를 하는 과정에서 인생행로가 180도 바뀐 것이다.

이득선 씨는 3년시묘를 마친 뒤 장손이자 종손으로서 집안을 맡아야 한다는 책임감 때문에 서울로 올라가지 않고 시골에 눌러 앉았다. 잘 나갈 수 있었던 인생을 포기하고 말이다. 그 대신 얻은 것은 '전통을 고수하는 명문가의 종손답다'라는 주변의 평판이었다. 잃은 것은 서울 생활과 직장으로 상징되는 보편적인 삶이라면, 얻은 것은 소나무 있는 외암리 생활과 명문가의 종손으로 상징되는 특수한 삶이었다. 어떻게 보면 중세적 삶이라고도 할 수 있는 삶을 스스로 선택한 것이다.

인간사에서 보편은 쉽고 특수는 어렵다. 그라고 특수한 삶을 그만두고 서울로 올라가고 싶은 생각이 왜 없었겠는가! 그러나 그때마다 종손인 내가 아니면 누가 집안과 가문을 지킬 것인가 하는 사명감 때문에 그만두었다. 등 굽은 소나무가 선산 지킨다고 한다지만, 이득선 씨의 신언서판으로 보면 그는 등 굽은 소나무는 아니다. 오히려 훤칠한 소나무가 선산을 지킨 사례다. 나는 3년시묘의 의미에 대해서 다시 질문했다.

―만약 주변에서 다른 사람이 3년시묘를 하겠다면 지금도 권하시겠습니까?

"다른 사람에게 권하고 싶지는 않습니다. 3년시묘보다는 3년심상(三年心喪)이 더 의미가 있다고 봅니다. 제가 해보니까 상례의 본질은 마음으로 재계(齋戒)하는 데 있는 것 같아요. 마음이 중요합니다. 젊어서 건강할 때니까 괜찮았지, 만약 제가 지금 나이에 3년시묘를 했으면 건강이 크게 상해 십중팔구 병이 들었을 겁니다. 병이 나면서까지 하는 예는 좀 과한 것 아니겠어요? 그래서 어머니가 돌아가셨을 때에는 시묘 대신 3년집상(集喪)을 했습니다. 집상이란 묘소에 안 가고 3년 동안 집에서 추모의 예를 갖추는 것을 말합니다. 대신 잠은 방에서 자지 않고 마루에서 잤습니다."

본인은 3년시묘와 3년 마루바닥 생활을 겪었으면서도 다른 사람에게는 심상(心喪)을 강조하는 이득선 씨. 거기에는 마음에서 우러나온 겸손이 있다. 마루에서 3년 동안 잠을 자는 일도 보통 사람에게는 보통 일이 아니다. 3년 동안 묘소에서 생활한 사람에게 3년 마루바닥 잠은 쉬운 일이겠지만, 뜨듯한 보일러 방에 길든 요즘 사람에게 3년 마루바닥 취침은 감히 엄두도 못 낼 고행이다.

어떻게 보면 3년이란 고행 기간은 집중적으로 죽음을 사색하는 기간이기도 하고, 죽음과 삶이 흑과 백으로 확연하게 분리되지 않고 무채색의 중간 상태에서 서로 섞여 있는 시간이기도 하다. 그런 점에서 죽은 자에 대한 가장 장중하면서도 충분한 송별의식이라 하지 않을 수 없다.

전통 문화 전반에 해박한 '걸어다니는 민속학 사전'

예란 서양으로 치면 매너와 에티켓에 해당할 것이고, 매너와 에티켓의 본질은 상대방에 대한 배려에 있다고 본다. 조선의 예는 상대방에 대한 배려는 물론이고, 여기에서 한 걸음 더 들어가 종교적 자기수양 또는 자기완성의 차원으로까지 승화시킨 것이라는 특징이 있다. 예의 밑바탕에는 극기와 절제가 자리잡고 있고, 그러한 극기와 절제가 효라는 유교적 절대가치와 결합히면서 3년시묘라는 종교적 고행에 가까운 형태로 나타난 것이라는 해석이 가능하다.

의미와 과정을 생략해버리고 겉으로 나타난 형식만 가지고 보면 이는 쓸데없는 고생에 지나지 않지만, 그 종교적 수양의 의미까지 포착하면 왜 그렇게 조선의 유학자들이 예학(禮學)에 몰두했는지 비로소 이해할 수 있다.

이득선 씨가 실천한 3년시묘라는 상례는 서구적인 매너의 차원을 넘어선 궁극적 관심(ultimate concern)의 차원에 속하는 예라고 볼 수 있다. 매너의 차원에서 굽어다 보아서는 결코 납득이 안 되는 행위일 것이다. 이런 맥락에서 그는 유교적 고행자이자, 아마도 기호학파의 맥을 잇는 이 시대의 마지막 남은 예학자(禮學者)가 아닐까 하는 생각이 든다.

예안 이씨 종가 대문에서 바라다보이는 안산의 모습. 안산이 약간 높아서 위암감을 준다. 이 노적봉을 뛰어넘는 후손이 나오면 이름을 크게 떨친다는 이야기가 전한다.

이러한 고행을 겪으면서 그는 주변에 알려졌고, 인근에서 많은 사람들이 찾아와 관혼상제의 세세한 부분에 대하여 자문을 구하는 사람이 되었다. 예를 들어 혼인할 때 사주단자는 어떤 종이에 써서 보내는 것인지, 회갑 상에 차리는 과일은 무엇이 중요한지, 초상이 났을 때 곡(哭)은 언제까지 하는지, 장남이 입는 상복과 차남이 입는 상복은 어떻게 다른지, 제사 때 물을 먼저 올리는지 차를 먼저 올리는지 아니면 술을 먼저 올리는지 등등이다.

이득선 씨 본인도 혹시 모르는 부분이 있으면 고서적을 뒤져보거나, 전국의 유명한 전문가를 직접 찾아다니면서 공부했다. 명성을 유지하기 위해서는 끊임없는 공부가 뒷받침되어야 하는 법. 한 30년 넘게 그러한 공부를 계속하다 보니 제사·다도·의복·고건축·굿·음식·묘자리·족보·부적 등 전통 문화 전반에 대해 해박한 지식과 체험을 갖게 되었다.

과연 이득선 씨는 '걸어다니는 민속학 사전' 이라 해도 과언이 아닐 만큼 한국의 전통적인 의식주 전반에 관해 막히는 부분이 없다. 무불통지(無不通知)의 경지라고 하면 과장된 표현일까! 특히 책에도 나오지 않고 오직 관례로만 전해져 내려오는 세세하고 미묘한 부분들에 대해서 말할 때에는 마치 1세기 전의 사람과 대화를 나누는 것 같은 착각이 들 정도이다.

이 정도의 경지에 있으니 국내외 많은 민속학자들이 자문을 구하기 위해 충청도 시골의 외암마을을 방문할 수밖에 없다. 외암마을이 민속마을로 지정된 계기도 알고 보면 이득선 씨의 역할이 컸다. 1978년 당시 충남 도내에서 전통마을을 지정하기 위해 적당한 마을을 물색할 때 예안 이씨 종가인 이득선 씨 집에 1천여 점의 각종 민속자료가 그대로 보존되어 있었기 때문에 외암마을이 주목을 받은 것

예안 이씨 종가의 대문. 대문 양옆으로 쌓아놓은 돌담이 이색적이다.

이다. 이후로 외암마을은 1988년에는 국가지정 전통건조물 보존지구(제2호)로 지정됐다가, 2000년 1월 국가지정 중요민속자료로 승격·지정됐다.

그만큼 한국의 전통적인 마을 분위기를 자연스럽게 간직하고 있는 곳이 외암마을이고, 예안 이씨 종가이다. 안동의 하회마을이나 낙안의 민속마을에 비해서 상업화하지 않고, 비교적 한적한 분위기를 보존하고 있는 곳이기도 하다. 동네 전체에 걸쳐 5킬로미터에 이르는 돌담길도 인상적이다.

외국인들이 즐겨 찾는 집

그러다 보니 이득선 씨 집을 다녀간 사람들도 많다. 복식 전문가 석주선 씨, 음식 분야에서는 황혜성 씨가 자주 다녀간다. 외국인 중에는 특히 프랑스 사람들이 많이 이 집을 찾는다고 한다. 역대 주한 프랑스대사들도 몇 번 방문한 적이 있다. 프랑스 사람들은 기와, 마루, 솟을대문, 아궁이 등 한국의 전통 문화 전반에 대해 아주 관심이 많아서 세세히 물어본다고 한다. 왜 유독 프랑스 사람들이 많이 방문할까?

우선 조선에 천주교가 처음 전래될 때 주로 프랑스인들로 구성된 '파리 외방전교회' 소속 선교사들이 많이 들어온 인연이 있다. 이 선교사들 중 한 명인 샤를르 달레(Dallet) 신부가 1874년에 이미 조선의 각종 풍습을 상세히 기록한 《한국천주교회사》(1980년 한국교회사연구소에서 안응열·최석우 번역) 두 권을 프랑스에서 출판하기도 했다.

이 책에는 조선의 역사부터 정부 조직·사법제도·과거와 교육제도·언어·신분제도·여성의 처지·종교·성격·오락·주거·풍습이 총망라되어 있다. 내가 보기에 서양인이 쓴 조선에 관한 저술 가운데 가장 연대가 빠를 뿐 아니라, 가장 상세하고 체계적으로 조선 후기의 문화와 풍습을 소개한 책이 바로 이 책이다. 여기에다 파리 외방전교회의 영향을 받아 조선인 최초의 신부가 된 김대건과 최양업을 배출한 지역이 다름 아닌 충청도이다.

이를 종합하면 유럽인 중에서 조선의 문화와 풍습에 가장 먼저 관심을 가진 사람들이 프랑스인들이었고, 내 개인적인 추측이긴 하지만 자국의 달레 신부가 쓴 《한국천주교회사》를 읽어본 프랑스 사람들이 현장 답사를 통해 책의 내용을 직접 확인해보려고 충청도의 전형적인 명문가 종손이자 민속통인 이득선 씨 집에 자주 놀러오는 것 같다.

프랑스 외에 독일, 이태리, 일본, 미국, 러시아 사람들도 외암마을과 이득선 씨 집을 찾는다.

— 외국인들이 찾아와서 주로 어떤 것을 물어봅니까?

"나라마다 성향이 약간 달라요. 독일인들은 주로 한옥 구조에 대해 관심이 많습니다. 예를 들면 양쪽에 기둥을 세우고 가운데에 들보를 얹을 때 독일 고건축에서는 Y자 형으로 기둥에 홈을 판다고 합니다. 그 Y형 홈 사이에 들보를 얹어놓은 것이죠. 그러나 한국에서는 기둥에 요철 모양의 홈을 파고, 그 홈 사이에 '사개(일명 개미허리장)'를 박아 넣습니다. 그러면 아귀가 꼭 맞아서 전혀 움직이지 않죠. 한국에서 Y자 형 홈을 파서 짓는 건물은 외양간이나 헛간이라고 독일인들에게 설명해줍니다. 또 독일에서는 갈대를 묶어서 이엉을 잇는다고 해요. 추녀 끝을 맞출 때에는 그 끝을 막대기로 쳐서 다듬는다고 합니다."

— 이태리나 일본인들은 어떻습니까?

"이태리인들은 돌과 나무에 대해서 많이 물어봅니다. 화강암이 어느 지역에서 많이 나느냐? 보령 오석(烏石)은 주로 어디에 사용하느냐? 가구는 주로 어떤 나무로 만드느냐? 수령이 어느 정도냐? 어느 지역에 좋은 소나무가 있느냐 등등입니다. 일반적으로 한국 돌 중에서는 오석을 최고로 치고 화강암이 그 다음이죠.

일본 사람들도 많이 옵니다. 몇 년 전 어떤 일본인이 집을 둘러보다가 마음에 드는 것이 눈에 띄기만 하면 돈을 줄 테니 무조건 팔라고 하더군요. 손님으로 처음 방문한 사람이 자기 맘에 든다고 해서 무턱대고 주인집 물건을 팔라고 하는 건 예의에 벗어나는 일 아닙니까. 이 집이 어떤 집인데요. 하도 팔라고 하기에 조용히 한마디했죠. 팔 테니까 그 대가로 당신 목을 줄 수 있느냐?"

이득선 씨와 이런저런 이야기를 나누고 있을 때 KBS 방송국 직원들 네 명이 들이닥쳤다. '족편'이라고 하는 이 집의 전통 음식 만드는 과정을 촬영하러 온 것이다. 이득선 씨는 족편에 대해 설명하고, 부인 최횡옥(崔宖玉, 59) 씨는 음식 준비를 하느라 가마솥에 장작을 지핀다.

암소 앞다리로 만드는 '족편' 과 연엽주

"족편은 암소 앞다리로 만드는 음식입니다. 일종의 묵이죠. 수소는 냄새가 나기 때문에 반드시 암소를 사용합니다. 다리는 한두 개 가지고는 부족하고 너댓 개 정도가 적당해요. 암소 다리도 뒷다리보다는 앞다리가 좋습니다. 뒷다리보다 앞다리가 힘을 덜 쓰기 때문에 상대적으로 부드럽죠.

암소 앞다리를 무쇠 솥에 넣고 장작으로 4~5시간 불을 때서 고아야 합니다. 불을 세지 않고 은근하게 지피는 게 요령이죠. 중간에 한두 번 위에 뜬 기름을 창호지로 걷어낸 다음, 충분히 고아지면 광목이나 베 수건으로 다시 걸러냅니다. 이걸 그릇에 10시간 정도 받쳐놓으면 뿌연 묵처럼 굳어지죠. 그 위에다 실고추며, 달걀을 얇게 부친 지단을 얹으면 아주 예쁠 뿐더러 먹음직스럽게 보입니다.

한 가지 주의할 점은 이걸 칼로 자를 때입니다. 두부 크기만큼 자르는데 아주 예리한 칼을 사용해야 모서리가 깔끔하게 잘립니다. 무딘 칼을 쓰면 모서리가 너덜너덜 떨어져 나가서 보기에 좋지 않아요. 이렇게 만든 족편은 아주 귀한 음식이라서 주로 나이 드신 어른들이나 참판 같은 대감 술상에 올렸습니다. 족편은 꼬들꼬들하고 냄새가 없으며, 느끼하지 않고 부드러워서 소화가 잘되기 때문에 노인들에게는 최고의 술안주죠."

음식 이야기가 나온 김에 연엽주(蓮葉酒)에 대해서도 물어보았다. 연엽주는 예안 이씨 종가에서 대대로 내려오는 가주(家酒)이자 무형문화재 제11호로 지정된 소문난 술이다. 집안에서만 먹던 술을 아들의 대학 등록금을 대기 위해 5년 전부터 시판하기 시작했다. 경제적인 형편 때문에 어쩔 수 없이 돈을 받고 시판하고 있지만 마음은 편치 않다고 한다.

연엽주는 약주(藥酒)라고 한다. 글자 그대로 약으로 먹는 술로서, 구한말 고종 황제도 이 술을 드셨다 한다. 당시 가뭄이 심해서 백성들이 기근으로 허덕이자 임금도 쌀밥을 먹어서는 안 된다며 잡곡밥을 먹었다. 그러다 보니 임금의 기력이 떨어져 대신들이 회의를 열어 전국에서 유명한 약주들을 수소문하기에 이르렀다. 이때 두견주, 국화주, 송화주 등 전국의 유명 가양주(家釀酒)가 무려 120여 종이나 올라왔다고 하는데, 이중에서 예안 이씨의 연엽주가 채택된 것이다.

임금이 드실 연엽주는 특별한 정성을 기울여 만들었다고 한다. 하루 중에서 양(陽) 기운이 새로 시작하는 한밤중(子時)에 그릇을 놓고 이슬을 받았다. 좋은 달, 좋은 날짜를 택해 술을 담그었으며, 술독을 놓아두는 방향도 따졌다. 술 담그는 날엔 정갈하게 목욕재계하는 것은 물론이고, 작업할 때에는 침 튀지 말라고 입에다 창호지를 물고서 했다.

예안 이씨 선조들이 남긴《치농(治農)》이란 책을 보면 연엽주 제조법이 상세히 나온다. 먼저 쌀 일곱 합과 찹쌀 반 합을 섞어 하룻밤 물에 담갔다가 고두밥을 찐다. 그 다음 아침 이슬을 한 공기 정도 받아 거기에 밥과 누룩을 섞어 연잎에 싼 뒤 반양반음(半陽半陰, 너무 밝지도 어둡지도 않은 곳)에 일주일쯤 놓아두었다가 베 헝겊에 짠다. 이렇게 해서 연엽주가 완성된다. 주 재료는 넓은 연잎과 솔잎, 감초이고, 여기에 도꼬마리라고 하는 양념류와 이팥, 녹두, 옥수수, 엿기름으로 만든 누룩이 들어간다. 연엽주를 오래 먹으면 몸이 가뿐하고 머리가 명석해질 뿐만 아니라, 혈관이 확장되고 양기를 보존하는 효과가 있다고 한다.

―임금님도 잡곡밥을 잡쉈다고 하는데, 어떤 잡곡밥인지요. 또 수라상에도

화재를 예방하기 위해 인공적으로 조성한 수로. 동네를 갈지자로 관통하고 있다.

종류가 있는 겁니까?

"그건 몇 첩이냐에 따라 다릅니다. 임금이 먹는 가장 간소한 식사는 3첩 반상이라고 하는 겁니다. 3첩이란 밥상 위에 밥, 김치, 국, 이렇게 세 가지 그릇이 올라가는 식사를 말합니다. 이때 밥은 거의 쌀밥이고, 맨 위에 보리와 조, 수수 등을 낱알로 몇 개 얹으면 잡곡밥이 되는 겁니다. 밥 전체가 잡곡은 아니죠. 3첩 다음에는 5첩, 7첩, 9첩, 12첩이 있고 가장 성대하게는 19첩까지 있어요. 밥상

위에 놓인 그릇이 19개라는 이야기죠.

그렇다면 임금 한 사람이 그 많은 음식을 다 먹었느냐. 그건 아닙니다. 일차로 임금이 드신 후에 그 상을 대신들에게 물립니다. 대신들이 먹고 난 후에는 다시 그 상을 하급 신하들에게 물리죠. 하급 신하들 다음에는 하인들이 남은 음식을 먹었습니다. 중간에 한 사람이 너무 많이 먹으면 다음 사람이 먹을 양이 줄어듭니다. 그러니까 다음 사람을 배려하는 차원에서 조금씩 먹는 것이 예법입니다. 19첩 반상 정도면 한 사람이 아닌 수십 명 분의 음식이나 마찬가지죠."

대만 지관이 극찬한 명당 집

이득선 씨가 이처럼 전통과 민속의 여러 분야에 막힘이 없다 보니 내외에서 수많은 사람들이 자문을 구하러 찾아온다. 사람뿐만 아니라 전화도 많이 온다. 어떤 때에는 하루에 서너 팀이 동시에 찾아와서 괴롭힐(?) 때도 있다고 한다. 그런가 하면 불쑥 예고도 없이 찾아와 부엌 밥그릇까지 살피는 사람도 있다. 그러면 정신이 없다. 논에 나가 논두렁 풀 깎고, 밭에 가서 김매는 일이 생계를 유지하는 본업인데 손님 치르다 보면 풀 깎을 시간이 없다.

자문해주는 대가로 상담료를 받느냐 하면 그것도 아니다. 공짜이다. 방송국에서 몇 시간 취재하고 나서 출연료라고 몇 만원 던져놓고 가면 받기도 그렇고 안 받기도 그렇다. 옆에서 보기에 영양가 없이 바쁘기만 한 생활 같다.

―사람들이 찾아와서 시시콜콜 물으면 한두 번도 아니고 상당히 성가실 것 같은데요?

"그 단계를 지나야 합니다. 해보니까 거기에는 세 단계가 있더군요. 처음 단계는 짜증나는 단계죠. 내가 이걸 배우는 데 얼마나 힘들었는데 공짜로 알려달라니 하는 반감이 듭니다. 이 단계를 지나면 두 번째 망신 단계에 접어듭니다. 모르는 걸 질문하는 사람이 나타납니다. 망신스럽죠. 망신을 면하기 위해서 원로를 찾아가 여쭙기도 하고 관련 서적도 찾아보죠.

이 과정을 극복하면 종횡무진 단계에 들어갑니다. 전후좌우 종횡무진으로 물어보는 사람들이 나타나는 것입니다. 건축이면 건축 한 가지만 물어보아야 하는데, 제례를 물었다가 다시 음식을 물었다가, 갑자기 사주에 대해서 묻는 경우가 그것입니다. 아주 헷갈리죠."

그러나 이득선 씨에게도 잘 모르는 부분이 하나 있다. 풍수이다. 이 분야는 원체 깊고 넓어서 아무리 연구를 해봐도 잘 모르겠다는 것이다. 마침 내가 풍수를 연구하고 있다니까 잘 만났다고 하면서 한 가지를 물어본다. 6년 전쯤 대만의 유명한 지관이 이 동네를 방문한 적이 있는데, 외암마을과 이득선 씨 집을 둘러보고 교과서에 나오는 명당 조건에 완벽하게 부합한다고 격찬하더라는 것이다. 그러면서 하는 말이 이득선 씨 집은 50년쯤 후에 발복(發福)하니까 그때까지 참고 기다리라고 했다 한다. 이득선 씨의 의문은 왜 50년 후에 발복하는지, 이 50이란 숫자는 어떤 원리에서 나온 것인지이다.

1박2일 동안 나의 각종 질문 공세에 시달리던 이득선 씨가 드디어 수세에서 공세로 전환한 것이다. 그동안 많이 답변해줬으니 이제 내가 모르는 것 하나 정도는 알려주어야 하지 않겠느냐는 의도가 전달됐다. 만약 이런 순간에 분명한 대답을 하지 못하면 은근히 망신당한다.

50년 후 발복론의 배경

사실 이득선 씨의 질문은 상당히 전문적인 분야에 속한다. 이 부분은 풍수의 양대 골격인 형기(形氣)와 이기(理氣) 중 이기 분야에 관한 질문인 것이다. 풍수에 관한 질문은 형기에 관한 것이 대부분이다.

형기란 청룡, 백호를 비롯한 주변 산세의 형태를 일컫는다. 예를 들어 생사추와(生蛇追蛙, 산 뱀이 개구리를 쫓는 형국)라든가, 옥녀직금(玉女織錦, 옥녀가 비단을 짜는 형세)이 어떻다고 논하는 것은 모두 형기를 말하는 것이다. 형기라고 하는 것은 사람을 볼 때 관상을 보는 것과 같다. 코가 잘생겼는지 입이 잘생겼는지, 호랑이 상인지 원숭이 상인지를 살핀다.

그러나 관상만 가지고 그 사람을 전부 파악하기는 어렵다. 예를 들어 삼성 창업자인 이병철 씨의 경우가 그렇다. 관상만 가지고는 꼭 부자라고만 단정하기 어려운 상이다. 귀상(貴相)이기는 해도 부상(富相)이라고는 볼 수 없다. 이를 보완할 수 있는 데이터가 운(運, 四柱)이라고 하는 부분이다.

여기서 운이란 타이밍과 때(時)를 가리킨다. 어느 시점에 발복할 것인지, 즉 운이 초년에 오는지 아니면 말년에 오는지를 따져보아야 한다. 감나무에 열린 감이 가을이라는 시점에 도달해야만 붉게 익어 홍시가 되는 것과 같은 이치다. 풍수에서 이기라고 하는 것은 바로 운이 언제 오는가, 즉 타이밍이 언제인지를 보는 방법이다.

그런데 이 이기는 하도(河圖)와 낙서(洛書), 선천팔괘(先天八卦), 후천팔괘(後天八卦), 음양오행(陰陽五行), 육십사괘(六十四卦), 10간(干)12지(支), 28수(宿)를 통달해야만 비로소 접근할 수 있다. 그만큼 난해하다. 형기가 공간의 문제라면, 이기는 시간의 문제다. 공간이라는 x좌표와 시간이라는 y좌표가 서로 만나는 교차점이 어디인가를 찾아내는 작업이 풍수라고 해도 과언이 아니다. 형기를 다룬 고전으로는 《인자수지(人子須知)》《육포지학(六圃地學)》《설심부(雪心賦)》《감룡경(撼龍經)》《의룡경(疑龍經)》《도천보조경(都天寶照經)》 등이 있다.

산의 관상을 보는 형기에 대한 관점은 대개 일치한다. 그러나 산의 사주를 보는 이기에 대한 관점은 사람마다 다르다. 10인 10색이다. 이 사람은 이렇게 이야기하고, 저 사람은 저렇게 이야기하니 이기에 관해서는 도대체 공통분모를 발견하기 힘들다. 그래서 풍수가에서는 "형기학파(形氣學派)에 관한 책은 진서(眞書) 아닌 책이 없고, 이기학파(理氣學派)에 관한 책은 위서(僞書) 아닌 책이 없다"는 말까지 회자될 정도이다. 이기학파에 관한 책들은 그만큼 믿을 수 없을 뿐만 아니라 복잡하다는 뜻이다.

그러나 복잡하다고 해서 무시할 수는 없다. 풍수의 천재들은 오히려 이기학파 쪽에 더 많이 몰려 있다는 게 내 개인적인 생각이다. 2천 년 풍수학사를 살펴볼 때 대략 송대(宋代) 이후부터 각 문파 간의 치열한 논쟁이 시작되었는데, 이 논쟁의 초점은 이기에 대한 서로 다른 해석에 있었다. 형기는 눈에 보이는 부분이니까 의견이 쉽게 일치할 수 있었지만, 이기는 눈에 보이지 않는 부분이라서 쉽게 결판을 낼 수 없었던 것이다.

대만 지관이 이야기했다는 50년 후 발복론을 풀기 위해서는 이기학에 의존해야 한다. 형기학파의 이론으로는 설명이 불가능한 부분이기 때문이다. 대만의 풍수학계를 석권한 이기법은 현공법(玄空法)이라고 하는 학설이다. 언제 발복하는지, 즉 발복하는 타이밍을 중시하는 것이 현공법이다. 대만에서 이기에 관해서는 현공법이 거의 주도권을 잡은 상태라고 알려져 있다.

현공법은 먼저 좌향(坐向)을 중시한다. 이득선 씨 집 좌향은 계좌(癸坐, 거의 정남향에 가까운 방향)인데, 현공법에서 말하는 계좌 운은 제1운에 발복한다고 한다. 운은 제1운에서 제9운까지 있으며 1운의 단위는 20년이다. 따라서 1운에서 9운까지 한 바퀴 도는 데 180년이 걸린다고 본다.

발복 시기를 중시하는 현공법

왜 1운의 단위가 20년인가? 20년이라는 시간은 태양계 행성 중에서 목성과 토성이 서로 만나는 주기에서 산출한 것이다. 고천문학에서는 수·화·목·금·토의 오성(五星) 중 큰 행성에 속하는 목성과 토성이 지구에 큰 영향을 미친다고 보기 때문에 그 만나는 주기도 중시하는 것이다. 180년이라는 시간은 태양계에서 오성이 일렬로 줄을 서는 주기라고 한다. 즉 180년마다 수·화·목·금·토성이 태양계 내의 공전 궤도상에 거의 일직선으로 줄을 서기 때문에 이를 기점으로 새로운 질서가 시작된다고 해석한다.

180년은 60갑자가 세 번 반복하는 시간이기도 하다. 여기서 60년이라는 주기는 무슨 의미가 있는가? 60년이라는 시간이 지닌 고천문학적 의미는 입춘 날짜의 시간을 맞추는 데 있다. 매년 입춘이 되는 날짜는 같지만 세밀하게 들어가면 입춘 시작 시간은 약간씩 다르다. 작년에는 오전 9시부터 입춘에 들어갔지만, 올해에는 세차(歲差)로 인해 오전 11시부터 입춘이 시작된다는 식이다. 그런데 60년을 주기로 입춘날의 입춘 시간이 정확히 일치한다고 한다.

180년은 다시 상원갑자(上元甲子), 중원갑자(中元甲子), 하원갑자(下元甲子) 세 가지로 분류한다. 서기 1984년은 하원갑자 60년이 시작하는 해이다. 그리고 1984년 입춘일로부터 2004년 입춘 전날까지 20년 간은 제7운에 속한다. 그러므로 현재 2001년은 7운에 해당한다. 2004년 입춘일부터 2024년 입춘 전날까지는 제8운이고, 2024년부터 2044년 입춘일 전날까지는 제9운에 속한다. 다시 제1운으로 돌아가는 시점은 2044년 입춘일로부터 2064년 입춘 전날까지의 20년인데, 현공법에 의할 것 같으면 좌향이 임(壬)·자(子)·계(癸)인 집터는 제1운에 들어야 비로소 발복이 시작한다고 나와 있다.

임·자·계를 후천팔괘로 환산하면 감괘(坎卦, 水를 상징. 임·자·계도 水이므로 감괘에 해당)이고, 감괘를 다시 구궁(九宮)의 방향으로 환산하면 1에 해당한다. 그러므로 이득선 씨 집은 2044년이 되어야 운이 오는 것이다.

대만 지사가 이 동네를 방문한 연도는 1995년이고, 1995년에다 50년을 더하면 2045년이 나온다. 현공법의 제1운이 시작되는 2044년과 거의 일치한다. 50년 후에야 이 집이 발복할 것이라는 대만지사의 예측은 이와 같은 현공법 공식에 의한 것이라는 걸 짐작할 수 있다. 맞는가 안 맞는가는 그때 가보아야 알겠지만, 어찌되었든 50년 후 발복이라는 한 가지 문제를 풀기 위해서 이처럼 복잡하고 난해한 공식을 동원하는 것이 이기학파의 세계다.

세 봉우리와 좌우 계곡이 완비된 교과서적인 입지

외암마을에 예안 이씨들이 처음 들어와 산 시기는 조선 명종 때 장사랑(將仕郎) 벼슬을 지낸 이정(李挺) 선생 때부터이다. 예안 이씨를 빛낸 인물은 이정의 6대손인 외암(巍巖) 이간(李柬, 1677~1727)이다. 이간은 강문팔학사(江門八學士, 우암 송시열의 여덟 제자)의 한 사람이다. 외암마을의 이름은 이간의 호를 따서 지은 것임을 알 수 있다.

외암마을은 교과서적인 명당이다. 흔히 이런 명당을 배산임수(背山臨水)라고 한다. 배산임수를 좀더 자세하게 인수분해 해보면 배산은 삼산(三山)으로, 임수는 양수(兩水)로 분해된다. 뒤로는 세 산 봉우리가 병풍처럼 둘러쳐 있고, 동네 앞으로는 좌우 양쪽에서 흘러 내려온 계곡 물이 합쳐지는 곳을 삼산양수지지(三山兩水之地)라 부른다.

고려 말 서역 출신인 지공(指空)대사가 제자인 나옹(懶翁, 1320~1376)에게 법을 전할 때 가장 이상적인 절터의 요건은 삼산양수에 있으니, 삼산양수지지를 찾아서 절을 지으라고 당부한 바 있다. 지공이 개산(開山)하고 나옹이 중창한 경기도 양주군 천보산의 회암사(檜岩寺)가 바로 이러한 조건에 부합하는 사찰이다.

외암마을의 뒷산은 해발 350미터의 설아산이다. 설아산의 반대편 자락에는 조선 초의 명재상 맹사성(孟思誠, 1360~1438)의 고택으로 알려진 맹씨행단(孟氏杏壇)이 북향집으로 자리잡고 있고, 맹씨행단의 반대편 자락에 외암마을이 남향으로 자리잡고 있으니 산의 앞뒤쪽으로 쟁쟁한 반촌이 포진하고 있는 형국이다.

설아산 봉우리는 삼산, 즉 세 개의 봉우리로 연달아 내려온다. 내룡 봉우리가 셋이면 품(品) 자와 닮았다고 해서 귀하게 여긴다. 품격 있는 산이라서 귀인이나 고위 관리가 배출된다고 본다. 품 자 형태에서 유심히 보아야 할 부분은 가운데 위치한 봉우리다. 이 봉우리가 가장 높아야 한다. 그렇지 않고 양쪽의 어느 한 봉우리가 가운데 봉우리보다 높으면 격이 떨어진다고 본다. 그런데 설아산은 가운데 봉우리가 가장 높다. 교과서대로다.

노적봉 뛰어넘을 자손 내라!

사랑채 앞에서 보면 솟을대문 너머로 안산이 보인다. 안산 형태는 나락을 쌓아놓은 것과 같은 노적봉이다. 노적봉이 있으면 쌀은 떨어지지 않는다. "이 노적봉 때문에 우리 집이 밥은 굶지 않을 것"이라는 이야기가 예안 이씨 종가에도 대대로 전해 온다고 한다. 한 가지 흠이 있다면 노적봉이 너무 높다는 점이다. 안대가 너무 높으면 집터를 내리 누르는 작용을 한다. 안대의 높이는 대문 앞에 사람이 섰을 때 눈 높이 정도가 적당하다. 봉우리 끝이 눈 높이보다 높으면 높다고 간주하고, 눈 높이보다 낮으면 낮다고 본다. 예안 이씨 종가의 노적봉은 눈 높이보다 올라가서 약간 위압감을 준다.

내가 이득선 씨에게 노적봉이 좀 높다고 지적하니, "저 노적봉을 뛰어넘을 수 있는 자손이 나오면 크게 이름을 떨치지만, 기가 약한 사람이 뛰어넘기는 조금 힘든 봉우리"라고 대답한다. 집안 어른들도 노적봉을 뛰어넘어야 한다고 여러 번 말씀하셨다고 한다.

사랑채도 계좌를 놓았는데, 솟을대문의 좌향은 간좌(艮坐, 남서향)를 놓아서 사랑채의 정면과 대문의 정면 방향이 15도 각도로 틀어져 있다. 이렇게 비껴서 대문 좌향을 잡은 이유 역시 노적봉과 관련이 있다. 계좌를 놓으면 노적봉을 정면으로 쳐다볼 수 있지만, 간좌를 놓으면 노적봉을 약간 비껴서 바라보아야 한다. 짐작컨대 안대인 노적봉이 높아서 집을 누르는 것처럼 느껴지니까 대문 방향을 약간 틀어서 그 부담스러움에서 벗어나려 한 것 같다.

또 한 가지 이 동네에서 눈에 띄는 점은 수로이다. 동네 중심부를 S자 형태로 굽이돌면서 흐르는 조그만 수로가 인공적으로 조성되어 있는 것이 흥미롭다. 계곡에서 흐르는 물길을 일부 돌려서 흐르도록 한 것이다. 이는 화재 예방을 하기 위한 장치라고 한다.

옛날에는 초가집이 많아서 화재가 빈번했는데 이 수로 물을 이용해서 불을 껐다는 설명이다. 옛 어른들이 지맥에 별다른 영향을 미치지 않도록 지표면에서 30센티미터 정도의 깊이로 만들어놓은 것이다. 적막한 밤에는 수로에서 졸졸 흐르는 물소리를 듣는 것도 운치가 있다고 한다. 다른 마을에서는 보기 힘든 특이한 장치임이 분명하다.

삼산양수의 전형적인 명당에 해당하는 외암마을. 동네 입구를 돌아 흐르는 냇물의 바위에도 '외암동천(巍巖洞天)'이라고 큼지막하게 각자(刻字)되어 있다. 동천(洞天)은 원래 신선이 사는 곳을 가리키는 지명이 아닌가. 한국의 전통을 보존하고 있는 외암마을은 동천이라고 불릴 만한 자격이 충분하다. 비록 신분과 직위는 사라졌지만 우리의 전통 문화가 지닌 격조와 풍류를 그대로 간직하고 있는 외암동천의 이득선 선생은 이 시대의 선비이자 정신의 귀족이다.

진도 운림산방의 전경. 산방 앞으로 보이는 연못은 소치 때 처음 조성했다가 최근 다시 복원한 것으로, 풍수적으로나 조경 면에서 반드시 필요한 연못이다.

전남 진도의 양천 허씨 운림산방

우물을 파려거든 하나만 파라

"진도의 양천 허씨들은 빗자락 몽둥이만 들어도 명필이 나온다."
이 대단한 소문의 근원지인 운림산방.
내리 5대째 유명 화가를 배출한 이 산방의 비밀은 과연 무엇일까?

소치가 말년에 머무르며 그림을 그리던 운림산방. 다른 집과 달리 기와집이 아닌 초가인 점이 특징이다.

5대째 화가 배출한 한국 최고의 예맥(藝脈)

당대 발복(當代發福)으로 끝나지 않고 대를 이어 발복의 가업을 이어나간다는 것은 쉬운 일이 아니다. 주변을 둘러보아도 조부대에 하던 일을 손자대에서 계속하는 경우를 찾아보기 힘들다. 특히 근세 100년 동안 전통과 민속이 총체적으로 단절되고 해체되는 경험을 겪어야만 했던 우리 나라에서 선대가 했던 일을 손자대에 계승하는 경우는 희귀한 사례가 아닐 수 없다.

운림산방의 백호자락에 보이는 울퉁불퉁한 돌산의 모습. 이 터에 살기로 작용한다. 이를 비보하기 위해 동백나무를 심어놓았다.

그 희귀한 사례가 이번에 찾아가는 전남 진도에 자리잡은 운림산방(雲林山房)이다. 운림산방을 중심으로 3대를 넘어 5대째 계속 화가를 배출한 집안이 있기 때문이다. 진도에 사는 양천 허씨 집안이 바로 그곳이다. 과문의 탓인지는 몰라도 5대째 계속 예술가를 배출한 집안은 한국뿐만 아니라 세계적으로 보아도 그리 흔치 않은 것 같다.

1대는 소치(小痴) 허련(許鍊, 1808~1893), 2대는 미산(米山) 허형(許瀅, 1861~1938), 3대는 남농(南農) 허건(許楗, 1908~1987)과 그 동생인 임인(林人) 허림(許林, 1917~1942), 4대는 임인의 아들인 임전(林田) 허문(許文, 1941~), 5대는 남농의 손자인 허진(許塡, 1962~)이다.

허진 이외에도 같은 5대 항렬로 허재, 허청규, 허은이 화가의 길을 가고 있다. 그런가 하면 무등산 춘설헌(春雪軒)의 의재(毅齋) 허백련(許百鍊, 1891~1977)도 진도에서 태어난 양천 허씨 집안이다.

한반도의 '좌하귀'에서 30여 명의 화가 배출

허씨들은 원래 경기도에서 살다가 진도로 내려왔다고 한다. 진도에 처음 들어와서 살기 시작한 입도조(入島祖) 허대(許垈)는 임해군의 처조카였다. 광해군 즉위 후 임해군이 역모로 몰리면서 임해군을 수행하기 위해 먼저 진도로 들어왔다가 그대로 눌러앉은 것이다.

허대의 장남 득생은 용·순·방 세 아들을 두었는데, 순의 후손이 소치·미산·남농이고, 막내 방의 후손이 의재 허백련이다. 의재는 혈연으로 따지면 소치의 종고손(從高孫)이 되고, 법연(法緣)으로 보면 소치의 아들인 미산에게서 직접 그림 수업을 받은 제자에 해당한다.

의재 집안도 화가를 상당수 배출했다. 의재의 넷째 동생인 목재(木齋) 허행면(許行冕, 1906~1966)도 근대 회화사에서 비중을 차지하는 화가이고, 목재의 아들인 허대득(작고)과 목재의 형님 아들인 허의득(작고), 의재의 장손자인 직헌(直軒) 허달재(許達哉, 1952~), 목재의 손자인 허달용(36), 허의득의 아들인 허달종(35)이 모두 화가이다. 이외에도 예비 화가까지 포함하면 허씨 집안에서 이제까지 배출한 화가가 어림잡아 30여 명에 이른다 하니 실로 놀라운 숫자이다.

이 집안의 가계도를 살펴보면서 어떻게 이처럼 많은 화가가 나올 수 있었는지, 그것도 어떻게 5대째 계속 예술가를 배출할 수 있었는지 하는 의문을 갖지 않을 수 없었다. 또 한 가지 결정적인 의문은 바둑으로 따지면 좌하(左下)귀에나 해당할 한반도 서남쪽 구석의 척박한 섬에서 어떻게 이런 예술가 집안이 형성할 수 있었나 하는 것이다.

예술가는 미(美)를 통해서 자유인이 되기를 갈망하는 인간이다. 이렇게 돈과 권력이 아닌 자유를 갈망할 정도의 인식 수준에 도달하기 위해서는 그 전에 돈과 권력 같은 세속적 가치를 충분히 향유해봐야 가능하다는 설이 있다.

독일 소설가 토마스 만의 작품 가운데 《부덴부로크 가의 사람들》이라는 소설이 있는데, 3대에 걸친 이 집안의 가족 변천사가 이야기의 주제다. 할아버지는 소위 '개같이 돈을 번' 세대였으며, 아버지대는 이 돈을 밑천으로 권력 집단에 진입해 국회의원, 시장 같은 출세한 인물들이 배출된다. 그런 다음 손자대에 가서야 비로소 예술가가 나타난다는 줄거리다. 돈도 벌어보고 권력도 잡아보았으나 그것이 인생의 전부가 아니라는 사실을 손자대에 가서야 깨닫고 무엇에도 구속받지 않는 자유로운 삶을 희구하는 예술가가 출현한다는 것이다.

그렇다면 허씨 집안도 이러한 공식에 대입해 설명할 수 있는가? 물론 아니다. 이 집안의 예술혼은 한반도 좌하귀의 구석진 곳, 돈과 권력과는 거리가 먼 진도라고 하는 섬에서 자연스레 시작되고 이어졌을 뿐이다. 허씨 집안이 이처럼 불리한 여건에서 5대째 예맥(藝脈)을 이어갈 수 있었던 배경은 무엇인가? 그걸 추적해보자.

먼저 허씨 집안의 본향인 진도라고 하는 섬이 어떤 배경을 지니고 있는 섬인지 살펴보자. 조선시대에는 유배라고 하는 형벌이 있어, 서울에서 멀리 떨어진 구석진 곳으로 죄인을 유배 보냈다. 진도도 이러한 유배지 가운데 하나였다. 육지와 격리된 섬이었기 때문에 유배지로 적합했던 것이다.

문인들의 유배지, 진도

전라남도에서 유배지로 유명한 섬이 두 군데 있는데, 하나는 진도이고 다른 하나는 완도이다. 진도는 주로 붓을 다룬 문인들의 유배지였고, 완도는 칼을 다룬 무인들의 유배지였다. 진도는 완도에 비해 농토가 많기 때문에 책만 읽은 문인들이 유배 와서도 농사 짓고 생활할 수 있었고, 완도는 산과 바다뿐인 척박한 지형이라서 상대적으로 힘이 센 무인들을 보내서 개척하도록 했다고 한다.

조선시대 유배형을 받은 사람들 가운데는 일반 잡범이 아닌 정치범들이 많았다. 정치범이란 정치적 소신 때문에 형을 받은 것이므로, 정치적 소신을 가질 정도의 철학과 고집, 그리고 인문적 교양을 갖춘 인물들이 많았다고 볼 수 있다. 이렇게 놓고 볼 때 진도라는 섬은 비록 지리적으로 외딴 섬이지만, 거기에 거주하던 사람들은 단순한 섬사람이 아니라 나름대로의 식견을 가진 문사들이 모여 있는 또 다른 문화중심지였다.

이렇게 능력과 자질은 있으나 정치적 출셋길을 봉쇄 당한 사람이 선택하는 탈출구는 통상 두 가지가 아닐까 싶다. 첫째는 예술이고, 둘째는 종교이다. 그래서 그런 것일까. 진도 사람들은 예술 쪽으로 많이 간 것 같다. 권력에서 소외되었기 때문에 오히려 예술에 접근할 수 있었다. 이 대목에서 토마스 만이 제기한 예술가가 탄생하는 수순과 다르다.

현재 진도 출신 화가는 160여 명 정도라고 한다. 이 숫자는 국전이나 도전에서 입상한 경력을 가진 사람을 기준으로 할 때 그렇다는 이야기다. 입상하지 않고 활동하는 화가까지 포함하면 더 많을 것이라 한다. 인구 5만도 안 되는 섬에서 이 정도의 화가가 배출되었다는 것은 놀라운 일이다.

물론 이 밑바탕에 허씨 집안과 운림산방의 영향이 크게 작용했음은 두말할 나위 없다. 그래서 진도에는 이런 유행어가 있다. "진도에서는 개도 붓을 물고 다닌다", "진도에 가서 글씨, 그림, 노래 자랑 하지 말아라", "허씨들은 빗자락 몽뎅이만 들어도 명필이 나오고, 문씨들은 짜구만 들어도 목수가 나온다."

소치 허련과 호남 예술의 요람 녹우당

그러다 보니 진도 남자들은 대체로 노래나 그림을 잘 그리는 한량이 많고, 여자들은 한량들 대신 생계를 책임지다 보니 생활력이 특별히 강하다는 얘기가 있다. 진도 여자 치고 외지에 나가서 못사는 경우가 적다는 말까지 있을 정도이다.

허씨 집안이 명문가로 부상하게 된 계기는 1대 화가인 허소치의 특출한 능력과 명성 때문이었다. 소치의 일생을 간단히 살펴보자. 소치 허련은 순조 8년(1808), 진도 향반인 허각의 장남으로 태어났다. 아버지가 향반이었던 만큼 생활 형편이 어렵지는 않고, 어느 정도 여유 있는 분위기에서 성장했을 것으로 추측된다.

허련은 어려서부터 서화에 취미가 있어서 틈나는 대로 그림 그리기를 좋아했고, 어느 집에 좋은 화첩이 있다는 소문을 들으면 원근을 가리지 않고 찾아가서 베껴 그렸다. 어느 날, 허련은 자신이 그린 산수화를 몇 폭 숙부(許瑑)에게 보였다. 숙부가 보고 "내 조카가 그림으로 일가를 이루겠구나" 감탄하고 허련의 그림 공부를 격려해주었다. 이처럼 허련은 나름대로 그림 공부를 열심히 했으나, 어디까지나 독학의 수준이지 스승 밑에서 본격적으로 공부하는 단계는 아니었던 것으로 보인다.

 이 무렵 소치는 해남 연동의 녹우당에 고화가 많이 수장되어 있다는 말을 듣고 급류가 휘몰아치는 울둘목을 건너 녹우당을 찾아갔다. 녹우당이 어떤 곳인가? 〈어부사시사〉를 쓴 고산 윤선도의 집이자, 〈자화상〉을 남긴 공재 윤두서의 장원이고, 다산 정약용의 학문적 젖줄이자 외가이며, '동국진체'라는 필법을 창시한 옥동(玉洞) 이서(李溆, 1662~1723)를 비롯한 수많은 학자와 시인, 묵객

운림산방의 주산인 첨찰산. 진도에서 가장 높은 산으로, 육중한 토금체의 모습이 녹우당의 덕음산과 흡사하다.

들이 찾아와 놀던 곳이 아니던가! 뿐만 아니라 수천 권의 진귀한 장서와 화첩을 소장하고 있던 호남의 고급 살롱이자 사신사(四神砂)가 완비된 대장원이기도 하다.

이 집 사랑채에 걸려 있는 '예업(藝業)'이라는 두 글자의 편액이 말해주듯이 녹우당은 호남 남인들의 학문과 예술을 낳은 요람이자 동시에 집산지였다고 해도 과언이 아니다. 소치는 연동 윤 진사댁(녹우당)에 출입하면서 공재 윤두서, 그리고 공재의 아들인 연옹(蓮翁) 윤덕희(尹德熙, 1685~1766), 손자인 청고(靑皐) 윤용(尹溶, 1708~1740)으로 이어지는 윤씨 집안 3대 화가들의 필적과 그림을 직접 눈으로 접할 수 있었다. 녹우당에 가전(家傳)하는 화풍을 직접 감상할 수 있었던 것이다.

소치는 이 집에 있던 중국의 유명한 화보집인 〈고씨화보〉를 보고 크게 감동 받아 이를 연마하기도 했다. 〈고씨화보〉는 명나라 신종대에 활약한 화가 고병(顧炳)이 제작한 남종화 화보집인데, 그 서문을 유명한 주시번이 썼다. 주지번이 1606년 조선에 사신으로 다녀간 적이 있으므로 대략 이 무렵쯤 조선에 전해졌을 것으로 추정된다. 이 시기는 중국의 남종화 화풍이 조선에 처음 소개된 시기이기도 하다. 소치는 녹우당에 가전하는 윤씨들의 화풍과 〈고씨화보〉의 남종화풍을 접하면서 그림에 본격적으로 입문했다. 이때 소치의 나이 20대 중반쯤이었다. 그러니까 소치 그림의 연원은 녹우당에서 비롯한 것임을 주목할 필요가 있다.

초의선사와 추사를 스승으로

소치는 녹우당을 출입하면서 초의선사(艸衣禪師, 1786~1866)의 소문을 접한다. 초의선사가 주석하던 대둔사는 녹우당에서 걸어서 한나절이면 도착할 수 있는 지척

거리에 있었다. 사향의 향기는 가만히 있어도 십 리를 간다고, 향기 나는 사람들은 때가 되면 만나게 되는 법. 소치의 나이 27세 때 초의선사를 만나 가르침을 받는다. 초의선사는 승려였으나 그 학식과 인품으로 인해서 사대부들과도 많은 교류가 있어 일찍이 정다산의 가르침을 받은 바 있고, 추사 김정희와 이재 권돈인, 위당 신관호 등 당대의 거물들과 심교(心交)를 맺고 있었다. 특히 한국의 다성(茶聖)으로 불릴 만큼 차에도 깊은 조예가 있어서 '다삼매(茶三昧)'의 경지에까지 들어간 인물로 전한다.

인연은 인연을 낳는 법이라고 소치는 초의선사를 통해서 추사와도 인연을 맺는다. 한번은 초의선사가 서울에 올라가 추사를 만난 자리에서 소치가 모사한 윤공재 화첩과 시구를 추사에게 보였는데, 추사가 이를 보고 감탄을 금치 못했다. 얼마 후 초의선사가 해남에 돌아올 때 추사의 서신을 가지고 왔다. 그 내용은 소치더러 서울로 올라와서 한번 만나보자는 것이었다. 이 전갈을 받고 소치가 추사를 만나러 서울로 올라간 때가 소치의 나이 32세 때이다.

해남에서 서울까지는 천 리 길이다. 빨리 걸으면 20일이고, 여유 있게 가면 한 달이 걸리는 거리였다. 추사는 소치가 그린 윤공재 화첩을 보고 다음과 같은 충고를 했다고 한다.

> 윤공재의 그림을 보자면 우리 나라에서 옛 그림을 배운 것은 과연 공재에서 시작된 것이다. 그러나 신운(神韻)의 경지에 이르기에는 좀 모자란다. 정겸재, 심현재는 모두가 이름을 널리 날려서 권첩이 전해지고 있으나 한갓 안목을 어지럽혀서 일체 보아서는 안 될 것이고, 그대(소치)가 화가삼매의 경지에 들어서기 위해서 만일 천 리의 여행을 한다면 비로소 발전이 있을 것이다.

이 말에서 추사는 소치가 공재, 겸재, 현재에 버금가는 재질을 갖고 있음을 암시하고, 여기서 한 걸음 더 나아가 이들 삼재(三齋)를 뛰어넘기 위해서는 많은 여행을 하라고 권하고 있다. 추사의 화가삼매라는 표현에서 다분히 불가적인 뉘앙스가 전달된다.

한국 불가에서 전해 내려오는 이야기에 의하면 수행의 단계는 처음에 독서(경전 공부) 10년, 그 다음에 참선 10년, 참선이 끝나면 여행 10년으로 설정하고 있다. 불가에서는 여행을 가리켜 '만행(萬行)'이라고 부르는데, 불가 수행에서 만행은 중요한 비중을 차지한다. 여행 과정에서 필연적으로 조우하게 되는 가지가지의 인간 삶과 명산대천의 아름다운 풍광을 통해 인간은 완숙의 경지에 접어들기 때문이다. 이 충고 때문인지는 몰라도 이후로 소치는 일생 동안 많은 여행을 한다.

소치는 서울 추사 집에 머물면서 지도를 받는다. 여기서 추사의 동생인 김명희, 막내 동생인 김상희를 비롯하여 추사와 안면이 있는 당시 명사들과 자연스럽게 교류했음은 물론이다. 소치(小痴)라는 호는 이 시기에 추사에게서 받은 호이다. 원말 4대가 중에 황공망(黃公望, 1269~1358)이라는 화가가 있었는데, 그의 호가 대치(大痴)였다. 추사는 평소에 대치의 그림을 높이 평가했으며, 대치에 비길 만한 인물이 되라는 의미에서 소치라는 호를 주었던 것이다.

소치 역시 원말 4대가 중 한 사람인 운림(雲林) 예찬(倪瓚, 1301~1374)을 좋아하여 예찬의 호를 따다가 후일 자신의 거처인 운림산방의 낭호로 사용했다. 추사는 후일 제자인 소치를 평가하여 "압록강 이동(以東)에서는 소치를 따를 자가 없다"고 칭찬했다.

임금을 후원자로 만들다

소치는 서울 추사 집에서 1년 정도 머물렀다. 더 머물 수가 없었던 것이 추사가 제주도로 유배를 떠나야 했기 때문이다. 소치는 유배 중인 스승을 찾아뵙기 위해, 당시에는 목숨을 걸어야 했던 위험한 바닷길로 제주도를 세 번이나 다녀왔다. 소치가 스승에 대해 가진 존경심의 정도가 어떠했는지 짐작할 수 있다.

소치의 일생을 보면 그는 참으로 인연복이 많았던 사람이다. 복 중에서 가장 좋은 복이 인연복이라고 하는데, 소치는 적절한 시기에 적절한 인연을 만나는 운이 있었다. 호남의 대장원인 녹우당에서 서화와 인연을 맺은 것부터 시작하여, 당대의 명선(名禪) 초의선사, 추사와의 사제 인연이 그러하다.

도가에서는 도를 닦기 위해서 네 가지 조건을 갖추어야 한다고 말한다. 네 가지 조건이란 법(法), 재(財), 지(地), 여(侶)를 가리킨다. 법이란 자기를 이끌어 줄 스승을 말하고, 재는 도를 닦는 동안에는 경제활동을 할 수 없으므로 그 기간 동안 의식주를 해결할 수 있을 정도의 재물이 있어야 한다는 것이고, 지는 자신의 기질을 보완해줄 기운이 있는 암자가 있어야 한다는 것이고, 여는 같이 공부하는 도반을 말한다.

이 네 가지 조건 중에서도 법이 가장 중요하다고 한다. 스승은 책에 나오지 않는 부분, 즉 입으로 전할 수밖에 없는 구전심수(口傳心授)의 현묘한 부분을 가르쳐주는 역할을 하기 때문에 스승을 만나지 못하면 깊은 경지에 도달하기 어렵다고 본다. 그래서 스승 찾아 3만 리를 헤매기도 한다.

소치는 비록 궁벽진 섬 출신이기는 하지만, 녹우당에서 예술과 풍류를 배우고, 초의선사에게 불교와 차를, 그리고 추사에게선 '문자향(文字香) 서권기(書卷氣)'로 압축되는 인문정신을 배웠기 때문에 대성할 수 있었다. 즉 당대의 최고수들을 스승으로 둔 인연복이 소치를 대성시켰다. 추사가 누구인가. 조선 후기 최고의 귀족 가문 출신일 뿐만 아니라, 저 콧대 높은 중국의 옹방강이나 완원 같은 대가들도 그 탁월한 자질과 학식을 인정하고 아낀 인물이 아닌가.

어찌 보면 추사는 유배 당한 불행만 빼면 돈과 권력, 학문, 인물, 예술적 자질 등등 모든 것을 다 갖춘 인물이었다. 《부덴부로크 가》의 공식에 따르자면 3대째에 비로소 배출된 예술가에 해당하는 인물인 것이다. 소치는 바로 이러한 추사와 사제 관계를 맺음으로써 좌하귀의 열악한 조건을 극복하고 예술가로서 성공할 수 있지 않았나 싶다.

소치의 인연복은 스승 잘 만나는 인연에서 끝나지 않고, 좋은 패트런(후원자)을 만나는 데까지 이어진다. 아무리 실력 있는 예술가라 할지라도 좋은 패트런을 만나지 못하면 고생만 하다 가는 것이 인생살이 아니던가. 소치의 가장 큰 패트런 가운데 한 사람이 당시 임금이던 헌종이다. 당시 관습에 따르면 벼슬이 없는 서민은 임금이 계신 왕궁에 출입할 수 없었다. 그런데 아무 벼슬이 없던 소치가 헌종의 특별한 배려로 통정대부, 첨지중추부사의 벼슬을 받고 왕궁에 출입할 수 있게 되었다.

　소치는 42세 때 헌종이 보는 앞에서 그림을 그린다. 헌종이 친히 그림책을 소치에게 보여주면서 그림에 대해 묻기도 하고, 소치가 그림 그릴 때 직접 화폭을 잡아주는가 하면, 제주도에 추사를 만나러 갔다 올 때 파도가 어떠했는지, 또 초의는 어떤 인물인지 하는 등등의 문답이 있었다. 헌종은 소치에게 과객비로 300금(약 1천만 원)을 내리기도 했으며,《필홍(筆紅)》,《어장(御章)》,《시법입문(詩法入門)》(4권) 같은 서적들을 하사하기도 했다. 책을 보관하는 오동나무 상자에 헌종이 직접 '시법입문(詩法入門)'이라고 쓴《시법입문》은 현재 허씨 문중에서 가보로 보관하고 있다.

지방 명사들과 교유하며 '화려한' 여행

　헌종 이외에도 소치의 패트런은 많았다. 대부분이 당대의 고관, 명사들이었음은 물론이다. 소치는 전남 해남에서 서울에 이르는 길, 그러니까 전라도, 충청도, 경기도, 서울 일대를 비롯한 호남대로를 통해 많이 여행했는데, 이 여행이 대부분 패트런들을 방문해서 시를 주고받고, 대접 받고 그림을 그려주는 일종의 후원회 성격이었다고 보면 맞을 것이다. "옛날에는 황대치가 있었지만 지금은 허소치가 있다古有大痴 今有小痴"는 찬사를 받으면서 말이다.

　《소치실록》에 나타난 그의 여행 기록을 보면 소치는 서울에 가서 운현궁의 대원군과 민영익, 신관호 등을 만나 시구를 주고받았으며, 떠날 때에는 재상과 문인들이 모두 모여 시를 지어 소치를 전송했다고 나온다. 문의현(文義縣, 충북 청원군 문의면의 고려 때 행정구역)에 가서는 그곳 수령인 김영문을 만나서 환대를 받고 10여 일을 머물다가, 금영에 도착해서는 대원군의 사촌인 이명응을 만나 객사에서 머물고, 은진읍에 도착해서는 수령 정기우를 만나 문사들과 모임을 가졌으며, 강경포에 도착해서는 옛날부터 친한 한기포의 집에 수일 간 머물고, 다시 함열에 도착해서는 김 진사를 만나 시화를 주고받았으며, 웅포에서는 서호운의 집에, 임피읍에서는 여러 친구들을 만나 회포를 풀며 지내는 식이었다.

　보통 사람은 여행을 하기도 어려웠고, 여행을 하더라도 고생을 감수해야만 했던 조선시대에 이처럼 환대 받으며 화려하게 여행을 많이 한 사람도 아마 찾아보기 힘들 것이다. 그럴 수 있었던 이유는 당시 소치의 명성이 이미 널리 퍼져 있었기 때문이리라. 소치가 지방 명사들과 개인적으로 접촉한 일은 소치의 작품이 널리 유통되는 계기도 되었을 것이다. 오세창이 편찬한 한국 역대 서화가 사전인 《근역서화징》에 보면 조선 후기의 화가 조희룡이 소치의 학문과 그림에 대해 다음과 같이 감탄하는 대목이 나온다.

> 허생(소치)은 그림에 정신이 빠졌다. 바다를 건너 서울에 와서 일석산방(一石山房)으로 나를 찾아와 하룻밤을 자며 얘기했다. 화파를 토론하는데 당·송·원·명의 제가로부터 근래 사람에 이르기까지 상하 천 년 동안 글씨와 그림이 천 가지 만 가지로 변화해온 현상이 이런저런 얘기하는 가운데 다 쏟아져 나왔으니, 10년 동안 그림을 논해오면서 오늘 밤같이 성대했던 적은 없었다. (중략) 허생의 이름은 유(維)니 멀리 왕마힐(王摩詰, 王維)을 사모하여 이름을 유라고 한 것이니, 이는 마치 왕마힐이 유마힐을 사모하여 그 이름을 유라고 한 것과 같은 것이다. 마힐은 선(禪)을 통해 시에 들어가고 시를 통해 그림에 들어갔는데, 허생만이 그림을 통해 시에 들어가고 시를 통해 선에 들어가지 못하겠는가. 선의 이치는 동향 사람인 초의상인(草衣上人)에게서 증명할 수 있다.

자연과의 일체 추구하는 남종화

소치가 일생 동안 그린 그림 화풍은 남종화이다. 남종화는 북종화와 대척점에 서 있는 화풍을 일컫는다. 중국에는 정치 중심지인 북경과 경제 중심지인 상해처럼 몇 가지 남과 북이 있다. 불교에도 남종선과 북종선이 있다. 남종선이 단방에 깨치는 '돈오(頓悟)'를 강조한다면, 북종선은 착실한 수행을 통한 점차적인 깨달음의 노선, 즉 '점오(漸悟)'를 중시한다. 중국에서는 육조 혜능 이후 남종선이 주류로 자리잡는다.

도교에도 남파와 북파가 있다. 남파는 주로 명공(命功), 즉 육체적인 수련을 중시한다. 육체가 먼저 바뀌어야 마음이 바뀔 수 있다는 노선이다. 반대로 북파에서는 성공(性功), 즉 마음 수련을 우선시한다. 마음을 먼저 비운 다음에 명공에 들어가야만 주화입마(走火入魔)에 걸리지 않는다고 본다. 남파가 선명후성(先命後性)의 노선이라면, 북파는 선성후명(先性後命)을 강조한다.

허백련의 손자인 허달재 씨. 뒤로 보이는 집이 무등산 '춘설헌'이다.

차(茶)도 남북의 성향이 다르다. 북쪽 지역에서 생산하는 북차는 잎이 작은 소엽종(小葉種)이 많고, 남쪽 지역에서 나는 남차는 잎이 큰 대엽종(大葉種)이 많다. 소엽종으로는 주로 녹차를 만들고 대엽종은 발효차를 많이 만든다.

그림 분야에서도 남종화가 문인적인 화풍이라면, 북종화는 다분히 무인적인 화풍이 아닌가 싶다. 남종화가 부드럽고 추상적이라면 북종화는 직선적이고 현실적이다. 단적으로 남종화에서 바위를 그릴 때 피마준(披麻皴, 마를 여러 개 벌어놓은 부드러운 준법)을 쓴다면, 북종화는 부벽준(斧劈皴, 도끼로 중간을 탁탁 끊어놓은 듯한 준법)을 많이 쓴다.

북종화도 그렇겠지만 남종화에서 강조하는 일관된 주제는 소우주인 인간과 대우주인 자연의 합일(orgasm)이다. 인간의 가장 큰 행복은 자기가 왔던 세계로 다시 돌아가는 데 있다. 끊임없이 앞으로 전진하는 데 있는 것이 아니라 회귀하는 데 있다. 이때 회귀의 대상은 대자연이다. 대자연이란 바로 산(山)과 수(水)를 일컫는다. 그래서 동양화는 대부분 산수화일 수밖에 없다. 산, 절벽, 안개, 바위, 소나무, 흐르는 계곡물로 돌아가자는 것이 남종화의 주제이다.

다시 말해 아름다운 산수로 돌아갈 때 에고(ego)의 감옥을 벗어나 '거듭날 수 있다'고 보는 가치관이 저변에 깔려 있는 것이다. 이는 미(美)를 통해서 선(善)으로 돌아가고, 거기서 다시 진(眞)으로 돌아갈 수 있다는 말도 된다. 진선미 가운데 선과 진보다는 미를 통해서 깨달음과 구원에 도달하는 쪽이 더 쉽고 보편적인 노선이 아닐까. 그러므로 남종화가에게는 아름다운 산수가 갖춰진 환경이 무엇보다 중요하다.

오랫동안 발복 유지되는 두터운 집터

운림산방은 바로 이러한 남종화적인 마음가짐으로 지은 집이다. 그렇기에 보통 주택처럼 실용적인 쓰임새에 주안점을 두지 않았다. 그보다는 주변 풍광의 아름다움을 폐부 깊숙이 들이마시려는 용도로 지은 거처라는 데에 운림산방이 다른 명택들과 구별되는 특징이 있다.

운림산방은 1857년 소치가 50세 때 고향인 진도에 돌아와서 지은 집이다. 이 해는 스승인 추사가 타계한 이듬해이자 소치가 지천명의 나이가 된 해이다. 일찍이 소치가 추사를 만나 '천 리를 여행하라'는 가르침을 받고, 그야말로 붓 하나 들고 산하를 유람한 뒤 비로소 고향으로 돌아와 안착한 시기가 이때쯤이 아니었을까. 소치는 1893년 85세의 나이로 세상을 뜰 때까지 잠깐씩 출타한 것을 제외하고는 대부분 이곳에 머물며 작품활동을 했으므로, 운림산방은 가히 소치의 예술정혼이 뭉쳐 있는 곳이라 해도 과언이 아니다.

이곳의 풍수를 한번 살펴보자. 좌향(坐向)은 간좌(艮坐)를 놓았으니, 서남향이다. 나는 운림산방 입구에 들어서면서 전체적인 분위기가 해남의 녹우당과 비슷하다는 인상을 받았다. 풍수를 연구하다 보면 총론과 각론 양쪽 모두에 능해야 한다. 총론이란 전체적인 분위기, 즉 숲을 보는 안목이고, 각론이란 세부적인 부분들, 즉 나무를 보는 안목이다. 숲과 나무를 모두 볼 줄 알아야 한다.

내 개인적인 체험을 이야기하면 초보 시절에는 하나하나 각론을 분석하는 데 주력했다. 풍수 교과서에 나오는 이론과 답사 현장이 과연 어떻게 부합하는지 대조하는 데에만 온 신경을 쏟았던 것이다. 그러다가 차츰 세월이 흐를수록 전체적인 총론이 눈에 들어오기 시작했다. 부분 부분이 한데 모여 순간적으로 하나의 느낌으로 압축되는 것을 느끼기 시작했다.

건물이나 묘지가 들어서 있는 국세의 전체적인 느낌. 풍수 명사들은 어느 지점에 들어섰을 때 순간적으로 반경 10리 내에 있는 산세 전체를 한눈에 읽어내는 동물적인 감각이 있다고 하는데, 나는 그런 경지는 못 되고 그 터 자체가 지닌 독특한 느낌 정도를 조금씩 체득해가는 단계다.

그런데 운림산방에 들어서는 순간 들어오는 느낌이 녹우당에 들어섰을 때 와 닿은 느낌과 비슷했다. 장중하고 호방하면서도 평화롭다고나 할까.

왜 그런 느낌이 들었을까 곰곰이 생각해보니 우선 운림산방의 뒷산이 녹우당 뒷산과 비슷한 점이 눈에 들어왔다. 운림산방의 내룡(來龍)이 되는 뒷산은 첨찰산이라고 불리는 산이다. 해발 485미터로 진도에서는 가장 높은 산이다. 산 모양은 동쪽에서 볼 때와 서쪽에서 볼 때가 각기 다르다. 보는 각도에 따라 다른 모양이 나타나기 때문에 그 영향력도 각기 다를 수밖에 없다.

운림산방 쪽에서 본 첨찰산은 장중하면서도 단정한 모습이다. 오행으로 따지면 살이 많이 붙은 토체(土體)산에다가 약간의 금기(金氣)를 섞어놓은 형태다. 진도 전체에서 보자면 이 산이 높아서 섬 전체를 내려다보는 것 같기 때문에 첨찰(尖察)이라는 이름이 붙었는지 모르지만, 운림산방 쪽에서 볼 때에는 뾰쪽한 느낌은 없고 육중하고 장중한 인상을 풍긴다. 보통 집터의 뒷산이 이처럼 장중한 경우는 드물다. 운림산방 뒷산은 장중하기는 하지만 보는 사람으로 하여금 위압감이나 날카로움은 느끼지 않게 한다는 데에 그 묘용(妙用)이 있다. 돌출한 기암괴석이나 바위가 별로 없기 때문에 단정한 느낌을 준다.

이 점이 녹우당의 뒷산인 덕음산과 흡사한 부분이다. 덕음산도 이처럼 중후하면서도 단정한 느낌을 준다. 내룡인 뒷산이 경륜을 쌓은 50대 후반 장년처럼 두텁고 중후한 인상을 풍기면, 여기에서 배출되는 사람의 성품 또한 중후하고 두텁다고 본다. 그리고 그 터는 오랫동안 발복이 유지되는 터라고 여긴다.

또 한 가지 운림산방의 풍수 조건 중 녹우당과 비슷한 점은 사신사(四神砂), 즉 청룡·백호·주작·현무가 분명하고, 그 내부 면적이 일반 집터의 국세(局勢)에 비해 훨씬 넓다는 점이다. 보통은 사신사가 완비된 곳이 적고, 완비되어 있다 하더라도 국세가 좁은 단점이 있다. 그런데 운림산방은 녹우당과 마찬가지로 사신사가 완비되어 있으면서도 국세까지 넓은 장점이 있는 것이다. 국세가 넓다 보니 이 터에 들어서는 사람은 시원하고 호방한 느낌을 갖게 된다.

인공으로 조성한 운림지

 운림산방과 녹우당이 이처럼 유사한 풍수 형국을 갖춘 것이 과연 우연의 일치일까. 소치는 운림산방 터를 잡을 때 녹우당을 모델로 했음이 틀림없다. 소치가 녹우당에서 받은 예술적인 영향을 고려해볼 때, 산방의 입지 선정에서도 녹우당과 비슷한 곳을 택했을 가능성이 높다. 해남의 녹우당이 대장원이라면 진도의 운림산방은 그보다 규모가 약간 작은 소장원에 해당한다고 말해도 틀린 말은 아니리라.

 그렇다면 운림산방과 녹우당이 서로 다른 점은 없는가. 다른 점도 있다. 우선 오른쪽 백호자락이 다르다. 녹우당은 백호자락에 돌출한 바위가 보이지 않는 반면, 운림산방에는 돌출한 바위 덩어리들이 보인다. 이 바위들은 운림산방에 살기(殺氣)로 작용한다. 백호날에 보이는 살기가 운림산방의 흠이라면 흠이다.

 그러나 따지고 보면 100퍼센트 완벽한 자리는 이 세상에 없고, 약간씩의 흠은 어느 터에나 있기 마련이다. 운림산방의 백호날에 살기가 약간 비치기 때문에 이걸 방어하기 위해 이쪽에 동백나무를 심어놓았다. 살기 방어용 비보를 한 것이다.

 운림산방이 녹우당과 또 하나 다른 점은 혈구이다. 녹우당은 터의 넓이에 비해서 혈구가 좀 작은 감이 있다. 터는 헤비급 주먹인데 글러브에 해당하는 혈구는 미들급 정도의 크기라고나 할까. 그러나 운림산방의 혈구는 적당하다. 현재 운림지(雲林池)라고 부르는 연못이 바로 운림산방의 혈구이다. 원래 이 자리에는 연못이 없었다. 이 연못은 소치가 첨찰산을 타고 흐르는 시냇물을 끌어 모아 인공으로 조성한 것이다. 이 연못이 있어야만 이 터가 명당으로 성립할 수 있기 때문이다.

 운림지로 인해서 운림산방 자리는 풍수적인 조건을 완비하게 된 것이다. 풍수가에서 회자되는 말 가운데 "고산(高山)은 장풍(藏風, 바람을 막는 곳)이요 평지(平地)는 득수(得水, 물을 얻는 곳)"라고 해서 평지 터는 물이 있는지의 여부를 무엇보다 중요하다고 본다.

 인공으로 조성한 운림지는 꼭 풍수적인 이유가 아니더라도 정신 수양과 조경

면에서도 필요한 연못이었다. '고사관수(高士觀水)'라는 제목의 그림도 있듯이 물을 관조함으로써 마음이 차분하게 가라앉고, 마음이 가라앉을 때 지혜가 자연스럽게 솟아 나온다는 것이 옛 선비들의 생각이었다. '지혜로운 자〔智者〕는 물을 좋아한다〔樂水〕'는 말도 같은 맥락에서 나온 말이다.

소치 이래로 허씨 집안에서 5대째 화가를 배출할 수 있었던 배경에는 운림산방이 첨찰산 아래 위치해 있다던 점도 빼놓을 수 없을 것 같다.

150년 된 토종 백일홍과 100만 그루 동백나무

운림지 한가운데는 조그마한 인공 섬이 있고, 그 안에는 백일홍이 심겨 있다. 소치가 직접 심어놓은 것이라고 하니 줄잡아 150년은 된 백일홍이다. 그냥 백일홍이 아니고 토종 백일홍이란다. 남도 지역의 사찰에는 백일홍이 유난히 많이 심겨 있다. 기후가 맞는 탓도 있겠지만 보통 꽃이 화무십일홍(花無十日紅)인데 비해 백일홍은 100일 동안이나 피어 있는, 지조 있는 꽃이기 때문에 많이 심어놓았을 성싶다. 운림산방에는 백일홍뿐만 아니라 이곳저곳이 소치가 직접 심은 꽃과 나무들로 뒤덮여 있어서 이곳이 정녕 별천지임을 실감케 한다. 예술가가 어찌 꽃을 좋아하지 않겠는가.

내게 운림산방을 안내해준 허경옥(65) 씨에게 각종 나무와 꽃 이름을 물어보았다. 허경옥 씨는 진도 산림조합장을 맡고 있어서 나무 이름은 물론 그 특성까지 소상하게 꿰고 있었다. 백동백, 동백, 오죽, 화살나무(참빗살나무, 항암 효과가 있다고 함), 은행나무, 심산해당화(일본인들이 분재로 가장 좋아하는 나무), 자목련, 백목련, 백매화, 호랑가시나무, 후박나무(껍데기는 위장약), 팽나무, 수양버들, 맥문동(여름에 땀 많이 흘리는 데 좋음), 단풍나무가 운림산방에서 자라고 있다. 사시사철 돌아가면서 교대로 꽃이 피도록 안배해놓은 것이다. 이를 통해서 남도 지역에 잘 자라는 꽃과 나무들을 파악할 수 있다.

허경옥 씨를 따라서 산방 뒷산인 첨찰산에 올라가보았다. 산 전체가 온통 동백나무로 빽빽하다. 몇 그루나 되는지 물어보니 100만 그루는 된다는 답변이다. 100만 그루라고 하면 첨찰산은 동백나무 산이라고 해도 과언이 아닐 정도

소치의 고손자이자 운림산방의 5대 화가인 허진 교수. 전남대 미대 교수로 재직 중이다.

로 국내 최대의 동백나무 밀식 지역인 셈이다. 새빨갛게 핀 동백꽃은 보는 사람의 마음을 광분케 한다. 동백꽃이 만개하면 산 전체가 장관일 것 같아서 동백꽃이 정확히 언제 피느냐고 물었다. 그러나 허경옥 씨 이야기는 아쉽게도 동백꽃은 나무 숫자만큼 피지 않는다고 한다. 동백나무가 너무 빽빽하게 밀집되어 있는 상태라서 동백나무를 적당히 솎아주어야만 공간이 생겨서 나뭇가지가 옆으로 퍼져 꽃을 피울 수 있다는 설명이다.

앞으로 첨찰산 동백 숲을 잘 관리하여 동백꽃이 만개하면 운림산방의 운치를 더욱 빛나게 할 것 같다. 이날 답사에 동행한 문학평론가 박철화 씨는 첨찰산을 오르며 "꽃 중에서 동백꽃처럼 관능적인 꽃이 없다"고 감탄사를 연발한다. 언젠가 운림산방과 첨찰산 동백나무가 지닌 관능을 작품 소재로 다루고 싶다는 이야기도 한다. 그만큼 이곳은 남도 특유의 분위기를 잘 간직하고 있는 곳이다.

소치의 뒤를 이은 2대 화가는 넷째아들인 미산 허형이다. 미산이라는 호는 원래 소치의 장남인 허은(許瀜)의 호였으나, 재질이 뛰어났던 장남이 19세로 일찍 죽자 넷째인 허형이 형님의 호를 물려받은 것이다.

미산은 구한말의 격동기와 한일합방이라는 역사적 격동기를 살아야 했기 때문에 아버지만큼 활동하지 못했다. 63세 때 제2회 선전에 출품하여 입선하는 등 늦게나마 작품세계를 인정받기도 했으나 가난에서 벗어나지 못했다. 생계를 위해 화필을 들고 이곳저곳 부잣집 사랑채에 기거하면서 그림이나 병풍을 그려주고 돈이나 곡식을 얻어 와야 했으니, 독창적인 작품세계를 개척할 여유는 없었다. 내가 보기에 미산은 아버지 소치처럼 좋은 스승을 만나는 인연복이 없었던 것이다.

그러나 자손과 제자복은 있었다. 남농 허건과 의재 허백련이 모두 미산에게서 나왔다. 남농은 미산의 넷째아들이고, 의재는 유년 시절에 미산의 그림 지도를 받은 제자이다. 후일 남농은 목포 유달산에, 의재는 광주 무등산에 각각 터를 잡고 활동하면서 전남 지역이 예향(藝鄕)으로 자리잡는 데 크게 기여했다. 무등산과 유달산에 젖줄을 대고 있는 화가들은 거의 대부분 의재와 남농의 제자라고 보면 크게 틀리지 않는다.

덕음산 녹우당에서 첨찰산 운림산방에 이르는 길은 소치가 맡았지만, 운림산방에서 다시 무등산과 유달산의 양대 맥으로 확산되는 중간 연결고리는 미산이 담당했던 것이다. 이렇게 보면 미산 자신은 크게 빛을 보지 못했지만, 그 혈손인 남농과 법손인 의재를 통해 크게 빛을 본 셈이다.

불우한 천재, 남농 허건

남농은 조부 소치의 예술혼이 뭉쳐 있는 운림산방에서 태어나서 강진 병영을 거쳐 목포 유달산 밑의 죽동에 정착했다. 이곳에서 주로 작품활동을 하다가 말년에는 남농기념관에서 지냈다. 남농은 37세 때인 1944년 〈목포의 일우〉로 선전 최고상을 수상했으나, 본격적인 활동을 펼치려는 시점에서 골습병이란 병에 걸려 왼쪽 무릎 아래를 절단해야만 하는 신세가 되었다. 화가로서 한창 기세가 오를 만할 시점에 그만 불구가 된 것이다. 남농은 43세 때 집필한 《남종회화사》 말미에 당시의 괴로웠던 심정과 자신의 예술관을 이렇게 피력해놓았다.

일간 칠십 고래희라 하였는데 내가 70세를 산다 하면 반세는 빈고에 시달렸고 반세는 불구자의 신세가 되겠는데, 예술가는 자극이 있어야 한다지만 나와 같이 기쁨과 슬픔, 고통과 가난의 기구한 숙명도 드물 것이다. 그러나 사람은 이러한 자극제에 시달려야만 삶의 진수를 알 수 있을 것이고, 내가 만일 그림을 그리지 않았다면 지금 나는 낙오자가 되었을 줄도 모를 일이다. (중략) 모든 예술은 사람을 고무하고 감동과 기쁨을 주어야 하는 것인즉 그렇지 않으면 예술의 진가가 없는 것이다. 예술은 자연 그대로 그린 것이 아니고 진실한 감동에서 우러나오는 것을 그리는 것이다. 내가 추구하는 남화의 표현 양식도 이와 같다. 또 예술은 민족성을 잊어서는 안 될 것이다. 자기 나라의 고유성을 버리고 어느 나라의 것을 모방하는 것은 외도이고 그것은 허위의 예술이고 가장의 예술이다. 남화는 조선 남화를 그릴 것이며, 유화는 조선의 유화를 그려야 한다.

남농은 고통을 겪어본 사람만이 지니는 특유의 인정과 소탈함을 지녔던 인물이다. 그는 사정이 어려운 사람이 찾아와 그림을 부탁하면 거절하지 못했다. 70년대 중반의 일이다. 한번은 남농 작업실에 어떤 할머니가 찾아와서 남농에게 그림 부탁을 했다. 아들이 포항제철에 취직했는데 아들 상사에게 선물하고 싶으니 그림을 하나 그려달라는 것이다. 그러면서 점심값 정도 되는 금액이 들어 있는 꼬깃꼬깃한 봉투를 건넸다. 할머니를 물끄러미 보고 있던 남농은 그 자리에서 소나무 그림을 그려주고, 다시 소품을 하나 더 그려주었다. 소나무 그림은 아들의 상사에게 갖다주고, 소품은 할머니가 갖고 가서 쌀 파는 데 보태라는 것이었다. 봉투에 든 돈도 집에 갈 차비에 보태라고 다시 할머니에게 돌려주었다.

남농은 이런 사람이었다. 그러다 보니 말년에는 다작을 했다는 비판도 들었다. 남에게 베풀 수 있는 한 베풀려고 노력하다 보니 그런 비판까지 들은 것이 아닌가 싶다. 남농은 돈이 있는 사람에게는 넉넉히 받고, 없는 사람에게는 그냥 그려주는 경우가 많았다. 심지어 작업실을 찾아오는 외판원들까지 박절하게 대하지 않았다고 전한다.

춘설헌에 기거한 '무등산 신선' 허백련

이러한 인품이니 목포 사람들은 남농을 목포의 어른으로 생각했다. 남농에게서 나오는 그림으로 줄잡아 200명의 목포 사람이 먹고 산다는 말까지 있을 정도였다. 실제로 남농이 죽은 후 목포 시내 화랑 경기가 현저하게 위축되었다는 사실이 이를 증명한다. 말년에 남농은 자신이 평생 수집한 수석 2천 점을 향토문화회관에 기증하고, 자신의 그림은 남농미술문화재단에, 그리고 쇠락한 운림산방을 복원하여 진도군에 기증했다. 모든 것을 사회에 환원하고 간 것이다.

남농에게는 그림 재질이 뛰어난 막내 동생이 있었다. 바로 임인 허림이다. 허림은 1941년 〈전가(田家)〉, 1942년엔 〈6월 무렵〉으로 일본 문전에 연속 입선했다. 조선인 화가로 연속 입선한 사람은 이당 김은호와 임인 허림뿐이었으니, 그의 재질이 어떠했는지 알 만하다. 현재 남농미술관에 허림의 작품이 한 점 전시되어 있는데, 촌로가 시장에 내다 팔기 위해 갖고 온 여러 마리 닭들이 닭장 안에 들어 있는 그림이다. 닭장에 갇힌 닭들의 표정이 다양하게 살아 있다.

그러나 애석하게도 임인은 25세의 나이로 요절하여 더는 작품을 남기지 못했다. 대신 임인은 아들을 하나 남기고 갔다. 임전 허문이다. 7세 때부터 백부 남농의 슬하에서 자란 허문은 가문에 내려오는 갈필법에다 자신만의 안목을 접합하여 '운무산수화'라는 독자적인 화풍을 정립했다. 수묵의 농담을 절묘하게 구성하여 화면 전체를 동적으로 전개하는 이 화풍 때문에 허문은 구름과 안개의 작가로 불린다. 이 사람이 운림산방의 제4대이다.

제5대는 전남대 미대 교수로 재직하고 있는 허진 교수이다. 미술 전문지에서 선정하는 주목받는 소장 작가 중에 반드시 들어가는 화가이다. 체격이 당당하고 선이 굵어서 압인지상(壓人之相)의 분위기를 풍기는 게 영락없이 조부인 남농을 닮은 것 같다. 허진은 허씨 가문에 내려오는 동양화에서 벗어나 자신만의 독자적인 화풍을 정립하기 위해 꾸준히 노력해온 화가이다. 낭만적인 산수화가 아니라, 현실에서 일어나는 인간 사회의 부조리와 탐욕 그리고 혼란을 그림에 담아내려고 노력하고 있다. 이는 그가 몸담은 광주라는 도시가 갖고 있는 문제의식과 무관하지 않은 듯 싶다.

마지막으로 의재 허백련을 이야기할 차례다. 혈연으로는 진도의 허씨로서 소치의 방손이자, 소치와 미산의 운림산방에서 학문과 그림을 계승한 법손이다. 의재는 전통적인 남종화의 문기(文氣) 어린 화풍을 고수한 인물이다.

진도에서 태어난 의재는 운림산방의 미산 문하에서 처음 그림을 접했으며, 20대에는 6년 동안 일본에 머물며 우에노공원 아래 있는 일본 남화의 대가 고무로(小室翠雲)의 화숙에서 남화를 연마했다. 그리고 귀국하여 무등산 마루턱에 춘설헌이라는 집을 짓고 시·서·화 삼절에 모두 능한 전통적인 문사의 삶을 살았다. 의재는 민족의 진로를 걱정하는 지사이기도 했다. 그가 무등산 춘설헌에서 추진한 일은 크게 세 가지다.

첫째는 농업기술학교를 세워서 농업 인재를 양성했다. 의재는 한국도 덴마크처럼 농업을 부흥시켜야 나라의 기반을 잡을 수 있다고 보았다. 그래서 그림을 배우러 찾아온 화가 지망생들에게 반드시 농사일을 시켰다. 땀 흘린 뒤에 그림을 그리라는 것이었다.

둘째는 차를 널리 보급한 일이다. 무등산 춘설차가 여기에서 나왔다. 의재는 "고춧가루를 많이 먹으면 국민들의 성질이 급해져서 나라가 망하고, 차를 많이 마시면 정신이 차분해져서 나라가 흥한다"고 강조했다. 일찍부터 차를 중시한 의재의 생각은 어디에다 그 맥을 두고 있을까? 이는 다산에서 초의선사로, 초의에서 소치 그리고 미산으로 이어진 다맥(茶脈)을 계승한 것이다. 해방 이후 의재가 보급한 춘설차는 이러한 전통 다맥의 산물이 아닐까 한다. 생각해보면 이 또한 첨찰산 운림산방에서 무등산 춘설헌까지 끊기지 않고 이어 내려온 정신의 맥임이 틀림없다.

셋째는 단군사상을 알린 일이다. 의재는 단군의 홍익인간사상으로 민족정신을 함양하고, 갈라진 남북이 화합해서 민족통일을 이루어야 한다고 역설했다. 이 때문에 빨갱이라는 소리도 많이 들었다.

의재의 사람됨이 이러하니 춘설헌에는 많은 명사들이 찾아들었다. 광주에 오면 으레 의재를 만나는 것이 당연하다고 여길 정도였다. 육당 최남선, 효당 최범술, 노산 이은상, 미당 서정주도 춘설헌의 단골 방문객이었다. 60년대 말부터 70년대 초에는 함석헌이 자주 찾아와 며칠씩 춘설헌에 머물면 의재와 이야기하고 갔다. 의재는 함석헌에게 "젊은 애들 너무 흥분시키지 말라"고 충고하기도 했다.

의재와 특별하게 친했던 사람은 지운 김철수이다. 김철수는 고려공산당 초대 당수를 지낸 인물로서 일본 유학 시절부터 중국 공산당 사부인 진독수와 교류하고, 진독수의 제자 뻘인 모택동과도 서신 교류를 했으며, 북한의 김일성이 선배로 생각할 정도로 좌익계에선 알아주는 거물이었다. 그는 해방 이후로 일체의 정치활동을 그만두고 전북 부안에 은거하며 살았는데, 유일하게 의재와는 흉금을 터놓는 사이였다고 전한다.

남농미술관과 의재미술관

한때 지운이 감옥에 갇혀 있을 때 그렇게 국화를 보고 싶어 했다고 한다. 그러나 보통 사람은 면회 갈 엄두도 내지 못할 정도로 분위기가 살벌하던 시절이었다. 이 소식을 들은 의재는 친구를 위해 국화를 그려서 감옥에 보냈다. 춘설헌 앞의 화초들은 모두 지운이 와서 심어놓은 것이다.

둘 사이에 이런 일화도 있다. 한번은 부안에서 지운이 의재에게 엽서를 보냈다. 그런데 받는 사람 주소를 '광주시 무등산 신선님께'라고만 썼다. 지운이 며칠 있다가 춘설헌에 와서 자신이 보낸 엽서가 제대로 도착했는지 확인하니 이미 도착해 있었다. 의재는 광주 우체부도 아는 '무등산 신선'이었던 것이다.

이 무등산 신선을 만나기 위해 《25시》의 작가 게오르규는 한국에 올 때마다 춘설헌을 방문했다. 시인은 잠수함의 토끼처럼 산소가 부족한 것을 가장 먼저 느끼는 존재라는 것이 게오르규의 주장이었음을 감안하면, 그는 서구 합리주의 문명이 결핍한 그 무엇을 발견하기 위해서 무등산 춘설헌을 찾았던 것이 아닐까. 그 무엇이란 인간과 대자연의 합일을 추구하는 남종화의 정신이 아니었을까.

의재의 유업을 계승해가고 있는 사람은 장손자인 직헌 허달재이다. 동양화가로 뉴욕주립대에서 객원교수로 있다가 현재 의재미술관장을 맡고 있다. 허씨들은 모두 인물이 좋은가 보다. 허달재 씨 역시 호남형의 미남이다. 그는 유년시절부터 조부인 의재의 훈도를 받고 자랐다. 허달재 씨는 그 훈도를 이렇게 표현한다.

"조부님은 항상 '내 그림이 최고로 보일 때에는 손이 앞서간 것이고, 내 그림이 적게 보일 때에는 눈이 앞서간 것'이라고 강조하셨습니다. 춘설헌에는 손님이 많이 찾아왔는데, 조부님은 서울의 유명 인사가 방문하면 당신의 제자들이 시중을 들게 하고, 시골의 무명 인사가 방문하면 손자인 저를 불러 손님 시중을 들도록 했습니다. 저는 조부님의 이러한 고의적인 차별이 불만이었습니다. 유명한 사람이 왔을 때 손자를 불러서 시중을 들도록 하면 제가 그 사람과 인연을 맺을 수 있는 기회가 될 것 아니겠어요. 그런데 꼭 유명한 사람만 오면 손자인 저는 빼고 제자들을 부르는 겁니다. 그러나 세월이 흘러 제가 50대가 되니까 이제야 조부님의 마음을 이해할 것 같습니다. 조부님은 일생을 공인으로 사시다 간 겁니다."

 춘설헌 앞 옛날 농업학교 자리에 신축 중인 의재미술관은 이제 거의 마무리 단계이다. 허달재 씨는 의재미술관을 단순한 미술관이 아닌 학교 개념으로 운영할 포부를 갖고 있다. 차 교육의 중심지로서 그리고 전통 문화와 민족정신의 교육장으로서 활용할 계획이다. 운림산방에서 시작한 맥이 하나는 목포 유달산으로 뻗어 남농미술관으로 결국(結局) 되었고, 다른 하나는 광주의 무등산으로 뻗어 의재미술관을 이룬 것이다.

내앞마을의 수구를 막기 위해 인공적으로 조성한 소나무 숲. 이를 '개호송'이라 부른다. 조선시대 비보풍수의 전형적인 사례이다.

안동의 의성 김씨 내앞종택

도리를 굽혀 살지 말라

경상북도 안동에 위치한 의성 김씨 종택.
이곳은 권력의 부조리를 정면에서 고발하는 기백과 목숨을 내건 의리로 인해
조선시대에 금부도사가 세 번이나 체포영장을 들고 오는 수난을 겪었다.
또 비범한 인물들을 배출한 내앞종택의 산실(産室)은
이문열의 소설 소재로 등장할 만큼 이야깃거리가 풍부하다.

의성 김씨 대종택 전경. 500년의 역사를 지닌 의성 김씨 집성촌을 대표하는 종택이다.

인걸지령(人傑地靈)의 명당, 선비정신의 산실

사랑채와 안채가 겹치는 지점에 있는 산실. 이 집에서 가장 기운이 강한 곳이다. 여기서 아이를 임신하거나 출산하면 이 방의 정기를 받아 비범한 인물이 나온다고 믿었다.

안동에 있는 의성 김씨 종택을 찾아간다. 안동 시내에서 동쪽으로 반변천을 따라 30리를 올라가다 보면 국도 연변 좌측에 고풍 어린 기와집들이 즐비하게 자리잡은 풍경이 나타난다. 바로 500여 년의 역사를 지닌 의성 김씨 집성촌이다. 그 기와집들 가운데 청계(靑溪) 김진(金璡, 1500~1580)을 중시조로 모시는 의성 김씨 내앞파[川前派] 종택이 나그네의 눈길을 끈다. 내앞파 종택은 조선 선비의 강렬한 정신이 어려 있는 곳이기 때문이다.

그 강렬함이란 권력의 부조리를 정면에서 고발하는 직언(直言) 정신과, 의리를 지키기 위해서 목숨을 내놓는 기백을 가리킨다. 이 기백과 의리로 인해서 조선시대 금부도사가 체포영장을 들고 찾아와서 종택 뜰에 세 번이나 말을 매는 시련을 겪어야만 했다.

안동 지역 인근에서 회자되는 '유가(儒家)에는 3년마다 금부도사가 드나들어야 되고, 갯밭에는 3년마다 강물이 드나들어야 된다' 는 속담은, 자신의 신념과 명분을 지키기 위해서 금부도사의 체포영장을 두려워하지 않고 오히려 영광으로 알았던 조선 선비들의 정신이 잘 나타난 말이다.

언제부터인가 '모난 돌이 정 맞는다' 를 과도하게 명심한 나머지 자나깨나 몸을 낮추는 삶을 전부로 알았던 범부들의 처세 요령과 비교해보면 이는 너무나 다른 차원의 처세이자 정신이 아닐 수 없다. 그렇다! 내앞종택은 조선 선비의 기개가 전해오는 집이다. 내앞종택에 전해오는 선비정신을 종합적으로 이해하기 위해서는 먼저 안동문화의 특징을 간단하게 짚어보는 것이 순서일 성싶다.

유교문화 잘 보존된 명문 종택의 고장

한국의 문화지도에서 안동이라는 지방을 찾아보면 '양반문화'라는 코드가 나타난다. 다른 지역에 비해 조선시대 양반 선비들의 문화가 현재까지도 잘 보존된 지역이 안동 일대다. 내 주관적인 판단일지는 몰라도 봉제사(奉祭祀)·접빈객(接賓客)의 풍습이 아직 남아 있는 곳이 안동이다. 문중 제사가 있으면 전국에서 후손들이 모여들고, 외부 손님이 왔을 때에는 바쁜 일이 있더라도 내색하지 않고 정성을 다해 맞이하는 고풍을 간직하고 있다.

개인적인 체험을 말한다면 나는 전라도 사람으로서 수년 동안 안동 일대를 여러 번 답사했는데, 답사 때마다 안내를 맡은 청년유도회(青年儒道會)의 정성 어린 접대를 받으면서 접빈객의 유풍(遺風)이 살아 있음을 실감했다.

그런가 하면 종가에 대한 애착도 각별한 것 같다. 종손의 자녀들이 경제적으로 어려워서 대학 등록금을 내지 못하면 지손(支孫)들이 십시일반 돈을 갹출해서 대신 내주는가 하면, 종가 건물을 보수하고 선조들의 문집을 번역·출판하는 이른바 '보종(補宗)'에도 아주 열심이다. 전국적으로 볼 때 조선시대 선비들의 문집 간행이 가장 활발한 곳이 이곳 안동이고, 수백 년의 역사를 지닌 종택들이 가장 많이 보존되어 있는 곳도 안동 일대라는 사실을 부인할 수 없다. 종택의 고장이라고 해도 과언이 아닐 정도로 안동에는 종택들이 밀집되어 있음을 목격할 수 있다.

예를 들어보자. 이 근방에서 내로라 하는 명문가에 속하는 의성 김씨, 진성 이씨, 안동 권씨, 고성 이씨, 하회 류씨, 전주 류씨, 재령 이씨, 광산 김씨 등등의 명문 종택 수십 군데가 안동·봉화·영양 일대에 집중적으로 분포하고 있는 것이다. 물론 종택이란 것이 안동에만 있는 것은 아니다.

과거에는 충청도와 전라도, 강원도 일대에도 많이 있었다. 하지만 일제 36년의 굴욕과 6·25라는 겁살, 산업화로 인한 인구의 대도시 집중, 그리고 유교의 봉제사가 해방 이후 전파된 기독교의 반(反)제사와 정면으로 충돌하는 과정에서 유교적 풍습과 그를 뒷받침하던 종택(종가)들이 서서히 사라지고 와해되었다.

이러한 역사적 풍파를 겪으면서도 유독 안동 일대만큼은 유교문화의 순도를 유지하고 있다. 왜 그런 것인가? 오늘날 안동 일대에 유교문화 또는 양반문화가 비교적 잘 보존되어 있는 이유는 무엇인가? 이는 안동 내앞의 의성 김씨 종택을 찾기에 앞서 묻지 않을 수 없는 질문이다.

풍수가에서 지목하는 영남의 4대 길지는 경주의 양동마을(良佐洞), 풍산의 하회, 임하의 내앞, 내성의 닭실〔酉谷〕이다. 양동마을은 건축학자 김봉렬 씨의 표현에 의하면 조선시대의 평창동에 해당하는 고급 주택지로서 손중돈과 이언적의 후손들이 사는 곳이다. 하회는 겸암과 서애로 대표되는 류씨들 동네이고, 내앞은 의성 김씨, 닭실은 충재의 고택으로 뜰 옆의 거북바위 위에 앉아 있는 청암정(靑巖亭)으로 유명한 곳이다.

그런데 이 4대 길지 가운데서 양동마을 제외한 세 군데, 즉 하회, 내앞, 닭실이 안동 지역에 몰려 있음을 주목해야 한다. 네 개 중 세 개가 안동에 있는 것이다.

《택리지》에서 꼽은 조선의 4대 길지

《택리지(擇里志)》의 저자 이중환(李重煥, 1690~1752)은 조선에서 양반 선비가 살 만한 이상적인 장소로 경북 예안의 도산, 하회, 천전(내앞), 닭실을 꼽았다. 여기서 도산이라 하면 퇴계의 도산서원이 있는 도산을 지칭한다.

흥미로운 사실은 일반 풍수가에서 꼽는 영남의 4대 길지와 《택리지》에서 지목한 4대 길지가 한 군데만 빼놓고 똑같다는 점이다. 하회, 내앞, 닭실이 겹친다. 《택리지》는 경주의 양동마을 대신 퇴계가 살던 도산을 포함시켜 안동 일대의 네 군데를 모두 조선의 베스트 명당으로 꼽았다. 이중환이 생각할 때 나라 안에 있는 최고의 양택 명당은 모두 안동에 있었던 셈이다. 의성 김씨 종택이 있는 내앞 지역은 이러한 반열에 드는 곳이라는 사실을 염두에 두어야 한다.

그렇다면 이중환은 어떤 기준에서 안동 일대를 선비의 가거지(可居地)로 본 것인가? 여기에 이중환이 살았던 당대의 정치·경제적 상황과 유교적 가치관이 반영되어 있음은 물론이다.

이중환이 생각한 기준은 첫째 지리, 둘째 생리(生利), 셋째 인심, 넷째 산수(山水), 이상 네 가지이다. 첫째 지리는 풍수적 조건을 의미한다. 풍수적 조건 중에서도 이중환은 일차적으로 수구(水口)라고 하는 것을 가장 중시했다. 수구는 좌청룡·우백호 사이의 벌어진 공간으로서 통상 이 공간을 통해서 물이 드나든다. 이 물 드나드는 입구가 넓게 벌어지지 않고 좁아야 한다.

둘째 생리는 경제적 조건을 의미한다. 먹고 살 수 있는 재리(財利)가 조달될 수 있는 곳인가를 본다. 셋째 인심은 그 지역 사람들의 인심이고, 넷째 산수는 자연 경관이 아름다운가의 여부이다. 《택리지》에서 안동 일대를 선비가 살기에 최적지라고 한 이유는 안동이 이상 네 가지 조건에서 모두 높은 점수를 받았기 때문이다. 이상 네 가지 조건을 나의 소견으로 다시 한 번 검토하면 다음과 같다.

첫째 풍수를 보자. 경상도는 충청과 호남에 비해 산세가 높고 가파른 편이지만, 안동 일대만큼은 예외적으로 높지 않은 산들이 고만고만하게 포진해 있다. 뿐만 아니라 바위가 뾰쪽뾰쪽하게 돌출한 악산(惡山)도 거의 보이질 않는다. 문사들이 좋아하는 온화하고 방정한 산세에 가깝다.

기공이나 국선도, 쿤달리니 요가를 수련하는 방외일사(方外逸士)들 사이에서는 '양백지간(兩白之間)'이라는 말이 종종 화제에 오르는데, 양백지간이란 태백산과 소백산 사이를 일컫는 말이다. 흰 백(白) 자가 들어가는 산들은 백의민족이 정신수련을 하기에 적합한 산이라고 하는데 태백과 소백이 바로 그러한 신령스런 산일 뿐 아니라, 이 지역 일대가 현재 남한에서 가장 오염이 덜하고 기운이 맑은 곳이라고 알려져 있다.

더군다나 안동 일대의 산세는 백두대간 맥이 부산 쪽으로 내려가는 낙동정맥과 태백산에서 방향을 틀어 속리산 쪽으로 내려가는 맥의 분기점 중간에 위치해 있다. 크게 보면 이 분기점이 양백지간이고, 안동 일대 즉 봉화·춘양·안동·영양 지역은 이 양백지간에 해당한다. 경상도가 충청이나 호남보다 먼저 공업화의 길을 걸었지만, 주로 낙동강 중하류 쪽인 대구와 부산 쪽에 집중되었기 때문에 공장이 거의 들어서지 않은 낙동강 상류 쪽인 이곳 양백지간은 현재까지도 비교적 깨끗한 상태를 보존하고 있다.

다음으로 둘째 생리다. 조선시대의 가치관으로 볼 때 사대부가 장사를 하면서 재리를 취할 수는 없고 한다면 농사나 지어야 하는데, 그렇다면 농사짓고 살기에는 어디가 적당한가? 상식적으로 생각할 때 산간 지역보다는 넓은 평야 지대가 농사에 유리할 것 같다. 그러나 이 부분에 대해서 지리학자 최영준 교수는 다음과 같이 설명한다.

> 조선시대에는 호남평야의 범위가 현재보다 훨씬 좁았으며, 바닷가의 들은 장기(瘴氣)가 많고 관개시설의 혜택을 고르게 받지 못하여 한해와 염해를 자주 입는 곳이 많았다. 그러므로 이러한 들판보다는 약간 내륙 쪽의 고라실(구릉지와 계곡이 조화를 이룬 지역)에 사대부들이 많이 거주하고 바닷가의 들(갯땅)에는 주로 가난한 농민이 거주하였다. (중략) 기계화의 수준이 낮은 농경사회에서는 홍수의 피해가 크고 관개가 어려운 대하천보다 토양이 비옥하고 관개가 용이한 계거(溪居)를 선호하는 경향이 있다(최영준, 《국토와 민족생활사》, 84쪽).

조선시대에는 관개시설이 부족하고 염해가 발생하는 평야보다는 오히려 내륙 쪽의 냇물이 흐르는 곳이 농사에 적합했다는 지적이다. 산은 많지만 그렇다고 해서 지나치게 높지는 않은, 적절한 구릉과 계곡이 이곳저곳 형성되어 있는 낙동강 상류 지역은 바로 이러한 입지에 해당한다. 지형도에 나타난 지명을 통계적으로 분석한 연구에 의하면, 계곡을 나타내는 골[谷]이라는 접미어가 붙은 지명이 가장 많은 지역이 조선시대 안동부에 속한 안동(27퍼센트)과 봉화(28퍼센트)이다. 여기에 골과 같은 의미인 '실'과 '일'을 더하면 35퍼센트와 32퍼센트로 전국 평균 19퍼센트에 비하여 매우 높다고 한다(정원진, 〈한국인의 환경지각에 관한 연구〉, 1983).

종택의 내부 모습. 우측 건물이 안채이고, 좌측 건물이 사랑채이다. 이 두 건물이 서로 붙어 있는 구조가 특징이다.

경상도와 전라도 인심론

 다음으로 이중환이 생각한 길지의 셋째 기준인 인심을 보자. 오늘날까지도 이 부분은 매우 민감한 부분으로 남아 있다. 이중환은 평안도와 경상도만 빼놓고 함경도, 황해도, 강원도, 전라도, 충청도 인심에 대해서는 부정적으로 평가했다. 평안도는 인심이 순후하고, 경상도는 풍속이 진실하지만, 나머지 지역은 인심이 사납거나 멍청하거나 간사하다고 한 것이다. 이때 경상도 지역의 범위를 더욱 좁혀보면 안동 일대라는 추론도 가능하다.

그런데 이중환은 전라도 사람들에 대해서는 "오로지 교활함을 좋아하고 나쁜 일에 쉽게 부화뇌동한다專尙狡險 易動以非"고 혹평해놓았다. 경상도를 진실하다고 본 것에 비하면 전라도에 대한 평가는 감정이 섞인 것이 아닐까 할 만큼 냉소적인 태도를 취하고 있다. 안동 인심의 정반대 쪽에 전라도 인심이 놓여 있는 것이다. 왜 이중환은 이처럼 경상도와 전라도에 대해서 대조적인 평가를 내렸던 것인가? 이중환은 팔도 가운데 평안도와 전라도에는 한 번도 가본 적이 없다. 가본 적이 없는데도 부정적인 단정을 하고 있다.

우리 나라 보학(譜學, 계보학)의 대가인 송준호 교수는 이 부분에 대해서 주목할 만한 지적을 하고 있다. 송 교수에 의하면 이중환의 친외가가 바로 전라도 무장(고창의 옛 이름)이었다. 서울에 살던 이중환의 부친 이진휴(李震休, 1657~1710)가 전라도 무장에서 명문가로 알려진 함양 오씨 오상위(吳相胃, 1634~1687)의 사위가 되었던 것이다(송준호, 《조선 사회사 연구》, 1987). 자신의 외가 동네이자 어머니 고향인 전라도에 대해서 이렇게 평가했다는 것은 아무리 생각해도 좀 의외다.

또 한 가지 의문점은 이중환이 육십 평생을 살면서 외가인 전라도에 한 번도 다녀간 적이 없다는 사실이다. 조선시대 사대부 풍습에 의하면 결혼을 해서 처가가 있는 지역으로 옮겨가서 사는[聘鄕] 경우가 많았다. 조선 중기까지 딸들도 재산을 상속받았기 때문이다. 그런 상황에서 자식도 친가가 아닌 외가에서 낳는 경우가 많았고, 어린 자식을 일정 시기 동안 외가에서 지내게 하는 수가 많았다. 그런데 이중환은 평생 외가에 발붙인 적이 없다. 철저한 단절이었다.

이중환이 경상도 인심을 높게 평가하고, 자신의 외가인 전라도 인심은 낮게 평가한 이면에는 임진왜란 바로 전해에 발생한 '조선시대의 광주항쟁'이라 불리는 정여립 사건(己丑獄事, 1591)이 있었다. 이 사건으로 인해서 수사 책임자였던 송강 정철의 반대쪽 라인에 서 있던 전라도 선비들이 1천 명 가량 쿠데타 혐의를 받고 죽거나 불구자가 되었다. 주로 동인이자 후일 남인으로 분류되는 사람들이 피해자였는데, 이중환의 외가인 함양 오씨 집안도 남인이었다.

오씨들은 이 사건으로 억울하게 당했다고 생각하는 '호남오신(湖南五臣)'(정개청·유몽정·조대중·이발·이길)의 명예를 회복하기 위해 서인에서 갈라져 나온 정철의 노론 쪽 후손들과 치열한 전투를 벌인 남인의 선봉대 집안이었다. 함양 오씨를 비롯한 전라도 남인들과, 송강 정철을 추종하는 노론 쪽 사람들은 기축옥사 이후로 200년 가까운 세월 동안 엎치락뒤치락 하는 공방전을 계속했다.

이걸 보면 경상도 남인보다 전라도 남인들이 훨씬 더 고생했다는 걸 알 수 있다. 경상도는 노론이 드물고 거의 퇴계 문하의 남인 일색이라 같은 색깔 아래에서 동지적 결속이 가능한 분위기였지만, 전라도는 노론이 주류를 이루었기 때문에 전라도 남인들은 아웃사이더로서 많은 설움을 겪어야만 했다. 그래서 전라도 남인들은 영남 남인들을 부러워했다.

이중환의 외가인 함양 오씨들이 겪은 또 하나의 참혹한 불행은 영조 4년(1728)에 발생한 이인좌의 난(戊申亂)이다. 이 사건에 함양 오씨, 나주 나씨를 비롯한 전라도 남인들이 상당수 관여했다는 노론 측 주장에 따라 오씨 집안은 사약을 받거나 장살을 당하는 비극을 겪어야만 했다.

이때 이중환의 나이 30대 후반에서 40대 초반이었던 만큼 사건의 전말과 전개 과정을 충분하게 파악할 수 있었을 것으로 추측된다. 외가가 당쟁의 와중에서 이처럼 당하는 것을 목격하면서 이중환은 과연 어떤 생각을 했을까? 철저한 환멸 그 자체가 아니었을까! 아마 전라도 쪽은 쳐다보기도 싫었을 것이다.

이렇게 놓고 보면 당쟁의 피해가 더 심했던 곳은 영남보다 호남이었다는 결론이 나온다. 영남이 징역살이 정도의 피해를 보았다면 호남은 목에 밧줄을 걸고 사형을 당하는 형벌을 겪었다고나 할까. 그래서 이중환은 외가이기는 하지만 피비린내 나는 격전지인 전라도는 한 번도 찾지 않았던 것 같다. 괜히 얼씬거리다가 자칫 덤터기를 쓸 가능성이 있으니까. 이러한 이중환의 심리 상태가 《택리지》의 저술에도 영향을 미쳤을 가능성이 농후하다는 것이 송 교수의 견해다.

이런 맥락에서 비록 권력에서 소외되었을 망정 남인들끼리 오순도순 사이좋게 모여 살면서 학문에 정진하는 경상도 안동 쪽의 풍경은, 당시 뜻을 펴지 못하며 방황하던 남인 신분의 이중환에게는 가히 살 만한 곳으로 비치지 않았겠는가.

선비의 가거지가 갖춰야 할 넷째 조건은 산수이다. 동양화는 대부분 산수화이다. 한자문화권의 식자층이 인생의 커다란 즐거움으로 생각한 것은 아름다운 산수에서 노니는 것이었고, 이 대자연과의 합일을 궁극적인 가치로 여겼다. 산과 물이 흐르는 계곡에서 광달락(曠達樂)을 누리는 것, 우리 삶에서 그 이상의 가치가 있을까.

층층 기암절벽 사이로 냇물이 많이 흐르는 안동 일대는 이러한 산수를 즐기기에 최적지로 보였을 것이다. 기암절벽과 냇물이 이곳에만 있는 것은 아니지만, 안동 일대는 조령을 통해 서울로 갈 수 있는 길은 열려 있고 다른 쪽은 산으로 둘러싸인 오지라서 조선시대 내내 서해안과 남해안, 그리고 동해안 남쪽에 이르기까지 시도 때도 없이 출몰한 왜구들이 감히 접근하기 어려운 안전지대였다는 점을 감안해야 한다. 전란이 적어서 많은 학자와 시인 그리고 도교 방사(方士)들이 선호했던 중국의 오지 사천성처럼, 한국의 양백지간인 안동과 봉화 일대는 가장 병화(兵禍)가 적은 무릉도원이었다고 말하면 지나친 표현일까.

이상적인 입지의 결정판 '냇가에서 살기'

이중환이 제시한 지리, 생리, 인심, 산수라는 네 가지 조건을 이상적으로 갖춘 곳을 한 마디로 표현하면 '계거(溪居)'이다. 계거란 냇가에서 사는 것을 말한다. 바닷가 옆에서 사는 해거(海居)보다는 강 옆에서 사는 강거(江居)가 낫고, 강거보다는 냇가에서 사는 계거가 이상적인 입지 조건이라고 조선시대 사대부들은 생각했다. 의성 김씨 내앞종택은 바로 이러한 계거의 전형적인 사례에 해당한다.

내앞(川前)이란 이름도 반변천이라는 냇물 앞에 자리잡고 있다고 해서 붙은 이름이고, 이 집안의 중시조인 청계(靑溪) 김진(金璡)의 호에 시내(溪) 자가 들어간 것도 이러한 맥락에서다. 그런가 하면 내앞과 인근 지역인 도산에 살면서 청계와 거의 동년배였던 퇴계도 그 호에 역시 계 자가 들어가 있다. 그 이유는 물론 '물러나 냇물 옆에서 한가로이 사는' 계거의 삶을 동경했기 때문이다. 대략 15세기 후반부터 16세기 중반까지의 시기에 영남학파를 대표하는 명문 거족들의 집이 이 지역에 집중적으로 들어서기 시작한다.

내앞종택은 경북 영양군의 일월산(해발 1,219미터) 지맥이 동남방으로 내려오다가 서쪽으로 흘러오는 낙동강 지류인 반변천과 만나면서 자리를 만든 곳이다. 반변천은 마을 앞에서 커브를 그리면서 돌아 나가기 때문에 자연스럽게 아름다운 모래밭을 형성했다. 이름하여 '완사명월형(浣紗明月形)'. 밝은 달 아래에서 귀한 사람이 입는 옷[紗]을 세탁하는[浣] 형국이란 뜻이다.

여기서 완사는 반변천의 맑은 모래밭을 상징하는 것 같다. 모래밭과 밝은 달, 추월양명휘(秋月揚明輝)라고 했던가. 내앞종택은 봄이나 여름보다는 둥그런 달이 뜬 가을밤에 부서지는 월광 속에서 바라보아야 그 아름다움을 알 것 같다. 종택 인근의 경포대(鏡浦臺)나 다추월(多秋月)이라는 지명은 이 가을달의 아름다움을 입증해준다.

내앞종택의 풍수 지리적인 조건을 살펴보자. 이곳을 자세히 살펴보면 집터가 뒤쪽의 반달 같은 모양의 입수맥(入首脈) 한가운데 자리잡지 않고 왼쪽으로 치우친 지점에 자리잡고 있음을 알 수 있다. 입수맥 한가운데에 집을 앉히는 것이 일반적인데 왜 그랬을까? 해답은 집 앞에 있었다고 하는 조그만 연못에서 찾아야 한다. 지금은 메워져서 밭으로 변했지만 원래 이 연못은 풍수적으로 아주 중요한 기능을 하던 장치다. 어떤 역할이냐 하면 집터의 기운을 한곳으로 집중시켜주고, 밖의 외기(外氣)와 안의 내기(內氣)를 서로 교류시켜 집터의 기운을 순환해주는 것이다.

풍수에서는 터 바로 앞에 위치한 연못이나 샘, 방죽을 혈구(穴口)라고 부른다. 혈구란 혈자리의 입구이자 입이라고 보는 것이다. 이 혈구가 있어야 집터의 기운이 다른 곳으로 분산되지 않고, 음기와 양기가 서로 들락거리면서 집터 안에 생기를 유지시킨다. 인체에 비유하면 집터가 코끝에 자리잡는다고 하면, 혈구는 입에 해당한다. 그러므로 집터와 혈구는 일직선상에 놓여야 법식에 맞다.

즉 얼굴의 코와 입이 제 위치에 있어야 하는 것과 같은 이치다.

만약 집터와 혈구가 대각선이 되거나, 각도가 어긋나서 비뚜름하게 있으면 그 집터는 풍수의 법식에 맞지 않다고 간주한다. 바꾸어 말하면 애시당초 터를 잡을 때 혈구와 일직선이 되도록 터를 잡아야 한다는 말이다. 내앞종택도 처음에는 연못과 집 대문이 거의 일직선상에 있었음을 알 수 있다.

그렇다면 해답이 나온다. 내 생각으로는 혈구 방향과 직선으로 일치하는 곳에 집터를 잡다 보니까 집이 입수맥의 좌측에 자리잡게 된 것이다. 풍수를 모르는 사람들은 무슨 소린가 하겠지만, 풍수학인에게는 매우 중요한 이야기다. 혈구와 일치하지 않는 집터는 그 효과가 반감한다. 명당에는 반드시 혈구가 코앞에 있다. 혈구가 없다면 그 터는 A급 명당이 못 된다. 만약 터는 좋은데 혈구가 없다면 인위적으로라도 땅을 파서 만들어놓기도 하는데, 묘터나 집터 앞에 인공적으로 방죽을 조성하는 경우가 바로 이 때문이다.

내앞종택 터는 대문 앞쪽으로 30미터쯤에 있었던 혈구(연못)가 명물이라서, 풍수가에서는 "의성 김씨 종택에 가거들랑 혈구부터 먼저 보아야 한다"라는 말이 전할 정도였다. 그러나 몇 년 전에 처음 이곳에 답사 와서 혈구를 확인해보니 찾을 수가 없었다. 이번에 안내를 해준 김씨 문중의 김종선 선생의 말을 들으니 옛날에는 이 연못에서 낚시질도 할 정도였다고 하는데, 60년대 중반 흙으로 메워서 밭으로 만들었다고 한다. 현재 도로 옆에 보이는 밭이 그것인 모양이다.

이 사실을 확인하는 순간 한숨이 나왔다. 지금이라도 연못을 원상복구했으면 하는 바람이다. 풍수서에서는 양택 앞에 연못으로 된 혈구가 있으면 '삼원불패지지(三元不敗之地)'의 명당이라고 일컫는다. 1원(元)은 60년이므로 180년 동안 실패하지 않는 명당이라는 뜻이다.

종택의 비보 풍수, 수구막이 소나무 숲

의성 김씨 내앞종택의 풍수적인 조건들은 별로 흠잡을 것이 없으나, 한 가지 수구(水口)가 너무 넓게 터져 있다는 점이 문제다. 수구라는 것은 청룡과 백호

사이로 출입하는 물의 통로를 가리키는데, 이것이 너무 넓으면 마을이나 집터의 기운이 빠져나가는 것으로 간주한다. 좋지 않다는 말이다. 이중환은 《택리지》에서 지리를 볼 때 무엇보다도 수구를 중시했다.

수구 다음에 형세를 보고, 산의 모양을 보고, 흙의 빛깔을 보고 다음에 조산(祖山)과 조수(朝水, 정면에서 멀리 보이는 물 흐름)를 보라고 했다. 수구가 엉성하고 열려 있으면 비록 좋은 밭 만 이랑과 넓은 집 천 칸이 있다 하더라도 다음 세대까지 내려가지 못하고 저절로 흩어져 없어진다. 그러므로 집터를 잡으려면 반드시 수구가 꼭 닫힌 듯하고, 그 안에 들이 펼쳐진 곳을 눈여겨보아야 한다고 했다.

내앞종택은 수구가 터진 문제점을 해결하기 위해 수구막이를 인위적으로 조성했다. 비보(裨補)를 한 것이다. 자연에다 인위를 가하여 생기를 부여한 것이 바로 비보이다. 내앞종택은 내앞 동네에서 700미터 정도 서쪽으로 떨어진 반변천 가운데 모래밭에 인위적으로 소나무 숲을 조성해놓았다.

개호송이라고 불리는 이 소나무 숲이 바로 비보풍수의 전형적인 사례다. 옛사람들은 이 소나무 숲이 동네의 기운이 무차별적으로 빠지는 것을 방지해준다고 생각했다. 그래서 의성 김씨들은 이 수구막이 소나무 숲을 보존하기 위해 수백 년 동안 온갖 정성을 기울였다. 문중 차원에서 특별 보호한 것이다.

내앞 출신인 경상대학교 김덕현 교수는 〈전통 촌락의 동수(洞藪)에 관한 연구—안동 내앞마을의 개호송을 중심으로〉(1986)라는 논문을 통해 이 개호송의 조성 과정과 인문·지리적인 기능에 대해 상세하게 분석해놓았다. 이 논문에 따르면 개호송은 청계의 조부인 김만근(金萬謹, 1446~1500)이 처음 심었다. 그후 홍수에 유실된 것을 1615년경 후손 김용이 동네 사람들과 함께 1천여 주를 다시 심고, 선조의 뜻을 계승·보호하자는 의미에서 별도의 글을 지어 다짐했다. 그러나 그후에도 사람들이 함부로 소나무를 베어가는 일이 발생하자 의성 김씨들은 완의(完議)를 만들어 보호를 천명하고 수호 방법을 구체적으로 정했다.

이 보호 문건이 '개호종송금호의서(開湖種松禁護議序)'(1615), '동중추완의(洞中追完議)'(1737), '개호금송완의(開湖禁松完議)'(1757)이다. 그 내용을 보면 마을 수구를 비보함으로써 가문의 터전과 가묘를 보호하기 위해 개호송을 심었으니, 선조를 높이고 종가를 소중히 생각하는 자는 선조의 사당과 종가가 있는 내앞을 지키는 이 소나무를 보호하는 데 힘을 다해야 한다고 되어 있다. "이 소나무가 없으면 내앞마을도 존재할 수 없다無此松無川前"는 표현이 개호송의 가치를 단적으로 말해준다. 이렇듯 의성 김씨들이 문중의 사활을 걸고 보호한 덕분에 현재 반변천 가운데 모래밭에 오래된 소나무 숲이 존재하는 것이다.

개호송은 수구막이라는 풍수적 원리에 따라 조성한 것이지만, 오로지 풍수적 효과만 있는 것은 아니다. 김덕현 교수의 주장에 의하면 수구막이의 효과는 외부 관찰자는 느낄 수 없고, 오직 내부의 거주자만이 느낄 수 있는 심리적인 안정감, 즉 장소 안에 있다(insider)는 느낌을 주는 데 있다고 한다. 마을이라는 장소는 개호송에 의해 '외부'와 '내부'로서 체험되는 것이다. 고향을 떠나 있던 사람이 고향에 돌아와서 바라보는 개호송은 "저기서부터 우리 고향"이라고 말할 수 있는 충만감을 준다는 것이다.

그렇다. 산업화가 진행하면서 한국인 대다수의 거주공간은 도시의 아파트라는 조막 만한 공간으로 축소되어버렸다. 아파트에서 거주의 즐거움을 느끼겠는가? 불과 20,30년 사이에 한국인의 절반 가량이 아파트에 살게 되면서 의식주 세 가지 가운데 주(住)에서 느낄 수 있는 특유의 쾌감을 상실했다. 뿐만 아니라 돌아갈 고향마저 사라져버렸다.

나는 인간의 깊은 행복감이란 자기가 출발한 근원으로 회귀하는 것이라고 생각한다. 끝없이 나아가는 것이 결국은 자기의 근원으로 되돌아가는 것이 아닐까. 음양분화전(陰陽分化前)의 고향 산천 정기로 되돌아가는 것이 행복이라고 할 때, 고향을 상실했다는 것은 크나큰 상처가 아닐 수 없다. 의성 김씨들은 좋겠다. 돌아갈 전송장(田松莊)이 있으니까.

각별한 부성애가 만들어낸 '오룡지가'의 명문

내앞 의성 김씨들이 명문가로 알려진 계기는 중시조인 청계의 다섯 아들이 모두 과거에 합격하면서부터다. 다섯 아들이 모두 과거에 합격했다 하여 붙여진 이름이 오자등과택(五子登科宅)이다. 일제 때 조선총독부 소속으로 조선 민속에 대한 여러 저술을 남긴 무라야마 지준(村山智順)의《조선의 풍수》에도 완사명월형에 자리잡은 오자등과택을 명당의 사례로 소개해놓았다.

다섯 아들을 다섯 마리 용에 비유해서 오룡지가(五龍之家)라 칭하기도 했다. 《경국대전》에 보면 아들 다섯이 과거에 합격하면 국가가 혜택을 주었다. '아들 다섯이 과거에 오른 부모에게는 임금께 보고하여 해마다 쌀을 보내주었으며, 부모가 죽으면 벼슬을 추증하고 제사를 지내준다' 는 예전(禮典) 조항이 그것이다.

다섯 아들 모두가 과거에 합격한 것도 드문 일이지만, 이들이 모두 학행이 뛰어난 선비로서 각각 일가를 이루었다는 사실은 더 중요하다. 청계의 다섯 아들은 약봉(藥峯) 김극일(金克一, 1522~1585), 귀봉(龜峯) 김수일(金守一, 1528~1583), 운암(雲巖) 김명일(金明一, 1534~1570), 학봉(鶴峯) 김성일(金誠一, 1538~1593), 남악(南嶽) 김복일(金復一, 1541~1591)이다. 장남인 약봉은 내

안채 내부에 놓인 마루의 높이가 세 단계로 되어 있다. 나이든 어른일수록 높은 곳에 앉는다.

앞의 대종택에서 살았지만, 나머지 네 아들은 안동 인근으로 분가하여 각기 소종택을 형성했다. 이 소종택들도 오늘날까지 이어지고 있다.

여기서 살피지 않을 수 없는 것이 아버지 되는 청계의 교육 방법이다. 어떻게 교육시켰길래 아들 다섯을 모두 과거에 합격시켰을 뿐만 아니라, 그들 모두를 불의에 굴복하지 않는 강직한 선비로 키울 수 있었을까. 그 교육 철학은 무엇이었을까? 청계가 자신의 성취보다 자녀 교육에 심혈을 기울이게 된 일화가 전해진다.

청계가 서울 교외의 사자암에서 대과 시험을 준비하고 있을 때였다. 우연히 어떤 관상가를 만났는데 그 사람이 청계에게 "살아서 참판 되는 것보다는 증판서(贈判書)가 후일을 위해 유리할 것"이라고 충고했다. 청계가 이 말을 듣고 즉각 대과를 포기하고 고향으로 돌아와 자녀 교육에 전념했다는 일화가 문중에 전해진다. 실제로 청계가 자녀 교육에 유별날 정도의 관심을 기울인 특별한 아버지였다는 점은 자식들의 기록에서도 나타난다. 넷째아들 학봉이 작성한 아버지 행장에는 가슴 뭉클한 내용이 나온다.

> 큰형이 과거에 급제하고 어머니께서 돌아가셨을 때는 자녀들이 모두 8남매나 되었는데, 대부분 어린아이였거나 강보 속에 있었다. 이에 아버지께서 온갖 고생을 다해 기르면서 하지 않은 일이 없었다. 한밤중에 양쪽으로 어린아이를 끌어안고 있으면 어린 아이가 어미젖을 찾는데 그 소리가 아주 애처로웠다. 이에 아버지께서는 자신의 젖을 물려주었는데, 비록 젖이 나오지는 않았지만, 아이는 젖꼭지를 빨면서 울음을 그쳤다. 아버지께서 이 일을 말씀하실 적마다 좌우에서 듣는 사람들로 울지 않은 이가 없었다.

어린 자식들이 밤에 젖을 찾자 자신의 젖을 물릴 정도로 자녀 양육에 온갖 정성을 기울인 인물이 청계인 것이다. 그는 인근에 살던 퇴계에게 다섯 아들을 모두 보내 공부시킨다. 그래서 다섯 아들은 일찍부터 퇴계의 훈도를 받았다. 그중 넷째아들인 학봉은 후일 서애 유성룡과 함께 영남학파를 이끄는 양대 기둥으로 성장한다. 청계가 자녀 교육에서 유달리 강조했던 부분이 있다. 영수옥쇄(寧須玉碎) 불의와전(不宜瓦全). "차라리 부서지는 옥이 될지언정 구차하게 기왓장으로 남아서는 안 된다."

곧은 도리를 지키다 죽을지언정 도리를 굽혀서 살지 말라는 가르침이다. 청계는 평소에도 "너희들이 군자가 되어 죽는다면 나는 오히려 살아 있는 것으로 보아줄 것이나, 소인이 되어 산다면 나는 오히려 죽은 사람과 같이 볼 것〈寧直道以死 不可枉道以生 汝等爲君子而死 則吾視猶生也 爲小人而生 則吾視猶死也〉"이라고 강조했다.

직도(直道)를 위해서 과감히 목숨을 버리라는 가르침. 선비 집안에는 3년에 한 번씩 금부도사가 찾아올 정도가 되어야 한다는 각오. 이것이 조선조 선비정신의 정수가 아닌가 싶다. '모난 돌이 정 맞는다', '회 중에서 미꾸라지 회가 제일'이라는 자기 보존의 남루한 처세 요령을 가지고, 어떻게 해서든지 살아남으려고 몸부림치는 요즘의 세태와 비교해보면 너무나 눈부신 철학이 아닐 수 없다. 나는 과연 내 자식들에게 청계공처럼 말할 수 있는가?

임금에게 직언하는 강직한 성품

이와 관련하여 넷째아들인 학봉 김성일의 강직한 일화가 《조선왕조실록》에 전한다. 1573년 9월 학봉이 사간원 정언(正言)으로 있을 때 선조가 경연장에서 "경들은 나를 전대(前代)의 어느 임금과 비교할 수 있겠는가?"라고 물었다. 정언 정이주가 대답하기를 "요순 같은 분이십니다"라고 하자, 학봉이 "요순도 될 수 있고 걸주(桀紂)도 될 수 있습니다"라고 응답했다. 임금이 "요순과 걸주가 이와 같이 비슷한가?"라고 물으니, 학봉이 "능히 생각하면 성인이 되고, 생각하지 않으면 미치광이가 되는 것입니다. 전하께서 타고난 자품이 고명하시니 요순 같은 성군이 되는 것은 어렵지 않습니다만, 스스로 성인인 체하고 간언(諫言)을 거절하는 병통이 있으시니 이것은 걸주가 망한 까닭이 아니겠습니까?"하였다.

이에 주상이 얼굴빛을 바꾸고 고쳐 앉았으며 경연에 있던 사람들이 벌벌 떨었다. 서애 유성룡이 나가 아뢰기를 "두 사람의 말이 다 옳습니다. 요순이라고 응답한 것은 임금을 인도하는 말이고 걸주에 비유한 것은 경계하는 말이니, 모두 임금을 사랑하는 것입니다"라고 하니 임금도 얼굴빛을 고치고 신하들에게 술을 내게 하고서 파했다는 기록이 나온다.

요즘 직장 생활에서 윗사람이 듣기 거북한 직언을 하고 나면, 그 후유증이 최소 3년은 지속된다는 얘기가 있다. 그런데 학봉은 임금 면전에다 대놓고 "스스로 성인인 체하고 직언을 거절하는 병통이 있다"고 직언할 수 있는 기백이 있었던 것이다. 학봉의 이 기백은 어디서 나왔을까. 이는 책에서 배울 수 없는 부분이다. 아버지 청계의 평소 가르침에서 나온 것이 분명하다.

학봉은 일본에 사신으로 갔다가 돌아와 풍신수길을 평하여 "그 눈이 쥐와 같으니 두려워할 것 없다"고 했다가 그 말이 상황을 오판하게 했다고 하여 체포영장을 받기도 했다. 학봉은 그 소식을 듣고 금부도사를 기다릴 것도 없이 서울로 자진출두했다. 출두하던 도중 충청도 직산에서 경상도초유사를 임명받고 영남으로 돌아와 왜군과 싸웠다.

학봉이 진주성에 도착하니 목사와 주민이 모두 달아나 성이 텅 비어 있는 심난한 상황이었다. 옆에 있던 송암, 대소헌 두 사람이 산하를 쳐다보고 비통해 하면서 강에 빠져 죽자고 하자 공은 웃으면서 사나이가 한번 죽는 것은 어려울 바 없으나 도사(徒死)해서야 되겠느냐면서 이때의 비장한 심정을 시로 읊었다. 이 시가 식자층들 사이에 회자되는 〈촉석루중삼장사(矗石樓中三壯士)〉라는 시다.

촉석루에 오른 세 사나이	矗石樓中三壯士
한잔 술 마시고 웃으며 남강 물 두고 맹서하네.	一杯笑指長江水
남강 물은 넘실대며 세차게 흐르노나.	長江之水流滔滔
저 물결 마르지 않듯 우리 혼도 죽지 않으리.	波不渴兮魂不死

학봉은 이 시를 쓰고 난 후 임진왜란 3대첩의 하나로 꼽히는 진주대첩을 이끌었다. 그리고 얼마 있다 진주공관에서 과로로 죽는다. 평소 학봉을 미워하던 서

인들도 그 죽음을 애석해 했다고 한다. 학봉의 성품이 강직하고 의리가 있었다는 것은 임진왜란 때 전라도 의병장으로 활약한 제봉(霽峰) 고경명(高敬命, 1533~1592) 장군도 잘 알고 있었던 듯하다.

광주에 살던 제봉은 아들 종후, 인후와 함께 전쟁터로 나가면서 셋째아들인 용후(당시 16세)만큼은 나이도 어린데다, 대를 이어야 하니 안동의 학봉 집안으로 피난하도록 당부한다. 제봉은 학봉 집이 의리가 있으니 네가 가면 틀림없이 돌보아줄 것이라고 말한다. 이때 고용후는 안동에 혼자 간 것이 아니라 아녀자를 포함하여 가솔 50여 명과 함께 피신을 갔다고 한다.

이때 학봉 가족도 임하의 납실〔猿谷〕이라는 곳에 피난 중이라 산나물로 죽을 끓여 연명하면서도, 학봉의 장남 애경당(愛景堂) 김집(金潗)은 이들과 동고동락했다. 또한 고경명과 그의 아들들을 포함한 700의사가 모두 금산전투에서 장렬하게 전사했다는 비보를 접하고는, 상주가 된 고용후가 예법에 맞게 장례를 치르도록 도와주고 정성껏 보살펴주었다. 고용후는 50여 명에 달하는 식솔들을 데리고 학봉 집에서 3~4년쯤 머물다가 전라도로 되돌아간 것으로 되어 있다.

고용후는 학봉 집에 머물 때 당시 학봉의 손자인 김시권(金是權)과 같이 상을 당한 처지이고, 거의 동년배라서 서로 격려하며 함께 공부했는데, 이 둘은 1605년 서울의 과거 시험장에서 반갑게 해후했다. 고용후는 생원과에 장원으로, 김시권은 동방(同榜)으로 진사급제를 했다.

그후 10년이 지난 1617년, 안동부사로 부임한 고용후는 파발마를 보내 학봉 선생의 노부인과 장자 김집을 안동관아로 초대하여 크게 잔치를 베푼다. 잔칫날 고용후는 "오늘날 소생의 영광이 있는 것은 후덕하신 태부인과 애경당의 20년 전 은혜 덕택입니다. 두 분의 은덕이 아니었더라면 어찌 오늘이 있겠습니까?" 하고 울면서 큰절을 올렸다. 비슷한 연배인 고용후와 김시추, 김시권 형제는 그후로도 계속해서 친형제처럼 서로 돕고 의지하며 지냈다('애경당 선생 묘갈명'). 실로 영·호남간의 이념적 동지들 사이에서 피어난 아름다운 이야기가 아닐 수 없다.

절명시 남긴 김형식, 내앞 집안의 독립투사들

 의성 김씨는 조선시대 대소과 합격자가 무려 100여 명에 달하고, 문집을 남긴 인물이 90여 명에 이를 정도로 문명(文名)이 높은 집안이다. 그러나 이들의 벼슬은 그리 높지 않았다. 청계가 후손들에게 남긴 유훈이 "벼슬은 정2품 이상을 하지 말고, 재산은 300석 이상을 하지 말라"는 것이었다. 그래서 높은 벼슬에 집착하기보다는 향리의 서당과 서원에서 글을 읽으며 자족하는 처사(處士)의 삶을 보낸 사람들도 많다. 벼슬에 집착하지 않았기 때문에 내면 세계를 다지는 내공을 쌓을 수 있었을 것이다.

 이 의리정신은 구한말 의병운동과 만주 독립운동에서도 선명하게 나타난다. 내앞 사람들의 의병과 독립운동에 관한 이야기를 하려면 별도의 책을 써야 할 정도로 그 활동상이 방대하다. 청계공 탄생 500주년(2001년 2월)을 기념하는 학술논문집에 수록된 조동걸 교수의 논문 〈안동 천전문중(川前門中)의 독립운동〉이란 내용 중에서 인상적인 부분을 소개하면 이렇다.

 내앞에 살던 66세의 백하(白河) 김대락(金大洛, 1845~1914)은 1910년 경술국치로 조국이 일본의 식민지로 전락하자 엄동설한인 그해 12월 24일 만주 서간도로 망명한다. 이 노 선비는 서간도에 만삭인 손부와 손녀를 데리고 간다. 증손자들이 식민지에서 태어나면 자동적으로 일본신민이 되는 현실을 참을 수 없는 치욕으로 생각했기 때문이다.

 《백하일기(白河日記)》에 의하면, 백하의 손부와 손녀는 목적지인 유하현으로 가는 도중인 1911년 2월 2일과 23일에 연거푸 해산을 한다. 엄동설한의 눈밭에서 난산을 했다고 한다. 버선과 신발이 얼어붙는 상황에서 백하 일행은 약을 구하느라 동분서주하고, 마을 성황당과 칠성님께 비느라 손발이 얼어 터지는 참담한 상황을 겪어야만 했다.

 김대락은 증손자의 이름을 중국(唐)에서 태어나 통쾌하다는 뜻으로 쾌당(快唐), 외증손자는 고구려 고주몽의 고장에서 태어났다는 뜻으로 기몽(麒蒙)이라고 지었다고 하니, 영화에서나 나올 법한 이야기가 아닐 수 없다. 문중 원로가 66세의 노구를 이끌고, 더군다나 만삭인 손부와 손녀가 그 뒤를 따르는 걸 보고 감명 받은 내앞 사람 22가구 50여 명이 대거 만주로 건너갔다. 양반이 그냥 양반은 아닌 것 같다.

내앞 출신 독립투사 가운데 대표적인 두 사람을 꼽는다면, 일송(一松) 김동삼(金東三)과 월송(月松) 김형식(金衡植)이다. 일송은 1923년 상해에서 독립운동자 총회인 국민대표회가 개최될 때 서로군정서 대표로 참가하여 의장을 맡은 인물이다. 이때 부의장은 안창호와 윤해였다. 일송은 독립군 단체에 문제가 발생하여 그것을 수습하는 회의가 열릴 때마다 거의 의장을 맡다시피 할 정도로 존경을 받은 인물이다. 일송이 1937년 향년 60세로 서대문형무소에서 옥사했을 때, 평소 일송을 존경하던 만해 한용운이 그 유해를 수습하여 성북동 심우장에서 화장을 한 후 유언대로 유해를 한강에 뿌렸다.

월송(1877~1950)은 김대락의 아들이다. 사람 천 석, 글 천 석, 밥 천 석을 하던 도사댁(都事宅)에서 태어나 협동학교의 교사를 하다가 아버지와 대소가 안팎 식솔 수십 명과 함께 서간도로 망명했다. 참고로 협동학교는 내앞에서 수많은 독립투사를 배출한 곳이다. 월송은 만주에서 독립운동을 하다가 1948년 김구와 김일성이 만나는 남북연석회의 당시 개회의 사회를 보았다. 노년에 금강산에서 휴양 중 전화가 미치자 미군에게 수모를 당하는 것보다 깨끗하게 생을 마치는 것이 낫다며 구룡폭포에서 투신자살했다. 향년 74세. 자진하면서 절명시를 남겼다.

이 산에 응당 신선이 있을 터인데	此山應有仙
육안으로는 분간이 어렵구나.	肉眼不分看
백발 노인이 구름 사이로 치솟으니	白髮聳雲間
사람들은 나를 신선이라 하겠구나.	人謂我神仙

인물 만드는 조건과 인물 낳는 '산실'

풍수 좌향으로 계좌(癸坐)를 놓은 의성 김씨 종택의 구조에서 흥미를 끄는 부분이 하나 있다. '산실(産室)'이라고 불리는 조그만 방이다. 사랑채에서 안채가 거의 겹쳐지는 지점에 있는 방인데, 풍수를 연구하는 사람으로서 유달리 관심이 가는 공간이다. '인걸(人傑)은 지령(地靈)'이라는 풍수의 대명제를 입증해주는 성스러운 장소이기 때문이다. 아기를 출산하는 방이라고 해서 산실이라 하는데, 태실(胎室)이라고도 한다.

나는 종택을 답사할 때마다 반드시 산실에 잠깐씩 들어가 좌선을 해본다. 이 집 임산부들도 출산을 할 때 다른 방에서 낳지 않고 대부분 이 방에서 낳았다고 한다. 의성 김씨들은 이 방이 집 전체에서 가장 지기(地氣)가 강한 곳이기 때문에, 여기서 산모가 아이를 임신하거나 출산하면 그 정기를 받아 비범한 인물이 나온다고 믿었다. 학봉도 이 방에서 낳았다고 전하는 것으로 보아 다른 형제들도 모두 여기서 낳았을 것으로 추측된다. 그렇다면 오룡지가의 오룡들을 탄생시킨 방도 바로 이 방이고, 그 이후로도 수백 년 동안 많은 인물들이 이 방의 정기를 받고 배출된 셈이다.

이 집과 관련하여 또 하나의 이야기가 있다. 소설가 이문열이 94년도에 발표한 작품 중에 〈홍길동을 찾아서〉라는 단편이 있다. 안동의 어느 명문가 산실을 소재로 쓴 작품인데, 개인적으로는 이문열의 수많은 작품 가운데 이 단편을 가장 인상깊게 읽었다. 내용인즉 혼례를 치른 딸이 친정집 산실에서 첫날밤을 치르고, 집안의 반대에도 불구하고 기어코 친정집 산실에서 아기를 낳는 과정을 묘사한 것이다.

이 소설 속에 "입 구(口) 자 두 개가 겹치는 곳에 있는 그 산실은 집 전체의 지기가 뭉쳐 있는 곳이고 풍수적으로는 종가의 기운이 몰려 있을 뿐만 아니라 그곳 문중의 기운이 몰려 있는 곳"이라는 묘사가 등장한다. 처음에는 잘 몰랐지만 의성 김씨 종택을 답사하는 과정에서 이 소설이 의성 김씨 종택을 모델로 삼았을 거라는 판단이 들었다. 이문열 씨의 진외가, 그러니까 이문열 씨의 할머니가 내앞 의성 김씨였고, 서울농대에 있다가 6·25 때 납북된 이문열 씨의 아버지도 할머니의 친정인 이 집에서 태어났다고 한다. 또한 이문열 씨가 대학을 중퇴하고 여기저기 떠돌아다닐 때 가끔 진외가인 내앞종택에 들러 사랑채에서 몇 달씩 머물기도 했다는 게 안동KBS에 근무하는 김시묘 씨의 설명이다.

산실의 영험함에 관한 믿음은 다른 종택에서도 발견할 수 있다. 경주 양동마을의 손중돈 고택에도 세 명의 인물을 배출했다는 산실이 남아 있고, 안동 신세동에 있는 고성 이씨 종택, 즉 독립운동가 이상룡(李相龍, 김대락의 손위 동서)의 고택에도 조선조에 재상 세 명을 산출한 영실(靈室, 산실) 이야기가 전한다. 비상한 인물은 비상한 장소에서 태어난다는 게 풍수가의 신앙이고, 50년 전까지만 하더라도 한국 사람들은 대부분 이 신앙을 가지고 있었다.

과연 산실이라는 게 타당성이 있는 것인가? 산실의 영험을 이해하기 위해서는 사판(事判)보다는 이판(理判)의 시각으로 접근해야 한다. 여기서부터는 합리적인 사판적 시각으로는 접근이 불가능한 영역이다. 그런데 이판은 신비를 좋아하는 술사들의 영역이라서 대중화할 수가 없다.

불교 사찰에 가면 지맥이 들어오는 내룡, 또는 입수맥 자리에 대개 산신각이나 대웅전이 자리잡고 있는 걸 발견할 수 있다. 이들 터는 기운이 가장 강한 지점에 앉히기 마련이다. 기운이 강해야 종교적 영험이 발생하기 때문이다. 몸의 경락이 어느 정도 열려서 기감(氣感, 기를 느끼는 감촉)을 느낄 수 있는 사람은 이런 곳에 잠깐만 앉아 있어도 그 기운을 느낄 수 있다. 1시간 정도만 앉아 있으면 사우나를 한 것처럼 피로가 풀리기도 한다. 반면 기가 약한 사람이 이곳에서 잠을 자면 오히려 가위에 눌리는 체험을 하기도 한다.

산실도 마찬가지다. 그 집터의 입수맥이 드러나는 것은 바위를 보면 안다. 집 뒤에 바위가 있으면 그 바위 방향으로 집터에 지기가 들어오고(input) 있다고 생각하면 된다. 그런 지점이 집터의 지기가 뭉친 곳이다. 짐작컨대 내앞종택의 산실 뒤쪽에도 조그만 바위라도 땅속에 박혀 있거나 돌출해 있었을 가능성이 높다. 현재는 바위가 안 보이지만, 혹시 땅속에 박혀 있어서 육안으로는 보이지 않거나 돌출해 있다가 없어졌을지도 모른다.

여기서 비범한 인물이 형성되는 조건을 알아보자. 산실에서 낳으면 무조건 인물이 되고, 아파트에서 낳으면 별 볼일 없는 필부가 되는 것인가. 그렇지는 않다. 천(天)·지(地)·인(人), 삼재가 조화를 이루는 것이 중요하다. 무엇보다도 천시(天時, 타이밍)가 좋아야 하는데, 천시라는 걸 넓게 해석해보자. 만약 바둑의 이창호가 지금부터 100여 년 전에 전주에서 태어났다면 동학농민운동에 가담하여 죽창 들고 가다가 황토현 들판에서 죽었을지도 모른다. 바둑으로 몇 억씩 번다는 건 상상도 못할 일이다. 어느 시대에 태어나느냐가 중요하다. 좁게 해석하면 태어난 연·월·일·시도 중요하다. 사주라는 것도 무시 못 한다.

둘째 지리, 즉 태어난 지역이 중요하다. 모택동이 중국이 아니라 한국에서 태어나 빨치산을 했다면 어떻게 되었을까. 십중팔구 지리산에서 토벌대 총에 맞아 죽었을 것이다. 지리를 좁게 해석하면 명당이다. 쓰레기 매립한 아파트보다는 그래도 명당에 있는 산실이 낫다는 이야기다.

셋째는 인사(人事)이다. 인사를 넓게 해석하면 유전인자(DNA)이다. 같은 사주팔자에 같은 명당에서 낳았다 할지라도 부모의 유전인자가 열등하면 별로 신통치 않은 자식이 나올 수밖에 없다. 인사를 좁은 의미로 보면 교육이다. 교육을 어떻게 시켜서 어떤 정신을 심어주느냐가 인물 형성에 영향을 미친다.

인물은 이상의 세 가지 조건이 모두 부합할 때 나오는 것이지, 어느 한 가지만 가지고는 어렵다는 게 정설이다. 영남 명문으로서 수많은 인물을 배출한 내앞의 의성 김씨 종택을 보면서 내려본 결론이다.

정면에서 바라본 추사고택. 고택 좌우로 묘지가 있는, 산 자와 죽은 자가 동거하는 집이다.

충남 예산의 추사 김정희 고택

가슴에 우주를 품는다

19세기 동양 삼국을 풍미한 조선 제일의 명필 추사 김정희.
추사가 살던 고택은 무기(武氣) 서린 바위산이 보이지 않는 대신
솜이불처럼 포근한 야트막한 둔덕이 에워싸고 있다.
바로 이런 곳에서 문기(文氣)가 무르녹은 문자의 향기〔文字香〕와
서권의 기〔書卷氣〕가 발산한다.

추사의 증조모인 화순옹주의 정려문. 영조의 둘째딸 화순옹주는 남편이 죽자 밥 숟가락을 놔버리고 그 뒤를 따랐다.

문자향(文字香)과 서권기(書卷氣) 감도는 명당

충남 예산군 신암면 용궁리에 가면 추사(秋史) 김정희(金正喜, 1786~1856) 선생의 고택이 있다. 충청도에 산재한 많은 명택 가운데서 가장 먼저 추사고택을 찾은 이유는 그가 추사체라고 하는 서예를 통해 조선 후기 예술의 정수를 국제사회에 보여준 인물이기 때문이다.

추사가 태어나고 살았던 집은 어떤 집인가. 조선 후기의 실학을 대표하는 인물이 다산 정약용이라고 한다면, 조선 후기의 문화·예술계를 대표하는 인물은 추사 김정희라고 해도 과언은 아니다. 조선 후기 문화의 르네상스라고 일컬어지는 영·정조시대의, 이른바 '진경문화(眞景文化)'를 이끌던 세력의 중심에 추사라는 인물이 자리잡고 있는 것이다.

그런 만큼 이 시대의 학문을 논할 때 정다산을 비켜갈 수 없듯, 예술을 논할 때에는 김추사를 비켜갈 수 없다고 본다. 그는 오늘날에도 인구에 회자되는 다음의 유명한 서예관을 피력한 바 있다.

"가슴속에 청고고아(淸高古雅)한 뜻이 있어야 하며, 그것이 문자의 향기(文字香)와 서권의 기(書卷氣)에 무르녹아 손끝에 피어나야 한다."

추사의 고조부 묘 앞에 있는 백송. 매우 희귀한 나무로 우리나라에 몇 그루밖에 없다.

인문적 교양이 함축된 '글씨 예술'

 명필은 단순히 글씨 연습만 반복한다고 해서 되는 게 아니다. 많은 독서와 사색을 통해 인문적 교양이 그 사람의 몸에 배었을 때에야 비로소 가능하다. 문자향과 서권기는 그러한 인문적 교양을 함축적으로 표현한 말이다.

 한자문화권의 3대 예술 장르라고 할 수 있는 시(詩)·서(書)·화(畵), 삼절(三絶)은 공통적으로 인문학적 지층이 두터워야 한다는 특성을 갖고 있어 온축된 학문적 바탕 없이 테크닉만 가지고는 대가의 반열에 오를 수 없다. 삼절 가운데서도 서라는 장르가 특히 그렇지 않나 싶다.

 시가 읽는 예술이라고 한다면, 그림[畵]은 보는 예술이다. 이에 비해 글씨[書]는 양쪽을 겸하고 있다는 점에 주목할 필요가 있다. 서예라고 하는 장르는 글씨가 담고 있는 의미를 읽는 예술이자, 동시에 글씨마다의 조형적인 아름다움을 눈으로 감상하는 예술이라는 뜻이다. 물론 궁극적으로 이 양자가 따로 노는 것이 아니고 서로 만나는 것이지만, 그 경향성만을 놓고 볼 때 사고의 깊이에서 건져낸 것이 시라고 한다면, 자연과 인간에 대한 감성의 열림에서 나온 것이 그림이고, 서예는 시의 읽는 측면과 그림의 보는 측면을 모두 포괄한 중도 통합적인 성격을 지니고 있다.

 그리고 한자문화권에서는 시나 그림보다 글씨를 상대적으로 더 존중해왔다. 추사가 창안한 추사체라는 글씨체는 서권(書卷)의 기(氣)라고 하는 사고의 깊이와, 문자(文字)의 향(香)이라고 하는 감성의 향기를 아울러 갖추었기 때문에 한·중·일 삼국의 지식인 사회에서 크게 반향을 일으켰던 것이다. 요즈음 바둑의 천재 이창호가 천하 제일의 끝내기로 한·중·일 삼국을 주름잡는 것처럼, 19세기에는 김정희의 추사체가 그 문자향과 서권기의 품격으로 동양 삼국을 풍미하였다.

충청도 양반론의 근거

 내가 용궁리에 있는 추사고택을 답사한 이유 역시 추사의 문자향과 서권기를 배출한 그 풍광과 토양을 추적해보기 위해서다. 과연 어떠한 집터였기에 이런 인물을 배출할 수 있었던 것일까? 비범한 터에서 비범한 인물이 나온다는 것이 감여가(堪輿家, 풍수지리에 관한 학문을 연구한 사람)의 지론인 만큼 그 터에는 분명 특징이 있을 것이다.

가장 먼저 검토할 사항은 추사가 충청도 양반이라는 사실이다. 흔히 충청도 하면 양반을 떠올린다. 구한말 황현(黃玹)이 "평양은 기생 피해가 크고, 충청도는 양반 피해가 크고, 전주는 아전 피해가 크다"고 했던 말에서도 드러나듯, 충청도는 양반이 하도 많아서 양반 피해를 운운할 정도였다. 그렇다면 왜 충청도에 양반이 많이 살았던 것인가? 양반이 살기에 적당했던 충청도의 인문·지리적 조건은 무엇인가? 이중환의《택리지》에서는 충청도를 이렇게 설명했다.

> 남쪽의 반은 차령 남쪽에 위치하여 전라도와 가깝고, 반은 차령 북편에 있어 경기도와 이웃이다. 물산은 영남, 호남에 미치지 못하나 산천이 평평하고 예쁘며, 서울 남쪽에 가까운 위치여서 사대부들이 모여 사는 곳이 되었다. 그리고 여러 대를 서울에 사는 집으로서 이 도에다 전답과 주택을 마련하여 생활의 근본 되는 곳으로 만들지 않는 집이 없다. 또 서울과 가까워서 풍속에 심한 차이가 없으므로 터를 고르면 가장 살 만하고, 그중에서도 내포가 가장 좋은 곳이다. 가야산 앞뒤에 있는 열 고을을 함께 내포라 한다. 지세가 한 모퉁이에 멀리 떨어져 있고, 또 큰 길목이 아니므로 임진년과 병자년 두 차례의 난리에도 여기에는 적군이 들어오지 않았다. 땅이 기름지고 평평하다. 또 생선과 소금이 매우 흔하므로 부자가 많고 여러 대를 이어 사는 사대부 집이 많다.

이에 근거해 충청도에 양반이 많이 살았던 이유를 정리하면, 서울과 가깝게 위치한 교통상의 이점과 산천이 평평하고 예쁘다는 풍수적인 장점을 꼽을 수 있다. 여기에 덧붙여 추사고택이 자리잡고 있는 내포라는 지역은 난리도 없었을 뿐만 아니라 소금과 생선이 풍부한 지역이었다.

조선시대에도 서울에 정치권력이 집중되어 있었으므로 서울과 멀어지면 권력에서 멀어짐을 의미했다. 그렇기 때문에 서울과 가까운 데 거주할 수밖에 없었다. 산천이 평평하고 예쁘다는 점은 충청도 산세의 특징을 단적으로 표현한 말이 아닌가 싶다. 풍수적으로 볼 때 충청도는 높고 가파른 산들이 다른 도에 비해서 현저하게 적다. 사람을 내리 누르는 교악(喬嶽)의 감이 느껴지는 대구 팔공산이나, 가슴에서 이글이글 타오르는 불꽃같은 열기가 올라오는 영암 월출산 같은 위압감이나 야성적인 느낌을 주는 산들이 거의 없다.

그래도 충청도에서 골기(骨氣)가 느껴지는 산을 꼽으라면, 수덕사가 있는 가야산이 약간 그런 분위기가 있는 편이다. 이처럼 충청도에는 돌산보다 흙으로 된 야트막한 야산들이 주를 이룬다. 그래서 흔히 충청도 산세의 부드러움을 표현할 때 "개떡을 엎어놓은 것 같다", "솜이불을 덮어놓은 것 같다"고 한다.

야트막한 둔덕 같은 산들은 보는 사람으로 하여금 심리적인 안정감과 평화로움을 느끼게 한다. 붉은 석양이 서산에 질 무렵 길가에다 차를 대놓고, 야트막한 둔덕 가장자리에 자리잡은 시골집들의 굴뚝에서 피어오르는 연기를 바라보고 있노라면 누구라도 고요한 충만감이 가슴에 밀려드는 걸 느끼지 않을 수 없을 것이다.

살기가 전혀 없는 추사고택

추사고택이 자리잡고 있는 예산군 신암면 용궁리 주변의 산세는 '솜이불을 덮어놓은 것 같은' 충청도 산세의 전형을 보여주는 곳이다. 추사고택은 솜이불같이 포근한 기운을 풍기는 야트막한 둔덕들로 둘러싸여 있다. 주변 사방 어디를 보아도 이불뿐이다. 아주 부드러운 속살뿐이다. 쇠붙이 같은 날카로운 느낌의 산이 전혀 없다.

집터 앞의 안산(案山)은 마치 누에가 가로로 길게 누워 있는 듯한 야산이 자리잡고 있고, 청룡자락과 백호자락을 둘러보아도 높은 산이 없다. 그런가 하면 집 뒤 내룡(來龍)을 보아도 해발 100미터도 안 되는 야산이라서 전혀 위압감이 느껴지질 않는다. 추사고택 주변 산세의 특징은 한 마디로 살기(殺氣)가 보이지 않는다는 점이다. 살기가 없다.

살기란 무엇인가? 추사고택이 얼마나 부드러운 터에 자리잡고 있는지, 이 한

가지 사실을 제대로 파악하기 위해서는 수많은 산과 들판을 '발로꾸니(두 발로 전국의 산야를 헤매는 사람)'가 되어 돌아다녀보아야 한다. 선생이 따로 있는 게 아니다. 필드(field)가 선생이다. 내 경험에 의하면 바깥 세계를 돌아다닌 후에야 비로소 내 집안을 알 수 있다.

살기는 바위나 암벽이 드러나 있는 험한 산에서 방사하는 기(氣)를 말한다. 우리 눈에는 보이지 않지만 바위나 암벽에서는 아주 강한 지자기(地磁氣)가 방출되고 있다고 본다. 지구는 거대한 자석이다. 흙으로 된 토산에 비해, 바위로 되었거나 바위와 암벽이 노출된 산에서는 지자기가 강하게 나온다. 지자기를 뭐라고 한 마디로 규정할 순 없지만, 자력 성분을 띤 일종의 에너지라고 보면 된다. 이걸 풍수가에서는 지기(地氣)라고 부른다.

에너지가 필요 이상으로 강하면 인체에 부정적인 영향을 미친다. 과식하면 몸에 해롭듯이 무엇이든 소화·흡수될 수 있는 양 이상으로 인체에 들어오면 부작용을 일으키기 마련이다. 그 부작용을 살기로 본다. 바위에서는 보통 사람이 소화할 수 있는 양을 넘어서는 지기가 방사되기 때문에 해를 미친다고 보고, 집터를 잡을 때에는 이러한 산세를 피해서 잡는다.

그러나 칼을 휘두르면서 적진을 돌파해야 하는 무장들은 오히려 강한 곳을 좋아한다. 살기가 있는 곳에서 담력과 기백이 솟아 나온다. 화랑도들이 전국의 명산을 돌아다니면서 심신을 연마했다고 할 때, 명산이란 거의가 바위산이다. 김유신 장군이 칼로 바위를 베었다는 고사가 전하는 경주 근처의 단석사만 하더라도 짱짱한 화강암으로 뭉친 터다.

장군들과 마찬가지로 불교 고승들도 강한 지기가 품어져 나오는 곳을 좋아한다. 검선일치(劍禪一致)라고나 할까. 선승이 되려면 검객의 기질을 갖고 있어야 하고, 실제로도 선승과 검객은 통하는 면이 있다. 그 증거로 사찰에 가면 가끔 '심검당(尋劍堂)'이라는 현판이 걸린 것을 목격하는데, 심검당이란 글자 그대로 검(칼)을 찾는 방이라는 뜻이다. 왜 산속 절간에서 칼을 찾는가?

칼이 있어야 번뇌를 끊을 수 있기 때문이다. 번뇌는 실타래 풀듯이 푸는 것이 아니라 무지막지하게 단칼에 끊어버려야 한다. 물론 이때의 칼은 쇠칼이 아니

추사의 고조부인 김흥경의 묘에서 바라본 주변 산세. 산세가 야트막하고 매우 부드러운 충청도 산세의 전형을 보여주고 있다.

라 지혜의 칼을 의미한다. 선(禪)을 하는 선승들은 군더더기 없이 한방에 끝내는 살불살조(殺佛殺祖) · 단도직입(單刀直入) · 일도양단(一刀兩斷)의 강기가 있어야 함을 시사하는 대목이다.

유명한 고승이 머문 우리 나라 불교 사찰 터를 살펴봐도 이 사실을 확인할 수 있다. 사찰들이 대부분 바위산에 둘러싸여 있거나 바위 위에 자리잡고 있다. 가야산의 해인사나 속리산의 법주사, 월출산의 도갑사, 북한산의 망월사, 관악산의 연주암, 삼각산의 도선사, 대둔산의 태고사가 모두 바위산에 있다. 그것도 한결같이 아주 험한 산들이다.

불교 사찰은 세속을 떠난 수행자들이 사는 집이다. 수행자가 번뇌를 끊으려면 입정(入定, 삼매) 상태에 들어가야 하는데, 입정에 들기 위해서는 강력한 지기의 공급이 필요하다. 로케트가 대기권 밖을 벗어나려면 강력한 추진 에너지가 필요하듯이 수행자가 세속의 번뇌에서 벗어나려면 강력한 에너지가 있어야 한다. 그런데 이 에너지의 일부분을 수행터에서 공급받는 것이다. 그래서 고승들이 거주한 암자는 거의 암산에 있다. 도통하려면 바위산으로 가라!

현재 세계적으로 손꼽히는 명상의 성지가 미국 애리조나 주에 위치한 세도나(sedona)인데, 이곳은 원래 인디언 추장들이 기도하던 성지였다. 그런데 지금은 온통 붉은 바위산에서 강력한 영감(inspiration)을 받을 수 있다는 소문이 나서 세계 각국의 도 닦는 '도꾼(명상가)'들이 이곳으로 모여들고 있다.

세도나 역시 바위로 된 산이다. 주변 사방 40킬로미터 정도를 바위산들이 병풍처럼 둘러싸고 있다. 그 광경을 보면서 나는 엉뚱하게도 한국의 충청도 산세하고는 참으로 정반대로구나 하고 생각했었다. 세도나에 왜 명상가들이 모여드는가를 분석한 글을 읽어보니, 전문가들은 그 원인을 바위에서 찾고 있었다. 그러면서 바위가 방사하는 에너지가 인간의 뇌를 활성화하는 효과가 있다는 잠정적인 결론을 내놓고 있었다.

무릉도원, 문사들의 유토피아

추사고택만이 지닌 특성을 파악하기 위해서는 이처럼 바위산에 대한 정보를 알고 있어야만 한다. 야트막한 둔덕뿐이라서 주변 사방에 살기가 보이지 않는 산세는 조선시대 양반들이 가장 선호하던 산세다. 양반들이 좋아하던 산세의 모범답안이 이곳이라고 해도 좋다. 주지하다시피 조선시대는 성리학의 시대였고, 조선의 성리학이란 무(武)보다는 문(文)을 지향하는 신념체계다. 당연히 무신보다 문신이 득세했다.

조선 초기 이방원이 왕자의 난을 거쳐 태종으로 등극한 이래로 쿠데타 가능성이 있는 무신들을 은근히 배제하는 분위기가 지속됐다. 조선조의 당파싸움이란 것도 따지고 들어가보면 문신들이 권력을 독점하다 보니까 생겨난 싸움방식이다. 무신들 같았으면 그런 식으로 싸우지 않았을 것이다. 군대를 동원하여 성을 공격하지.

이렇게 볼 때 조선조 사회를 관통한 주류적인 가치는 숭문주의(崇文主義)라고 해도 지나친 표현이 아니다. 이때 '이불을 덮어놓은 것과 같은' 산세는 바로 문을 상징하는 산세이고, 바위나 암벽으로 된 위압감을 주는 산세는 무를 상징한다. 따라서 문을 숭상한 조선시대에 살기를 뿜는 바위산이 기피 대상이 된 것은 당연한 일이다. 성리학을 절대적 신념체계로 신봉한 양반 집에서는 양택이나 음택을 막론하고 터 주변에 바위산이 보이면 흠이 있다고 보았다.

문이 부드러움을 추구한다면, 무는 힘과 열정을 내포한다. 고대 사회는 끊임없는 전쟁과 살육의 시대였기 때문에 사람들은 전쟁이 없는 평화를 원했고, 그 평화로운 상태를 문의 질서로 이룩할 수 있다고 보았던 것 같다. 이러한 갈망이 무릉도원(武陵桃源)이라는 표현을 낳았다.

무릉도원이란 단어의 어원은 무릉(武陵)에 있다. 무릉은 무(武)를 능(陵)하였다는 뜻이다. 능이라는 글자는 큰 언덕을 가리킨다. 여기서 큰 언덕이란 무엇인가를 차단해주는 방패막으로 보아야 한다. 그러므로 무릉이란 무를 차단하는 큰 언덕이 된다. 무와 격절된 공간, 칼이 없는 복사꽃 만발한 복숭아 동산이 바로 무릉도원이라는 유토피아인 것이다. 또한 문의 세계가 문화(文化)라는 말의 어원이기도 하다.

이런 맥락에서 추사고택은 바위산의 무기(武氣)가 보이지 않고, 야트막한 둔덕의 문기(文氣)만 가득한 무릉도원이다. 이렇게 문과 서(書)를 애호했기 때문에 문자향과 서권기가 나왔지 않나 싶다. 무릉노원이란 데 생각이 미쳐 근처에 복숭아 밭을 찾아보았으나, 복숭아 밭은 보이지 않고 늦가을의 빨간 사과가 탐스럽게 매달린 사과 밭만 여기저기 눈에 띈다.

재경양반과 재지양반

잉글랜드에서는 신사(紳士, gentry)가, 인도에서는 브라만, 일본은 무사 계층이 그 사회를 주도했다면, 조선조를 주도한 계층은 당연히 양반계급이었다. 추사는 충청도 양반이었다. 양반도 보통 시시한 양반이 아니라 일급 양반에 속하는 집안에서 태어난 인물이었다. 추사가 어느 정도 수준의 양반인가를 알아보기 위해서는, 양반의 종류와 반격(班格)을 살펴볼 필요가 있다. 조선의 양반을 연구해온 일본학자 궁도박사(宮島博史) 교수에 따르면 양반은 크게 두 종류로 나뉜다. 서울에 주로 거주하는 재경양반(在京兩班)과, 지방의 농촌에 거주하는 재지양반(在地兩班)이 그것이다.

재경양반은 양반층 중에서도 명문에 속하는 가계가 많았다. 이들은 서울과 그 주변 지역에 대대로 거처를 정하여 많은 과거 합격자를 배출했고, 정부 고위 관직에 오른 사람도 많았다. 조선의 왕족인 전주 이씨와 파평 윤씨, 안동 김씨, 풍양 조씨 등이 이에 해당한다. 그러나 전주 이씨나 안동 김씨라고 하더라도 모두가 재경양반에 속하는 것은 아니었다. 재경양반으로서 위세를 유지한 가계는 그중에서도 특정한 파(派)였고, 재지양반층으로 농촌 지역에 거주하는 가계도 있었다.

비록 중앙정부의 권력 변동에 따른 세력의 성쇠가 있었지만, 재경양반들의 가계는 그 근본이 분명했고, 더구나 대대로 많은 관료를 배출했기 때문에 특권 계층인 양반 신분에 속하는 것이 사회적으로 당연시되었다. 이에 비해 향반(鄕班)으로도 불린 재지양반은 그 상황이 재경양반층과는 달랐다. 재지양반은 몇 가지 복합적인 요인에 따라 형성됐다.

첫째는 과거 합격자, 또는 과거에 합격하지는 않았지만 당대를 대표하는 저명한 학자를 조상으로 모시고 있으면서, 이와 함께 그 계보 관계가 명확해야 했다. 둘째는 여러 대에 걸쳐 동일한 지역에 집단적으로 거주하고 있어야 했다. 이런 대대의 거주지를 세거지(世居地)라고 하는데, 세거지에는 양반 가문이 동족 집단을 형성하고 있는 것이 일반적이다. 셋째는 양반의 생활 양식을 보존하고 있어야 했다. 양반의 생활 양식이란 조상 제사와 손님 접대를 정중히 행하는(奉祭祀 接賓客) 동시에 일상적으로 학문에 힘쓰고 자기 수양을 쌓는 것이다. 넷째는 결혼 상대, 즉 혼족 대상도 첫째부터 셋째의 조건을 충족하는 집단에서 골라야 했다.

'석년(石年)'이라 새겨져 있는 돌기둥. 고택 마당에 있는 이 돌기둥은 해시계로 이용되었다. 돌기둥의 그림자를 보고 시간을 짐작한 것이다.

이 재지양반층이 시간이 흐를수록 양반의 주류를 이루었다. 중국의 사대부층은 명에서 청대에 걸쳐 점차 향거(鄕居, 농촌 거주)에서 성거(城居, 도시 거주)로 그 거주 형태가 변했고, 이는 일본의 무사계층도 마찬가지였다. 중세에는 농촌 거주자였던 무사들이 근세가 되자 성하정(城下町, 성 아래 마을)에 집주하였다. 이와는 달리 조선에서는 시간이 흐를수록 농촌에 거주하는 재지양반층이 늘어난 것이다(미야지마 히로시, 《양반》, 42쪽).

그렇다면 추사 집안은 재경양반인가 재지양반인가? 양쪽 모두에 해당했다. 재경이자 재지양반이었던 것이다. 추사 집안은 16세기 중반부터 가야산 서쪽 해미 한다리(충남 서산군 음암면 대교리)에 터를 잡고 살기 시작한 소위 '한다리 김문(金門)'의 명문 집안이다.

먼저 추사의 고조부부터 따져보자. 추사의 고조부인 김흥경(金興慶, 1677~1750)은 영의정을 지낸 인물이다. 김흥경의 막내아들이 김한신(金漢藎, 1720~1758)인데, 이 아들이 영조의 장녀인 화순옹주(和順翁主, 1720~1758)와 결혼하여 영조의 사위인 월성위(月城尉)가 된다. 그러니까 추사는 월성위 김한신을 증조부로, 화순옹주를 증조모로 둔 로열훼밀리(왕실가)였던 것이다.

영조는 화순옹주를 무척 아꼈으므로 근사위인 월성위는 영조의 각별한 대접을 받았다. 영조는 옹주가 태어난 잠저인 창의궁(彰義宮)에서 멀지 않은 적선방에 월성위궁(月城尉宮, 현재 정부종합청사 부근)을 마련해주고 내당을 종덕재(種德齋), 외헌을 매죽헌(梅竹軒), 소정을 수은정(垂恩亭)이라 손수 써서 하사하기도 했다.

이처럼 화순옹주가 물려받은 개인 재산에, 영조의 각별한 배려까지 받은 월성위는 경제적으로 여유가 있었고, 이 경제력을 바탕으로 집도 옮기었다. 즉 추사 집안은 월성위 때 해미의 한다리에서 신암면의 용궁리로 옮겨 산 것이다.

육로와 해로의 교통요지, 용궁리

월성위는 경제력을 바탕으로 서울 동대문 밖 검호에 거처를 마련하고, 충남 예산군 신암면 용궁리의 오석산과 용산 주변을 사들인다. 용궁리 일대는 삽교천 중류에 위치하여 내포에서 서울로 연결되는 육해로의 교통요지다. 서울에서 인천을 거쳐 배를 타고 들어오면 하루만에 아산만에 진입하고, 계속 삽교천을 거슬러 올라오면 곧바로 용궁리 선착장에 도착할 수 있었다. 당시 해로는 요즘의 고속도로와 마찬가지다. 참고로 최근 개통된 7.3킬로미터의 서해대교는 바로 아산만을 가로질러 충청도와 경기도를 연결하는 다리다.

용궁리에 도착하여 말을 타고 10리만 가면 신례원이라는 역원(驛院)이 있었다. 신례원에서 말을 바꿔 타면 서산까지는 한나절이면 도착하는 거리였다. 인천 새우젓도 이곳을 통해서 들어왔고, 1868년 4월 남연군 묘를 도굴하러 들어온 프러시아의 오페르트 일당이 배를 대고 상륙한 곳도 바로 이곳이다. 이곳 사람들이 인천에 가서 많이 산 것도 해로를 통한 편리한 교통 때문이다.

이처럼 용궁리는 서울과 서산의 선영을 잇는 교통의 요지에 있었다. 용궁리 일대는 오석산과 용산이 있는 명당이기도 하지만, 배를 타고 곧바로 서울로 갈 수 있는 교통의 요지라는 점을 십분 감안했기 때문에 월성위는 이곳을 고가에 사들여 부친의 묘소(추사 고조부의 묘)도 쓰고 집도 짓고 했던 것이다. 이 집들을 지을 때 충청도 53군현이 한 칸씩 부조하여 53칸 집을 만들었다는 일화가 전해지는 것으로 보아서 당시 월성위가의 명망이 어떠했는지 짐작간다.

이상을 정리하면 추사 집안은 영의정, 판서, 대사헌 벼슬을 지낸 인물이 줄을 잇고 영조의 부마까지 배출한 명문으로 서울에도 근거지가 있었고, 시골에도 세거지가 있었던 양수 겹장의 일급 양반 집안이다. 재경양반이자 충청도 내포 일대에서 알아주는 재지양반이었던 것이다. 이때 육지와 해상교통 요지인 용궁리는 서울과 서산을 이어주는, 재경양반과 재지양반을 연결하는 고리 역할

서예 대가의 집답게 추사고택은 온통 편액과 주련으로 둘러싸여 있다.

을 했다.

 아무튼 월성위가 이곳 용궁리에 터를 잡은 일차적인 이유는 배 타고 빨리 서울에 갈 수 있었기 때문임은 확실하다. 두 번째 이유는 이곳이 더할 나위 없는 명당이기 때문이다. 용궁리는 음택과 양택에 모두 합당한 곳이었다. 그렇다면 어떤 점이 명당인가? 과연 당대의 일급 양반이 많은 돈을 들여 구입할 만한 명당인가? 1박 2일 동안 현장을 면밀히 답사해본 결과 월성위가 왜 이곳을 탐냈는지, 그리고 이름을 왜 하필 용궁리라고 했는지 어느 정도 납득할 수 있었다.

물과 재물의 관계

먼저 이 동네의 소종래(所從來, 지난 내력)를 더듬어보자. 추사고택이 있는 마을 이름은 용궁리고, 고택이 자리한 바로 뒷산 이름은 용산이다. 왜 용(龍) 자가 들어가는가부터 시작하자. 용산 줄기는 멀리 팔봉산에서 시작한다. 팔봉산은 용산의 조산(祖山)에 해당하는 산으로서, 팔봉산에서 용산까지는 20리 정도의 거리다. 20리를 꾸불꾸불 오다가 용산에서 나즈막하게 혈을 맺었다. '용이 천리를 내려오다가 자리 하나를 만든다千里行龍 一席之地'고, 혈자리는 그 끝자락에 있는 법이다.

이곳 사람들은 꾸불텅꾸불텅 내려온 산줄기 모습을 구절비룡(九節飛龍)이라고 부른다. 산줄기가 내려온 모습이 아홉 마디를 지닌 비룡의 모습과 흡사하다는 뜻이다. 여기서 구절(九節)이란 꼭 아홉 마디를 지칭하는 것이 아니고, 아주 많은 마디[節]라는 뜻으로 이해해야 한다. 그만큼 마디가 많다는 것인데, 풍수가에서는 산줄기가 갈지자 형태로 이리저리 마디를 많이 만들수록 좋다고 본다. 마디 없이 직룡으로 내려온 줄기는 묘용(妙用)이 없다.

용산은 팔봉산에서 내려온 용의 머리에 해당한다. 용 머리가 삽교천 물로 들어가려는 형국이다. 용궁리에서 삽교천 강물까지는 약 300미터 정도의 지적 거리다. 추사의 고조부인 김흥경의 묘가 있는 곳은 용의 콧구멍에 해당하는 자리다. 지금은 지형이 변했지만, 원래 김흥경의 묘 앞에는 물이 가득한 방죽이 있었다고 한다. 뿐만 아니라 화순옹주 묘 앞까지 물이 들어와 있었는데, 85년 경 지정리 때 흙으로 전부 메워서 지금은 평토가 되었다.

용궁이 물 속에 있듯이 이곳이 용궁리인 것은 용 머리 주변을 자연 방죽이 둘러싸고 있어서 물이 많았기 때문이다. 이때의 물은 재물로 간주한다. 물이 이처럼 주변을 둘러싸고 있으면 재물도 풍족하리라고 여겼을 것이다.

길게 누운 용이 머리 쪽으로 막 입수하려는 지점인 용궁리. 등산화 끈을 조이고 야트막한 용산에 올라 동네를 관망한다. 아마도 150년 전 처음 이 집터를 잡을 때 풍수깨나 한다는 한다리 김씨들이 나처럼 이곳에 올라 주변 사격(砂格)을 관찰했을 것이다. 그들도 나와 같은 심정이었을까. 온통 솜이불로 덮인 평화로움뿐이다. 팔봉산 쪽으로 방향을 틀어 한 걸음 한 걸음 주령을 타고 걸어본다. 지관은 눈으로 보아야 하지만 반드시 발로도 밟아보아야 그 맛을 안다. 천상 발로꾼이가 되어야 한다. 산줄기라도 전혀 험하지 않고 뒷동산 산책하는 것처럼 평탄하다. 이놈은 순한 용이라는 생각이 든다.

용이 머리를 돌려 출발지를 쳐다보는 형국

패철로 추사고택의 좌향(坐向)을 재어보니 유좌(酉坐)이다. 유좌는 정동향을 나타낸다. 전통적으로 내려오는 비전(秘傳)에 따르면 정동향집은 아침에 태양이 정면으로 들어오기 때문에 정좌(靜坐)를 하기에 적합한 터다. 정좌는 떠오르는 태양의 기운을 받는 작업이므로 정신수련에는 좋지만, 늦잠을 자는 사람에게는 곤란하다. 벌건 해가 동창을 물들이니 눈이 부셔서 빈둥빈둥 누워 있기 힘들 것 아닌가.

추사고택에서 정면 오른쪽 방향을 보니 저 멀리 높은 산봉우리가 눈에 들어온다. 동네 사람에게 산 이름을 물어보니 팔봉산이라고 한다. 그렇다면 이 집은 회룡고조(回龍顧祖)의 형국이다. 용이 머리를 획 돌려 자기가 출발한 지점을 다시 쳐다보는 형국을 회룡고조라고 한다. 현대인이 보기에는 무정물에 지나지 않는 산을 용에다 비유하고, 그 용도 그냥 용이 아니라 머리를 획 돌린 용의 모습으로 표현하는 것이 바로 풍수이다. 용뿐만 아니라 호랑이, 개, 소, 범, 닭, 뱀 등 여러 동물에 비유한다. 무정물인 산을 동물에 비유하는 이유는 무엇인가?

무정물에 생명을 불어넣기 위해서다. 산은 산이 아니라 호랑이가 되어 포효하고, 용이 되어서 꿈틀거린다. 무정물에 생명이 있어서 꿈틀거린다고 여기는 사유방식, 이것이 동양인의 풍수관의 핵심을 이룬다. 나는 이 사유방식을 받아들이지 못하면 풍수를 이해할 수 없다고 단언한다. 그래서 풍수를 서양 종교학자들이 말하는 애니미즘(animism, 物活論)과 상통한다고 본다. 애니미즘에 의하면 산과 바위에는 모두 정령(精靈)이 있다. 우리 식으로 이야기하면 산과 바위에는 지기(地氣)가 있다. 같은 말이다.

지기가 우리 몸 속에 들어와 꿈으로 나타날 때 정령의 모습으로 현현한다. 지기는 에너지이고 정령은 화면에 나타나는 모습인데, 이 양자는 호환성을 갖고 있다. 땅속에 있을 때에는 지기의 상태이지만, 지기가 인간 몸 속에 들어와 꿈으로 나타날 때에는 동물의 모습으로, 때로는 요정의 모습으로 나타날 수 있다. 몇 년 전 어떤 모임에서 구라파의 종교학자가 내 종교를 물었을 때, 나는 주저하지 않고 애니미즘이라고 대답한 적이 있다.

예산 지방에는 추사의 탄생과 관련한 전설이 하나 내려온다. 추사가 태어나는 날 고택 뒤뜰에 있는 우물물이 갑자기 말라버렸고, 뒷산인 용산과 그 조산이 되는 팔봉산의 초목이 모두 시들었다는 것이다. 그러다가 추사가 태어난 뒤 물이 다시 샘솟고 풀과 나무가 생기를 회복했다는 전설 같은 이야기다. 인근 사람들은 추사가 팔봉산 정기를 받고 태어났다고 믿었다. 우리 조상들은 인물이 태어날 때 주변 산천의 정기를 모두 끌어당긴다고 생각했다. 산천의 정기와 인물을 둘로 보지 않는 애니미즘적인 세계관의 반영이다.

추사고택에 관한 자료를 뒤적거리다 보니 얼마 전에 출간된 원로 문인 김구용(金丘庸) 선생의 일기가 눈에 띈다. 여기에 선생이 지금으로부터 35년 전인 1965년 4월에 추사고택을 답사한 대목이 있다. 60년대 중반, 먹고살기 어려운 시대에도 문화인들은 산 넘고 물 건너 추사고택을 답사했음을 알 수 있다.

예산에서 경찰서 지프차를 빌려 타고 출발하여 언덕을 넘고 논둑 길을 걸어 용궁리에 도착한 것으로 되어 있다. 그때만 해도 추사 선생의 4대 종손인 김석환(金石煥) 옹이 생존해 있었고, 6대 종손인 김완호(金阮鎬) 씨가 집을 지키고 있었다. 집 안에는 완당(추사) 선생의 도장이 많이 있어서 종이를 준비해 가면 그 낙관들을 찍을 수 있었다.

지금은 나무가 많지만 당시만 해도 용궁산은 기계로 깎은 듯 나무가 없는 민둥산이었는데, 추사고택은 외딴 초가집 한 채만 덜렁 있는 상태였다고 한다. 어느 날 밤 원인 모를 불이 일어나 옛 건물이 모조리 타버렸고, 그 바람에 완당 선생의 필적과 유물도 많이 소실되었다고 한다. 지금의 추사고택은 1968년 다른 사람에게 팔린 것을 1976년 충청남도에서 지방문화재 제43호로 지정하고 매수하여 새로 지은 건물이다. 옛날 53칸 집은 아니다. 현재 집은 인간문화재 이광규 옹이 부분적으로 재현한 것이다.

주련에 묻어나는 문자향과 서권기

추사고택에서 볼 만한 물건은 나무판에 가로·세로로 걸린 현판과 주련(기둥 등에 장식으로 써 붙이는 글씨)이다. 서예 대가의 집답게 수많은 주련이 대문 옆에도, 현관 앞에도, 기둥 옆에도, 담벼락에도 걸려 있다. 온통 주련이 집을 감싸고 있다. 추사고택은 주련의 집이다. 추사 선생은 갔지만 이 주련들이 남아서 생전에 선생이 흉중에 품고 있었을 사상과 이야기를 전하고 있다. 이 주련들은 학문과 예술에 대해서 당대 일급의 안목을 지녔던 인물이, 과연 어느 정도의 깊이와 넓이로 사고했는지를 엿볼 수 있는 간접 자료이기도 하다.

사찰 대웅전이나 서원에도 몇 개씩 주련이 있긴 하지만 이처럼 주련이 도열해 있는 곳은 추사고택뿐인 듯하다. 이 주련들만 돌아보아도 그 문자향과 서권기에 취해 반나절이 금방 가버릴 정도이다. 샤넬의 향기도 감미롭지만 명문과 달필에서 우러나는 향기는 훨씬 온은하고 오래간다. 당장 눈에 들어온 것만 몇 가지 소개하고 싶다.

바다 밑으로 진흙소가	海底泥牛	
달을 물고 달리고	含月走	
곤륜산에서 코끼리 타니	崑崙騎象	
백로가 고삐를 끈다.	鷺絲牽	〈설두지송(雪竇持誦)〉

이는 불교 선가(禪家)의 화두로 추사가 선가의 깊이에 침잠해 있었음을 말해주는 대목이다. 내가 아는 수준에서 해석하면 이렇다. 여기서 말하는 해저의 이우(泥牛)라는 것은 인체의 하단전(下丹田)에 숨어 있는 쿤달리니(kundalini) 에너지를 가리킨다. 불화(佛畵)의 목우도(牧牛圖)나 십우도(十牛圖)에 꼭 등장하

고택 바로 옆에 있는 추사의 묘. 산 사람이 사는 양택과 죽은 사람이 사는 음택이 바로 옆에 붙어 있는 것이 이곳의 특징이다.

는 소를 요가에서는 쿤달리니라고 한다. 쿤달리니는 생명 에너지이자 섹스 에너지이기도 한데, 성교를 통해서 아래로 배출하면 생명을 낳고, 명상을 통해 위로(上丹田) 끌어올리면 도인이 된다. 소를 다스린다는 것은 이 에너지를 다스린다는 의미다.

곤륜산에서 코끼리를 탄다는 것은 쿤달리니 에너지를 상단전(곤륜산)으로 끌어올린 상태이고, 백로가 고삐를 끈다는 것은 모든 것이 자유자재 걸림이 없는 경지를 말한다. 이우, 곧 진흙소는 설두뿐만 아니라 그 후배가 되는 경허 스님의 문집에도 여러 번 등장하는 것으로 보아서 구한말에 선승들 사이에서 유행한 화두인 것으로 짐작된다. 설두지송이란 말은 '설두가 항상 이 문구를 외우고 다녔다'는 의미다.

설두는 구한말의 설두유형(雪竇有炯, 1824~1889) 스님을 가리킨다. 전북 순창 구암사에서 백파 스님의 강의를 들었으며, 영광 불갑사가 거의 폐사 직전에 있을 때 이를 중흥해낸 인물이기도 하다. 백파의 구암사 문중과 초의의 대흥사 문중이 100년에 걸친 선 논쟁을 벌일 때 구암사 문중을 대변하는 저술 중 하나인 〈선원소류(禪源溯流)〉를 쓴, 추사와 선 논쟁을 벌인 백파스님의 제자이다. 그 다음 주련들을 보면 이렇다.

서예는 외로운 소나무의 한 가지와 같다.	書藝如孤松一枝
그림 그리는 법은 장강 만리와 같은 유장함에 있다.	畵法有長江萬里
세상에서 꼭 할 만한 일 두 가지는 밭 갈고 책 읽는 일뿐이다.	世間兩件事耕讀
문자를 통해서 깨달음에 들어간다.	且將文字入菩提
오직 사랑하는 것은 그림과 책 그리고 옛 물건이다.	唯愛圖書兼古器
봄바람처럼 고운 마음은 만물의 모든 것을 용납하고	春風大雅能容物
책은 이미 삼천 권이 넘었다.	書已過三千卷
반나절은 정좌하면서 마음을 수양하고 반나절은 책 읽는다.	半日靜坐半日讀書

추사고택의 사랑채 댓돌 앞에 '석년(石年)'이라는 글자가 새겨진, 높이가 1미터 정도의 돌기둥이 눈길을 끈다. 고택이 동서 축으로 자리잡고 있는데 반해, 이 돌기둥은 남북 방향으로 자리잡고 있다. 이 돌기둥의 기능은 해시계 역할이다. 태양 위치에 따라서 그림자를 만든다. 그 그림자의 방향과 위치를 보고 하루의 시간을 알 수 있다. 옛날에는 시계가 없었으므로 이 돌기둥이야말로 훌륭한 자연 시계였을 것이다. 추사 선생이 직접 제작했다고 한다. 그러고 보니 석년이라는 글씨도 추사체다. 다른 고택에서 보기 힘든 물건이다. 태엽을 감을 필요도 없고 배터리를 넣지 않아도 멈추지 않고 돌아가는 만년 시계이다.

산 자와 죽은 자가 동거하는 집

추사고택을 둘러보면서 가장 강한 인상을 받은 부분은 묘지가 고택 바로 옆에 붙어 있다는 점이다. 증조부인 김한신과 화순옹주의 합묘가 고택 오른쪽에 자리잡고 있고, 그 오른쪽으로 고조부 김흥경의 묘가 단정하고 온화한 터에 있다. 그런가 하면 고택 바로 왼쪽에는 추사 본인의 묘가 있다. 고택의 좌우로 커다란 묘들이 포진하고 있는 셈이다. 어떻게 보면 좌우의 묘지 중간에 집이 위치하고 있는 구조이다. 본채 옆의 좌우에 이처럼 묘가 있는 것을 보고 나는 여러 가지 감회에 젖지 않을 수 없었다.

집과 묘가 나란히 있다는 것은 산 자와 죽은 자가 평화롭게 공존하고 있음을 말한다. 집은 산 사람이 사는 집이라서 양택(陽宅)이라 하고, 묘는 죽은 사람이 사는 집이라고 해서 음택(陰宅)이라 부른다. 산 사람만 집이 있는 것이 아니라, 죽은 사람도 집이 있다. 내가 보기에 음양택(陰陽宅)이 동거하고 있는 형국이 추사고택이다. 음양택의 동거, 산 자와 죽은 자의 동거, 어둠과 밝음의 동거. 이는 한국인의 사생관(死生觀)을 반영하는 풍경이 아니고 무엇이겠는가.

죽음은 어디 멀리 공동묘지에 있는 게 아니라 바로 집 옆에 있다. 죽음은 무섭고 낯선 게 아니라 옆집처럼 이물없고 친숙하다. 친숙할 뿐 아니라 음택에서 양택으로, 양택에서 다시 음택으로 순환한다. 사(死)에서 생(生)으로, 생에서 다시 사로 순환하는 사생의 진리를 설파하고 있는 풍경이다. 음택이 다시 양택으로 순환한다는 것은 조상이 좋은 묘지에 들어가면 다시 그 집 후손으로 돌아온다는 믿음이다. 돌아온다는 것은 회귀를 의미한다. 그러므로 한국인의 사생관에서 볼 때 죽어서 명당에 들어간다는 것은 죽음을 극복하고 영원한 생명을 얻는 기쁨과 같다.

추사고택에서 보여주는 음양택 동거처럼, 한국의 전통 문화를 자세히 살펴보면 이처럼 순환과 회귀하는 장치가 몇 가지 있다. 먼저 회갑(回甲)만 해도 그렇다. 자기가 태어난 육십갑자로 60년 만에 되돌아오는 것이 회갑의 의미다. 회갑은 시간을 다시 시작하는 의미를 내포하고 있다. 겨울이 가면 다시 봄이 오는 것처럼 시간은 회귀한다. 초상집에 갈 때 우리 선조들은 모두 흰색 옷을 입었다. 검정 옷을 입지 않았다. 검정색은 죽음을 상징하지만, 흰색은 시작과 탄생을 의미한다고 한다. 우리는 죽음의 장소에 가서 시작과 탄생을 기원했던 것이다.

추사고택처럼 퇴계 선생이나 우암 송시열 선생의 집에서도 양택에서 얼마 떨어지지 않은 곳에 음택들이 자리잡고 있다. 이는 죽음에서 삶으로 영원히 회귀한다는 사실을 암시한다. 우리는 영겁회귀(永劫回歸)에 살고 있는 것이다.

이런 생각을 하면서 추사의 고조부 묘를 둘러보았다. 용궁리 일대에서 제일 가는 터는 이 고조부 묘인 것 같다. 용의 콧구멍 자리라고 하는데 그렇게 편안할 수 없다. 입수(入首)도 야트막한 둔덕으로 내려왔고, 주변 사격(砂格)과 혈구(穴口), 안대(案帶) 모두 흠잡을 데가 없다.

이 묘를 한층 빛내는 기념물까지 하나 있다. 바로 묘 앞에 서 있는 백송(白松)이다. 보통 예산 백송이라 불리는데, 잎은 푸르고 몸체에 약간 흰색을 띤 희귀한 소나무이다. 추사가 청나라 연경에 갔다 돌아올 때 가지고 와서 고조부 김홍경의 묘 앞에 심어놓았다고 한다. 수령 200년, 높이 10미터의 이 우아하면서도 고고한 절개가 느껴지는 백송을 바라보면서 나는 생명의 회귀를 상상했다. 혹시 김홍경이 죽어서 추사로 환생한 것은 아닌가 하고 말이다.

왕대밭에 왕대 나고 쑥대밭에 쑥대 난다고 한다. 조상이 3~4대 후에 자기 집 후손으로 다시 돌아온다고 믿는 동이족의 무속신앙 관습에 비춰보면 그렇다는 이야기다. 혹 추사도 그 어떤 예감을 느꼈기 때문에 중국에서 가져온 백송을 고조부 묘에다 심어놓지 않았을까…….

화암사 암벽의 추사 글씨

추사는 유학자이면서도 '해동의 유마거사'라는 칭호를 들을 정도로 불교에 조예가 깊은 인물이었다. 조선시대에 불교는 무부무군(無父無君)의 이단사상이고, 승려는 기생, 백정, 광대와 함께 팔천(八賤) 중 하나에 들어가는 천민으로 취급되었기 때문에 추사 정도 되는 양반이 불교를 좋아하고 불교에 깊은 이해를 갖고 있었다는 사실은 주목할 만한 일이다.

추사는 구암사의 백파선사와 삼종선(三種禪) 논쟁을 벌여 조사선(祖師禪)에 비판을 가할 정도로 선의 세계에 깊은 이해를 가지고 있었다. 그런가 하면 〈금강경〉을 호신용 부적처럼 항상 휴대하고 다닐 정도였고, 차(茶)로 유명한 전남 대흥사의 초의선사와도 차와 불교를 매개로 특별한 우정을 맺는다. 이런 걸 종합하면 조선시대를 통틀어 명문가의 유학자 신분으로 추사처럼 불교에 깊이 들어간 인물도 없지 않나 싶다. 그래서 나는 추사를 한국의 3대 거사(居士) 중 하나로 생각한다. 통일신라시대의 부설거사, 고려시대에 춘천 청평사로 들어간 이자현 거사, 그리고 조선시대의 추사.

추사가 이처럼 불교를 가까이 하고, 알 수 있었던 배경은 무엇인가? 추적해보니 화암사가 나온다. 화암사는 추사 불교의 원천으로, 추사고택에서 걸어서 20분 정도 거리에 있는 오석산에 자리잡은 작은 절이다. 이 절은 증조부인 월성위 때부터 추사 집안의 원찰(願刹)이었다. 원찰이란 요즘 식으로 말하면 일종의 개인 사찰이다.

추사는 어렸을 때부터 화암사를 출입하면서 자연스럽게 불교와 접하면서 여러 불경도 보고, 선도 익혔던 것 같다. 추사가 직접 화암사 대웅전 뒤편 암벽에 남긴 '천축고선생댁(天竺古先生宅)'과 '시경(詩境)'이라는 글자는 추사와 화암사의 특별한 인연을 상징적으로 말해준다. 천축(天竺)은 서역의 인도를 말하고, 고선생(古先生)은 부처를 유교식으로 표현한 말이다. 불교 사찰을 유교식으로 번역하면 '천축고선생댁'이 된다.

추사의 친필 글씨가 암각되어 있는 화암사 지세를 면밀히 살피다가 글씨가 새겨진 암벽에 주목하였다. 암벽은 대웅전 뒤편에 병풍처럼 서 있는데 가로 30센티미터, 세로 3~4미터의 크기다. 절에서도 이 바위를 '병풍암'이라 부른다. 화암사 뒷산 이름에 까마귀 오(烏)와 돌 석(石) 자를 집어넣은 이유는 돌을 깨보면 바위 속이 검기 때문이다. 이 바위의 특성이 잘 드러나는 곳이 바로 이 병풍암이라고 여겨진다. 그러니까 조산인 팔봉산에서 고택이 있는 용산까지 20리를 내려온 구절비룡의 산줄기 가운데서 유일하게 바위가 돌출하여 암기(岩氣)를 강하게 발산하는 곳이 이곳 오석산의 화암사 대웅전 뒤편 병풍암인 것이다.

다시 말해 팔봉산에서 오석산을 거쳐 용산에 이르기까지 부드러운 둔덕으로 내려오던 산줄기가 비로소 무기(武氣)를 드러낸 곳이 병풍암이라는 말이다. 그리고 이 병풍암에 추사가 직접 글씨를 새겼다는 것은 의미심장하다. 내가 보기에 병풍암에 서린 무기는 불교적 선의 경지로 이끄는 원동력이었고, 더 나아가 추사 글씨의 특징 중 하나로 꼽히는 강건함을 구성하는 밑바탕이 되었을 것 같다.

둘러보니 병풍암 밑에 나무로 만든 평상이 하나 놓여 있다. 왜 평상을 놓았는가 스님에게 물어보니 지금도 절에서 중요한 천도제는 병풍암 앞에서 지내는데, 그러면 특별한 효험이 있다고 귀띔해준다.

다양한 신분의 추사 제자들

구한말 추사를 따르는 제자가 3천 명에 달했다고 할 만큼 추사는 제자가 많았고, 이들 중 상당수가 역관과 의관 등 돈과 실력을 갖춘 중인층이었다. 대표적인 예가 역관이었던 이상적(李尙迪, 1804~1865)이다. 이상적은 추사가 제주도에서 유배 생활 할 때 청나라를 출입하면서 구입한 귀중한 서적들을 구입해 스승에게 갖다 드리려고 불원천리 제주도까지 간 인물이다. 유명한 〈세한도(歲寒圖)〉는 추사가 이상적의 정성과 의리에 보답하기 위해 그려준 그림이다.

이상적의 제자가 역관 오경석(吳慶錫, 1831~1879. 오세창이 그의 아들이다)인데, 오경석은 청나라 고증학을 연마한 바탕 위에서 추사의 《금석과안록(金石過眼錄)》을 더욱 계승 발전시켜 《삼한금석록(三韓金石錄)》이라는 저술을 남겼다. 그런데 이 오경석 또한 독실한 불교 신자였다. 묘비명에 의하면 그는 항상 불경을 읽었으며 《초조보제달마대사설(初祖菩提達磨大師說)》이라는 불교 저술까지 남겼다. 오경석의 불교사상은 다시 그의 절친한 친구이자 개화파 지도자인 유대치(劉大致)에게 전해진다.

당시 백의정승(白衣政丞)이라 불린 유대치도 중인계급에 속하는 한의사로 오경석과 교류하면서 개화사상의 지도자가 되었는데, 이때 불교도 같이 받아들인 것으로 보인다. 유대치는 개화파의 주역인 김옥균, 박영효, 서광범에게 개화사상을 전하면서 동시에 불교사상까지 전해주었다. 그래서 김옥균을 비롯한 개화파들은 불교에 조예가 있었으며, 개화사상의 기반에는 불교에서 말하는 '일체중생(一切衆生) 실유불성(悉有佛性)', 즉 누구나 불성을 갖고 있다는 평등사상이 자리잡고 있다. 이들은 이 사상에 입각해 계급차별을 타파하려고 했던 것이다.

이상을 종합해보면 김옥균 등 개화파들에까지 영향을 미친 불교사상의 진원지를 거슬러 올라가면 추사에게 이르고, 그 추사가 가진 불교사상의 기초가 바로 이 화암사 병풍암에서 형성되지 않았나 추측된다. 화암사 대웅전 뒤에 우뚝 솟은 병풍바위에 추사가 새겨놓은 암각에는 필시 무슨 사연이 있을 것이다.

　추사고택은 조선조 양반이 가장 선호한 부드러운 산세에 자리잡은 저택이자, 문자향과 서권기가 은은하게 풍기는 무릉도원의 이상향이다. 이 무릉도원에 자리잡은 음양택 동거의 구조를 관망하면서 과연 생은 무엇이고 사는 무엇인가를 생각해본다.

송영구 고택의 안산에 해당하는 문필봉과 그 우측으로 보이는 마체(馬體)형 봉우리. 고택이 자리잡은 장암은 전주 인근 최고 명당 가운데 한 곳이다.

전북 익산의 표옹 송영구 고택

사람 보는 눈이 다르다

명나라 때 대문장가인 주지번과 국경을 초월하여
아름다운 인연을 맺은 표옹 송영구.
그의 고택은 내룡(來龍), 안산(案山), 득수(得水) 삼박자가 훌륭한 풍수 명당이자
고밀도 기에너지를 갖춘 '마당바위'로 눈길을 끈다.

우리 나라에서 가장 큰 현판 글씨인 전주객사의 '풍패지관(豊沛之館)'. 선조 때 중국 사신 주지번이 직접 쓴 글씨다.

망모당의 백호자락 끝에 뭉쳐 있는 마당바위. 이 바위로 인해서 장암이란 마을 이름이 붙었다.

풍류의 멋 감도는 비산비야(非山非野)의 명당

한국에서 명문가라고 할 때 과연 그 자격 기준은 무엇인가?

명가, 명택을 소개할 때 늘 꼬리표처럼 따라다니는 질문이다. 그 기준은 여러 가지가 있겠지만, 가장 보편적인 조건은 그 집 선조 또는 집안 사람들이 '어떻게 살았느냐(How to live)' 하는 문제로 귀결되는 것 같다.

꼭 벼슬이 높아야 명문가가 되는 것은 아니다. 얼마나 진선미(眞善美)에 부합하는 삶을 살았느냐가 중요한 것 아니겠는가! 그래서 '정승 셋보다 대제학 한 명이 더 귀하고, 대제학 셋보다 처사 한 명이 더 귀하다三政丞 不如 一大提學, 三大提學 不如 一處士'는 말이 인구에 회자되는지도 모르겠다.

어떻게 살았는가 하는 문제를 천착하다 보면 거기에는 반드시 드라마틱한 사건이 있기 마련이다. 익산 왕궁의 표옹(瓢翁) 송영구(宋英耉, 1555~1620) 집안도 예외가 아니다.

그 드라마는 호남의 고도이자 호남대로의 중심지인 전주의 어느 건물 현판에서 시작된다. 전주 시가지 한복판을 지나다 보면 '객사(客舍)'라고 불리는 고색창연한 기와 지붕 건물이 나그네의 눈길을 끈다.

조선시대의 최고(最古) 객사, 전주객사

 객사는 그 지역을 방문한 외부 귀빈이 머무르는 건물로서, 요즘 식으로 말하면 그 지역에서 가장 좋은 호텔에 해당한다. 일반 서민 여행객이야 주막집에서 국밥이나 먹으면서 머물렀지만, 고급 관료나 귀빈은 시설이 훌륭한 객사에서 잔치를 즐기며 여장을 푸는 것이 조선시대의 풍습이었다. 시설과 규모 면에서는 중국 사신이 주로 머문 개성의 태평관(太平館)이 조선에서 가장 유명했다. 현존하는 객사 건물로는 전주객사 외에 거제객사(1489), 무장객사(1581), 밀양객사(1652), 부여객사(1704), 선성현객사(1712), 낙안객사(1722), 완도객사(1722) 등이 있다.

 이중 전주객사(1471년 중건)는 조선시대에 건축한 객사 건물 가운데 그 연대가 가장 앞서는 곳으로 알려져 있다. 그런데 이 전주 객사 정면에는 커다란 현판이 하나 걸려 있다. '풍패지관(豊沛之館)' 이라는 현판이 바로 그것이다. 초서체의 호방하고 힘찬 필체인데 가로 466센티미터, 세로 179센티미터의 크기다. 이 정도 크기의 글씨를 쓰기 위해서는 붓의 크기도 엄청났을 것 같다.

 과문한 탓인지 모르지만 내가 전국을 여행하면서 본 현판 글씨 가운데 이 전주객사에 걸린 현판 글씨가 가장 큰 듯 싶다. 이북에 있는 현판으로는 평양 금수산에 있는 을밀대 현판 글씨가 아주 크다고 하는데, 풍패지관보다는 약간 작다는 게 전주의 어르신인 작촌 조병희(91) 선생의 말씀이다.

국내 최대의 현판 글씨에 얽힌 사연

 그렇다면 왜 한낱 지방 객사에 지나지 않은 곳에 왜 이처럼 큰 글씨의 현판이 있는 것일까. 풍패(豊沛)는 한나라 건국자 유방이 태어난 지역을 가리킨다. 전주 역시 조선의 창업주 이성계의 고향이기 때문에 왕도(王都)로서의 권위와 품격을 드러내기 위한 배려였을 것이다.

 표옹 집안을 이야기하기 위해선 먼저 이 글씨에 담긴 사연을 추적해보아야 한다. 이 현판 글씨에 얽힌 사연으로 인해 송씨 집안이 호남의 명문으로 널리 알려졌기 때문이다. 우선 이 글씨를 쓴 사람은 이 근방 명필이 아니며, 더구나 조선 사람이 아니라는 점에 주목할 필요가 있다.

이 글씨는 조선에 온 중국인 사신 주지번(朱之蕃)이라는 인물의 작품이다. 조선을 방문한 중국의 공식 사신이 서울이 아닌 지방에다 이러한 현판을 남긴 것은 매우 희귀한 사례다. 왜 중국 사신이 서울도 아닌 전라도 전주에까지 내려와서 이렇듯 거창한 크기의 글씨를 남기고 돌아갔을까? 이성계를 흠모해서 그랬던 것일까?

주지번은 전주에서 서북쪽으로 50리 떨어진 왕궁면 장암리에 살고 있던 표옹을 만나기 위해 한양에서 내려오던 길에 전주객사에 들렀다가 기념으로 이 글씨를 써주고 갔다. 1606년 당시 주지번은 중국 황제의 황태손이 탄생한 경사를 조선에 알리기 위해 온 공식 외교사절단의 최고 책임자인 정사(正使) 신분이었다.

주지번이 조선에 도착하기 전 한양에서는 임금과 대신이 어전회의에서 그 접대 방법을 놓고 고심했으며, 《조선왕조실록》에 의하면 주지번이 서울에 왔을 때에는 국왕인 선조가 친히 교외에까지 마중 나가 맞이했다고 하니 대단한 고위급 사신이었다. 그러한 주지번이 공식 업무도 아니고 교통도 불편했을 당시에 한양에서 전라도 시골에까지 직접 내려온 이유는 무엇인가?

그것은 표옹의 은혜에 보답하기 위해서였다. 주지번은 장암리에 살던 표옹을 일생의 은인이자 스승으로 여겼다. 추측컨대 공식 업무가 끝나자마자 부랴부랴 짐을 챙겨 표옹의 거처인 왕궁면 장암을 방문했던 것 같다. 표옹과 주지번 사이의 아름다운 사연을 정리하면 이렇다.

《표옹문집》에 따르면 표옹은 임진왜란이 발생한 다음해인 1593년 송강 정철의 서장관(書狀官) 자격으로 북경에 갔다. 그의 나이 38세였다. 그때 조선 사신들이 머물던 숙소 부엌에서 장작으로 불을 지피던 청년이 하나 있었다. 그런데 이 청년이 아궁이에 불을 지피면서 계속 무언가 중얼중얼 읊조리고 있었다. 표옹이 그 소리를 가만히 들어보니 장자의 〈남화경(南華經)〉에 나오는 내용이 아닌가. 장작으로 불이나 때는 불목하니 주제에 〈남화경〉을 외우는 게 하도 신통해서 표옹이 그 청년을 불러서 자초지종을 물어보았다.

"너는 누구길래 이렇게 천한 일을 하면서 어려운 〈남화경〉을 다 암송할 수 있느냐?"

"저는 남월 지방 출신입니다. 과거를 보기 위해 몇 년 전 북경에 올라왔는데 여러 차례 시험에 낙방하다 보니 가져온 노자가 다 떨어져서 호구지책으로 이렇게 고용인 생활을 하고 있습니다."

"너 그러면 그동안 과거시험 답안지를 어떻게 작성하였는가 종이에 써보아라."

표옹은 청년을 불쌍히 여겨 시험 답안지 작성 방법을 가르쳐주었다. 청년이 문장에 대한 이치는 깨쳤으나 전체적인 격식에는 미흡한 점이 있었으므로, 조선의 과거시험에서 통용하는 모범답안 작성 요령을 알려준 것이다. 그리고 나서 표옹은 자신이 지니고 있던 중요한 서적 수 편을 필사해주고, 거기에다가 상당 액수의 돈까지 쥐어주었다. 시간을 아껴 공부에 전념하라는 뜻이었다.

그후 이 청년은 과거에 합격했다고 한다. 이 청년이 다름 아닌 주지번이다. 한마디로 표옹은 사람을 알아보는 지인지감(知人之鑑, 사람을 보는 감식력)이 있었다는 이야기다. 뜨고 난 후에 손 들면 소용없다. 무명 상태의 인물을 발탁하는 혜안이 지인지감인 것이다.

허균과 주지번의 만남

《조선왕조실록》에서 주지번에 관한 내용을 찾아보면, 그는 을미년에 과거에 장원급제했다고 되어 있다. 수석 합격한 것이다. 을미년이라면 1595년이다. 표옹을 만나고 2년 후에 합격한 셈이다. 당시 중국 사람들은 학사 문장가를 꼽을 때 초굉, 황휘, 주지번 세 사람을 꼽았는데, 그중에서도 주지번이 가장 유명했다고 한다. 주지번은 〈한서기평(漢書奇評)〉의 서문을 쓰기도 했다. 주지번의 벼슬은 한림원학사였다고 하는데, 한림원은 학문의 경지가 깊은 인물들이 모여 있던 곳이다. 여러 가지 정황을 고려할 때 주지번은 보통 관료가 아니라 중국 내에서 알아주는 일급 학자이자 문장가였던 것이다.

정사 주지번과 부사 양유년이 사신으로 조선을 방문했을 때가 선조 39년, 1606년이다. 당시 조선 조정에서는 주지번의 상대자로 대제학인 유근(柳根, 1549~1627)을 내세웠다. 유근은 선조 20년 일본의 승려 겐소(玄蘇)가 들어왔을

주지번이 송영구의 은혜에 보답하기 위해서 쓴 글씨인 '망모당'. 망모당은 표옹이 선친의 선영을 망모하기 위해 지은 별채이자 공부방이다.

때, 탁월한 문장력을 발휘하여 겐소 일행을 탄복케 한 당대의 문사이자, 풍모가 준수하고 언행에 절도가 있는 일급 관리였다. 유근의 종사관으로는 허균(許筠, 1569~1618)이 발탁되었다. 중국의 주지번—양유년 조를 상대할 조선측 대표로 50대 후반의 유근과 30대 후반의 허균이 선발된 것이다. 여기서 한 가지 흥미로운 점은 유근이 바로 표옹의 고모부였다는 사실이다.

공식적으로는 양국 외교관의 만남이지만, 비공식적 차원에서는 한·중 문장가들이 재주를 겨루는 성격도 내포하고 있었으므로 여기서 밀리지 않게 조선에서도 실력 있는 인물을 내세웠을 것은 당연지사다. 이렇게 해서 당대 중국과 조선의 문장가인 주지번과 허균은 서로 만났다. 두 사람의 만남은 허균의 누님인 허난설헌의 시가 북경 선비들에게 소개되는 계기가 되기도 했다. 주지번이 허난설헌의 시에 매료되어 중국에 가지고 가서 소개한 것이다.

한편 1606년 주지번이 전주 북쪽 50리 거리에 위치한 장암마을을 찾았을 때, 표옹의 나이 51세였다. 표옹은 46세 때 청풍군수를 지내고, 52세 때에는 경상도 성주목사를 지냈으니 주지번이 방문한 시기는 표옹이 청풍군수를 지낸 다음 성주목사로 나가기 바로 전해에 해당한다. 두 사람이 북경 영빈관에서 만났던 때로부터 계산하면 13년만의 만남이었다. 이때 주지번의 나이를 정확히 확인할 수는 없지만, 주지번이 허균과 개인적으로 친해졌다는 이야기를 감안해 볼 때 허균의 당시 나이(38세)와 비슷한 30대 후반에서 40대 초반쯤이지 않았나 싶다.

송씨 집안의 구전에 의하면 주지번이 한양에 도착해서 전라도 왕궁에 사는 송영구라는 사람의 행방을 물었다고 한다. 이때 주변에서는 "죽었다"고 했다고 한다. 그러나 주지번은 좀더 수소문하여 표옹이 살아 있음을 확인한다. 그래서 왜 죽었다고 거짓말했느냐고 추궁하니 "대국인 명나라 사신이 한양에서 시골에까지 찾아가면 접대 준비 때문에 가는 곳마다 민폐가 심하니 부득이 죽었다고 할 수밖에 없었다"고 했다. 이 말을 들은 주지번 왈, "그러면 말 한 필과 하인 한 명만 준비해줘라. 다른 준비는 필요 없다."

이렇게 해서 주지번은 전주객사를 거쳐 장암에 도착했다. 주지번은 조선에 올 때 희귀한 책을 선물로 가지고 왔다고 전한다. 물론 일생일대의 은인이자 스승인 표옹에게 드릴 선물이었다. 그 책 분량이 80권 정도였는데, 책들은 나중에 규장각에 보관되었다고 한다.

주지번이 표옹의 집을 방문해서 남기고 간 흔적은 현재 두 가지가 전한다. 하나는 '망모당(望慕堂)'이라는 편액이고, 다른 하나는 표옹의 신후지지(身後之地), 즉 묘자리를 택지해준 것이다. 가장 어려운 시기에 자기를 도와준 은인의 양택에는 글자를, 은인의 편안한 사후를 위해서는 음택자리를 잡아줌으로써 은혜에 보답한 셈이다.

내룡 · 안산 · 득수, 삼박자 갖춘 명당 망모당

편액의 좌측 밑에 '주지번서(朱之蕃書)'라고 선명하게 양각돼 있는 '망모당'은 글자 그대로 '멀리서 추모한다'는 뜻이다. 표옹의 집에서 쳐다보면 전방 10리 거리에 표옹 부모의 묘소가 바라다보인다. 망모당이라는 편액은 자나깨나 부모를 생각하는 표옹의 효심을 상징한다. 장암에 있던 표옹 저택의 본채와 사랑채는 사라지고, 현재는 표옹이 선친의 선영을 망모하기 위하여 1607년에 지은 별채이자 공부방인 망모당 건물만 남아 있는 상태다. 망모당은 정면 세 칸, 측면 세 칸의 팔작(八作)집이다.

표옹의 고택인 망모당 터는 풍수적인 안목에서 볼 때 국·영·수 삼박자를 고루 갖춘 명당이다. 대개 국어와 영어를 잘하면 수학이 시원찮고, 수학을 잘하면 영어를 못하는 수가 많은데, 표옹고택은 이 삼박자가 모두 탁월하다. 여기서 국어란 집터 뒤로 연결되는 내룡(來龍)을 말하고, 영어는 안산(案山), 수학은 물의 흐름이다.

먼저 내룡부터 살펴보자. 장암 일대의 산세는 산과 평야지대가 만나는 접점 지역이라는 점이 특징이다. 산이 달려오다가 드넓은 김제, 만경의 호남평야 지대로 스며들어가는 형태인 것이다. 그 접점 지점에 표옹고택이 터를 잡고 있다. 한쪽에는 산이, 다른 한쪽에는 들판이 있다. 산에서 들판으로 내려가는 도중이라 산세가 부드러울 수밖에 없다. 부드러움의 측면에서는 충청도 산세보다 약간 덜하고, 집터 부근에 전주에서 김제, 만경에 이르는 넓다란 평야지대가 펼쳐진 점이 다른 지방과 다르다.

인문·지리적인 측은 교통이 좋다는 점을 암시한다. 실제로 망모당은 교통이 매우 편리한 지점에 위치해 있다. 망모당 전방 500미터 앞으로 조선시대 때 파발마가 다니던 길인 호남대로가 놓여 있다. 서울에서 목포까지 가는 호남대로 가운데 여산, 논산을 거쳐 전주로 가는 중간 지점에 망모당이 자리잡고 있는 것이다. 현재도 이 길은 호남고속도로가 뚫려 있다. 망모당은 풍수적인 입지뿐만 아니라 교통도 편리한 요지이다.

영남의 400~500년 된 고택들은 대체로 교통이 불편한 오지에 있는 반면, 충청과 호남의 고택들은 교통이 편리한 곳에 많이 자리잡고 있다. 예를 들어 경북 영양의 조지훈 고택, 하회마을 양진당, 충재고택이 있는 안동 닭실마을, 가야산 쪽의 한강 정구 선생 고택 등은 첩첩산중에 자리잡은 반면, 예산의 추사고택, 논산의 윤증고택, 망모당 등 기호 지방의 고택들은 대체로 대로변에 있는 경우가 많다. 이 차이는 무엇을 의미하는가? 개인적인 소견으로는 기호학파와 영남학파의 차이가 아닌가 싶다.

조선 중기 이후로 기호학파의 노론 쪽이 거의 정권을 잡고 있었기 때문에 이들은 서울에 출장 다닐 일이 아무래도 많았던 반면, 영남학파의 남인 쪽은 정쟁에서 밀려나 외부와 두절된 산속에서 절치부심해야 했기 때문이 아닐까? 학풍 자체도 주기론(主氣論) 쪽인 기호학파가 비교적 개방적이라면, 주리론(主理論) 쪽인 영남학파는 보수적인 경향을 보이는데, 이 기풍이 주택의 입지 선정에도 영향을 미쳤을 가능성이 있다. 그러나 한반도의 전체적인 지형을 놓고 볼 때 영남 지방은 산이 많아 험준한 지형이 많고, 기호 지방은 산이 적어 평탄한 지형이 많기 때문에 나타난 자연스런 현상일 수도 있다.

표옹고택의 내룡을 추적해 올라가면 소조산(小祖山)에 해당하는 산이 나타난다. 대추산이다. 이 대추산이 묘미가 있다. 해발 300미터 정도의 평범한 산이지만, 풍수적으로 천호산 쪽에서 내려오는 맥과 용화산 쪽에서 내려오는 두 줄기 맥이 합쳐진 산이다. 그러니까 대추산의 근원인 천호산과 용화산은 태조산(太祖山)이 되는 셈이다. 물도 양쪽에서 내려와 합수(合水)한 곳을 선호하듯이 산 역시 양쪽에서 내려온 맥이 합쳐진 곳을 높이 평가한다. 대추산이 바로 그런 산이다.

이처럼 양쪽 맥이 합쳐서 내려온 곳의 장점은 한쪽이 고장나더라도 다른 한쪽이 받쳐주어 그 수명이 오래간다는 것이다. 아울러 두 줄기가 합쳐졌으므로 시너지 효과가 발생한다고 본다. 이처럼 소조산 자체가 두 줄기 맥이 결합하여 된 곳은 매우 드물다.

청룡이 다섯 겹이나 에워싼 '비산비야'

대추산까지 제법 높이가 있는 형세로 이어오던 산세는 대추산부터 장암에 이르기까지 2킬로미터 정도 아주 완만한 둔덕의 모습이다. 비산비야(非山非野), 산이라고 볼 수도 없고 그렇다고 들판도 아닌 자그마한 동산 형태로 맥이 들판을 향해서 내려가고 있다. 대추산 정상의 작은 바위에 걸터앉아 장암을 향해서

구불구불 천천히 내려가는 맥을 쳐다보고 있노라니 왠지 가슴이 설렌다. 저 흘러가는 맥이 살아 있다고 느껴지기 때문이다.

산은 무정물이 아니라 유정물이다. 산이 숨쉬는 맥박이 들리고, 발 밑에 흐르는 지기(地氣)가 몸의 경락을 통해서 상단전(上丹田)으로 느껴질 때 인간은 산의 품에 마음놓고 안긴다. 이때부터 산은 산이 아니고, 나의 변치 않는 애인이 된다. 애인의 품에 안겨서 '마운틴 오르가즘(mountain orgasm)'에 몰입할 때 그 사람은 진정한 풍수인이 되는 것이다. 산과 인간과의 교감이 가능하다고 보는 것이 동양적 자연관의 핵심이다.

서양인들과 이야기해보면 그들은 동양인들의 이러한 유기체적 교감을 이해하는 데 태생적으로 어려움을 느끼는 것 같다. 여기에 동·서양 자연관의 기본적인 차이가 있다. 자연과 인간의 교감을 기본적인 전제로 해서 성립한 사상 체계가 풍수라고 한다면, 풍수는 이러한 동양적 자연관을 다른 무엇보다도 충실하게 대변하고 있는 셈이다. 앞으로 만약 산과 인간이 교감하는 원리를 과학적으로 해명하는 과학자가 한국에서 나타난다면 그는 21세기를 이끌어 가는 세계적인 학자가 될 것이다. 어찌됐거나 표옹의 고택에 흘러 들어가는 내룡의 아기자기한 흐름을 관조하기 위해서는 반드시 대추산에 올라가서 보아야 한다.

망모당에 서서 보면 좌우의 청룡백호가 겹겹이 싸고 있음을 발견할 수 있다. 특히 대추산에서 내려오는 청룡맥이 겹겹이 싸고 있다. 자세히 살펴보니 두 겹, 세 겹, 네 겹, 다섯 겹 정도 둘러싸고 있다. 여러 겹일수록 비례해서 좋다고 본다. 두터울수록 집터가 안전하게 보호된다고 보기 때문이다.

이 내룡에서는 살기(殺氣)도 전혀 보이질 않는다. 뾰쪽하고 날카롭게 솟은 바

위가 없다. 유순한 둔덕뿐이다. 이는 추사고택의 내룡과 같은 형태로서, 조선조 양반들이 가장 선호하던 산세의 전형을 보여준다. 마치 암탉이 알을 품는 형국처럼 부드럽고 포근한 감을 준다. 망모당의 전체 형국으로 보아서는 반월형에 가까운 것 같다.

　좌향(坐向)은 유좌(酉坐)라서 동향집이다. 집 앞을 흐르는 냇물도 방향이 좋다. 9시 방향에서 망모당 쪽을 향해 흘러 들어오다가 오른쪽 백호날에서 획 감

고택의 소조산인 대추산 지맥이 평야 쪽으로 뻗어 내려간 모습. 그 지맥 끝에 망모당이 자리잡고 있다. 망모당은 풍수적인 입지와 교통을 두루 갖춘 요지다.

아 돌아 흘러간다. 터 앞에 흐르는 물은 나가는(out put) 방향의 물보다는, 들어오는(in put) 방향의 물을 상서롭게 평가한다. 물은 수기(水氣)를 머금고 있고, 이 수기가 있어야만 산에서 품어져 나오는 화기(火氣)와 배합할 수 있다. 지하에는 열이 있으므로 산을 통해서는 화기가 뿜어져 나온다고 여긴다.

지구상의 생명을 유지하는 양대 요소는 물〔水〕과 불〔火〕이고, 이 둘은 각기 따로 놀아서는 안 되고 반드시 서로 섞여야 하는데, 이상적인 배합 형태를《주역》에서는 '수화기제(水火旣濟)'라고 설명한다. 수가 위에 있고 화가 밑에 있는 형국이다. 그래야 안정된다. 머리는 시원하고 아랫배는 따뜻해야 몸이 건강해지는 것과 같은 이치다. 수화기제를 이루기 위해서는 집터를 향해서 물이 흘러 들어오는 것이 이상적이다. 물론 흘러 들어올 때에도 직선으로 곧바로 들어와서는 안 되고, S자나 갈지자 형태로 서서히 들어오는 것이 좋다. 망모당의 득수(得水)는 이와 같은 형국이다.

젖가슴 모양의 '봉(鳳)' 자 산

이번에는 망모당의 안산을 보자. 안산은 봉실산이라 불리는 산이다. 대개 봉(鳳) 자 지명이 들어가는 산은 여자 젖가슴처럼 둥그렇고, 그 위에는 젖꼭지처럼 뾰쪽하게 튀어나온 형태의 산이 많다. 봉황의 머리를 여기에 비유한다. 망모당 앞쪽으로 봉동, 비봉, 수봉 등 봉 자 들어가는 지명이 많이 포진하고 있어서 산세가 아름다울 뿐만 아니라, 다른 각도에서 보면 필봉(筆峰)으로 보이는 산들이 많다. 망모당에서 바라보는 봉실산 모습도 전형적인 필봉에 해당한다.

필봉도 두툼한 필봉이다. 봉실산의 하부 구조는 젖가슴처럼 둥그렇고, 상부 구조는 붓처럼 뾰쪽한 형태다. 아래가 두툼한 반면 위는 선명하게 붓의 형태를 하고 있다. 이는 붓의 손잡이 부분에 힘을 줄 수 있다고 하여 홀쭉한 필봉보다 한 단계 위로 친다. 홀쭉한 필봉은 예리하고 맑기는 하지만 뚝심이 약하다고 보는 반면, 봉실산과 같은 필봉은 둔탁한 뚝심과 예리함을 겸비한 필봉으로 보기 때문이다.

망모당의 안산은 필봉에서 끝나는 게 아니다. 봉실산 오른쪽으로 산이 하나 더 붙어 있다. 그 모습은 내가 보기에 마체(馬體)이다. 마체는 말안장의 형상을 가리킨다. 말안장처럼 중간이 약간 움푹 들어간 모습의 산을 마체라고 부른다. 말안장은 벼슬아치나 귀인을 상징하는데, 예전에는 벼슬아치나 귀인이 말을 타고 다녔기 때문이다. 따라서 마체의 안산은 벼슬을 상징하는 경우가 많다. 이렇게 놓고 보면 망모당의 안산은 문필봉과 마체가 나란히 붙어 있는 형국이다. 지성과 권력의 융합이라고나 할까.

이처럼 문필봉과 마체가 나란히 붙어 있는 형국은 10년 전 충북에 있는 우암 송시열 선생의 묘를 답사했을 때 목격한 안산을 연상시킨다. 망모당의 안산과 송시열 묘의 안산이 같은 유형인 것이다. 우연의 일치일까?

표옹 송영구가 죽은 후 그 신도비(神道碑, 종이품 이상의 벼슬아치 무덤 근처 길가에 세운 비)의 글자를 후배인 동춘당(同春堂) 송준길(宋浚吉, 1606~1672)이 썼는데, 송준길은 송시열과 더불어 노론의 양어깨〔雙肩〕로 불리던 인물이다. 이 사실을 감안해보면, 망모당의 안산이 송시열에게 영향을 미쳤을 가능성이 높다. 그만큼 망모당의 안산을 비롯한 여러 풍수적인 조건은 다른 지역의 모범이 되기에 충분한 자격을 갖추고 있다.

죽기 17년 전부터 미리 자신의 묘사리를 준비해놓은 것으로 알려진 우암 역시 풍수에 전문가적인 식견을 지니고 있었던 인물이므로, 망모당 주변 산세에 대해서 사전 정보를 갖고 있었을 것이다. 표옹은 동춘당이나 우암보다 한 세대 위 선배로서 정치적으로도 같은 라인에 속한다. 표옹은 진천 송씨, 우암이나 동춘당은 은진 송씨로서 관향은 서로 다르다.

망모당 터에서 주목할 부분이 한 가지 더 있다. 바로 바위다. 망모당의 우측 백호날에 커다란 바위가 그 끝자락에 뭉쳐 있다. 그러니까 백호날의 마지막 부분이 넓다란 바위로 되어 있는 것이다. 이 바위는 마당처럼 넓다고 해서 '마당바위', 즉 장암(場岩)이다. 사람 수십 명이 넉넉하게 앉아 있을 정도로 큰 바위다. 이 동네 지명을 장암이라고 부르게 된 연유도 이 마당바위에서 비롯됐다.

이 동네는 이 장암이 명물이다. 대추산에서 2킬로미터를 꾸불꾸불 내려온 맥이 최종적으로 이 장암에서 그 기운을 마무리했다. 바위로 대미를 장식한 것이다. 바위는 기운이 강해서 보통 살기로 보지만 이처럼 땅바닥에 깔린 평평한 바위는 살기로 보지 않는다. 기운이 뭉쳐 있는 것으로 좋게 본다. 한국의 산을 다니다가 평평하게 넓은 바위를 보면 대개 그 바위에서 신선들이 놀았다는 전설이 한두 개쯤 꼭 전해진다.

평평한 바위는 에너지가 풍부해서 거기에 앉아서 바둑을 두거나 누워서 뒹굴 방굴 하는 과정에서 자동으로 암기(岩氣)를 받을 수 있다. 불규칙하게 파열된 듯한 날카로운 바위는 살기로 작용하지만, 평평한 마당바위는 고단백 에너지로 작용한다는 것이 신선도 수행자들에게 구전으로 내려오는 비밀이다. 마당바위 옆에 물까지 흐른다면 금상첨화이다.

등산하다가 혹시 마당바위 같은 것이 눈에 띄면 무조건 허리띠를 풀고 한두 시간 누워서 잠을 자거나 좌선을 해볼 일이다. 몸이 풀리면서 정신이 개운해질 것이다. 찜질방이 따로 없다. 만약 집 안에 이런 바위가 있으면 따로 등산 갈 필요가 없다. 매일 하루 한 시간씩만 바위에 누워 있으면 된다. 표옹도 한가할 때에는 집 앞의 이 마당바위에서 바둑을 두거나 시를 읊으면서 소일했다고 전한다.

참고로 마당바위에 관한 이야기를 하나 더 소개하고 싶다. 나는 작년에 미국의 풍수를 조사하기 위해서 미국의 이곳저곳을 답사했다. 주된 관심사는 미국의 부자 동네에 있는 명택들이 과연 어떠한 풍수적 조건을 갖추고 있는지였다. 그래서 LA, 샌프란시스코, 뉴욕, 워싱턴, 시카고에 있는 부자 동네들을 둘러보았다.

그중 기억에 남는 곳이 뉴욕에 있는 부자 동네 알파인(Alpine)이다. 맨해튼 5번가에서 워싱턴 다리를 지나 자동차로 30분 정도 달리면 나오는 알파인은 도심지인데도 불구하고 온통 숲으로 둘러싸여 있어서 아주 조용하고 쾌적했다. 부자들의 사생활 보호를 위해서 집 주소도 없고 오로지 사서함으로만 우편물이 전달되는 특이한 동네였다. 보통 몇 백만 불하는 집들만 모여 있는데 유명한 팝가수 머라이어 캐리의 1천만 불짜리 집도 이 동네에 있었다.

이 동네의 풍수적 특징이 바로 마당바위였다. 가만히 살펴보니 동네 전체가 넓다란 바위산에 올라앉아 있는 것이 아닌가. 바위가 튀어 나와 있는 것은 아니지만 마당과 집터를 삽으로 조금만 파보면 바닥이 전부 바위로 되어 있었다. 그래서 정화조 파려면 돈이 많이 든다는 이야기를 들었다.

알파인에서 사흘을 머물 때 신세진 교포 박종화 씨 집은 마당바위집의 전형이었다. 집 앞과 집 뒤 마당에 각각 넓다란 바위가 돌출해 있었는데, 건물이 거북이의 등에 앉아 있는 것 같았다. 앞의 바위는 거북이 머리요 뒤의 바위는 거북이 꼬리였다. 사흘 동안 이 집에서 자면서 여행의 피로를 풀고 생기를 되찾았던 기억이 난다. '바위발'을 제대로 받은 것이다. 미국의 영지(靈地, 명당)는 대부분 부자들이 소유하고 있다는 결론을 얻었다.

전주 인근의 최고 명당, 북장암 남장대

'북장암(北場岩) 남장대(南長臺)'. 전주 인근 최고 명당 두 군데를 일컫는 표현이다. 북쪽에는 장암이, 남쪽에는 장대가 있다는 뜻이다. 장암은 두말할 것도 없이 표옹의 망모당 자리를 가리키는 것이다. 그렇다면 장대란 어디를 지칭하는 것일까? 나는 이 말을 전북공무원 교육원장을 지낸 바 있는 송억규 씨에게서 우연히 들었다.

작년에 전주에 있는 전북공무원 교육원에 특강을 하러 갔다가 교육원장과 점심식사를 같이 했는데, 보학(譜學)과 풍수에 관한 이야기가 화제에 올랐다. 공무원이면서도 동양고전과 보학에 해박한 지식을 가지고 있는 송 교육원장을 보니 뭔가 짚이는 게 있었다. 그래서 혹시 표옹의 후손인 진천 송씨 아니냐고 물었다. 아니나 다를까 송억규 씨는 표옹의 13대손이었고, 그 이야기를 하는 과정에서 북장암 남장대 이야기를 들었다.

전주 근방에서 최고의 명당 두 군데를 꼽는다면 북쪽으로는 표옹의 망모당이 자리잡은 장암이요, 남쪽으로는 장대라는 말이 옛날부터 이 지방의 식자층 사이에서 회자되었다고 한다. 망모당 자리인 장암이 그만큼 알아주는 명당이란 말이다. 장대는 '장천부사(長川浮槎)'의 줄임말이다. 사(槎) 자가 뗏목이란 뜻이니까, 장천부사는 '큰 냇물에 떠내려가는 뗏목' 형 명당이란 뜻이다. 장천부사 자리는 현재 전주 평화동 일대 어느 지점을 가리킨다.

옛날부터 장천부사 자리를 잡으려고 수많은 풍수 매니아들이 몰려들어 이곳에 집을 짓고 살았다. 그러면서 서로 자기가 살고 있는 집터가 장천부사 자리라고 믿었다. 내가 근무하는 원광대학교의 교수 한 분도 자신의 집터를 장천부사 자리라고 생각했다. 조부 대에 명당이라고 믿고 많은 돈을 들여 현재의 집터로 이사왔다는 것이다.

그러나 어느 곳이 정확한 장천부사 자리인지 나는 모른다. 더군다나 지금은 평화동에 대규모 아파트 단지가 들어서면서 일대 지형이 완전히 훼손돼버리고 말았다. 장천부사는 영영 떠내려 간 것이다. 아파트가 들어서려고 할 때 이를 가장 격렬하게 반대한 사람들이 다름 아닌 장천부사를 믿는 풍수 매니아들과 그 후손들이었다는 사실을 환경운동가들은 유념할 필요가 있다. 풍수교(風水敎)와 환경운동은 통하는 면이 있다는 말이다.

표옹이 살았던 망모당 터의 품격을 나타내는 '북장암 남장대'라는 표현은 조선중기 겸암(謙菴) 유운용(柳雲龍, 1539~1601)이 일찍이 이 지역을 둘러보고 한 말이라고 한다. 알다시피 겸암은 유성룡의 친형으로서 안동 하회마을 양진당(養眞堂)의 주인이었다. 그런 겸암이 전주 일대를 답사하고 나서 내린 결론이라는 것이다. 경상도 하회에 살던 사람이 멀리 전라도 전주에까지 답사를 와서 이런 말을 남긴 것을 보면 흥미롭다. 이를 보면 겸암은 단순한 유학자가 아니라, 도학과 풍수에 깊은 식견을 지녔던 인물로 추정된다. 외형적으로는 유가 선비였으나, 그 내면에는 도가적 취향이 숨쉬고 있었던 것 같다.

일제 때 총독부에서 비밀리에 전국의 풍수도참서를 수집해 만든 《조선비결전서(朝鮮秘訣全書)》라는 조그마한 책자가 있는데, 여기에 보면 '겸암결록(謙菴訣錄)'이라는 항목이 있다. 이렇듯 겸암이 남긴 예언서가 전국에 유통될 정도였으니 겸암은 분명 보통 인물이 아니었다. 그러한 겸암이 점지한 두 군데 명당 중 현재 남아 있는 것이 장암인 것이다.

묘자리로 은혜 갚은 주지번

다시 표옹과 주지번의 일로 돌아가보면, 주지번은 직접 산세를 파악해 표옹의 묘자리를 잡아주었다. 조선 사람들의 사생관에 의하면 사람이 죽는다고 해서 모든 것이 끝나는 게 아니라, 죽은 뒤에 그 사람의 혼(魂)은 하늘로 올라가고 백(魄)은 땅속의 뼈에 남는다고 보았다. 이른바 혼비백산(魂飛魄散)이라는 말도 이런 이치에서 나온 말이다. 뼈가 묻히는 묘자리는 백이 남아서 거주하는 집이 되기 때문에 '음택(陰宅)'이라고 한다. 그러므로 이미 죽은 자의 관을 다시 꺼내서 부관참시(剖棺斬屍)하는 형벌은 사후세계의 삶을 망가뜨리는 대단히 가혹한 형벌로 간주됐다.

이런 맥락에서 볼 때 음택자리를 잡아준다는 것은 중요한 의미를 지닌다. 아무에게나 쉽게 부탁할 수 없는 문제다. 주지번은 보은하기 위해 정성껏 자리를 잡았고, 이 일이 그가 할 수 있는 가장 실제적인 보답이라고 생각했을 것이다. 그는 풍수에도 조예가 깊었던 모양이다. 주지번이 잡은 자리는 지금도 잘 보존되어 있다. 내가 표옹 집안을 알게 된 계기도 실은 이 묘자리 때문이다.

지금으로부터 7년 전 나의 풍수 선생님이 진송(鎭宋) 집안의 주지번 소점(所占, 주지번이 잡은 자리)이 유명한 자리니까 반드시 볼 필요가 있다고 적극 권했다. 명사소점(明師所占, 풍수 대가가 잡아준 자리)이 분명하다는 것이다. 선생님도 당신의 윗대 선생님에게 주지번 소점을 듣고 알았다고 한다. 이걸 보면 주지번 소점은 옛날부터 전북 일대의 풍수깨나 하는 사람들 사이에서 널리 회자되었음을 알 수 있다.

주지번 소점은 좌향(坐向)이 특이하다. 내려오는 맥에서 약 30도 정도 틀어서 자리를 잡았다. 이러한 법식은 고려 초기의 묘인 경북 안동 금계에 있는 권 태사(權太師, 왕건을 도와준 3태사 중 한 명) 묘와 그 유형이 비슷하다. 매우 특이한 좌향법이다.

그렇다면 풍수에 능통한 조선시대 명사(明師)들은 다른 사람의 묘자리를 잡아줄 때 어떤 윤리적 기준을 적용했을까? 부탁만 하면 무조건 잡아주었을까? 풍수가에서 구전으로 전해 내려오는 기준이 있었다.

첫째, 묘자리를 부탁하러 온 사람의 사주와 관상을 본다. 사주와 관상은 그 사람을 미리 알아보자는 것이다. 사람을 겪어보고 파악하려면 오랜 시간이 걸리니까 겪어보기 전에 그 사람을 파악하기 위한 방법으로 사주와 관상을 보았다. 일단 이게 좋지 않으면 거절한다.

둘째, 그 사람에 대한 주변 평판을 들어본다. 평소 주변에 좋은 일을 많이 하고 살았는지, 아니면 인색하게 살았는지를 조사한다. 주변 사람의 평판이 나쁘면 거절한다.

셋째, 묘자리를 부탁하러 온 사람의 조상이 어떻게 살았는지를 조사한다. 조상이 양심적이고 후덕한 사람이었는지, 아니면 남의 가슴에 못을 많이 박고 산 사람이었는지 참작한다.

넷째, 그 집 선산에 있는 묘들을 조사한다. 선산이 과연 어느 정도 수준인지를 본다. 선산에 있는 선대 묘들이 A급 터에 있는지, 아니면 B급이나 C급 터에 있는지 본다. 선산에 있는 선대 묘의 등급에 따라 후손들이 배출된다고 믿었기 때문이다. 만약 선산 묘가 C급인 사람이 부탁해오면 그보다 약간 높은 급수의 터를 잡아줄 수는 있어도 두세 계단 껑충 높여서 잡아주지는 않는다. 즉 C마이너스 선산을 둔 후손에게는 C플러스급이나 B마이너스급을 잡아준다. 아주 특별한 경우가 아니면 A급은 절대 잡아주지 않는다. 사기꾼에게 정승 나올 자리를 잡아주지 않는다는 말이다. 아주 특별한 경우란 그 사람이 죽어가는 사람을 살리는 것처럼 아주 큰 선행을 했을 경우이다.

다섯째 기준은 명당을 잡기 위해서 지관과 의뢰인이 몇 년 동안 같이 생활하면서 산을 보러 다녀야 한다는 것이다. 명당이 당장 구해지는 것이 아니므로 시간을 두고 이곳저곳 보러 다녀야 한다. 이를 구산(求山)하러 다닌다고 표현한다. 이 여행 과정에서 지관은 의뢰인의 인간성을 면밀하게 관찰할 수 있다. 지관에 대한 대접이 소홀하고 짜게 논다 싶으면 그에 맞는 자리를 잡아준다.

예를 들어 의뢰인과 지관이 접촉하는 과정에서 그 집 차남은 지관에게 막걸리도 대접하고 먹을 것도 주면서 이것저것 친절을 베푸는 반면 장남은 소 닭 보듯이 냉담하게 지관을 대했다면, 장남에게는 불리하지만 차남에게 유리한 쪽으로 작용하게끔 슬며시 묘의 좌향을 돌려놓는 식이다.

조선시대 명사는 이와 같은 기준을 가지고 남의 집 묘를 잡아주었다. 무조건

잡아준 것이 결코 아니다. 엄격한 윤리적 기준이 있었던 것이다. 만약 이러한 윤리적 기준 없이 조자룡 헌 칼 휘두르듯 아무렇게나 명당을 남발하면, 하늘의 견책을 받을 뿐만 아니라 자손이 끊기는 과보를 받는다고 믿었다. 풍수의 세계에도 나름대로 엄격한 윤리가 존재하고 있다.

그렇다면 주지번이 소점해준 표옹은 평소에 어떻게 살았을까. 생전에 그가 남긴 몇 가지 일화를 보자. 표옹은 52세 때 성주목사를 지냈고, 56세 때 경상감사를 지냈는데 이 임기 동안에 아주 강직하고 청렴한 생활을 했다고 한다.

낙동강을 투선강이라 부르는 이유

표옹이 관찰사를 그만두고 낙동강을 건너기 위해 어느 나루터에 닿았을 때의 일이다. 이때가 여름이었는데 포옹을 배웅하기 위해 나루터까지 동행한 이방이 한마디했다. "어르신이 경상도에 계셨다가 갖고 가시는 것은 손에 쥐고 계시는 쥘부채 하나밖에 없군요." 이 말을 들은 표옹은 그 자리에서 손에 들고 있는 부채를 낙동강에 던져버렸다. 부채마저 강물에 던졌다고 해서 당시 사람들이 붙인 이름이 투선강(投扇江), 그리고 부채를 던진 나루터가 투선진(投扇津)이라고 송씨 문중에 전한다.

이 어찌 통쾌하지 아니한가. 투선강과 투선진, 이는 진천 송씨들의 정신이 되었다. 강직과 청렴의 상징으로서 표옹의 후손들이 조상에 대해 가장 자랑스럽게 생각하는 대목이 바로 이 대목이다. 눈앞의 작은 이익 때문에 자존심을 팔면서 구질구질하게 살지 말자. 아쉬운 소리 하지 말자. 없으면 없는 대로 살자. 공직에 있는 집안 사람에게 어떤 일이 있어도 청탁하지 말자. 명문가 후손들을 만나보면 공통적으로 자존심이 강하다는 점이 발견되는데, 진천 송씨들도 마찬가지다. 집안 전통에 대한 자존감이 후손들의 인격을 형성하고 있는 것이다.

표옹의 정신은 그의 손자로서 공조판서를 지낸 송창(宋昌)의 유언에서도 나타난다. 송창은 유언에서 세 가지를 하지 말라고 했다. 물만장(勿挽章, 만장을 쓰지 말라), 물청명(勿請銘, 비문을 써달라고 다른 사람에게 부탁하지 말라), 물입비(勿立碑, 신도비를 세우지 말라)가 그것이다. 이 삼물의 기본 정신 역시 자존심이다.

지금까지 만나본 진송 사람들 가운데 표옹의 12대손인 송병순(72) 씨도 아주 인상적이었다. 재무부 관세국장, 국민은행장, 은행감독원장을 거쳐 지금은 대만과의 합작회사 회장으로 있다. 화금체(火金體)의 관상이다. 화(火)는 분석력과 파토스(pathos)를, 금(金)은 강기와 결단력을 의미한다. 실례를 무릅쓰고 사주를 물어보니 기사(己巳)·임신(壬申)·임인(壬寅)·신해(辛亥), 소위 인신사해 사주로서 박정희 대통령 사주와 같았다. 이런 유형은 일생 동안 바쁘고 지뢰밭을 통과하는 것처럼 치열한 삶을 사는 무장의 명조에 가깝다. 작년 12월에 출간한 그의 회고록 제목도 《나의 삶, 불꽃 70년》으로 불꽃이 들어가 있다.

그는 회고록 첫머리에 표옹 선조의 투선진 일화를 소개하고 있다. 본인의 45년 공직 생활 동안 어려울 때마다 이 일화가 뇌리를 떠난 적이 없다는 것이다. 그는 60년대 부산세관 충무출장소장으로 근무할 때 고질적인 해상 밀수를 뿌리뽑기 위해 직접 배를 타고 나가, 일본에서 들어오는 밀수선 영덕호를 해상에서 격침시킨 바 있다. 이 사건 이후 밀수선이 근절되었다고 한다.

80년대 초반 은행감독원장으로 재직할 때에는 서울 창성동의 20평도 안 되는 허름한 고가에서 살았는데, 이때 프로판가스가 터져 집은 불타고 부인이 중화상을 입은 적도 있다. 이때 부인 치료비가 없어서 할 수 없이 은행융자를 신청했는데, 나중에 이 소식을 접한 문중에서 십시일반 돈을 모아 보태고, 사돈집에서 얼마를 도와주어 아파트로 이사갈 수 있었다고 한다. 은행 대출 과정에서 은행 직원들이 창성동 집을 보고 모두 놀랐음은 물론이다. 한국의 은행감독원장이라는 사람이 여윳돈이 없어서 가계대출을 받는다는 것이나 그런 허름한 집에서 산다는 것이 모두 놀랄 일이었다는 것이다.

송병순 씨는 70대의 나이에도 불구하고 현재 회사 회장 직을 맡아 왕성하게 활동하고 있다. 그런데 송 회장이 대만과 인연을 맺은 계기가 흥미를 끌었다. 1969년 아시아 4개 국 관세협력회의 때 당시 대만의 관세국 부국장으로 참석한 유태영 씨를 알게 됐는데, 만나자마자 두 사람은 의기투합하여 현재까지 30년 동안 형제처럼 가깝게 지내고 있다고 한다. 한국이 IMF 위기를 만나자 이 유태영 씨가 송 회장에게 거액을 선뜻 투자하여 현재의 회사를 한국에 세우게 하고, 회장 직까지 맡겼다고 한다.

송 회장과 유태영 씨의 국적을 초월한 특이한 인연을 바라보면서 나는 불가에서 말하는 삼세인과설(三世因果說)이 생각났다. 전생의 선연이든 악연이든 금생에 다시 만나고, 금생의 인연은 내생에 다시 만난다고 했던가. 혹시 표옹의 도움을 받았던 주지번이 환생해서 이번에는 반대로 표옹의 후신을 도와주고 있는 것이 아닐까? 전생의 선연 다시 만나 금생에 아름다운 인연으로 꽃피는 것이 아닌가 상상해보았다.

진천 송씨의 유명한 내림떡 '백자편'

진천 송씨의 선산은 호남고속도로 익산인터체인지 일대에 있다. 선산에는 아름답게 자란 오래된 육송들이 빽빽하게 서 있다. 이렇게 잘 자란 소나무밭도 그리 흔하지 않다. 약 400년 전에 심은 이 유서 깊은 나무들은 진송의 전통을 말없이 드러내고 있다. 이 소나무들은 진송에 시집온 며느리가 처음 심었다 한다.

표옹의 며느리 가운데 남원의 삭녕 최씨 집에서 시집온 며느리가 있었다. 남원의 삭녕 최씨라면 훈민정음을 언해하고, 〈용비어천가〉를 주해한 최항(崔恒, 1409~1474)의 후손들이다. 송씨 집으로 시집갈 때 친정아버지인 최상중이 딸에게 물었다. "시집갈 때 무엇을 주면 좋겠느냐?" 그러자 그 딸이 변산 솔씨 서 말만 달라고 했다. 변산은 예로부터 궁궐을 지을 때 사용하는 질 좋은 소나무가 많은 곳으로 유명하다. 인터체인지 일대의 보기 좋은 육송은 이 며느리가 시집올 때 갖고 와서 뿌린 소나무씨가 자란 것이다.

이 며느리가 진송 집안에 수립한 또 하나의 전통이 있다. '백자(百子)편'이라고 불리는 특이한 형태의 떡이다. 사람 발뒤꿈치 모양의 흰떡 수십 개를 부챗살처럼 둥그렇게 모아놓은 다음, 그 위에다 계속해서 떡을 둥그렇게 얹는다. 마치 피라미드처럼 6, 7층을 겹쳐서 쌓는다. 행사가 끝나면 이 떡을 하나씩 먹으면서 자손의 창성을 기원한다고 한다. 백 명의 자손을 뜻하는 떡 이름처럼 송씨 문중의 번창을 기원하는 떡이다. 지금도 문중 시제 때 만들어서 모두 같이 먹는다.

그리고 매년 음력 7월 16일, 백중 다음날에는 망모당에서 소쇄일(掃灑日)이라는 행사가 있다. 집안 전체가 모여서 청소도 하고 같이 식사하는 날이다. 이날에는 백일장도 열렸는데, 옛날에는 송씨뿐만 아니라 인근 선비들도 참여해서 시와 문장을 짓고 음식을 먹으면서 같이 즐겼다고 한다. 이 행사가 열릴 때면 여산에서 삼례에 이르는 길이 행사에 참여하러 가는 흰옷 입은 선비들로 가득 했다고 하며, 시회(詩會)가 끝난 저녁이면 칠월 백중의 둥그런 달을 보고 참가자들이 모두 귀가하는 풍경을 연출했다. 소쇄일은 표옹이 망모당을 지을 때 인근 50리 내 관아에서 기둥과 서까래 등을 기부한 데 대한 보답의 행사였다고도 한다.

주지번이 쓴 망모당 현판을 바라보면서 인간사의 인연이란 과연 무엇인지, 그리고 사람을 알아보는 지인지감과 자존심을 지키는 청렴이 갖는 무형적 힘을 생각해본다.

학봉종택 전경. 수많은 의병장과 독립운동가를 배출한 이 종택이 자리잡은 검재는 풍수적으로 전쟁·기근·전염병이 없다는 '천년불패지지'다.

경 북 안 동 의 학 봉 종 택

자존심이 곧 목숨이거늘

임진왜란 때 왜군을 맞아 장렬히 싸우다 순국한 학봉 김성일 집안.
이 집안의 애국정신은 그 직계 후손들과 정신적 자식인 제자들에게도 어김없이 전해진다.
학봉의 퇴계학통을 그대로 이어받은 제자이자, 학봉의 11대 종손인 김흥락은
항일 독립운동에 참여해 정부에서 훈장을 받은 제자만 60명이나 배출했고,
학봉의 직계 후손들 중에서도 무려 11명이 훈장을 받았다.

선대의 유물을 전시하고 있는 운장각. 운장각에는 총 1만5천 점의 유물이 전시되어 있다. 가운데 서 있는 사람은 학봉의 현 종손인 김시인 씨.

퇴계 학풍 이어온 항일 독립운동 명문가

최근 미국의 어느 동양학자가 조사한 바에 따르면 홍콩, 대만, 싱가포르를 포함한 아시아의 유교문화권 국가들 가운데 유교문화의 요소를 아직까지 가장 많이 보존하고 있는 나라가 한국이라고 한다.

한국 다음에 일본이고 일본 다음이 중국이다. 한국이 일본이나 중국보다 유교문화의 영향이 더 많이 남아 있다는 조사 결과가 주목된다. 그렇다면 한국에서도 유교문화가 가장 많이 남아 있는 곳은 어디인가?

사랑채에서 바라본 안산. 안산이 둥글고 부드러운 작은 동산들로 되어 있다는 것이 이곳의 특징이다.

충청이나 호남보다는 영남 지방이고, 범위를 더 좁히자면 그중에서도 안동 지역이라고 할 수 있다. 안동 일대에 밀집한 수많은 고택과 종택들은 이를 단적으로 증명해준다. 안동 일대에 이처럼 유교문화가 보존될 수 있었던 배경에는 퇴계 선생의 영향이 크다. 주자성리학을 한국에 뿌리내리게 한 인물로 볼 수 있는 퇴계는 오늘날까지 영남과 안동 사람들의 정신적 지주이자 마음속의 어른으로 자리잡고 있다.

그 퇴계의 양대 제자가 학봉(鶴峯) 김성일(金誠一, 1538~1593)과 서애 유성룡이다. 안동 일대의 명문가는 거의 퇴계에 연원을 두고 있지만, 퇴계 다음으로는 거의 서애, 학봉과 직·간접으로 연관돼 있을 만큼 두 사람의 영향력이 크다.

퇴계의 양대 제자, 학봉과 서애

이 두 제자는 당연히 개성도 달랐다고 전해진다. 서애가 복잡한 현실 문제를 조정하고 해결하는 데 주력한 경세가(經世家)로서의 측면이 강했다면, 학봉은 원칙과 자존심을 지키는 의리가(義理家)로서의 측면이 강했다고 한다. 유학이 추구하는 양대 날개가 바로 경세와 의리인데, 서애와 학봉이 각각 이를 대표했던 셈이다.

학봉 집안과 서애 집안은 오늘날까지 남아 있는 고택으로도 유명하다. 학봉 집안의 고택을 보면 학봉의 아버지인 청계공이 살았던 내앞[川前]의 대종택과 그리고 학봉 본인이 살았던 학봉종택이 유명하다. 한 집안에서 알려진 종택이 둘이나 있는 것이다. 서애 집안도 그러하다. 하회마을에 가면 서애의 아버지가 살았던 양진당(養眞堂)과 서애 본인이 살았던 충효당(忠孝堂)이 유명하다.

한 집안에 종택이 여럿인 집안은 학봉과 서애 말고도 안동 일대에 많이 있다. 집안의 중시조에 해당하는 인물이 살았던 대종택이 있고, 여기서 다시 갈라져 나간 파종택(派宗宅, 소종택)이 여러 개 있을 수 있다. 그렇지만 대종택과 파종택 모두가 세간에 회자되는 경우는 드문데, 학봉과 서애 집안은 대종택과 파종택이 동등한 비중으로 널리 알려져 있다.

두 집안은 학봉의 종녀가 두 명이나 서애종택의 종부가 되는 등 오랫동안 특별한 관계를 이어오고 있다. 학봉종택과 서애종택을 놓고 보면 상대적으로 서애종택인 충효당이 세간에 더 많이 소개됐다. 충효당이 있는 하회마을이 몇 년 전 영국 여왕이 다녀가면서 전국적으로 유명해졌기 때문이다.

금계마을에 자리잡은 학봉종택(風雷軒)은 영남 일대에서는 명성이 높지만 전국적으로는 충효당에 비해 덜 알려진 편이다. 그러나 학봉종택은 역사적으로나 풍수적으로나 그리고 종택이 지닌 품격으로 볼 때 안동 일대를 대표하는 고택 중의 하나이다.

학봉 김성일은 어떤 인물인가. 그는 임진왜란을 당하여 왜군과 싸우다가 전쟁터에서 죽은 선비다. 자신의 신념을 위해 목숨을 건 인물이었다. 임금 앞에서도 할 말은 하고야 마는 강직함과, 임란 전 일본에 통신사로 갔을 때 일본인들에게 보여준 조선 선비로서의 자존심과 격조 있는 태도는 오늘날까지도 영남과 안동 사람들에게 전해지고 있다.

묘소 때문에 중앙선 철로가 바뀐 사연

학봉에 대한 영남 선비들의 존경심이 어느 정도였는지를 단적으로 말해주는 사건이 하나 있다. 그것은 중앙선 철도의 노선을 우회하게 만든 사건이다. 중앙선은 서울 청량리에서 경북 안동까지 가는 철도 노선이다. 일제 강점기인 1930년대에 중앙선을 처음 설계할 때, 그 노선이 학봉의 묘소가 있는 안동시 와룡면 이하동 가수천을 관통하도록 되어 있었다고 한다. 설계대로라면 학봉 묘소의 내룡(來龍)이 끊어지게 된다. 풍수적인 가치관에서 볼 때 이는 학봉에 대한 엄청난 불경에 해당하는 일이었다.

이 사실을 알게 된 학봉의 제자들과 후손을 포함한 영남 유림 수백 명이 들고 일어나 총독부에 진정서를 냈을 뿐만 아니라, 당시 설계를 맡았던 일본인 책임자 아라끼(荒木)란 사람도 학봉이 영남에서 존경받는 큰 선비임을 알고 기꺼이 철도 노선을 수정했다고 한다. 학봉 묘소를 관통하지 않고 우회하도록 설계 변경을 한 것이다.

이 설계 변경으로 원래 계획에 없던 터널을 다섯 개나 새로 뚫어야 했다. 청량리에서 안동까지 기차를 타고 가다 보면 유난히 터널이 많이 나타나는데 그 원인이 바로 학봉의 명성 때문이었음을 나도 최근에야 알게 되었다. 박 대통령이 고속도로를 만들던 70년대도 아니고, 일제 강점기인 1930년대에 중앙선의 철도 노선을 바꿨다는 것은 대단한 사건임이 틀림없다. 학봉 집안이 지닌 권위와 사회적 영향력은 일제도 쉽게 무시할 수 없었던 모양이다.

학봉의 행적 가운데 개인적으로 관심 가는 부분은 학봉이 호남 선비들과 맺은 인연이다. 학봉은 호남 지역 사람들과 끈끈한 인연을 맺었는데, 호남과 별다른 인연이 없던 다른 영남 출신 선비들과 비교해볼 때 이는 매우 이채로운 부분이다.

먼저 광주 무등산의 제봉 고경명 집안과의 인연이다. '내앞종택' 편에서도 소개한 바 있지만, 임진왜란이 일어나자 60세 노인 고경명은 아들 셋 가운데 두 아들과 함께 전쟁터로 나가서 삼 부자가 금산전투에서 장렬하게 전사했고, 당시 16세이던 셋째아들 용후 만큼은 안동의 학봉 집안으로 보내 대를 잇도록 했다. 이때 고경명의 셋째아들을 비롯한 고씨 가족 50여 명을 받아들여 수년 간 보살펴준 사람이 바로 학봉의 부인과 아들들이었다. 임진왜란이라는 절박한 시기에 학봉 가족들과 제봉의 가족들은 동고동락한 것이다. 고경명이 전쟁터로 가면서 마지막 남은 핏줄 하나를 의탁한 곳이 안동의 학봉 집안이었다는 것을 보면, 그가 얼마나 학봉을 신뢰했는지 알 수 있다.

학봉이 전라도와 또 다른 인연을 맺은 것은 나주목사 재임 기간이었다. 학봉이 고을을 맡아 다스리기는 나주가 처음이자 마지막이었는데, 그는 나주목사로 재직하던 1584년에 나주 지역 선비들과 합심하여 나주 금성산 대곡동에 대곡서원(大谷書院, 나중에 景賢書院으로 개명)을 세웠다. 대곡서원은 나주에 세운 최초의 서원이라는 데 의미가 있다.

그전까지 나주에는 서원이 없었다. 학봉이 나주목사로 와서 처음으로 세운 것이다. 나주를 비롯한 호남 지역에는 서원보다는 누정(樓亭)을 중심으로 한 선비문화가 발달해 있었다. 전남 담양의 소쇄원 일대에 분포해 있는 수백 여 개 누정이 말해주는 것처럼 호남에서는 서원보다 누정이 발달해 있었던 반면, 영남 지역에서는 서원이 발달해 있었다.

영남학풍의 교두보 '대곡서원'과 전라도

경상도 선비들이 서원에 모여 학문을 논했다면, 전라도 선비들은 누정에 모여 학문을 논했다고나 할까. 산이 많아 농토가 적은 경상도보다는 농토가 많고 물산이 풍부한 전라도가 아무래도 먹고 사는 것이 풍요로웠고, 그 풍요가 누정문화의 만개로 이어진 것이다.

서원과 누정의 차이는 무엇인가. 서원에서 토론한 주제가 철학이었다면, 누정에서는 문학이라고 보면 된다. 나는 이 차이를 철학과 문학의 차이로 해석하고 싶다. 학봉이 나주에다 대곡서원을 세운 것은 영남의 철학, 즉 퇴계의 철학

학봉종택 안의 풍뢰헌. 사랑채와 사당 등 90여 칸의 건물로 이뤄진 학봉종택은 조선 후기 상류층 저택의 전형을 보여준다.

이 전라도로 들어오는 직접적인 계기가 된다. 호남의 가사 문학과 영남의 퇴계 철학이 직접적으로 만나는 장이 바로 대곡서원이었다.

대곡서원에 처음 배향(配享)된 다섯 명은 김굉필, 정여창, 조광조, 이언적, 이황이었다. 이들은 모두 영남학파의 거유들로 이른바 '동방오현'으로 꼽힌다. 얼마 뒤 유일하게 호남 출신인 기대승이 추가 배향되었고, 100여 년 후인 1693년에는 학봉 자신이 배향 인물에 추가됨으로써 대곡서원은 영남학파와 밀접한

관계를 맺는다.

 경상도 사람인 학봉이 객지인 전라도에서 대곡서원을 세울 때 물심양면으로 협력한 사람은 나사침(羅士沈)을 필두로 한 나주 나씨 집안이었다. 나씨들의 적극적인 지원이 있었기에 서원을 세울 수 있었다. 나씨들은 조선 중기 이후로 전라도 남인(동인)의 핵심 세력 역할을 했고, 이후 정여립 사건(1589)과 무신란(1728)에 연루되어 서인들과 노론 측의 공세에 엄청난 타격을 입었으면서도 19세기 말 갑오동학 때까지 여전히 그 세력을 유지해온 명문가이다.

 갑오년에 동학군들이 전주성을 함락하고도 나주성은 끝내 함락하지 못한 원인도 알고 보면 나씨들이 나주의 밑바닥 인심을 장악하고 있었기 때문이다. 그 나씨들이 16세기 후반 학봉과 연합하여 전라도에 영남학풍의 교두보라 할 수 있는 대곡서원을 세운 것이다. 오늘날에도 두 집안의 관계가 지속되는지는 모르지만, 16세기 후반 대곡서원 설립 당시에는 대단히 보기 좋은 관계였다는 사실을 밝혀두고 싶다.

퇴계학통 정맥을 두 번이나 이은 영광

 학봉 후손들이 자랑스럽게 생각하는 대목이 있다. 그것은 학봉 집안에서 퇴계학통의 정맥(正脈)을 두 번이나 받았다는 사실이다. 학봉이 한 번 받고, 그 다음에 학봉의 후손인 서산(西山) 김흥락(金興洛, 1827~1899)이 다시 받았다. 퇴계의 학통을 한 집안에서 한 번도 아니고 두 번이나 받았다는 것은 영남사회에서 대단한 영광으로 받아들여진다.

 동양 정신사에서 정맥을 받는다는 것은 어떤 의미가 있는가. 동양의 유·불·선 삼교에서는 공통적으로 스승과 제자 사이의 전법(傳法)을 대단히 중시한다. 법을 전한다는 것은 생명을 전하는 것이요, 죽음을 극복하는 것과 동일한 의미를 지닌다. 법을 전할 만한 제자를 만나지 못하면 생명이 끊어지는 것이므로 스승은 자기의 법을 전할 제자를 찾기 위해 고심한다. 그렇다고 아무에게나 전수할 수는 없다. '그릇이 아닌 사람에게는 전하지 않는다〔非器者 不傳〕.' 만약 그릇이 아닌 사람에게 법을 전하면 여러 가지 사회적 부작용을 초래하기 때문에 결국 하늘에서 견책을 받는다고 되어 있다.

제자도 스승을 찾아 헤매지만 사실 깊이 들어가보면 스승이 제자를 찾기 위해 기울이는 노력이 훨씬 더 크다. 스승은 제자를 알아볼 수 있지만, 제자는 스승을 알아볼 수 없다. 여기서 전법제자, 즉 정맥을 받는 적전제자(嫡傳弟子)가 지니는 의미가 있다. 동양의 종교와 학문은 문자나 책을 통해 전달되는 부분 외에도 스승과 제자 간의 내밀한 구전심수(口傳心授, 말로 전하고 마음으로 가르침)를 통해 전달되는 부분이 있기 마련인데, 이 구전심수는 오직 적전제자에게만 전한다.

구전심수로 전달된 내용은 적전제자가 아니면 알지 못한다. 불가에서는 적전제자에게 스승이 그 전법의 징표로 사용하던 의발(衣鉢)을 전수했고, 도가에서는 문파에 따라 다르지만 대개는 보검(寶劍)을 전했다. 유가에서는 스승이 보던 책이나 서첩을 전해주는 경우가 많았다. 물론 이러한 물질적인 징표보다 심법(心法)을 전수받는 일이 가장 중요하지만 말이다. 퇴계학통의 정맥을 학봉 집안에서 두 번이나 받았다는 것은 퇴계의 정신이 학봉 집안에 살아 있다는 말과 같다.

퇴계의 학통이 전수된 과정을 살펴보면 이렇다. 퇴계는 1566년 학봉의 나이 29세 때 요·순·우·탕·문왕·무왕·주공·공자·주자에 이르는 심학(心學)의 요체를 정리한 '병명(屛銘)'을 손수 써주었다. '병명'은 퇴계가 학봉에게 전해준 일종의 의발이다.

퇴계의 정맥은 학봉에게서 장흥효(張興孝)—이현일(李玄逸)—이재(李栽)—이상정(李象靖)—남한조(南漢朝)—유치명(柳致明)에 이르렀으며, 유치명에서 다시 학봉의 11대 종손인 서산 김흥락에게 전해진다. 김흥락이 퇴계학통의 정맥을 받았다는 것은 사회적으로 어떤 의미가 있는 것인가? 이는 가문의 영광이기도 하지만, 그 기쁨보다는 더 큰 사회적 책임이 수반하는 자리였다. 퇴계의 적전제자이자 동시에 학봉 집안의 종손이라는 영광 뒤에는 그에 필적하는 사회적 책임이 뒤따를 수밖에 없었다. 권위와 책임은 동전의 양면과 같다. 책임 없는 권위는 성립할 수 없다.

왜경에게 무릎 꿇린 치욕

1800년대 후반 김흥락이 안동 일대에서 누린 권위는 대단했다. 1890년 안동에서 민란이 일어났다. 신임 부사가 아전들과 짜고 읍민들을 착취하자, 이를 견디지 못한 읍민들이 들고일어난 것이다. 그 해결 방안으로 등장한 것이 김흥락의 중재였다.

김흥락은 유림사회와 민중들 모두에게서 신뢰를 받던 인물이었기 때문이다. 김흥락이 향청에 좌정하여 "무릇 민정은 순하면 따르고, 역하면 뿌리치는 법이다. 모든 폐정을 고치게 할 터이니 그대들은 물러가서 기다리라"고 한마디하니, 운집해 있던 읍민들이 "그 나으리께서 우리를 속이겠는가? 그만 집으로 가세나!" 하고 모두 해산했다고 한다.

김흥락이 지닌 이러한 권위는 구한말 일제가 들어오면서 참담한 굴욕을 겪어야 했다. 그 굴욕을 도저히 받아들일 수 없었던 지사들은 의병운동과 항일운동에 나섰다. 인구 비율로 볼 때 전국에서 가장 많은 항일지사가 배출된 곳이 이곳 안동이다. 1896년 7월 22일 학봉 집안과 김흥락이 겪었던 굴욕은 이렇다.

> 김회락 의병포대장이 지휘하는 100여 명의 의병이 안동시 북후면 옹천에서 일본군에 패전하였다. 김회락 대장은 간신히 도망하여 가장 안전하다고 생각되었던 학봉종택 안방 다락에 숨었으나 발각되어 결박되었다. 이에 화가 난 왜경은 김흥락과 김흥락의 동생 김승락, 김진의, 김익모 등 평소에 의병활동을 했던 집안 어른 10명을 포박하여 종가 큰 마당에 꿇어앉히고, 살림을 전부 마당에 꺼내어 금비녀 등 쓸 만한 물건은 전부 가져가고 큰 살림은 못쓰게 부수는 등 종가 집안을 수라장으로 만들었다. (중략) 한참 동안 분탕질을 한 후

다른 분은 풀어놓고 김회락 대장과 같이 활동한 김진의 두 분을 안동경찰서(안동관찰부 兵隊)로 압송하였다. 김진의는 위기를 모면하였으나 김회락 대장은 외경의 총살 위협에도 조금도 기세가 꺾이지 않고, "내가 죽거든 자식들에게 보수(報讎, 원수를 갚도록)를 가르쳐라!"고 지켜보던 가족들에게 소리치며 당당하게 총격을 받고 숨을 거두어 의병대장의 처절한 일생을 마감하였다 (《서산(西山) 김흥락(金興洛)의 독립운동과 그 여맥(餘脈)》).

의병대장 김회락은 김흥락과 사촌간이다. 왜병을 피해 사촌 형님 집이자 종가인 학봉종택에 은신해 있다가 벌어진 일이다. 안동의 어른이었던 김흥락은 왜경에게 포박 당해 자기 집 마당에 무릎꿇는 수모를 겪었고, 사촌동생인 김회락은 총에 맞아 죽어야만 했다. 이는 개인과 집안으로 볼 때에는 수모지만, 다른 한편으로는 국가의 존망을 염려한 영남의 명문 선비 집안에서 치러야만 했던 노블레스 오블리제, 즉 사회적 책임의 결과로 볼 수 있다.

안동 일대에서 절대적 권위를 지녔던 김흥락이 왜경에게 포박 당해 마당에서 무릎꿇어야 했던 사건은 안동의 유림들과 학봉 집안을 포함한 의성 김씨들에게 잊을 수 없는 치욕으로 남았다. 이 치욕은 안동 유림과 학봉 후손들이 독립운동에 투신하는 계기가 되었던 것으로 보인다. 김흥락의 제자들 명단을 기록해놓은 〈보인계첩(輔仁稧帖)〉이라는 문건을 보면, 서산의 제자는 707명으로 나온다. 이 가운데 독립운동에 참여해 정부에서 훈장을 받은 사람만 60명이다. 훈장 받은 숫자만 계산해서 60명이니 훈장을 받지 않은 사람까지 포함하면 헤아릴 수 없이 많은 제자들이 항일 독립운동에 참여했음을 미루어 짐작할 수 있다.

서산의 제자 가운데 유명한 독립운동가들을 보면 석주 이상룡(상해 임시정부 국무령), 일송 김동삼(국민대표회의의장), 기암 이중업(파리장서 주도), 성재 권상익(유림단 독립청원서 사건), 공산 송준필(파리장서 주도), 대개 이승희(만주 독립군), 백하 김대락(만주 독립군), 소창 김원식(만주 정의부) 등이다. 쟁쟁한 독립운동가들이 거의 서산의 훈도를 받은 제자들임을 알 수 있다.

그런가 하면 안동 일대에 거주하는 의성 김씨 천전문중(川前門中) 가운데서 훈장을 받은 이가 27명이다. 학봉의 후손만 따져도 11명이다. 한 집안에서 27명의 독립유공자가 배출된 것은 전국 최고가 아닌가 한다. 안동이 양반동네라는 말을 듣는 것은 그에 합당하는 사회적 책임을 졌기 때문이라는 생각이 든다. 학봉 집안은 독립운동가 집안이라고 해도 과언이 아니다.

김용환이 파락호로 위장한 이유

김흥락이 종가 마당에서 포박 당하는 사건이 일어났을 때 이를 현장에서 지켜본 손자가 있었다. 당시 나이 10세였던 학봉의 13대 종손 김용환(金龍煥, 1887~1946)이다. 어린 김용환은 하늘처럼 보였던 70세의 조부가 땅바닥에 무릎을 꿇는 모습을 보고 큰 충격을 받은 것 같다. 그는 21세 때 이강년(李康秊) 의병진에 가담, 전투에 참여하기도 했다. 일생을 항일운동에 바치기로 작심한 것이다.

그런데 그 방법이 드라마틱했다. 그는 학봉종택에 대대로 내려오던 전 재산인 전답 700두락, 18만 평(현 시가로 180억)을 모두 독립군 자금으로 보냈다. 그러다 보니 말년에는 종가 살림이 거의 거덜난 상태에 이르렀다. 당시 김용환은 안동 일대에서 유명한 노름꾼이자 파락호로 소문났었다. 명문가 종손이 되어 가지고 집안 살림 망해 먹은 대표적인 사례로 학봉 종손 김용환이라는 이름 석 자가 거명되었다. 그러나 이는 김용환의 철저한 위장이었다. 일제의 감시에서 벗어나기 위해 철저하게 노름꾼으로 위장했던 것이다. 이 위장이 너무나 철저해서 집안 사람들도 종손인 김용환이 진짜 노름꾼인 줄 알고 원망이 자자했다.

해방이 되고 나서야 만주 독립군에 군자금을 보낸 그의 비밀스런 행적이 여러 자료에서 드러났다. 그는 1946년 임종에 이르러서도 끝내 그 비밀을 밝히지 않고 죽었지만, 근래에 그의 독립운동을 증거하는 자료들이 발견되어 1995년 건국훈장 애족장을 추서 받았다. 김용환의 무남독녀 외동딸인 김후웅 여사는 1995년 아버지가 생전의 공로로 건국훈장을 추서 받자, 아버지에 대한 그간의 한 많은 소회를 '우리 아배 참봉 나으리' 라는 제목의 서간문으로 남긴 바 있다.

(전략) 그럭저럭 나이 차서 십육 세에 시집가니 청송 마평 서씨문에 혼인은 하였으나 신행 날 받았어도 갈 수 없는 딱한 사정 신행 때 농 사오라 시댁에서 맡긴 돈, 그 돈마저 가져가서 어디에다 쓰셨는지? 우리 아배 기다리며 신행 날 늦추다가 큰어매 쓰던 헌농 신행발에 싣고 가니 주위에서 쑥덕쑥덕 그로부터 시집살이 주눅들어 안절부절 끝내는 귀신 붙어 왔다 하여 강변 모래밭에 꺼내다가 부수어 불태우니 오동나무 삼층장이 불길은 왜 그리도 높던지 새색시 오만간장 그 광경 어떠할고. 이 모든 것 우리 아배 원망하며 별난 시집 사느라고 오만간장 녹였더니 오늘에야 알고 보니 이 모든 것 저 모든 것 독립군 자금 위해 그 많던 천 석 재산 다 바쳐도 모자라서 하나뿐인 외동딸 시댁에서 보낸 농 값 그것마저 다 바쳤구나(《400년을 이어온 학봉 선생 고택의 구국활동》).

학봉 종손이 파락호로 위장하고 그 많던 종가 재산을 독립자금으로 넘기고, 그것도 모자라 하나뿐인 외동딸 장롱 살 돈마저 써버려 큰어머니가 쓰던 헌 농을 갖고 시집갔다는 이야기는 읽는 이의 가슴을 뭉클하게 만드는 사연이다. 그 돈을 노름으로 탕진한 줄 알고 평생 아버지를 원망해온 딸의 감회가 어떠했겠는가. 너무나 드라마틱한 반전이다. 그리고 그 사실을 끝내 발설하지 않은 김용환의 결의와 각오가 놀라울 뿐이다.

짐작컨대 그 결심은 그가 열 살 때 하늘같이 여긴 조부가 왜경에 수모를 당하는 광경을 목격하면서 시작된 것이 아닐까.《양반동네 소동기》라는 책의 저자인 윤학준이 근대 한국의 3대 파락호로 흥선대원군 이하응과 1930년대 형평사(衡平社)운동의 투사였던 김남수, 그리고 학봉 종손인 김용환을 꼽았을 정도로 김용환의 삶은 극적이었다.

'천년불패지지'의 땅, 검재

이제 학봉종택의 지세가 어떤지 살펴볼 차례다. 대구에서 안동을 가다 보면 서안동인터체인지가 나오고, 서안동인터체인지에서 안동 시내 쪽으로 들어가다가 왼편 봉정사 쪽으로 방향을 틀면 금계마을이 나온다. 금계의 우리말 표현은 '검재'이다. 학봉종택은 이 검재마을에 자리잡고 있다.

16세기의 기록인 〈영가지(永嘉誌)〉를 보면 검재는 '천년불패지지(千年不敗之地)', 곧 천 년 동안 패하지 않고 번성하는 땅으로 소개되어 있다. 풍수가에서 '삼원불패지지(三元不敗之地)', 즉 180년 동안 패하지 않는 땅이라는 표현은 가끔 쓰지만, 천년불패지지라는 표현은 거의 쓰지 않을 만큼 이 말은 엄청난 표현이다.

학봉종택이 이러한 천년불패지지인 검재마을에 자리잡고 있다는 점을 일단 주목해야 한다. '불패(不敗)'가 지칭하는 바를 더 자세하게 살펴보면 전쟁, 기근, 전염병 같은 삼재(三災, 세 가지 재난)가 별로 없다는 말이다. 이 세 가지가 없으면 살기 좋은 동네이다. 검재의 풍수가 어떠하길래 옛사람들은 이처럼 찬탄을 금치 못했는가.

검재 지역의 산세가 주는 특징은 부드러움이다. 동양의 현자들은 강강함보다는 부드러움을, 동(動)보다는 정(靜)을 중시했다. 부드러움과 정이 더 근원적인 것이라고 생각했기 때문이다. 외부인이 처음 검재마을에 들어섰을 때 느끼는 첫 인상은 산세가 매우 부드럽다는 것

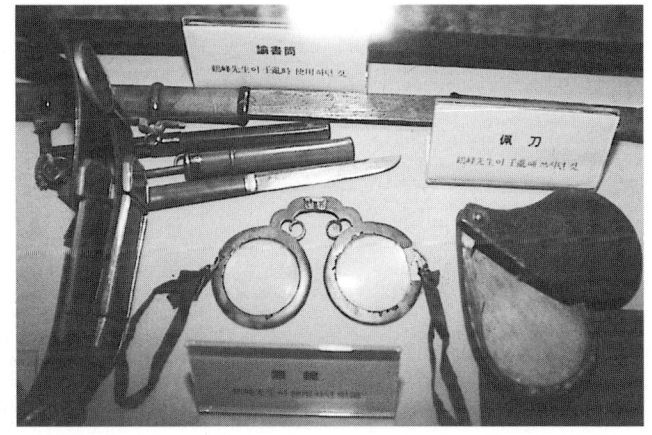

학봉 선생이 쓰던 안경. 국내 최고(最高)로 안경테가 거북이 등껍질로 되어 있다.

이다. 100미터 내외의 야트막한 동산들이 주조를 이루는 산세이다. 이곳에 사는 사람들은 이 동산들이 풍기는 부드러움과 평화스러움을 잘 못 느끼겠지만, 나처럼 수많은 지역의 산세를 관찰하러 다니는 사람에게는 이 부분이 아주 인상적으로 다가온다.

멀리 높게 보이는 산인 학가산, 천등산, 조골산 줄기가 내려와 기세가 순해지면서 상산, 주봉산을 형성했고, 상산과 주봉산이 다시 들판 쪽으로 내려오면서 더욱 순해져서 야트막한 동산들을 이뤄놓은 것이다. 이곳 검재의 산세를 보니 몇 년 전 답사한 중국의 강서성 산세가 떠올랐다.

강서성은 중국 풍수의 양대 파벌인 형기파(形氣派)와 이기파(理氣派) 가운데 형기파의 본향이다. 사람의 관상을 보듯 산의 관상을 중시하는 것이 형기파이고, 산의 사주를 중시하는 파가 이기파이다. 형기파가 산의 관상을 볼 때 중점을 두는 부분은 전체적인 형태다. 즉 산세가 원만하고 부드러운지 먼저 본다. 산이 높지 않고 둥글둥글 하고 바위산이 없을 때 부드럽다고 한다. 나는 당시 강서성의 산세들이 대부분 바위 절벽 없이 둥글둥글한 금체(金體)의 형세를 하고 있음을 보고 감탄을 금치 못했다. 과연 형기파가 태동할 만한 산세로구나!

그런데 안동의 검재 산세가 이와 흡사하다. 오히려 더 좋다는 생각이 든다. 강서성보다 산이 더 낮고 완만해서 보는 이에게 끊임없는 만족감과 안도감을 준다. 살기(殺氣)도 보이지 않는다. 살기가 없는 땅에서는 살생도 다른 곳에 비해 훨씬 적게 일어난다고 본다.

내가 보기에 검재는 문사가 살기에는 최적의 산세가 아닌가 싶다. 문사는 거친 부분을 다듬어 부드럽게 바꾸는 사람이다. 거칢에서 부드러움으로 전환하는 과정이 바로 문명화 과정이기도 하다. 거친 사람이 다듬어져서 부드러워질 때 그 강함은 아주 없어지는 것이 아니라 그 내면으로 깊이 들어간다. 그래서 선비는 외유내강을 전범으로 삼는 것 아닌가. 검재의 산세는 외유내강의 문사를 길러내는 데 최적의 산세를 갖추었다. 평소에는 지극한 예를 중시하는 선비의 고을이나, 굴욕은 참지 못하고 대항하는 검재 사람들의 기질은 이와 무관하지 않다.

검재 산세의 장점 가운데 또 하나는 물이 완만하게 흐른다는 점이다. 냇물의 물살이 급하게 흐르면 우선 물 속의 산소 함유량이 적어서 생태학적으로 좋지 않고, 급류가 흐르면서 그 물살을 따라 기운이 소용돌이치기 때문에 기운이 모이지 않고 흩어진다. 그래서 직선으로 흐르는 물길보다는 S자나 갈지자로 흐르는 물을 풍수가에서 선호한다.

검재를 흐르는 개천들은 S자 형태로 완만하게 흐른다. 검재의 지형이 경사가 적은 평지이고, 개천이 동네마다 흘러 수량이 분산되기 때문이다. 안동대 이효걸 교수의 지적에 의하면 검재의 냇물들이 느리게 흐르기 때문에 가뭄의 피해를 비교적 덜 받고, 마을에 저수지가 별로 없다고 한다.

그런가 하면 낙동강 본류와 개활지(開豁地, 앞이 탁 트인 너른 땅)를 끼고 바로 연결되기 때문에 배수가 잘되어 다른 지역에 비해 수해 피해가 크지 않다고 한다. 필요한 만큼의 물을 주산인 주봉산과 상산에서 일정하게 공급받으면서 물을 빨리 지나가게도, 머무르게도 하지 않는 것이 검재마을의 수세(水勢)라는 것이다. 물이 적당한 동네 검재는 농사짓기에도 좋은 조건을 갖춘 셈이다.

조선 후기의 상류층 저택

학봉종택은 조선 후기 상류 주택의 모습이다. 사랑채, 안채, 문간채, 사당, 풍뢰헌(風雷軒), 선대의 유물을 전시하고 있는 운장각(雲章閣)을 전부 합쳐 90여 칸 2천 평의 대지다. 운장각에는 총 1만5천 점의 유물이 전시되어 있고, 그중 503점이 문화재로 지정되어 있다. 민간에서 보관하고 있는 문화재 규모로는 국내 최대이다.

내 주의를 끈 유물은 학봉이 사용하던 안경이다. 이 안경은 우리 나라에서 가장 오래된 안경이라고 한다. 학봉이 명나라에 서장관으로 갔을 때 구입한 안경이라고 한다. 안경테는 거북이 껍질(龜甲)로 되어 있다.

현재 건물의 좌향은 간좌(艮坐)이다. 간좌는 서남향인데, 영남 지역의 명문부가(名門富家)에서 간좌집이 많이 발견된다. 집 뒤의 내룡은 산이 아니라 작은 동산에 가까울 정도로 아담하고 부드럽다. 태조산(太祖山)인 천등산에서 20리를 굽이쳐 내려온 맥이라고 한다. 학봉 생존 당시에 간좌인 이 터에 집을 지었으나, 지대가 낮아 자주 침수되고 습기가 많아서 1762년에 현 위치에서 100미터 가량 떨어진 소계서당(邵溪書堂) 자리에 새로 해좌(亥坐)의 종택을 지어 1960년대까지 살았다. 그러다가 1964년에 원래의 간좌 자리로 다시 건물을 뜯어 이사온 것이다. 습기가 올라오지 않도록 집터를 2미터 정도 흙으로 돋운 다음에 이사를 왔음은 물론이다.

간좌인 이 집의 특징은 앞 안산(案山)이 둥글둥글한 금체 형태의 작은 동산들로 되어 있는 점이다. 이 봉우리들은 노적봉으로 노적봉은 쌀과 재산으로 간주한다. 소계서당이 있는 해좌의 구 종택과 간좌의 현 종택이 풍수상에서 지니는 차이는 무엇인가.

해좌 터는 멀리 조산(朝山)으로 뚜렷한 모습의 문필봉이 좋게 보인다. 문필봉은 학자가 살기 좋은 집터이다. 반면에 수구(水口)가 벌어져 있고, 물이 집터를 감아 돌지 않고 쭉 뻗어 나가는 형세이다. 즉 해좌 터는 문필봉이 장점인 반면, 수구와 물의 흐름은 약점이다. 현재 종택인 간좌는 문필봉은 없는 대신 물 흐름이 집을 감싸고 흘러서 좋고, 안대도 노적봉이라 재물이 모이는 터라고 볼 수 있다. 각기 일장일단(一長一短)이 있는 것이다. 어느 터를 택할 것인지는 종택이 처한 시대적 상황에 따라 결정되기 마련이다.

앞서 살펴본 대로 학봉가의 13대 종손인 김용환 대에 이르러 독립운동 자금을 대느라고 이 집의 재산은 거의 바닥이 난 상태였다. 그런데다가 딸만 하나 있었지 대를 이을 아들을 낳지 못했다. 돈도 떨어진데다가 아들도 없다는 것은 수백 년 간 명맥을 이어온 학봉 종가 역사에서 일대 위기가 아닐 수 없었다.

어떻게 학봉 종가를 보종(保宗)할 것인가? 먼저 대를 잇기 위해서는 양자를 들이는 문제가 시급했다. 학봉 집안은 워낙 손이 귀해서 13대인 김용환도 양자로 들어온 종손이다. 1945년 정월, 임천서원에서 전체 문중회의를 소집하여 논의한 결과 검재에서 100리 정도 떨어진 지례라는 곳에 살고 있는 김시인(金時寅)이 여러 가지 자질을 갖추었다고 판단하고 그를 양자로 삼기로 결정했다. 물론 이 결정에는 종손인 김용환의 생각이 결정적으로 작용했다.

문제는 김시인의 생가에서 아들을 양자로 보내는 일을 반대하는 것이었다. 살림도 완전히 거덜난 상태에서 종손의 무거운 책임을 다하려면 이는 보통 힘든 일이 아니었기 때문에 생가 쪽에서는 완강하게 양자 청을 거절했던 것이다.

양자로 종손 잇기 작전

이를 설득하기 위해서 전체 문중 사람들이 100리나 떨어진 지례에 가서 간청했다. 아예 김시인의 생가 인근 마을에 집을 한 채 얻어놓고, 10명씩 조를 짜가지고 생가 마당에 멍석을 깔아놓고 대기하면서 아침부터 저녁까지 하루 종일 설득과 간청을 반복했다. 마치 사극에 나오는 석고대죄를 연상시키는 장면이었다고 한다. 그 설득 기간이 자그마치 일곱 달이었다고 하니 얼마나 끈질긴 설득이었는지 짐작 간다. 문중 사람들은 100리나 떨어진 곳을 걸어서, 그리고 추운 겨울에도 마당에 멍석 깔아놓고 하루 종일 같은 말을 반복해야 하는 수고로움을 기꺼이 감수한 것이다. 그들은 보종을 위해서 당연히 치러야 할 대가로 여겼다.

이렇게 해서 들어온 종손이 14대 종손인 김시인이다. 대개 양자의 나이는 10세 전후 또는 총각 때 들어오는 것이 상례인데, 김시인은 29살이라는 많은 나이에 양자로 왔다는 점이 특이하다. 그는 이미 결혼해서 아들을 두 명이나 둔 상태였던 것이다. 이처럼 처자식까지 데리고 온 양자를 일컬어 안동 지역에서는 '둥지리' 양자라고 부른다. 둥지를 통째로 옮겨왔다는 뜻이다.

현 종손인 김시의 나이 올해 85세, 그가 학봉종택에 양자로 들어온 해는 1945년 10월이다. 이때 김시인이 양자로 와보니까 집에는 숟가락 하나 변변한 것이 없을 정도로 살림이 궁색했다고 한다. 김시인은 그 상태에서 집안을 오늘날처럼 다시 일으킨 장본인이다. 80대 중반의 고령인데도 불구하고 꼿꼿한 기세를 지니고 있다. 쏘아보는 안광이 상대를 압도하는 압인지상(壓人之像)의 기풍을 지녔다. 그는 가장 어려운 시기에 종손으로 있으면서 퇴색한 종가를 사람이 모여드는 문중의 중심지로 복원해놓았다.

종가를 다시 일으키는 과정에서 빼놓을 수 없는 인물이 김시인의 부인이자 14대 종부인 조필남(趙畢男) 할머니다. 타협을 모르는 칼 같은 남인이라고 해서 '검남(劍南)'으로 알려진 영양 주실마을의 한양 조씨 집안이 친정이다. 명문가의 딸로서 가사 외우기를 즐겨하고 문장력이 뛰어나 모모한 집안에 보내는 사돈지를 써달라는 부탁이 줄을 이었다. 국량이 크고 성품이 두터울 뿐만 아니라 지혜가 뛰어난 종부의 전형이다.

조필남 할머니는 종가 살림이 어려워도 찾아오는 문중 사람들 누구에게나 따뜻한 밥 한 그릇이라도 대접하려고 애썼다. 찾아오는 손님을 절대로 빈손으로 돌려보내는 법이 없었다. 줄 것이 없으면 하다못해 호박 한 덩어리라도 손에 쥐어 보내곤 했다. 종부를 접해본 지손(支孫)들은 시간이 지날수록 종부의 그 따듯한 인간미에 감동해서 종가를 보존하는 보종사업에 적극적으로 참여했다고 한다.

조씨 할머니가 작고하던 지난 1993년에 이런 일이 있었다. 어느 날 대구 시내의 꽃가게에 꽃들이 모두 바닥났다. 300만 인구가 사는 대도시에 꽃가게가 한두 군데도 아니고, 더군다나 그때가 특별한 기념일도 아닌데 시내 꽃가게에 진열된 꽃들이 다 떨어진 것이다. 이를 이상하게 여긴 대구 모 신문 기자가 그 원인을 조사했다. 소문은 어떤 여자가 죽어서 그 문상 조화 때문에 그렇다고 했다. 그래서 대체 어떤 여자가 죽었길래 그런가 하고 조사해보니 안동 학봉 종가의 종부였다는 얘기다. 조씨 할머니의 죽음이 가까운 안동은 물론이고 멀리 대구의 꽃가게에까지 영향을 미친 셈이다. 학봉가의 종부인 조씨 할머니의 덕망이 어느 정도였는지를 짐작케 하는 대목이 아닐 수 없다.

이 사건으로 깊은 인상을 받은 대구 《매일신문》 기자가 신문에 '종부(宗婦)' 시리즈를 기획 연재했다고 한다. 그동안 종가라고 하면 으레 종손에게만 초점을 두었는데, 그 뒤에서 묵묵히 종가를 지탱하고 있는 종부들의 역할이 중요하다는 사실을 조씨 할머니의 사례를 통해 깨달았다는 것이다.

존중받는 종부의 권위

실제로 학봉 종가에서는 종부의 권위를 존중했다. 그 대표적인 사례가 매년 정월 초하룻날 종가 사당에 차례를 지낸 후 이어지는 신년 세배이다. 세배는 종가 안채 마루에서 한다. 학봉의 후손들 가운데 나이든 연장자 100여 명이 종가에 찾아와 종부에게 세배를 드린다. 대개 나이들이 60~70대의 갓 쓴 노인들이고, 그중에는 종부보다 20년 연상인 노인들도 있는데 나이에 상관없이 정초에는 종부에게 세배를 드린다. 물론 종부도 같이 절을 하는 맞세배의 형식을 취하지만, 100여 명의 갓을 쓴 노인들이 대청마루에 줄 맞추어 앉아서 종부 한 사람만을 상대로 큰절을 하는 풍습이 학봉종택에서는 대대로 내려온다. 그만큼 종부의 권위를 인정한다는 징표이다.

문중의 대소사를 결정할 때에도 종부인 조씨 할머니의 영향력이 컸다. 문중 남자들이 모여 문회(門會)를 할 때 이야기가 엉뚱한 방향으로 흘러가면, 바깥에서 이 소식을 전해들은 종부가 몇몇 사람을 불러내어 이런 식으로 하면 좋겠다고 의견을 개진한다. 종부의 의견이 논의 과정에 전달되면 종부의 의견대로 결정되는 수가 많았다는 이야기를 조씨 할머니의 3남인 김종성(50)씨가 해주었다.

학봉종택의 현재와 미래. 가운데가 학봉의 현 종손인 김시인 씨. 그 왼쪽이 차종손인 김종길 씨, 오른쪽이 문중 대표인 김호면 씨다.

14대 종손인 김시인 씨와 조씨 부인은 슬하에 3남 3녀를 두었다. 차종손인 장남은 김종길(60) 씨이다. 삼보컴퓨터 사장, 나래이동통신 사장을 거쳐 초고속 인터넷 기업인 두루넷 사장을 지냈으며, 현재 삼보컴퓨터 부회장으로 있다. 차남 김종필(58) 씨는 감사원 부이사관으로 근무하고 있고, 3남인 김종성(50) 씨는 LG전자 상무로 있다. 큰딸은 대구 장씨 집안으로 출가했고, 둘째딸은 원주 변씨 종가로 출가하여 교편을 잡고 있고, 셋째딸은 영양 남씨 집안으로 출가했다.

종택 사랑채에서 차종손인 김종길 씨를 만났다. 몇 달 전 TV 프로인 '성공시대'에도 출연한 바 있고, 동탑산업훈장과 올해의 정보통신인상을 수상하는 등 많은 신문과 잡지에 소개된 바 있는 유명 인사이다. 이야기를 나누어보니 선이 굵고 시원시원한 성품이라서 사람을 자연스럽게 끌어들이는 친화력이 느껴졌다. 주변 소문을 들어보니 김종길 씨는 우리 나라 기업 CEO 중에서 최고의 CEO로 선정되었다고 한다. 그만큼 친화력과 리더십을 갖추었다는 의미일 것이다.

―전통을 중시하는 학봉 종가의 차종손으로서 첨단 인터넷 사업을 주로 하셨는데, 전통과 첨단과의 만남에서 오는 갈등은 없었습니까?

"그렇지 않아도 TV 프로에서 저의 캐릭터를 '갓을 쓴 인터넷 사업가'라고 표현하더군요. 갓과 인터넷이 만나다 보니 장단점이 있습니다. 장점은 제가 직원들과 무난한 인간관계를 무난히 가질 수 있는 환경에서 자랐다는 점입니다. 종가에서 종손으로 성장하다 보니까 항상 집안의 여러 사람들과 같이 행동하는 훈련을 받았습니다. 종손으로서 한편으로는 굉장한 우대를 받았지만, 한편으로는 학봉 집안이라는 공동체를 책임져야 한다는 책임감을 늘상 의식하면서 살아왔습니다. 혼자만을 생각할 수 없는 환경이었죠. 그러다 보니 자연스럽게 직장생활에서 리더십을 발휘할 수 있는 훈련이 되지 않았나 싶습니다.

반면 갈등이 되었던 점은 인터넷이라는 것이 외래 문화를 무분별하게 받아들이는 속성을 지니고 있다는 점입니다. 일단은 우리 전통을 확고히 알고 주체의식을 가지고 외래 문물을 받아들여야 하는데, 전혀 걸러내지 않은 채 젊은 사람들이 무조건 서양문화를 추종하는 것은 문제가 있다고 봅니다. 이 부분에서 내면적 갈등이 있었습니다."

학봉 후손들의 종손 키우기

―집안 사람들 이야기가 보종계(保宗契)에서 주는 장학금을 받고 대학을 다녔다는데, 보종계라는 것이 무엇입니까?

"제가 대학에 입학할 즈음 집안 형편이 어려워 등록금 내기가 힘들었습니다. 이 소식을 알게 된 학봉 후손들이 종손을 도와야 한다고 나섰습니다. 어떻게 해서든지 종손을 대학에 가게끔 도와야 한다는 것이죠. 그래서 계를 조직하여 십시일반으로 돈을 조금씩 걷어서 제 등록금과 학비를 대줬습니다. 대략 300~400가구가 돈을 거두었습니다. 이것이 보종계입니다.

저희 집안은 보종의식이 강해서 지손들이 종갓집 농사도 대신 지어주고, 겨울철이 되면 땔감도 해다 주고, 명절과 제사 때에는 종갓집 마당 잔디도 베어 주고, 김장 때면 채소까지 그냥 갖다 줍니다. 종가에 대한 보호의식이 특별합니다.

어른들 말씀을 들어보면 일제 때 조부(13대 김용환)께서 종가를 세 번이나 다른 사람에게 팔았는데, 지손들이 돈을 걷어 그때마다 다시 구입해주곤 했다고 합니다. 그래서 요즘도 혹시 문중 사람들이 종가에 잠깐 들를 때면 그 은혜에 보답하는 의미에서 아무리 바빠도 제가 직접 커피를 탑니다. 천 분의 일이라도

갚아야죠."

—부인인 이점숙 여사는 혹시 종부 역할을 부담스러워하지는 않습니까?

"집사람은 퇴계 종가의 종녀입니다. 집안 어른들끼리 혼사를 정해서 당사자인 저희는 얼굴은커녕 사진도 못 보고 결혼했습니다. 처녀 때부터 종가 분위기에 충분히 익숙해진 사람이지요. 저희 부부는 서울에 살고 있기는 하지만 한 달에 보름은 안동에 내려옵니다. 손님들 오면 밥상 차리고 접대해야 합니다. 집사람도 서울에 있을 때에는 사장 부인이지만, 안동에 내려오면 손님들 밥상 들고 직접 날라야 합니다. 하루 평균 집을 방문하는 손님들이 대략 50명은 될 겁니다. 밥상을 다 못 차려드릴 때에는 차라도 한잔 대접하는 것이 도리라고 생각합니다."

퇴계의 종녀인 이점숙 여사는 퇴계가 학봉에게 전해준 '병명'을 5년 동안 한 땀 한 땀 수를 놓아 12폭 병풍으로 만들었다. 학봉종택에서 제사를 지낼 때에는 수를 놓아 만든 이 병풍을 사용한다.

차종손인 김종길 씨는 딸만 넷이고 아들이 없다. 그래서 역시 양자를 들인 상태다. 바로 LG에 있는 동생 김종성 씨의 아들이다. 장남이 아들이 없어서 양자를 들일 때에는 차남의 아들을 양자로 들이는 것이 관례다. 이 관례대로라면 감사원에 있는 차남인 김종필의 아들이 양자로 가야 하고, 3남인 김종성의 아들이 차남인 김종필의 양자로 들어가야 한다. 그러나 그렇게 하면 절차가 복잡해지기 때문에 3남인 김종성의 아들이 곧바로 큰형님의 양자로 들어가게 된 것이다.

김종성의 아들이 양자로 가게 된 이유는 두 가지인데, 첫째는 차남은 아들이 하나뿐이고 3남인 김종성는 아들이 둘이므로 한 명을 보내도 한 명은 데리고 있을 수 있다는 점이 고려됐다. 둘째 이유는 아버지(14대 김시인)가 양자로 오기 전에 장남과 차남은 이미 지례에서 출생한 상태였고, 검재 종택에 양자로 온 뒤에 낳은 아들이 김종성 씨라는 점이다. 무슨 말이냐 하면 셋째아들만 검재에 온 이후 출생한 순수 '검재 산(産)'이니까, 김종성 씨의 아들이 양자로 가는 것도 의미가 있다는 문중 어른들의 판단이 작용했던 것 같다.

집안 행사 때면 평균 1천 명 이상 참여

다섯 살 때 큰아버지의 양자로 들어간 김종성 씨의 장남이 김형호(21)이다. 고등학교 때까지는 서울의 생부 집에서 같이 살면서 양부 집을 왔다갔다했지만, 대학은 안동에 내려와 안동대학 국학부에 다니고 있다. 일종의 종손 수업을 위해서 서울이 아닌 안동에서 일부러 대학을 다니고 있는 것이다. 종가를 유지하려는 노력이 현재에도 여전히 진행 중임을 알 수 있다.

나는 학봉종택에 관한 모든 자료를 3남인 김종성 씨에게서 구했다. 그는 집안의 역사와 문중 대소사에 관한 일들을 빠짐없이 꿰뚫고 있었다. 무엇이든지 물어보면 척척이다. 집안의 전통에 대한 관심이 지극하다는 증거이다. 회사 상무가 아니라 향토사학자 같다는 인상을 받았다. 관상에서 풍기는 분위기도 진지하고 신중한 학자풍이다.

―큰아들을 양자로 보냈는데 혹시 섭섭한 마음은 없습니까?

"당연한 일이라고 생각합니다. 집안 친척들은 저를 보고 '대원군'이라고 농담도 합니다. 제가 검재에서 태어났기 때문에 종가에 대해 특별한 애착이 있습니다."

―이 집에 찾아오는 손님의 규모는 어느 정도나 됩니까?

"영남 일대 종가에서 저희 집같이 손님을 많이 치르는 집도 드물 겁니다. 100년 전 11대 종손인 서산 선생의 장례식 때에는 각지에서 모여든 조문객이 4천 명이나 되었다고 합니다. 이 4천 명을 저희 집을 비롯한 검재의 학봉 후손들 집에 분산해서 전부 숙식을 제공했습니다. 그때 조문객이 갖고 온 대구포가 얼마나 많은지 고방(庫房)에 하나 가득 찼다고 하니까요. 1987년 운장각 준공식 때, 그리고 1995년 서산 선생과 조부의 독립훈장 추서를 사당에 고유(告由, 신고)할 때에도 손님이 1천 명 정도 왔습니다. 1999년 11월 서산 선생 서거 100주기 추모회와 2000년 11월 추모강연회 때에도 1천 여 명이 모였고요.

저희 집에서 행사를 할 때면 평균 1천 명 이상 참석합니다. 지난 퇴계 탄신 500주년 학술회의에 참석한 외국 손님들 몇 분도 저희 집에 묵었습니다. 제가 초등학교 다닐 때인 60년대까지만 하더라도 사랑채에 과객들이 평균 10~15명은 항상 머무르고 있었습니다. 지금 생각하면 일종의 무전취식이었지만, 그렇다고 대접을 함부로 할 수 없었죠. 70년대 도로가 뚫리면서 과객들이 준 것 같습니다. 도로가 생기면서 전통 문화가 바뀐 것이죠."

한 가지 특기할 사항은 이 집안이 유난히 초·중·고 교장을 많이 배출했다는 점이다. 교장만 무려 30여 명이다. 전통사회에서 산업사회로 전환하는 전환기에 선비 집안 후손들이 진출할 수 있는 가장 원만한 직업이 학교 선생님이라고 여겼던 것 같다.

학봉종가는 과거완료형의 종가가 아니라 현재도 끊임없이 역사가 진행되고 있는 현재진행형 종가라는 느낌을 받았다. 여전히 접빈객을 수행하는 명문가로 400년 동안 변함 없이 존재하고 있는 것이다. 명가는 인물을 낳고 인물은 새로운 역사를 만들어가는가 보다.

앞을 보니 홍련이요 뒤를 보니 벽송이다. 홍련이 만발한 선교장의 활래정 전경. 활래정은 19세기 초 오은 거사 이후 때 조성한 인공 연못이다.

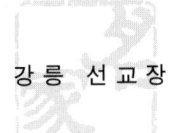

강릉 선교장

인간답게 산다는 것은 무엇인가

건물 10동에 총 120여 칸의 규모를 자랑하는 선교장.

민간 주택으로는 처음으로 국가지정 문화재로 선정된 고택이다.

한국의 선풍(仙風)과 풍수사상이 집안 곳곳에 깊숙이 배어 있는

선교장은 한국을 대표하는 장원으로서 손색이 없다.

3만 평 대지에 120여 칸의 내부 규모. 선교장은 가히 '민간 궁궐'이라 할 만한 규모를 자랑한다.

선풍(仙風) 깃든 한국 최고의 장원

옷도 대충 입고, 먹는 것도 되는 대로 먹을 수 있다고 하지만, 사는 집만큼은 푸른 소나무 숲이 있는 아름다운 집에서 살고 싶다. 사람마다 취향이 다르겠지만, 나는 의(衣)와 식(食)이 주는 멋과 맛보다 주(住)가 지니는 건축적 아름다움이 더 중요하다고 생각한다.

이는 아마도 의와 식에 비해 주라고 하는 것이 인간이 지닌 강력한 욕구 중의 하나인 문화적 욕구를 더 중층적으로 충족해주는 속성 때문이 아닐까.

백호자락 끝에 만들어놓은 백호상. 20여 년 전에 훼손된 백호 맥을 보강하기 위해 세운 것이다.

강원도 강릉에 있는 선교장(船橋莊). 산수화에 나오는 수백 년 된 벽송(碧松)들이 집 뒤를 지키고 있고, 집 앞으로는 활래정(活來亭)의 홍련(紅蓮)들이 연향을 뿜어내는 집. 뒤를 보니 벽송이요 앞을 보니 홍련이라!

푸른색의 소나무 숲과 붉은색의 연꽃들이 조화를 이루고 있는 선교장은 한국 사람들이 가장 선망하는 집이다. 이 분야 전문가들을 대상으로 '한국에서 가장 아름다운 집'을 선정하는 설문조사에서 1위로 나온 집이 바로 선교장이다.

집의 명칭도 다른 집과는 달리 장(莊) 자가 들어가 있다. 장은 장원을 가리키는 표현이다. 그러므로 선교장은 일반 주택이 아니라 장원을 표방하고 있는 셈이다. 물론 서울에도 이화장, 혜화장, 경교장처럼 장 자 붙은 저택들이 몇몇 있었지만, 이는 어디까지나 이름뿐이지 실질적인 규모에서 장원은 아니었다. 한국에서 이 이름에 걸맞는 명실상부한 장원은 강릉의 선교장이라고 생각한다.

국가지정 문화재로 등록된 민간 주택

 그만큼 집 규모가 크고 웅장하다. 선교장의 대지는 3만 평에 달한다. 건물을 보면 큰 사랑채인 열화당과 작은사랑, 행랑채, 연지당, 동별당, 안채, 안사랑채, 활래정, 서별당까지를 포함해 건물 10동에 총 120여 칸에 달한다. 민간 주택의 한계선이라고 하는 99칸을 초과한 저택이다. 이 집의 장원으로서의 웅장함을 확인해주는 건물은 선교장 정면에 한일 자로 길게 늘어선 23칸의 행랑채이다. 횡렬로 길게 늘어선 행랑채의 존재는 이 집 대문에 들어서는 사람으로 하여금 '중세적인 위엄'을 느끼도록 한다.

 선교장만이 지닌 독특한 아름다움과 웅장함으로 인해 지난 1965년 국가지정 민속자료 제5호로 지정됐다. 궁궐이나 공공건물이 아닌 민간 주택으로서 국가지정 문화재가 되기는 우리 나라에서 처음이라고 한다. 9대 240여 년 간 유지되어온 고택이자, 한국에서 가장 규모가 크고 아름다운 전통 가옥이 선교장이다.

 이처럼 선교장은 일찍부터 전국적으로 명성이 알려졌기 때문에, 각 분야 전문가들이 이 집에 대해 글로 남긴 소감도 여럿이다. 70년대 중반에 건축학자 정인국(鄭寅國, 1916~1976)은 "한국 상류 주택의 두 가지 유형인 집약된 건물 배치와 분산 개방된 건물 배치 가운데 선교장은 후자에 속한다. 통일감과 균형미는 적지만 자유스러운 너그러움과 인간 생활의 활달함이 가득 차 보인다"(《한국 건축 양식론》)고 평가한 바 있다. 인간미가 넘치는 활달한 공간 구조로 선교장을 규정한 건축학자의 관점이다.

 이 집안 손으로서 선교장에서 태어나고 자란 이기서 교수는 1980년 이 집 사랑채 이름을 딴 열화당출판사에서 《강릉 선교장》이라는 책을 냈다. 집주인의 시각에서 선교장의 과거 모습을 담은 사진과 역사를 총정리해놓았다.

 또 한옥 전문가인 신영훈 씨는 "활래정이 얼핏 보면 ㄱ자 형의 정자로 보이나 구조는 두 채가 하나로 이어진 것이다. 결구도 지붕도 각각 형성되어 있다. 이런 쌍정(雙亭)은 우리 나라에서 보기 어렵다"(《한옥의 향기》)고 평가한다. 한옥을 직접 지어본 사람이 갖는 현장감이 묻어 있는 코멘트이다.

18년 동안 전국의 종갓집을 찾아다닌 이순형 교수는 "선교장의 종부는 집안의 딸이다. 종부가 허점이 있고 욕망을 가지고 불평하고 흔들리면 집안이 무너질 뿐이다. 종부는 책임, 의무, 덕과 도리만을 지킬 뿐이다. 종부의 길은 험난하다"(《한국의 명문 종가》)고 하여, 여성 특유의 섬세한 시각에서 종부를 비롯한 선교장 구성원들의 내밀한 삶이 구체적으로 어떻게 영위되었는지 살폈다.

그런가 하면 차(茶) 전문가인 김대성 씨는 "활래정은 온돌방과 누마루 사이에 '부속 차실'을 갖춘 조선시대의 상류층 차실이다. 조선시대 사대부는 손님을 차상 앞에 모시고 앉아서 직접 차를 끓이지 않고 부속 차실에서 준비된 차를 차동(茶童)이나 시동(侍童)이 차상에 들고 내오게 하였다. 활래정에 설치된 부속 차실은 이러한 조선시대 차 풍습을 보여주는 증거"(《차문화 유적 답사기》하)라고 하여 차인(茶人)의 견해에서 활래정의 부속 차실을 주목했다.

또 김봉렬 교수는 "가족용 주택 영역을 대외적 영역이 감싸고 있는 중첩적인 구성이다. 선교장을 통해서 한국 건축의 집합 구성의 특성을 이해할 수 있다. 그것은 건물군들의 형태적인 집합이기도 하지만 동시에 선교장의 조영사가 축적해온 시간적 집합의 모습이기도 하다"(《앎과 삶의 공간》2)고 했다. 한국 건축의 특징을 '집합 구성'이라는 원리에서 찾은 해석이다.

여기에다 내가 하나 첨가하고 싶은 대목이 바로 풍수에 대한 내용이다. 선교장을 다녀간 한국 문화계의 여러 선지식(善知識)들 가운데 풍수를 제대로 언급한 사람은 눈에 띄지 않는다. 다행히 나 같은 천학비재(淺學菲才)도 쓸 수 있는 여백이 남아 있는 셈이다.

족제비 사건과 U자 모양의 집터

머리가 희끗해지는 장년의 나이에 접어든 한국 남자들이 유서 깊은 고택에 당도했을 때 가장 궁금해 하는 부분은 다름 아닌 풍수가 아닐까 한다. 고택을 감평할 때 풍수부터 보는 것이 한국의 오래된 지적 전통일 뿐만 아니라, 어릴 때 어른들에게서 들은 명당 설화들을 직접 눈으로 확인하고 싶은 욕구가 있기 때문이다. 선교장 전체의 밑그림으로 깔려 있는 인문학적 문법이 바로 풍수이고, 풍수라고 하는 인문학적 문법을 해독하다 보면 숨겨져 있던 몇 가지 재미있는 사실들을 새롭게 발견할 수 있다.

먼저 족제비부터 시작해보자. 효령대군의 11세손인 가선대부 이내번(李乃蕃)은 충주에서 살다가 가세가 기울자 어머니(안동 권씨)와 함께 외가 근처인 강릉 경포대 쪽에 옮겨와 살았다. 그러다 어느 정도 재산이 불어나서 더 넓은 집터를 물색하던 중, 한 떼의 족제비들이 나타나 일렬로 무리 지어 서북쪽으로 이동하는 광경을 목격한다. 이를 신기하게 여긴 이내번이 그 족제비들을 따라가보니 현재의 선교장 터 부근 숲 속으로 사라지는 것이 아닌가. 이를 계기로 이내번은 여기에다 집터를 잡았으므로 선교장 터는 족제비와 인연이 되어서 잡은 터이다.

집터를 잡을 때 동물을 이용하는 경우는 다른 곳에서도 발견된다. 영양 일월산 아래의 호은종택(조지훈 생가)도 매를 날려 잡은 터라고 전한다. 절터 가운데는 오리를 날려 잡은 곳이 몇 군데 있다. 동물들은 인간보다 본능과 감각이 수십 배 발달해 있어서, 동물들이 잠을 자거나 휴식을 취하는 지점이 대개 명당인 경우가 많다. 노련한 풍수가들은 동물들이 지닌 감각도 중요한 정보로 이용한다. 풍수는 이성적 분석과 동물적 직감을 아우른 총합체이기 때문이다.

그래서 풍수 명당을 일컫는 표현 가운데 동물의 형상을 비유한 명칭들이 많다. 와우혈(臥牛穴, 소가 누워 있는 자리), 생사추와(生蛇追蛙, 산 뱀이 개구리를 쫓는 형국), 연소혈(燕巢穴, 제비집), 복호혈(伏虎穴, 호랑이가 엎드린 혈), 오공비천(蜈蚣飛天, 지네가 하늘로 오르는 형국) 등등이 그렇다.

이성이 발달할수록 본능적 감각은 퇴화하기 마련이어서, 책을 지나치게 많이 읽은 사람은 직감력이 떨어진다. 명당을 잡는다는 것은 엄밀히 말해서 각론적인 분석보다는 총론적인 직감을 우선시 한다는 것이다. 불가에서 말하는 사교입선(捨敎入禪, 지식을 버리고 선으로 들어감)도 비슷한 맥락이라고 생각한다. 본능적 직감의 영역에서는 '이성적 동물'인 인간보다 이성이 없는 동물이 우월한 것 아닐까. 풍수가에서 가끔 동물을 이용하는 이유는 바로 이 때문이다.

동물의 직감 외에도 나무꾼이 나무를 하다가 지게를 받쳐놓고 자주 쉬는 곳,

겨울에 눈이 왔을 때 가장 먼저 녹는 곳도 명당으로 친다. 나무꾼은 무심한 상태에서 가장 편하다고 느끼는 지점에서 쉬기 마련이다. 눈이 먼저 녹는 장소는 따뜻하고 양명한 곳으로 판단한다. 굳이 풍수 이론을 따지지 않더라도 이런 곳은 대체적으로 사람이 살기 좋은 터이다. 족제비 뒤를 따라간 이내번은 이러한 이치를 터득한 인물임이 틀림없다.

선교장의 전체 지세를 살펴보자. 대관령에서 동해 쪽으로 내려온 산세의 한 가닥이 오죽헌 자리를 만들고, 거기서 다시 동북쪽으로 흘러가 시루봉(甑峰)으로 솟았다. 시루봉에서 일차 뭉친 맥은 경포대 방향으로 올라가면서 여러 개의 자그마한 내청룡과 내백호를 분화해놓았다. 이 내청룡과 내백호는 흡사 알파벳의 U자 모양 같다. U자 가운데에 들어서면 아늑하고 편안하다. 시루봉에서 시작하여 삼국시대의 고찰 인월사 터에서 끝나기까지 약 4킬로미터에 걸쳐 이러한 U자 모양의 집터들이 줄잡아 10여 개 이상 자리잡고 있는 것 같다.

산세도 200미터 내외로 높지 않아서 보는 사람에게 위압감을 주지 않고, 주변에 날카롭게 솟은 암산도 보이지 않아서 강렬한 살기(殺氣)가 눈에 띄지 않는다. 문사들이 좋아할 만한 터임이 분명하다. 시루봉에서 약 2.5킬로미터 거리에 위치한 선교장 터도 바로 이러한 U자 모양 집터 가운데 하나라고 보면 된다. 선교장 터에 들어서면 곧바로 느껴지는 아늑함은 이 U자형 집터, 즉 부드러운 청룡와 백호가 활처럼 둥그렇게 감싸고 있기 때문이다.

비보풍수의 산물 백호상

패철을 꺼내서 선교장의 좌향(坐向)을 보니 간좌(艮坐)이다. 간좌는 정남향에서 서쪽으로 30도 정도 튼 남서향을 가리킨다. 산세로 보아서는 정남향인 자좌(子坐)도 가능할 성싶은데 자좌를 놓지 않고 방향을 서쪽으로 튼 간좌를 놓았다. 왜 그런 것일까?

풍수를 모르는 일반인이 보기에는 자좌가 더 좋게 보일 것이다. 앞의 전망이 시원하게 터지기 때문이다. 하지만 간좌를 놓으면 백호 끝자락을 안산으로 삼게 된다. 큰 사랑채인 열화당 마루에 앉아서 바라보면 백호가 앞을 가린다. 즉

한일 자로 길게 늘어선 행랑채. 240년 역사의 선교장이 지닌 위엄을 확인해주는 건물이다.

백호 끝자락이 앞 전망을 약간 가리는 방향으로 집터를 앉혔다. 전망이 불리한데도 불구하고 집터 방향을 약간 서쪽으로 돌려놓은 간좌를 택한 배경에는 풍수 문법이 작용하고 있다. 덧붙여서 청룡이나 백호를 안대로 잡으면, 그 안대에서 발생하는 발복(發福)이 빠르다고 한다.

선교장 터는 수구(水口)가 벌어져 있다. 《택리지》에서 양택의 첫째 조건으로 강조하는 부분이 바로 수구라는 사실을 알아야 한다. 청룡과 백호 사이가 수구인데, 수구가 넓게 벌어져 있으면 마치 여자가 양다리를 벌리고 앉아 있는 것과 같아서 좋지 않다고 본다. 기가 빠져나가서 재물이 모이지 않는다고 간주한다. 그러므로 수구는 닫혀 있어야 좋다.

풍수학자 최원석 씨의 〈영남의 비보(裨補)〉라는 박사논문을 보면, 수구가 벌어져 있을 때 이를 비보하기 위해서 수구를 인공으로 막는 '수구막이'를 설치하는 것이 조선시대의 마을 풍습이었다고 한다. 나무를 심거나 또는 돌로 된 장승을 설치해놓는 경우가 수구막이에 해당하는 비보이다.

예를 들어 안동 내앞에 있는 개호송은 수구가 벌어진 의성 김씨 종택의 약점을 비보하기 위해서 수백 년 간 공을 들인 인공 조림이다. 선교장 터는 자좌를 놓으면 수구가 벌어진 약점이 드러나지만, 방향을 약간 틀어 간좌를 놓으면 우백호자락이 앞을 가려주기 때문에 수구가 닫히는 형국으로 변한다. 그래서 간좌를 놓은 것이다.

개인적인 관찰에 의하면 23칸이나 되는 선교장 행랑채를 한일 자 형태로 배치한 이유도 집터의 수구와 관련이 있지 않나 싶다. 간좌를 놓아 수구의 약점을 보완하긴 했지만, 여기에 만족하지 않고 이중으로 수구의 약점을 보완하는 장치를 한 것이 행랑채를 횡렬로 배치하는 건축이었다고 보인다. 수구를 막는 바리케이드라고나 할까. 행랑채 자체가 일종의 수구막이 용도의 건축이라는 말이다.

또 한 가지 눈여겨봐야 할 사항이 백호자락 끝에 서 있는 돌백호이다. 자세히 보면 백호의 끝자락에 화강암으로 만든 호랑이상이 설치되어 있다. 높이 50, 길이 150센티미터의 호랑이가 선교장을 바라보고 있다. 여기에는 사연이 있다.

20년 전쯤 이 백호 끝자락에 민속자료 전시관을 신축하면서 포클레인이 백호자락을 훼손하는 일이 발생했다. 이를 안 선교장의 14대 종부 성기희(成耆姬) 여사가 관계 당국에 항의하자, 강릉시청에서 비용을 대어 설치한 호랑이상이라고 한다. 백호맥을 훼손했으니 이를 보강하기 위해 돌로 만든 호랑이상을 끝자락에 설치했다. 지맥이 너무 강할 때에는 탑을 세워 누르지만, 약할 때에는 이처럼 백호상을 만들어 보강한다. 만약 청룡자락이 훼손되면 청룡상을 만들어 보강할 수 있다. 돌로 만든 백호상을 보면서 명가의 풍수사상이 여전히 그 맥을 잇고 있음을 알 수 있었다.

재물 모이는 간좌에 있어야 하는 연못

풍수의 24개 좌향 중 간좌에는 천문과 관련한 비밀이 하나 있다. 간좌는 하늘의 천시원(天市垣)과 관계가 깊다. 동양의 고천문학에서는 하늘의 영역을 자미원(紫微垣), 태미원(太微垣), 천시원(天市垣)이라고 하는 삼원(三垣)으로 나누어 이야기한다. 북극성 근처에 있는 영역을 자미원이라고 하고, 적도의 안쪽으로 태미원과 천시원이 위치하고 있다.

태미원은 상원이라고 하여 시작하는 때이고, 자미원은 중원이라고 하여 번성하는 때이며, 천시원은 하원이라고 하여 결실을 맺어 감추는 때를 관장한다. 기독교의 주기도문에 '하늘에서 이루어진 일이 땅에서도 이루어진다'는 말이 있듯이, 동양에서도 천문에 먼저 나타난 현상이 지리에 그대로 반영된다고 생각했다. 그러므로 하늘에 자미원이 있으면 땅에도 반드시 자미원이 있다고 믿었다. 풍수가들이 그토록 찾으려고 하는 자미원 명당은 하늘의 자미원에서 유래한 것이다. 90년대 한국사회를 떠들썩하게 하고, 중국 고관들에게까지 그 명성이 알려졌던 육관도사 손석우. 그 육관도사가 그토록 찬미한 한국의 대명당 터 이름도 다름 아닌 자미원이었다.

조선 세종 때의 천문학자 이순지(李純之, ?~1465)가 편찬한 《천문류초(天文類抄)》에 따르면, 천시원은 천자의 시장(市場)에 해당하므로 천하가 모여드는 곳, 교역이 이뤄지고 돈이 모이는 곳이라고 한다. 천시원의 별이 밝고 커지면 시장을 관리하는 사람이 각박하게 해서 상인들에게 이익이 없게 되고, 홀연히 어두워지면 쌀값이 폭등한다고 되어 있다. 요즘 식으로 표현하면 남대문시장 상인들이 가장 주목해야 할 별자리가 천시원이다. 그래서 풍수가에서는 천시원과 연결된 터에서 부자가 많이 나온다고 주장한다.

그렇다면 어떤 터가 천시원과 관련 있는가? 바로 간좌이다. 예로부터 간좌에는 부자가 많다는 속설이 이를 뒷받침한다. 참고로 영남의 이름난 고택 가운데 안동의 학봉 김성일 종택과 영양의 호은종택이 간좌를 놓은 집이다. 두 집에서 재물이 떨어지지 않는다는 공통점이 발견된다.

풍수서에 의하면 간좌 터가 반드시 갖추어야 할 조건이 하나 있다. 그 조건이란 터 앞에 연못이 있어야 한다는 것이다. 집 앞에 팔방수(八方水, 여러 방향에서 오는 물)가 모여드는 연못이 있어야 제대로 된 간좌라고 한다. 만약 연못이 없으면 결격사유가 된다. 간좌 터에 반드시 연못이 있어야 한다는 주장은 풍수서 가운데서도 고급 과정에 속하는 《감룡경(撼龍經)》에 나오는 말이다.

'선교유거'라는 현판 글씨가 걸린 선교장 대문. 선교장에는 남자와 손님들이 출입하는 문과 여자와 가족이 출입하는 문이 분리되어 있는데, 이 문은 전자이다.

풍수서 중에서 《인자수지(人子須知)》가 초급 과정이라면, 《설심부(雪心賦)》 《육포지학(六浦之學)》 《금낭경(金囊經)》은 중급, 《감룡경》과 《의룡경(擬龍經)》은 고급 과정에 해당한다.

선교장 활래정에 있는 연못은 원래부터 있던 자연 연못이 아니고 이내번의 손자인 오은거사(鰲隱居士) 이후(李垕, 1773~1832) 때 인공으로 조성한 연못인데, 이 연못은 《감룡경》에서 말하는 풍수 문법에 맞추어서 조성한 것으로

추정된다. 만약 이 추정이 맞다면 오은거사는 적어도 《감룡경》을 이해할 수 있을 정도로 풍수에 조예가 깊은 인물이었음을 짐작할 수 있다. 조선시대 선비들의 교양 필수 과목이 풍수였음을 감안하면, 오은거사의 풍수 실력은 당연한 일이기도 하다.

여성 전용 대문과 제사용 우물

이번에는 우물을 보자. 그러기 위해서는 먼저 대문부터 살펴보아야 한다. 선교장 정면에는 대문이 두 개 나란히 배치되어 있다. 일반 고택 가운데 정면에 대문이 두 개 나란히 설치된 경우는 거의 찾아볼 수 없다. 대문은 보통 하나이다. 그런데 선교장은 두 개이다. 선교장의 대문 두 개는 그 용도가 각기 다르다. 하나는 남자들과 손님들이 출입하는 문이고, 다른 하나는 여자들과 가족들이 출입하는 문이다.

'선교유거(仙嶠幽居)'라는 현판이 걸린 솟을대문은 남자와 손님들이 출입하는 이 집의 공식 대문이고, 솟을대문이 없는 오른쪽의 평대문은 여자들과 가족들이 출입하는 대문이라고 한다. 대문을 두 개씩이나 만들어놓은 이유는 가로로 길게 늘어선 이 집의 구조 때문이다. 사랑채로 통하는 대문을 하나만 설치해놓으면, 안채로 출입하는 여자들이 돌아 들어가야 하는 불편이 발생하기 때문에 안채로 직행하는 대문을 따로 만들었다.

여기서 내가 주목하는 부분은 안채 앞에 있는 우물이다. 이 우물은 정확하게 일직선으로 안채 대문 앞에 위치해 있다. 풍수적인 입장에서 볼 때 이 우물은 대단히 좋은 위치에 있다. 우물은 혈구(穴口)로 보는데, 인체에 비유하면 입과 같다. 즉 건물이 코의 위치에 있다면, 입에 해당하는 혈구는 코의 일직선상 앞에 있어야 모범답안이다. 그렇지 않고 우물이 대각선 방향이나 삐딱하게 자리잡으면 마치 입이 비뚤어진 것 같아서 좋지 않게 본다. 우물이 집 뒤나 옆에 있는 것도 좋지 않게 본다. 우물은 대문 앞에 일직선상으로 있는 것이 가장 좋다.

그러므로 선교장 안채 대문 앞에 있는 이 우물은 교과서적인 위치에 자리잡은 우물인 것이다. 안채 대문을 이 방향에 잡은 것은 우물이 여기에 있었기 때문인 것 같다. 우물이 먼저였고, 우물 위치에 맞춰 대문을 설치했다는 말이다. 만약 우물이 옆으로 더 갔더라면 대문 위치도 따라서 이동했을 것이다.

이 우물은 여자들이 들락거리는 안채 대문 바로 앞에 자리잡고 있어서 살림하는 주부들이 물을 긷기에도 더 없이 편리하다. 선교장 사람들의 말에 의할 것 같으면 이 우물은 제사 때 사용하는 우물이었다고 한다. 제사 지내는 데 필요한 음식을 만들거나 술을 빚을 때 이 우물물을 길어다 사용했다. 제사는 성스러운 의식이므로 제사를 전후하여 며칠씩은 부정을 타지 않도록 이 우물에 흰 명주 천 아니면 창호지를 덮어놓았다고 한다. 명주 천을 덮어놓았을 때에는 당연히 우물을 사용할 수 없었다.

대갓집 제사가 어디 한두 번인가. 제사가 자주 있다 보니 이 집 식구들은 이 우물을 사용할 기회가 적었다고 한다. 이 우물은 성스러운 제사용 우물이었던 것이다. 평소에 사용하는 물은 다른 우물물을 사용했음은 물론이다.

신선이 거처하는 그윽한 집

선교장은 전체적으로 선가(仙家)의 풍류가 배어 있는 집이다. 한국의 지적 전통을 구성하고 있는 유·불·선 삼교(三敎) 가운데 선가가 가장 낭만적이다. 유가는 현실적이고, 불가는 금욕적이며, 선가는 낭만적이라는 게 나의 개인적인 생각이다. 선가에는 유가의 현실 참여적인 면도 있고, 아울러 불가의 초탈적인 면모도 지니고 있다. 양쪽이 다 있어서 매력적이다. 젊을 때에는 부지런히 현실세계에서 노력하다가 사회적 책임을 어느 정도 마치면 산으로 들어간다.

대관령 동쪽인 관동은 선가의 유풍이 남아 있는 곳이다. 대관령이라는 높은 산맥이 속세의 풍진을 차단해주면서 동해의 광망(光芒)을 마주한 별천지가 바로 관동이요 강릉 일대가 아닌가! 가깝게는 설악산이요 조금 더 가면 금강산이

안채 대문의 일직선상에 놓여 있는 우물. 이는 풍수적으로 혈구에 해당한다. 이 우물은 주로 제사 때 사용했다고 한다.

다. 그 때문일까. 이곳에는 신라 사선(四仙, 永郎·述郎·安祥·南石行)의 유적지가 오늘날까지 전해진다.

영랑호는 사선 가운데 우두머리인 영랑선인의 이름을 딴 명칭이고, 강릉 월인사 터는 원래 영랑을 비롯한 사선들이 선도(仙道)를 닦던 곳에다 절을 세운 것이다. 시루봉에서 시작한 부드러운 용맥이 구비구비 흘러가다가 중간에 선교장 터를 만들고, 다시 더 흘러가다가 경포호수를 마주 보고 우뚝 멈춘 자리에 옛 월인사 터가 있다. 산진수회(山盡水回, 산이 다하고 물이 감아 도는) 터라서 신선이 공부할 만한 자리다.

경포호수가 메워지기 전에는 이 월인사 터에서 호수를 바라보면 안으로는 호수가 초승달처럼 이 터를 감싸고 있고, 경포 밖으로는 티끌 하나 보이지 않는 망망한 동해 바다가 열려 있었다. 거기서 바라보는 전망은 속세를 떠난 전망이라고 할 정도로 아름다웠다고 한다. 만약 경포호수를 메우지 않고 자연 그대로 놔뒀더라면 한·중·일 삼국 중에서 가장 빼어난 전망을 제공하는 호수가 아니었을까.

강릉의 선가 유적지는 또 있다. 강릉 시내에서 정동진 방향으로 7킬로미터 정도 가다 보면 안인이라는 곳이 나오는데, 여기에 해령산이라는 산이 있다. 해령산의 용맥이 바다 쪽으로 뻗어 나가다가 파도를 맞고 멈춘 자리, 그 파도 치는 해령산 절벽 아래 촛대바위에 '명선문(溟仙門)'이라는 글씨가 선명하게 새겨져 있다. 이 자리는 그 옛날 신선들이 동해 바다를 마주보면서 바둑을 두고 놀던 자리라고 전한다. 구전으로만 전하는 해상선(海上仙)의 귀중한 유적지임이 분명하다.

강릉에서 배출한 인물로는 조선시대의 김시습, 이율곡, 그리고 허균이 있다. 내가 보기에 조선시대를 통틀어 세상의 그물을 의식하지 않고 가장 자유롭게 그리고 파격적으로 살다간 인물이 김시습과 허균이다. 이들 역시 선도와 인연이 깊다.

조선의 선맥(仙脈)을 정리한《해동전도록(海東傳道錄)》을 보면, 김시습은 정통으로 도맥을 전수 받은 인물로 기록되어 있다. 허균 역시 평소 선가의 인물들과 접촉이 많았으며, 당시 전라도 함열에 살던 남궁두라는 선인의 일대기를 기록한〈남궁두전(南宮斗傳)〉을 세상에 남기고 갔다. 유교만이 정통이고 불교와 선교는 사문난적으로 몰리던 조선시대에 선가에 깊이 천착한 경우는 보기 드문 사례이다. 강릉 출신의 두 사람이 이처럼 선가와 인연이 깊었던 것은 어렸을 때부터 신선들의 행적을 보고 들으면서 자란 성장 환경과 무관하지 않다고 본다.

선교장 솟을대문에 걸린 '선교유거' 현판 글씨는 이곳이 관동과 강릉 일대에 오랜 세월 동안 축적된 선가적 풍류를 계승하고 있음을 보여주는 증거이다. '신선이 거처하는 그윽한 집'이라는 뜻이다. 경포호수가 메워지기 전에는 이

집을 다닐 때 배를 타고 왕래해야 했으므로, 이곳의 이름을 배다리〔船橋〕라고 불렀으며, 전주 이씨 완풍 종가인 이 집 이름도 선교장이라고 칭했다. 선교유거의 선교(仙嶠)는 발음이 같은 선교(船橋)에서 따온 것으로 보인다. 발음은 같으면서도 그 의미는 배다리에서 신선으로 바뀌었다. 재치가 엿보이는 작명이다. 이 멋진 현판 글씨는 누구의 작품인가?

　조선 말기의 서예가인 소남(少南) 이희수(李喜秀, 1836~1909) 글씨다. 대원

열화당 내부에서 보면 바로 앞에 백호자락이 걸려 있다. 열화당은 이 집의 큰 사랑채로 출판 기능을 가진 문화공간이었다.

군에게 천재 소리를 들을 정도로 그 자질이 빼어났던 인물이다. 소남은 선교장의 전체 분위기를 선교유거, 이 한 마디에 압축한 것 같다. 선교장에 배어 있는 선가적 요소를 추적하다 보니 앞산의 이름도 범상하지 않다. 선교장 앞에서 바라다보이는 투구 모양의 조산(祖産) 이름을 물어보니 상산(商山)이라고 한다.

상산이라! 상산은 '상산사호(商山四皓)'로 유명한 산 이름 아닌가. 중국 진시황 때 국난을 피해 섬서성 상산에 들어가 숨은 네 사람(東園公·綺里秀·夏黃公·角里先生)의 은사가 있다. 이 네 사람을 '상산의 네 신선'이라는 뜻에서 상산사호라고 칭한다. 이들 네 명이 모두 눈썹과 수염이 흰 노인이었으므로 희다는 뜻의 호(皓) 자를 쓴 것이다. 동양화를 보면 흰 수염을 기른 노인 네 명이 산속 정자에 앉아서 바둑 두는 그림이 있는데, 그 네 노인들은 대개 상산사호를 상징하는 경우가 많다.

선교장의 조산 이름이 하필 상산인 것은 우연이라기보다는 강릉 지역의 뿌리

사랑채인 열화당 모습. 유교적인 가치관에서 벗어나 단순히 '즐겁게 이야기하는 집'을 표방하는 이곳은 관동 제일의 풍류가 어린 곳이다.

깊은 선가적 취향을 반영하고 있는 것이다. 이렇게 놓고 본다면 선교장은 주변에 신라의 사선 유적지와 중국의 사선 유적지를 현실적으로, 그리고 상징적으로 모두 갖추고 있는 셈이다.

오은거사가 지은 '즐겁게 이야기하는 집'

선교장의 역사는 크게 세 단계로 나뉜다. 무경(茂卿) 이내번(李乃蕃, 1703~1781)이 처음 이곳에 터를 잡았고, 그 손자인 오은 이후 때 사랑채인 열화당(悅話堂)과 연못인 활래정(活來亭)을 만들었으며, 이후의 중손자인 경농(鏡農) 이근우(李根宇, 1877~1938) 때 23칸의 한일 자 행랑채가 증축됐다.

선교장을 찾는 방문객들이 낭만적이라고 감탄하는 열화당과 활래정은 오은거사 때 만든 것이다. 그러니까 낭만적이라는 선교장의 정체성을 확립한 인물이 오은거사라고 보면 틀리지 않다. 기본 골격은 오은거사가 짜놓았고, 여기에다가 살을 붙이면서 선교장을 확장한 인물은 경농이다. 오늘날 선교장의 상징물이 되다시피 한 열화당과 활래정을 건축한 오은거사는 멋과 풍류를 아는 인물이라는 생각이 든다.

열화당이라는 작명만 해도 그렇다. 유교 선비들의 사랑채 편액 이름은 대개 유교적인 윤리나 가치관이 담긴 내용으로 정한다. 충이나 효 아니면 수신(修身)에 관한 이름들이 대부분이다. 그러나 열화당이라는 이름은 그러한 맥락에서 벗어나 있다. 단지 '즐겁게 이야기하는 집'을 표방하고 있을 뿐이다. 엄숙함과 긴장감 대신에 지극히 인간적인 정감이 전해오는 이름이다. 인생에서 정말 중요한 것은 입신양명과 출세가 아니라, 좋은 사람들과 만나 즐겁게 오손도손 이야기하며 사는 데 있다는 것을 깨우쳐주는 당호(堂號)이다. 향외적(向外的) 가치가 아니라 향내적(向內的) 가치를 지향하고 있다는 점에서 오은거사의 도가적 취향을 엿볼 수 있다.

옛날이나 지금이나 입신양명을 접어두고 향내적 가치를 추구하며 산다는 것은 고준한 경지다. 수양이 된 사람만이 추구할 수 있는 경지가 아닐까. 열화당이라는 말은 도연명의 〈귀거래사〉가운데, '열친척지정화(悅親戚之情話)'에서 유래했다고 한다.

세상과 나와는 서로 잊어버리자.	世與我而相遺
다시 수레에 올라 무엇을 구할 것이냐.	復駕言兮焉求
친척들의 정다운 이야기를 즐겨 듣고	悅親戚之情話
거문고와 독서를 즐기며 근심을 녹이리라.	樂琴書以消憂

프랑스의 저명한 도교학자 앙리 마스페로는 "동양의 종교와 사상 가운데 유일하게 개인의 행복과 구원에 관심을 기울인 개인주의적 종교는 도교뿐"이라고 지적한 바 있다. 나는 열화당이라는 이름에서 그러한 개인주의적인 취향을 발견한다. 개인주의적인 취향을 가진 사람은 십중팔구 도연명의 귀거래사에 공감하기 마련이다. 체제와 이념과 조직이라는 것이 얼마나 사람을 피곤하게 만들던가! 전후사정을 고려해볼 때 열화당 주인이었던 오은거사 또한 도연명을 흠모했음이 틀림없다.

오은거사가 평생의 좌우명으로 삼았던 '평생에 눈썹을 찌푸리는 일을 하지 않으면 세상에서 응당 이빨을 가는 사람이 없을 것平生不作皺眉事 世間應無切齒人'이라는 대목에서도 그러한 기미를 읽을 수 있다.

연꽃 연못 안에 숨은 '봉래산 자라'

연못을 파고 거기에다 연꽃을 심고 활래정이라는 그림 같은 정자를 만들어 놓고 거진출진(居塵出塵, 풍진 세상에 살면서도 진세를 벗어나 있음)을 도모했던 오은거사. 오은(鰲隱)이라는 호 자체가 동해 바다에 떠 있는 삼신산(三神山)을 바다 밑에서 받치고 있다는 신령스런 동물인 자라(鰲)를 가리키는 게 아닌가!

활래정 연못 안의 조그마한 동산은 아마도 신선이 사는 봉래산을 상징한 섬일 것이고, 그 봉래산 밑에서 자라가 떠받치고 있겠지. 동해에 사는 거인 낚시꾼의 낚싯바늘을 피하기 위해서 봉래산 자라는 눈에 띄지 않게 숨어야 하리라!

눈 내리는 엄동설한에는 집 뒤의 소나무를 바라보면서 겨울을 음미하고, 뜨거운 태양이 내리쬐는 삼복 더위에는 연꽃 속의 활래정에서 여름을 즐기리라. 선교장에서 직접 살았던 이기서는 열화당이 발행한 《강릉 선교장》에서 그 아름다움을 이렇게 묘사하고 있다.

선교장의 사계는 그 어느 계절 하나 버릴 것이 없다. 강릉을 가리켜 사계의 고을이라 한다면 선교장은 사계의 장원이다. 활래정의 앞 논에 해빙의 물이 넘쳐 출렁이고 그 물 위를 봄바람이 파문을 일으키며 이곳의 봄은 시작된다. 안채 뒤 대밭에 죽순이 움트고 매화가 그 짙은 자태를 드러낸다. 못에는 연잎이 솟으며 활래정 뒷산에 오죽순(烏竹筍)이 얼굴을 내민다. 그러면 이곳 골짜기는 한겨울의 동면으로부터 서서히 깨기 시작한다. 앞 냇가 아지랑이가 움트는 버들가지와 더불어 이곳의 봄은 생동하는 아름다움으로 술렁인다. 여름은 뒤 솔밭으로부터 온다. 짙은 녹음을 이루는 고송, 고목 속에 깃을 친 온갖 새들의 울음소리, 매미, 쓰르라미 소리로 한여름은 짙어간다. 이때 제철을 맞는 것이 활래정이다. 연꽃 봉우리가 솟고 꽃봉오리가 터지면 누마루에 올라 술자리를 벌인다. 그땐 으레 시서화가 곁들이게 된다. 비 오는 날, 연잎에 듣는 빗소리 역시 문객의 시정을 일게 한다. 이런 사시사철의 아름다움으로 또 역대 주인들의 후덕함으로 선교장은 수많은 문인, 묵객들의 발길이 끊이지 않았다.

관동의 제일명가(第一名家) 선교장의 열화당과 활래정에는 당대의 내로라하는 문인 묵객들이 시·서·화를 남기고 갔다. 조선 헌종 때 영의정을 지냈으며 문장으로 이름이 높았던 운석(雲石) 조인영(趙寅永, 1782~1850), 〈선교유거〉를 썼으며 대원군의 총애를 받았던 소남(少南) 이희수(李喜秀), 구한말 소론의 8천재(八天才) 가운데 한 사람으로 소설 《단(丹)》의 모델인 우학도인 권태훈 집안과 인연이 깊었던 무정(茂亭) 정만조(鄭萬朝, 1859~1936), 근대의 서예가인 성당(惺堂) 김돈희(金敦熙, 1871~1936), 소남 이희수에게 처음 글씨를 배웠으며 전국의 유명 사찰 현판에 많은 글씨를 남긴 해강(海岡) 김규진(金圭鎭,

1868~1933), 백련(百蓮) 지운영(池雲永, 1852~1935), 중국 원세개의 옥새를 새겼고 그의 서예 고문을 지낸 성재(惺齋) 김태석(金台錫, 1875~1953) 등이다.

독립운동가 성재(省齋) 이시영(李始榮)과 백범(白凡) 김구(金九)도 자주 출입했다. 그래서 김구 선생의 글씨가 많이 남아 있었다. 건국준비위원회의 몽양(夢陽) 여운형(呂運亨)도 활래정의 단골 손님이었다. 특히 몽양은 인연이 깊어서 1908년 선교장 옆 터에다 세운 동진학교(東進學校)에서 1년 간 영어교사를 하기도 했다. 동진학교는 이 집안에서 세운 강원도 최초의 사립학교이다.

선교장 지켜온 14대 종부 성기희 여사

화려했던 선교장의 후손들은 현재 어떻게 사는가? 14대 종부인 성기희(成耆姬, 82) 여사는 현재 병환으로 누워 있다. 성삼문, 성혼을 배출한 창녕 성씨 집안이 친정이다. 여사는 74년부터 강릉에 내려와 관동대학 교수로 재직하면서 외로이 선교장을 지켜왔다. 정년 후에도 열화당을 찾아오는 수많은 손님들을 접대하면서 선교장의 종부 역할에 최선을 다한 여걸이다.

성기희 여사는 세 명의 아들을 두었다. 조흥은행 본점 13층에서 선교장의 장손인 이강륭 씨를 만났다. 둥그렇고 두툼한 얼굴에 눈썹이 아주 짙다. 삼국지에 나오는 장비 같다는 느낌을 받을 정도로 두터운 인상이다.

―족제비가 인연이 되어서 지금의 집터를 잡게 되었다고 하던데요?

"그렇습니다. 저희 어렸을 때에는 집 뒤에 족제비가 많았죠. 먹이도 가끔 던져주고는 했습니다. 저희 집에서는 영물로 생각해서 잡지 않고 보호했습니다. 6·25 전까지는 그 숫자가 아주 많았던 걸로 기억합니다."

―서울에도 따로 집이 있었다고 하던데요?

"6·25 직전까지 서울 재동 110번지에 60칸짜리 집이 있었습니다. 여기에서 일가 친척들이 많이 머물렀지요. 구한말에는 이 집에 자가용까지 있었다고 해요. 자가용 번호가 110번이었습니다. 나무를 연료로 사용하는 목탄차였는데, 당시 서울 집에서 강릉 선교장까지 가는 데 이틀이 걸렸다고 합니다. 목탄을 때다가 엔진이 과열되면 중간에서 엔진을 식혀야만 갈 수 있었다고 합니다.

먼 친척이 그 차의 운전기사를 했는데, 기생집에 가면 이 기사가 주인보다 인기가 더 좋았다고 합니다. 당시는 서울 시내에 자동차 운전기사가 통틀어 10명 미만이었을 때니까요. 대부분 가마나 인력거를 탈 때죠. 그러다 보니 기생집에 가면 기생들이 자동차를 한번 타보기 위해서 운전기사에게 특별 서비스를 했다고 들었습니다."

―대원군하고도 친분이 있었습니까?

"저희 고조부가 대원군과 아주 친했습니다. 대원군이 거처하는 운현궁 문지방을 건너 들어가서 이야기할 수 있는 사람은 당시 고조부뿐이었다고 합니다. 같은 이씨 왕손 집안이라는 혈연의식도 작용했고, 저희 집이 대원군의 정치자금을 댔기 때문이죠. 대원군이 중국에 잡혀갈 때 고조부는 거문도로 유배를 갔습니다. 정치적 운명을 같이한 것이죠. 그래서 저희 집에는 대원군 친필이 많이 남아 있습니다."

만석꾼 집안의 적선 상징하는 '만인솔'

―선교장은 만석꾼이라고 소문났는데, 토지는 어느 정도 있었습니까?

"동대문에서 강릉까지 갈 때 남의 땅 밟지 않고 간다는 말이 있었죠. 저희 집 땅이 북으로는 양양, 남으로는 삼척까지였고 동쪽으로는 바닷가였고, 서쪽으로는 대관령 넘어 평창까지 추수를 했다고 합니다. 사람들이 감기에 걸려 재채기할 때 '배다리 통천댁으로 가라'고 외치는 습관이 생길 정도였습니다.

저도 들은 이야기입니다만 가을에 참새들이 곡식을 쪼아먹을 때에도 새들을 향해서 '배다리 통천댁으로 가라'고 했고, 호남 민요 가운데 새를 쫓는 노래 가사 중에 '배다리 통천집으로 기라'는 대목이 있다고 합니다. 그만큼 저희 집이 부잣집으로 소문났던 것이죠. 통천집(댁)이라는 표현은 저희 고조부가 통천군수를 지낼 때 극심한 흉년이 들자, 저희 집 창고에 있던 쌀 수천 석을 풀어 군민들에게 무상으로 나누어주었는데, 그때의 적선으로 인해 사람들이 저희 집을 그렇게 부른 것입니다."

―선교장에서도 적선을 중요시했던 모양입니다?

"그렇습니다. 소작인들에게 인심을 잃으면 집안을 유지하기 어렵다고 보았습니다. 선교장에 9대 종손이 거주했다는 사실은 그만큼 주변 사람들에게 인심을 얻었다는 증거 아니겠습니까. 인심 잃고는 살 수 없었다고 하니까요. 소작인들이 고마움의 표시로 저희 집에 옥양목으로 만든 우산을 만들어주었는데, 이 우산을 '만인(萬人)솔'이라고 부릅니다. 1만 명의 소작인이 그 옥양목에 일일이 서명을 해서 만들었기 때문에 만인솔이죠. 저 어렸을 때만 해도 만인솔이 집에 있었습니다."

―현재 그 많던 토지는 어떻게 되었습니까?

"토지개혁 때 전답이 거의 해체되어 남아 있지 않습니다."

―선교장에는 많은 과객들이 머물렀을 텐데 과객 접대는 구체적으로 어떻게 했습니까?

"저희 집 사랑채는 셋으로 구분돼 있었습니다. 가장 고급 사랑채이자 응접실은 열화당이고, 중급 사랑채는 중사랑이고, 하급 사랑채는 행랑채였습니다. 과객의 학문과 사람 됨됨이를 시험해서 학문과 식견이 있는 사람은 중사랑에 머물도록 하고, 아주 고명한 선비는 열화당에서 응접을 하고, 평범한 과객은 행랑채에 배치했죠. 중사랑에는 방이 10개가 있었는데 편안하게 숙식을 제공했음은 물론이고, 손님이 떠날 때에는 노잣돈과 옷까지 마련해주었다고 합니다. 집 구조가 침모방 문구멍을 통해 손님의 신체 치수를 파악할 수 있도록 되어 있었어요."

―과객이 떠나지 않고 계속해서 머물러 있으면 어떻게 대처합니까? 곤란할 것 같은데요.

"재미있는 질문입니다. 어른들에게 들은 바에 의하면 학문이 시원찮은 과객은 2, 3일 정도 대접하고, 학문이 높으면 중간 사랑에 머물게 하고, 가끔 큰 사랑(열화당)에 가서 이야기가 되면 몇 달간 유숙시킬 뿐 아니라 옷까지 해드렸답니다. 손님이 이제 그만 갔으면 할 때에는 밥상의 반찬 그릇을 바꾸어놓습니다.

옛날에 손님 밥상을 차릴 때에는 간장 놓는 자리, 초장 놓는 자리, 깍두기, 김치, 된장찌개 놓는 자리가 정해져 있었습니다. 그런데 이 자리를 바꾸어서 상을 차려 내면 '그만 떠나라'는 의미였죠. 과객이 이걸 보면 다음날 짐을 꾸려서 떠났다고 합니다. 지금 생각하면 재미있는 방법이었어요. 요즘 인사동에 가서 한정식을 먹어보니까 반찬 그릇 놓는 자리가 제멋대로인 것 같아요. 옛날 법도가 사라지는 것 같아서 아쉽습니다."

― 현재 활래정 모습이 서울 창덕궁 후원의 부용정(芙蓉亭)과 흡사하던데요. 활래정 이야기 좀 해 주시죠.

"6·25 때 다행히 활래정이 폭격을 면했습니다. 9·28수복 때 미군 비행기에서 조준 폭격을 해서 저희 집에 폭탄이 여섯 발이나 떨어졌는데, 그중 한 발이 동별당 앞 행랑채에 떨어져서 네 칸이 날아갔죠. 그 안에 1인용 7첩 반상 그릇을 300인용 이상 보관하고 있었는데 이게 다 박살났어요. 그 외에도 많은 도자기와 골동품, 특히 《대한매일신보》가 창간호부터 전부 보관돼 있었는데 전부 불타버렸죠. 집안 어른들이 몹시 아쉬워했습니다. 뒷산에도 몇 발 떨어져서 600년 된 소나무가 몇 그루 불타버렸죠. 그러나 열화당과 활래정은 무사했습니다.

현재 활래정 건물은 연못을 파고 돌기둥을 네 개 박은 것입니다. 그 기초공사를 얼마나 튼튼히 했는지, 지금도 끄떡없습니다. 열화당과 활래정 지을 때 대목수를 중국에 여러 번 파견했다고 합니다. 중국의 건축방식을 참고하기 위해서였죠. 저도 요즘 외국 나가면 박물관부터 가보는 습관이 있습니다. 선교장 후손이기 때문일 겁니다."

선교장 지키는 600년 된 금강송

― 현재 선교장에 남아 있는 유물 가운데 볼 만한 것이 있습니까?

"선교장의 중간사랑에 전시되어 있는 돈궤를 한번 보십시오. 높이 1미터50센티미터, 넓이 3~4미터 크기인데, 아마 우리 나라에서 가장 큰 돈궤일 겁니다. 선교장의 부를 상징하는 유물이죠."

종손인 이강륭 씨 인터뷰를 마치고, 7월 하순 연꽃이 한창일 때 선교장을 방문했다. 선교장을 지키고 있는 이강백 씨가 반갑게 맞이한다. 멀리서 온 손님이라고 붉은 색 홍련이 그림처럼 피어 있는 활래정에다 거처를 마련해주었다. 달빛 속에서 큰 부채 만한 연꽃잎들이 바람에 펄럭이는 소리를 듣는 호사를 이틀이나 누렸다. 서울에서 공무원 생활도 하고 개인사업도 하다가 집을 지키는 것이 더 중요하다는 생각에 10년 전부터 선교장에 거주하고 있는 이 집의 차남 이강백 씨와 이야기를 나누었다.

―장남이 아닌 차남으로서 대장원을 지키고 계시는데 어려움은 없습니까?

"왜 없겠습니까? 저희 집이 1703년 처음 지어졌고 1983년부터 일반인에게 공개되었으니까 2002년이면 집 역사로는 300주년이 되고, 공개한 것으로는 20주년이 됩니다. 그래서 걱정이 많이 됩니다. 목조 건물은 사람이 거주해야 생기를 유지하는데, 사람이 살지 않으니까 건물들이 급속하게 낡아가고 있습니다.

작년에 강원도 백두대간을 휩쓴 산불이 났을 때에는 며칠 동안 잠도 못 잤습니다. 선교장 1킬로미터 전후방까지 산불이 접근했었습니다. 강풍 때문에 소방헬기도 못 떴어요. 송진에 붙은 불똥이 수백 미터씩 날아다니는 상황에서 언제 집에 불이 붙을지 모르는 일촉즉발의 상황이었지요. 그때 집은 포기했습니다. 대신 집 뒤의 소나무만큼은 제발 무사하라고 기도했습니다. 바람이 1시간만 더 불었어도 모두 불탔을 겁니다. 집이야 불타도 재건축을 할 수 있지만, 집 뒤의 수백 년 된 소나무는 한번 불타면 다시는 복원할 수 없습니다. 저는 선교장 건물보다도 저 소나무들에게 더 애착이 갑니다. 저 소나무만 바라보면 마음이 흐뭇합니다."

―어떤 종류의 소나무들입니까?

"수령이 대략 300년에서 600년까지 된 금강송으로 20여 주가 있습니다. 더 많았는데 근래에 솔잎혹파리 때문에 많이 죽었어요. 동해안의 강릉・삼척・영월 일대에서 잘 자라는 수종이죠. 키가 큰 미남 같은 소나무입니다. 사진기자들 이야기에 의하면 한국에서 가장 아름다운 5대 소나무숲에 들어간다고 합니다."

―동학농민 전쟁사를 보니 동학 때 선교장 측과 동학군 간에 전투가 있었다고 나오던데요?

"동학 때 강릉관아가 동학군들에게 점령당했습니다. 동학군들이 곧 선교장에 쳐들어온다는 소식을 듣고 고조부(이회원)께서 민보군을 조직하여 동학군을 진압했습니다. 당시 고조부는 관동소모사로 있었고, 마지막 강릉부사를 지냈습니다. 아마도 저희 집이 이씨 왕손이라는 의식이 있었기 때문에 동학 때 적극적으로 행동하지 않았나 싶습니다."

연꽃으로 만드는 연차 · 연엽주 · 연잣

—활래정의 연꽃을 가지고 연차(蓮茶)를 만든다고 하던데요?

"연으로 여러 가지를 만듭니다. 저희 집에서 연차를 만들 때에는 연꽃잎만 따서 물에다 달여 먹었어요. 연꽃의 꽃술은 사용하지 않습니다. 아마 꽃술에는 독이 있다는 것 같아요. 연잎을 가지고 연엽주도 담급니다. 연꽃 뿌리는 코피 멈출 때 효과가 있고, 연꽃 열매인 연잣(실)은 한약재로 씁니다. 연잎으로 닭을 싸서 그 위에 황토를 바른 다음 장작에 구우면 맛이 아주 좋습니다. 닭에 연향이 배어들기 때문이죠. 제 경험으로는 비 오고 난 뒤 태양이 뜰 때가 연향이 가장 진합니다. 머리가 상쾌하고 몸이 가뿐해지죠."

—앞으로 선교장이 계속 유지될 것 같습니까?

"재산상속법이 문제입니다. 요즘 상속법은 옛날같이 장남이 전부 상속받는 것이 아니라 차남들과 딸들도 동등하게 유산을 분배받을 수 있도록 되어 있습니다. 법에 따르자면 선교장도 여러 자식들에게 골고루 분배되어야 합니다. 그렇게 되면 집을 유지하는 게 불가능하죠. 저희 대에는 저를 포함한 동생들이 자발적으로 상속권을 포기하고 장남인 형님에게 유산을 몰아주었는데, 다음 대에는 어떻게 될지 모르겠습니다."

이 집 후손 가운데 마지막으로 서울에 있는 열화당출판사의 이기웅(61) 사장을 만났다. 열화당은 한국에서 손꼽히는 미술 전문 출판사이다. 사장인 이기웅 씨는 고등학교까지 선교장에서 다녔다. 종손 이강륭 씨의 당숙이 된다. 만나 보니 조용하면서도 강단이 있어 뵌다. 조선시대 선비의 고풍을 간직한 풍모이다.

—열화당이라는 출판사 이름은 선교장의 열화당에서 따왔다고 하던데요?

"그렇습니다. 어렸을 때 열화당 아궁이 군불은 제가 땠어요. 그래서 유년 시절부터 열화당에 대해 깊은 인상을 갖고 있습니다. 열화당은 단순한 사랑채가 아니라 족보도 찍고 문집도 발행하는 출판 기능을 가진 문화공간이었습니다. 그래서 서울에서 출판사를 시작하면서 열화당의 인문정신을 계승한다는 의미에서 출판사 이름을 열화당으로 지었습니다. 비록 출판사 열화당은 1971년에 시작했지만, 선교장 열화당이 1815년에 시작했으므로 열화당출판사 역시 1815년부터 시작한 것이라고 생각합니다."

이기웅 사장의 명함에도 열화당출판사의 출발은 1815년이라고 자그마하게 기재되어 있다. 그렇다면 이곳은 한국에서 가장 뿌리가 깊은 출판사가 된다. 한국의 인문정신을 계승하겠다는 이 사장의 신념이 들어가 있는 대목이다.

선가의 유풍이 여기저기 배어 있는 동쪽 바닷가의 강릉. 강릉의 잘생긴 소나무 숲과 만발한 홍련 사이에 그림처럼 앉아 있는 선교장은 가히 신선이 살 만한 집이라는 생각이 들었다. 그 원형적인 아름다움이 보존되어 있는 저택에서 유년 시절을 보낸 후손들은 환갑이 지난 오늘날에도 그 추억을 잊지 못하고 있다.

500년 내력의 명문가 이야기

⊙ 2002년 1월 15일 초판 1쇄 발행
⊙ 2022년 5월 13일 초판 43쇄 발행
⊙ 글쓴이   조용헌
⊙ 펴낸이   박혜숙
⊙ 펴낸곳   도서출판 푸른역사
　우) 03044 서울시 종로구 자하문로8길 13
　전화: 02)720-8921(편집부) 02)720-8920(영업부)
　팩스: 02)720-9887
　전자우편: 2013history@naver.com
　등록: 1997년 2월 14일 제13-483호

ⓒ 조영헌, 2022

ISBN   89-87787-40-0

· 잘못 만들어진 책은 교환해드립니다.